U0857479

21 世纪高职高专系列教材

饭店管理概论

（第二版）

主　编　唐志国　陈增红
副主编　马保烈　杨佳丽　袁喆生
　　　　马继明　宋继东

山东大学出版社

21世纪高职高专系列教材
编委会成员名单

出版说明

党的十六大报告指出:"教育是发展科学技术和培养人才的基础,在现代化建设中具有先导性全局性作用,必须摆在优先发展的战略地位。……加强职业教育和培训,发展继续教育,构建终身教育体系。"职业教育作为我国教育事业的一个重要的组成部分,改革开放以来,尤其是近年来获得了长足发展。据不完全统计,目前全国各类高等职业学校有近千所,仅山东省就有五十多所,为国家和地方培养了一大批高素质的劳动者和专门人才。与此相适应,教材建设也硕果累累,各出版社先后推出了多部具有高职特色的高职高专教材。但总体上看,与迅猛发展的高职教育相比,教材的出版相对滞后,这不仅表现在教材品种相对较少,更表现在内容的针对性不强,某些方面与高职的专业设置、培养目标相去甚远。同时,地方性、区域性的高职教材也稍嫌不足。以山东省为例,作为一个经济强省、人口大省、教育大省,迄今为止,居然没有一套统编的,与山东省社会、经济、文化发展相适应的高职教材,严重地制约了我省高职高专教育的发展。

有鉴于此,我们在山东省教育厅的领导与支持下,依据教育部《高职高专教育基础课程教学基本要求》和《高职高专教育专业人才培养目标及规格》,并结合我省高职院校及专业设置的特点,组织省内二十余所高职院校长期从事高职高专教学和研究的专家、教授,编写了这套"21 世纪高职高专系列教材"。该教材充分借鉴近年来国内高职高专院校教材建设的最新成果,认真总结和汲取省内高职院校和成人高校在教育、培养新时期技术应用性专门人才方面所取得的成功经验,以适应高职院校教学改革的需要为目标,重点突出实用性、针对性,力求从内容到形式都有一定的突破和创新。本系列教材拟分批出版,预计一百余种。出齐后,将涵盖高职高专教育的基础课程和主干课程。

编写这套教材，在我们是一次粗浅的尝试，也是一次学习、探索和提高的机会。由于我们水平有限，加之编写时间仓促，本教材无论在内容还是形式上都难免会存在这样那样的缺憾或不足，敬请专家和读者批评指正。

高职高专系列教材编写委员会
2011年9月

再版前言

《饭店管理概论》一书自2007年出版以来，被多所高职院校选用为旅游管理专业和酒店管理专业的专业教材，也被山东省旅游培训中心选为饭店管理人员岗位培训的参考教材。《饭店管理概论》（第二版）根据第一版在教学使用中的经验和读者的反馈意见，在保持原有特点的基础上，对教学内容和结构体例进行了调整，添加了课前的导读和案例导入、课堂的随堂思考和相关链接、课后的案例分析和推荐阅读，书中还穿插大量的图片，使本书图文并茂、内容更加丰富。

本书从管理学的基础理论入手，结合现代饭店经营管理的特点，从饭店管理职能和管理的内容两个侧面，介绍了现代饭店经营管理的基本理论和方法，使读者能够对饭店管理有较为全面的认识和理解，并掌握一定的理论知识和工作方法。对于饭店管理专业学生，通过本书学习，能够为进一步学习饭店各个业务部门和职能部门的管理，打下良好的基础；对于其他旅游相关专业学生，通过本书学习，可以全面了解饭店管理的基础知识。

《饭店管理概论》（第二版）由山东旅游职业学院唐志国主编，第一章和第五章由杨佳丽编写，第二章和第七章由袁哲生编写，第三章和第四章由马保烈编写，第六章和第八章由马继明编写，第九章和第十章由宋继东编写。参加本书编写的教师，不仅长期从事饭店管理专业教学工作，具有丰富的理论知识和教学经验，而且都具有多年在饭店行业进行经营管理的工作实践。在本书编写过程中，参阅并吸收了国内外学者的有关著作和研究成果，在此深表谢意。

由于水平所限，本书不妥或疏漏之处在所难免，诚望国内外同仁和广大读者不吝赐教。

编 者

2011年9月

目 录

第一章　饭店概论 …… (1)

第一节　饭店的概念和作用 …… (3)
第二节　饭店的发展历史 …… (5)
第三节　饭店的类型和特点 …… (17)
第四节　饭店基本组织结构 …… (24)

第二章　饭店产品 …… (28)

第一节　饭店产品的内涵和特点 …… (29)
第二节　饭店前厅服务与管理 …… (34)
第三节　饭店客房服务与管理 …… (41)
第四节　饭店餐饮服务与管理 …… (49)

第三章　饭店管理基础理论 …… (59)

第一节　管理学理论基础 …… (60)
第二节　饭店管理概述 …… (78)
第三节　饭店管理职能 …… (90)

第四章　饭店经营决策 …… (98)

第一节　饭店经营决策概述 …… (99)
第二节　饭店经营环境分析 …… (106)
第三节　饭店经营预测 …… (121)
第四节　饭店经营决策程序与方法 …… (129)

第五章　饭店战略与计划管理 …… (143)

第一节　战略管理的基本理论 …… (145)

第二节　饭店经营战略 …… (150)
第三节　饭店计划的类型与指标体系 …… (154)
第四节　饭店计划的编制 …… (163)

第六章　饭店组织与人力资源管理 …… (173)

第一节　饭店的组织设计 …… (174)
第二节　饭店管理制度 …… (187)
第三节　饭店人力资源管理 …… (194)
第四节　饭店人力资源的开发与利用 …… (201)

第七章　饭店服务质量管理与控制 …… (217)

第一节　饭店服务质量管理的意义 …… (218)
第二节　全面质量管理 …… (223)
第三节　饭店服务质量的控制 …… (232)

第八章　饭店物资管理与财务控制 …… (240)

第一节　饭店物资采购与库存 …… (241)
第二节　饭店成本费用管理 …… (255)
第三节　饭店财务分析 …… (260)
第四节　饭店财务控制 …… (269)

第九章　饭店设备维护和管理 …… (279)

第一节　饭店设施设备 …… (280)
第二节　饭店设备周期管理 …… (287)
第三节　饭店设备综合管理 …… (305)

第十章　饭店无形资产的管理 …… (319)

第一节　饭店无形资产概述 …… (321)
第二节　饭店形象管理 …… (330)
第三节　饭店信息管理 …… (341)
第四节　饭店企业文化 …… (359)

主要参考书目 …… (369)

第一章　饭店概论

【学习目标】

知识目标

1. 了解饭店的基本概念。

2. 理解饭店业对社会经济文化的作用。

3. 了解国内外饭店发展的历史、现状和发展趋势。

技能目标

1. 能够依据饭店分类的方法对饭店进行类别分析。

2. 能够根据组织原则为不同饭店设计合理的组织结构图。

【本章导读】

学习目的和意义　饭店出现的初始阶段,其主要功能是向旅行者提供住宿、接待及服务,随着旅游活动的不断发展,饭店的功能日益完备,设施设备不断现代化,饭店管理日益科学化。当今饭店成为旅游者的"家外之家"。了解饭店业对社会、经济、文化的作用,了解饭店分类的方法对于把握饭店业的发展态势和趋势具有重要意义。

本章内容概述　本章主要探讨了饭店业的基本定义、对社会经济的作用及其发展趋势。第一节通过介绍饭店的基本概念进一步了解饭店对于社会发展的作用。第二节通过旅游的产生介绍了国内外饭店的发展趋势。第三节从不同角度分析了饭店的类型。第四节介绍了饭店的组织机构。

【案例导入】

1960 年,保罗·杜布吕接受其老师、经济学家贝尔纳·图季约的建议,开始研究美国 holiday inn 成功的原因,分析其起居设备和家具的功用、合理的价格、旅馆在城市的位置等。1963 年 8 月,保罗产生了建设 holiday inn 法国分店的想法,遭到拒绝。

1964 年,保罗·杜布吕和杰拉德·贝里松见面,决定合作建设法国的连锁饭店。酒店名称确定为"novotel"(诺富特),是"nov"(新)和"(h)tel"(酒店)组成的合成词。

1966 年 7 月,在获得保罗·杜布吕父亲的资金支持和法国饭店业信贷署扶持下,第一家诺富特诞生了。到 1983 年,诺富特的规模翻了一番,集团已遍布 45 个国家和地区,提供服务的领域也丰富多彩,从饭店业一直到旅游业,还包括公共餐饮业、集体餐饮业、购物中心和就餐券业。集团雇用了 3.5 万名员工,拥有近 400 家饭店、1500 家餐厅、8 家餐券发售点、5 家购物中心,还有一些旅行社和旅游观光社。每年集团都有数百万人次住宿,200 多万人次就餐。两位总裁此时认识到,在单一的诺富特的名号下,要全部纳入饭店业和餐饮业如此众多的品牌已是不可能的了,因此,必须确定一个既简洁又新颖、既包罗万象又具有涵盖性的名称。最后,终于确定了以"雅高"为名,于是,诺富特—雅克·博莱尔国际集团在 1983 年正式成为雅高集团。

1974 年,雅高创造了宜必思(IBIS)酒店品牌。宜必思的目标大大不同于诺富特,其服务对象已不再是商人,而是散客或差旅费不多的商业旅游者。

1975 年,收购美居(mercure),定位中低档,开始在欧洲和非洲法国前殖民地拓展。雅高集团形成了偏向于经济型、中档和中高档酒店的大型连锁集团,形成了一个具有不同档次的饭店群落,实现了对欧洲的饭店行业的绝对领导。1980 年,通过与杰克—槐斯—玻勒尔国际公司(JBI)的兼并,引进索菲特品牌。索菲特是雅高国际酒店集团最负盛名的品牌,是法国生活艺术和住宿舒适性的代言人,旗下拥有 200 多家酒店,遍布 55 个国家,细致地诠释了法国的生活艺术。索菲特酒店集中了法国最细致的装饰、最热情的接待、最优质的服务和最负盛名的美食艺术。

1985 年,一级方程式开张,因为保罗·杜布吕和杰拉德·贝里松这两位天才产业家认识到,在创立了诺富特、宜必思,收购了美居和索菲特之后,他们的目标仍是经济型饭店,于是,第一批一级方程式开张。一家在埃夫里,另一家在马恭高速公路上。随后,其他的一级方程式也开业了。1986 年,一级方程式 10 家,1989 年达到 50 家,现在世界各地近 500 家。

(摘自"百度文库")

【课堂思考】

法国雅高集团的建立和发展给了我们哪些启示?

第一节 饭店的概念和作用

一、饭店的基本概念

饭店在我国也常常被称为“宾馆”、“酒店”、“旅馆”、“度假村”、“山庄”等。在英文中使用最为广泛的是Hotel。“Hotel”一词源于拉丁文Hospice，意思是主人接待客人的地方，后引入法语。在法国，“Hotel”这个词的本义是指贵族在乡间招待贵宾的别墅。后来，英、美等国沿用了这一名称来泛指所有商业性的住宿设施。由于我国国家旅游局将现代宾馆、酒店等通称为旅游涉外饭店，所以我们选用饭店这一规范的名称。

国外的一些权威词典对饭店下过这样一些定义：

饭店是装备好的公共住宿设施，它一般都提供膳食、酒类与饮料以及其他的服务。

（《美利坚百科全书》）

饭店是在商业性的基础上向公众提供住宿，也往往提供膳食的建筑物。

（《大不列颠百科全书》）

饭店是提供住宿、膳食等而收取费用的住所。

（《牛津插图英语词典》）

饭店是为公众提供住宿设施与膳食的商业性的建筑设施。

（《简明大不列颠百科全书》）

从以上定义来看，饭店应具有以下基本条件：

(1)它是一个建筑物或由诸多建筑物组成的接待设施。

(2)它必须提供住宿设施，往往也提供餐饮和其他服务设施（如娱乐、健身、购物、商务等）。

(3)它的服务对象是公众，主要是外出旅行者。

(4)它是商业性的，以赢利为目的，使用者需要支付一定的费用。

综上所述，可将饭店定义为：饭店是通过向公众，特别是外出旅游的人们提供以住宿服务为主的相关服务来实现自己利益的服务企业。

二、饭店的作用

饭店业与旅行社、旅游交通业一起被称为旅游业的三大支柱产业。随着旅游业的迅猛发展，我国饭店业在产业规模、质量、设施以及在经营管理理念等诸多方面都取得了令世人注目的成就，其在国民经济中的地位和作用不断显现。

饭店业在直接创造外汇、回笼货币、拉动内需、增加就业等方面的作用也越来越重要。

现代饭店的作用主要表现在以下几个方面：

1. 饭店是当地对外交往、社会交际活动的中心

饭店业的发展会给当地社会的政治、经济、文化诸方面的发展带来重要影响，会刺激、促进和活跃当地社会的对外交往、经济发展和文化交流，提高社会的文明程度。

2. 饭店是创造旅游收入的重要部门

饭店作为旅游业经营活动的基本必备设施，是创造旅游收入，尤其是外汇收入的重要部门，对增加国家外汇收入、平衡国际收入有着重要的意义。2005 年，全国 11828 家星级饭店的营业收入总额为 1346.69 亿元，而当年国际旅游外汇收入中的住宿收入就达 37.75 亿美元。

3. 饭店业能提供广泛的就业机会

饭店能为社会创造直接和间接就业机会。作为劳动密集型行业，饭店业可提供大量的直接就业机会，按目前我国饭店的人员配备状况，平均每间客房约配备 1.5 ~2 人，一座 300 间客房的饭店就能创造 500 ~600 个直接就业机会；同时，饭店业又能为相关行业，如饭店设备及物品的生产和供应行业，提供大量的间接就业机会。根据国际统计资料和我国的实际经验，高档饭店每增加一个房间，可以直接和间接提供 5 ~7 个岗位的就业机会；中低档饭店每增加一个房间，则可创造 4 ~5 个岗位的就业机会。

4. 饭店业的发展促进了社会消费方式和消费结构的变革

饭店向所在地的居民提供了活动场所，如饭店的餐厅、健身房、歌舞厅等设施会吸引本地居民，使之成为当地的社交、娱乐、健身中心。随着经济收入的提高和生活节奏的加快，人们的消费理念也发生了变化，饭店为客人提供的服务将会越来越多，这就必然促使人们的消费方式和消费结构发生变化，也有利于社会经济的发展。

5. 饭店业的发展带动了相关行业的发展

据有关统计，一家饭店住客开支的近 60% 花费在饭店以外的社会其他行业，而且住客在饭店消费的物品大都是社会其他有关行业提供的，对活跃国民经济起到了很大的促进作用。因此，饭店的发展实际上也间接刺激了其他行业的发展，为所在地区带来巨大的经济效益。

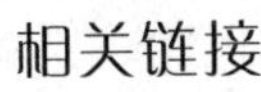

相关链接

2011年5月份我国旅游饭店市场状况

饭店客房平均出租率略有下滑,从2011年4月的68.19%下降到66.31%,下降约两个百分点,饭店平均房价较4月份小幅下降,单房收益下降18元人民币。5月份客房收入比有明显下降,为44.81%;餐饮收入比为43.39%,比4月份有明显上升;其他收入比保持平稳。

自行管理的饭店三项主要经营指标基本保持稳定;国内公司管理的饭店平均房价略有上升,平均出租率有一定下降幅度,单房收益小幅度下滑;国际品牌饭店出租率虽有所上升,但平均房价下降明显,使得单房收益仍然下降。

五星级饭店三项主要经营指标均小幅度下滑;四星级饭店平均房价略有上升,平均出租率略有下降,使得单房收益小幅度下降;三星级饭店出租率有一定提升幅度,虽然平均房价略有下降,但单房收益仍略有上升。

5月份北京市场三、四、五星级饭店的主要指标均有所上升,上海市场星级饭店主要指标有所下降,浙江市场小幅下降,江苏市场保持稳定,山东五星级饭店略有下降,四星级饭店略有上升,广东省五星级饭店主要经营指标明显回落。

总体来看,5月份全国饭店市场保持稳中略降的态势,主要经营数据指标较4月份小幅度下降。

5月份饭店平均员工流失率为4.69%。1~5月份饭店员工平均流失率累计已达到22.8%。饭店员工流失率依然保持在高位。

(来源:中国旅游饭店协会)

第二节 饭店的发展历史

饭店是社会发展的产物,社会生产力发展到一定阶段时,人类出现了旅行活动,人们在长途旅行中需要有个过夜住宿的地方,于是为旅行者提供过夜休息、餐食的饭店便产生了。现代的饭店就是从中国的驿馆、中东的商队客店、古罗马的棚舍、欧洲的路边旅馆及美国的马车客栈演变而来的。随着人类社会的发展,饭店的服务功能及服务范围大大拓展,其设施设备的装备水平及服务手段也日趋现代化、专业化。

一、世界饭店业的发展历史

世界饭店业的发展进程大体经历了客栈时期、大饭店时期、商业饭店时期和

现代饭店时期。

（一）客栈时期

客栈是指乡间或路边的小旅店，供过往旅行者寄宿之用。最早的客栈可追溯到人类原始社会末期和奴隶社会初期，是应古代的外交、宗教和商业旅行以及帝王和贵族的巡游等活动的要求而产生的。客栈虽然早就存在，但真正流行是在 12 世纪以后，盛行于 15～18 世纪。所以在西方，客栈时期一般是指 12～18 世纪这一历史时期。早期的客栈规模小，设备简陋，服务项目少，质量差，除了提供食宿外，客栈无其他服务。到了 15 世纪，客栈开始流行。有些客栈已拥有 20～30间客房，条件好的还有一个酒窖、一个食品室、一个厨房。

（二）大饭店时期

19 世纪中叶至 19 世纪末，随着西方诸国进入工业化时代，世界饭店业进入了大饭店时期。当时在欧洲的多数大城市里，大兴土木争相建造豪华饭店。具有代表性的此类饭店有巴黎的巴黎大饭店和罗浮宫大饭店、柏林的恺撒大饭店、伦敦的萨依伏大饭店。大饭店时期饭店主要布局在铁路沿线、海港附近，规模宏大，建筑与设施豪华，装饰讲究。饭店的服务是第一流的，讲究礼仪，主要接待王公、贵族、官宦和社会名流。饭店投资者、经营者的根本兴趣是取悦于上流社会，求得社会声誉，往往不太注重经营成本。比如，作为本时期饭店经营的代表人物，里兹饭店的创始人恺撒·里兹(Caeser Ritz)任卢塞恩国家大饭店经理时，为了让客人看到一种奇妙的夜景，在附近山头燃起了篝火，并在对面山上点燃了 1 万支蜡烛！为了创造一种威尼斯水乡的气氛，竟把饭店底层的餐厅注满了水，摆上平底船，请来船夫唱船歌助兴。

图 1-1　瑞士里兹酒店管理学院外景

大饭店时期，恺撒·里兹提出了“客人永远是对的”这样的饭店经营格言。

大饭店时期的许多经营与服务的哲学和信条至今仍被世界饭店业奉为经典，恪守不渝。

（三）商业饭店时期

商业饭店时期大约从20世纪初到20世纪50年代。美国的饭店大王埃尔斯沃思·斯塔特勒（Ellsworth Statler）被公认为商业饭店的创始人。他凭着自己多年从事饭店经营的经验及对市场需求的了解，立志要建造一种“为一般公众能负担的价格之内提供必要的舒适方便、优质服务与清洁卫生”的饭店，亮出了“平民化、大众化”的旗号。1908年，他在美国纽约水牛城（Buffalo）建造了第一家由他亲自设计并用自己名字命名的斯塔特勒饭店，一个带卫生间的客房的房价仅1.5美元。一间客房有一部电话，电灯开关安在屋门旁边，楼房各层设防火门等均是他的创造。斯塔特勒提出了饭店经营成功的根本要素是“地点、地点、地点”的原则，还提出了“饭店从根本上来讲，只销售一样东西，这就是服务”等经营名言，至今对饭店业仍大有启迪，对现代饭店的经营具有重要的影响。

商业饭店时期，饭店主要布局在城市中心、公路边，服务对象主要是商务旅行者；服务设施与服务项目讲究舒适、方便、清洁、安全与实用，而不刻意追求豪华与奢侈；价格合理，使客人感到物有所值；经营管理上讲究经营艺术，改善管理，注重质量标准化，降低成本以获取最佳利润。

商业饭店时期是世界饭店史中最重要的阶段，也是世界各国饭店业最为活跃的时期，它从各方面奠定了现代饭店业的基础。

图1-2 斯塔特勒饭店

（四）现代新型饭店时期

现代新型饭店时期从20世纪50年代至今。20世纪50年代，随着欧美国

家经济复苏,空中交通及高速公路日益普及,人们在国内、国际间的旅行活动日益频繁。在大众城市里,大型高层的饭店数量倍增,公路两旁的汽车旅馆更是星罗棋布。一些有实力的饭店公司,以签订管理合同、授让特许经营权等形式,进行国内甚至跨国的连锁经营,逐渐形成一大批使用统一名称、统一标识,在饭店建造、设备设施、服务程序、管理方式等方面实行统一标准,联网进行宣传促销、客房预订、物资采购与人才培训的饭店联号公司。世界著名的饭店联号集团有:希尔顿饭店公司(Hilton Hotels Corp.)、喜来登饭店公司(Sheraton Corp.)、凯悦国际饭店公司(Hyatt International)、威斯汀饭店公司(Westin Hotels)等。拥有中小型饭店或汽车旅馆的饭店联号公司有:假日饭店集团(Holiday Inn Corp.)、华美达饭店集团(Ramada Inns)、最佳西方国际饭店集团(Best Western International)等。

图 1-3 无锡希尔顿饭店

在现代新型饭店时期,饭店业发达的地区并不仅仅局限于欧美,而是遍布全世界。亚洲地区的饭店业从 20 世纪 60 年代起步发展到如今,其在规模、等级、服务水准、管理水平等方面毫不逊色于欧美的饭店业。在美国《机构投资者》杂志每年组织的颇具权威性的世界十大最佳饭店评选中,亚洲地区的饭店往往占半数以上,并名列前茅。由香港东方文华饭店集团管理的泰国曼谷东方大饭店,十多年来一直在世界十大最佳饭店排行榜上名列榜首。在亚洲地区的饭店业中,已涌现出较大规模的饭店集团公司,如日本大仓饭店集团、日本新大谷饭店集团、香港东方文华饭店集团、香港丽晶饭店集团、新加坡香格里拉饭店集团、新加坡文华饭店集团等,这些饭店集团公司不仅在亚洲地区投资或管理饭店,而且已扩展到欧美地区。

现代新型饭店的特点主要有:注重规模效益、连锁经营,为适应现代人的需求而功能日益多样化,在设备设施上注意运用各种高新科技产品,市场结构的多元化促使饭店类型多样化,经营方式更加灵活,现代科学技术和管理理论的发展使现代饭店经营管理日益科学化和现代化。

在社会上为饭店行业配套服务的专业公司也日臻完善,有饭店管理咨询公司、饭店订房代理公司、饭店会计事务所、饭店建筑设计事务所、饭店设备用品公司等,还有开设饭店管理专业的各类院校。

二、中国饭店业的发展历史

中国饭店业是一个既古老又年轻的行业。一般分为古代、近代和现代三个发展时期。

(一)中国古代的饭店业

中国最早的饭店设施可追溯到3000多年前官办的驿站,周朝时期出现的客舍。唐、宋、明、清被认为是饭店业发展较快的时期。中国古代的住宿设施大体可分为官办设施和民间旅馆两类。

古代官方开办的住宿设施主要有驿站和迎宾馆两种。驿站是中国历史上最古老的一种官办住宿设施,专门接待往来信使和公差人员。到了唐代,驿站广泛接待过往官员及文人雅士。元代时,有的驿站建筑宏伟、陈设华丽,除接待信使、公差外,还接待过往商旅及达官贵人。迎宾馆是古代官方用来款待外国使者、外民族代表及客商,安排他们食宿的舍馆。在历代,曾有"四夷馆"、"四方馆"、"会同馆"等称谓,称之为"迎宾馆"始于清末。迎宾馆适应了古代民族交往和中外往来的需要,对中国古代的政治、经济和文化交流起到不可忽视的作用。

古代民间旅店从周朝就出现了,它的产生发展与商贸活动的兴衰及交通运输条件密切相关。在唐代,经济繁荣、社会安定,旅馆业也得到了大发展,民间旅馆进入商业都市,遍布繁华街道。明清时期,由于科举制度及商贸的发展,在各省城和京城出现了专门接待各地赴试学子和经商者的会馆,成为当时旅馆业的重要组成部分。

(二)中国近代饭店业

由于中国近代沦为半殖民地半封建社会,当时的饭店业除了有传统的旅馆外,还出现了西式饭店和中西式饭店。

西式饭店是19世纪初外国列强侵入中国后,由外国资本建造和经营的饭店的通称。西式饭店与中国传统的旅馆不同,相比之下,这类饭店规模宏大,装饰华丽,设备先进,高级管理人员皆来自英、法、德等国,接待对象主要以来华外国人为主,也包括当时中国上层社会人物及达官贵人。如北京的六国饭店、北京饭店,天津的利顺德饭店等。这些饭店除了提供基本的食宿外,还提供游艺室、浴室、理发室等,是中国近代饭店业中的外来部分,是帝国主义列强入侵中国的产物,为帝国主义的政治、经济、文化服务。但另一方面,西式饭店的出现对中国近代饭店业的发展起到了一定的促进作用,把西式饭店的建筑风格、设备配置、服务方式、经营管理的理论和方法带到了中国。

中西式饭店是在西式饭店带动下,由中国的民族资本投资兴建的一大批中西风格结合的新式饭店。此类饭店在建筑式样、店内设备、服务项目和经营方式上都接受了西式饭店的影响,而且在经营体制方面也仿效西式饭店的模式,实行饭店与银行、交通等行业联营。至 20 世纪 30 年代,中西式饭店的发展达到了鼎盛时期,在当时的各大城市中,均可看到这类饭店。中西式饭店将欧美饭店业的经营观念和方法与中国饭店经营环境的实际相融合,成为中国近代饭店业中引人注目的部分,为中国饭店业进入现代饭店时期奠定了良好的基础。

图 1-4　天津利顺德饭店

(三)中国现代饭店业

我国现代饭店业的发展历史不长,但速度惊人。新中国成立后,我国的各省会、直辖市和风景区通过改建老饭店,建立了一批宾馆、招待所,其功能主要是干部休养、接待公事访问。赢利并不是这些饭店的主要经营目的。自 1978 年我国开始实行对外开放政策以来,大力发展旅游业,这为我国现代饭店业的兴起和发展创造了前所未有的良好机遇。

从 1978 年至今,我国旅游饭店业大致经历了四个发展阶段:

第一阶段(1978～1983 年),由事业单位招待型管理走向企业单位经营型管理。

这一时期的饭店,很大部分是从以前政府的高级招待所转变而来的,在财政上实行统收统支、实报实销的制度,基本没有上缴利润,没有任何风险,因此,作为一个饭店也就既没有压力,又缺乏活力,与满足国际旅游业发展和为国家增加创汇的要求极不相称。1978～1983 年,旅游行政管理部门重点围绕如何使我国饭店业从招待型管理转轨为企业化管理、如何提高饭店管理水平和服务质量、如何提高管理人员素质使之掌握现代化饭店管理知识三个方面做了大量工作，使饭店经营水平及服务质量都有了明显的提高。

第二阶段(1984～1987年)，由经验型管理走向科学管理。

1984年，我国饭店业在全行业推广北京建国饭店的科学管理方法，走上了与国际接轨的科学管理的轨道，这是我国饭店业在发展中迈出的第二步。企业化管理进程开始加快，科学管理体系开始形成，经营方式灵活，管理队伍活力增强，服务质量明显上升，经济效益和社会效益提高了。

第三阶段(1988～1994年)，吸纳国际上通行做法，推行星级评定制度。

为使我国迅速发展的饭店业能规范有序地发展并与国际饭店业的标准接轨，1988年9月，经国务院批准，国家旅游局颁布了饭店星级标准，并开始对旅游涉外饭店进行星级评定。我国饭店业实行星级制度，可以促使饭店的服务和管理符合国际惯例和国际标准。评定星级既是客观形势发展的需要，也是使我国饭店业进入规范化、国际化、现代化管理的新阶段的需要。

第四阶段(1994年至今)，我国饭店业逐步向专业化、集团化、集约化经营管理迈进。

20世纪90年代以来，国际上许多知名饭店管理集团纷纷进入中国饭店市场，向我国饭店业展示了专业化、集团化管理的优越性以及现代饭店发展的趋势。1994年，我国成立了第一批自己的饭店管理公司，这为迅速崛起的中国饭店业注入了新的活力，引导我国饭店业向专业化、集团化管理的方向发展。另外，90年代中后期，我国饭店业的总量急骤增加。由于受到国际国内经济环境变化的影响，饭店业的经营效益出现滑坡，走集约型发展之路，越来越成为饭店业的共识，要求饭店业应从单纯追求总量扩张、注重外延型发展，向追求质量效益、强化内涵型发展转变。

1978年我国能接待外国旅游者的饭店仅有203座、3.2万间客房，并且普遍规模小，功能单一，设备陈旧。到2004年末，全国共有星级饭店10888家，拥有客房123.79万间，拥有床位236.66万张，全年营业收入总额为1238.67亿元。同时，饭店业档次结构也发生了明显变化。20世纪80年代初那种只提供食宿的招待型饭店，已被当今的豪华、高档、中档、经济等多档次饭店所取代，过去那种简单的会议型饭店已发展为品种齐全、种类丰富的商务型饭店、度假型饭店、娱乐消遣饭店、会议饭店等等。现在我国的一些饭店从规模、档次、服务、管理水平等方面都已达到国际先进水平，如北京的北京饭店和王府饭店、广州的中国大酒店和白天鹅宾馆、上海的新锦江饭店、南京的金陵饭店等。还涌现了许多饭店管理集团，到2005年，锦江国际酒店管理集团在全球饭店集团中排名第22位，

北京首都旅游国际酒店集团、粤海(国际)酒店管理集团有限公司、海航酒店集团、金陵饭店集团和凯莱国际酒店集团也进入了全球饭店集团300强。

图1-5 广州白天鹅宾馆

三、21世纪饭店业发展趋势

进入21世纪,现代饭店业的经营环境越来越复杂,消费者的需求不断增加并日益个性化,行业内的竞争日益激烈,科技的影响越来越深刻,饭店业呈现出新的发展态势。主要表现在:

1. 经营理念人本化

在人员管理上,体现企业人本管理精髓的"土壤学说"将替代原有的"屋顶学说"。人本管理的目的是要在饭店企业内部创造一种员工自我管理、自主发展的新型人事环境,充分发挥人的潜能。

面对更加成熟的消费者,饭店经营必须建立在对消费者尊重的基础上,体现一种人文关怀精神,就是饭店从设计、建造到日常服务和管理,都要体现以人为本、全面关怀的人文精神。

2. 类型多样化

随着客人需求的多样化,饭店企业对市场进行超细的划分,更为准确地把握市场定位,注重营造自己的特色;同时,饭店内部产品也呈多样化发展,现在看,有三种趋势:一是大而全,饭店里什么都有;二是小而全,对应少数人或单一的需求;三是极端型的产品,如海底宾馆、冰雪饭店等。

3. 竞争激烈化

由于饭店总量的增加,而且随着一部分航空、旅游、汽车、电信等公司都开始涉足饭店业,饭店业的内部竞争将日趋激烈。饭店业还面临来自其他行业的竞争,如房地产、写字楼的发展会使很多常住客人流失。

4. 电子分销渠道整合化

随着网络的普及,饭店业的营销将会形成一个开放性的营销网络,并且开始发展集团性或联盟性的电子预订系统。据2004年万豪国际集团的统计,其100美元客房营业收入中,来源于电子分销渠道的占29%,电子分销渠道的收入中来源于全球分销系统的占61%,来源于万豪自身网站预订的占32%,来源于电子旅行社预订的占7%。

5. 品牌普遍化

一是树立比较强大的品牌来对应比较大的市场,二是树立具体的品牌对应细分的市场。如希尔顿国际饭店集团包含超豪华型的康拉德品牌、高档的希尔顿品牌、经济型的斯堪的克品牌。品牌的普及化、品牌的表现形式多样化都会成为发展趋势。

6. 服务定制化

跨入21世纪,个性化、多样化的消费潮流使每个消费者都希望通过购买、消费不同的产品或服务来表现出自己独特的个性、品位和格调。因此,为迎合消费者日益变化的消费需求,饭店应通过"量体裁衣"的方式,为每一位消费者提供最能满足其个性需求的产品或服务,即定制化的服务。

7. 饭店绿色化

随着环境问题日益严重,可持续发展成为全社会的要求,21世纪将会出现大量的绿色饭店。节约能源,减少消耗,保护环境,倡导绿色消费,提供绿色服务,将成为饭店业发展的重要战略。绿色客房、绿色餐厅、绿色食品等将会成为饭店的主要服务产品。饭店企业还会有意识地在顾客中进行绿色教育,引导顾客成为资源的节约者、环境的保护者、新生活的健康代表。

相关链接

绿色饭店等级评定标准(节选)

……

5. 基本要求

5.1 饭店严格遵守建设和运营中涉及的节能、环保、卫生、防疫、安全、规划等法律、法规和标准的要求,饭店所在地有严于国家污染物排放标准的地方污染物排

放标准时，应执行地方污染物排放标准。

5.2　饭店有科学有效的资源节约和环境保护方针，制定了明确的目标和可量化的行动指标，并有完善的经营管理制度保障执行。

5.3　饭店有相应组织机构，有经过专业培训的高层管理者具体负责绿色饭店的创建活动。

5.4　饭店每年有为员工提供节约、环保、安全、健康等相关知识的教育和培训活动。

5.5　饭店提供绿色行动的预算资金及人力资源的支持。

5.6　饭店有绿色行动的考核及奖励制度，并纳入饭店整体的绩效评估体系。

5.7　饭店有倡导节约资源、保护环境和绿色消费的宣传行动以营造绿色消费环境的氛围，对消费者的节约、环保消费行为能够提供多项鼓励措施。

5.8　饭店近年来无安全事故和环境污染超标事故。

6　绿色设计

6.1　环境设计

6.1.1　饭店设计中充分体现当地自然、人文和谐和对生物多样性的保护。

6.1.2　饭店建设中未造成当地生态环境的破坏。

6.2　建筑设计

6.2.1　饭店设计中体现节能省地原则，无高耗能结构与空间的过度浪费。

6.2.2　饭店建设与改造设计中体现自然采光的设计与运用。

6.2.3　饭店建设与改造设计中体现隔热、降噪、保温材料的设计与运用。

6.2.4　饭店建设与改造设计中采用环保、安全、健康的建筑材料和装修。

6.3　流程设计

6.3.1　有积极利用地热能、太阳能、风能、水能等可再生能源和替代能源的设计。

6.3.2　有能源循环利用设计。

6.3.3　有在服务、产品形成过程中清洁生产的设计。

6.3.4　有在经营服务过程中防控污染、减少污染排放的设计。

7　安全管理

7.1　消防通道布置合理、畅通，标识明显，消防设备设施完善。

7.2　有覆盖全部公共区域的安全监控系统。

7.3　主要场所及部门安装合格、有效的烟雾或煤气、天然气报警装置。

7.4　有公共安全、消防安全、食品安全等突发事件应急预案，并不断完善，定期组织演练。

7.5　饭店员工应定期进行有效的消防知识和食品安全知识的培训。

7.6 设备设施安全可靠,危险设备、设施及区域设置栅栏隔离或警示标识提示。

8 节能管理

8.1 水、电、气、煤、油等主要能耗部门有定额标准和责任制。

8.2 主要用能设备和功能区域安装计量仪表。

8.3 每月对水、电、气、煤、油的消耗量进行监测和对比分析,定期向员工报告。

8.4 定期对空调、供热、照明等用能设备进行巡检和及时维护,减少能源损耗。

8.5 积极引进先进的节能设备、技术和管理方法,采用节能标志产品,提高能源使用效率。

8.6 积极采用可再生能源和替代能源,减少煤、气、油的使用。

8.7 公共区域夏季温度设置不低于26℃,冬季温度不高于20℃。

8.8 水、电、气、煤、油等能源费用占营业收入百分比达到先进指标。

9 降耗管理

9.1 减少一次性用品的使用。

9.2 根据顾客意愿减少客房棉织品换洗次数。

9.3 简化客房用品的包装。

9.4 改变洗涤品包装为可充灌式包装。

9.5 节约用纸,提倡无纸化办公。

9.6 有鼓励废旧物品再利用的措施。

10 环境保护

10.1 严格遵守国家或地方污染物排放标准,并通过持续改进,进一步减少污染物排放浓度和排放总量,直至达到零排放。

10.2 积极引进先进的环保技术和设备。

10.3 不使用可造成环境污染的产品,积极选择使用环境标志产品。

10.4 采取有效措施减少固体废弃物的排放量,固体废弃物实施分类收集,储运不对周围环境产生危害;危险性废弃物及特定的回收物料交有资质机构处理、处置。

10.5 避免过度包装,必须使用的包装材料尽可能采用可降解、可重复使用的产品。

10.6 积极采用有机肥料和天然杀虫方法,减少化学药剂的使用。

10.7 积极采用本地植物绿化饭店室内外环境。

11 健康管理

11.1 绿色客房

11.1.1 设有无烟客房或无烟楼层。

11.1.2 装修干净、整洁,家具和棉织品整洁、舒适。

11.1.3　自然采光充足，有可调节光源。

11.1.4　相对湿度保持在40%～65%，温度可根据客人需要调整。

11.1.5　有良好的新风系统，配备空气清洁设备，封闭状态下无异味。

11.1.6　门、窗、墙壁隔音良好，室内无噪音。

11.1.7　提供洁净饮用水。

11.1.8　放置有益人体健康的绿色植物。

11.1.9　卫生间采用防滑洁具，采取防滑措施。

11.2　绿色餐饮

11.2.1　厨房按原料的进入、处理、半成品加工、成品供应单向流程布局，功能操作间齐备。

11.2.2　有食品质量控制与保障体系，原料购进、检查、验收制度及记录齐全。

11.2.3　有专职食品安全管理人员。

11.2.4　定期针对采购、库管、烹调等关键技术岗位人员进行专业培训。

11.2.5　积极采用有机、绿色、无公害食品原料，提供营养平衡食谱。

11.2.6　定期对菜单、食品加工设备进行清洁和消毒。

11.2.7　餐厅设有无烟区和无烟包间。

11.2.8　餐厅内通风良好，无异味。

11.2.9　倡导分餐制，菜单中明示提供大、中、小例服务。

11.2.10　有引导绿色消费、节约消费提示及服务措施。

11.2.11　不以野生保护动植物为食品原料。

12　绿色宣传

12.1　饭店开展多种形式的社会宣传活动，宣传绿色饭店的理念，促进绿色消费。

12.2　饭店制定并实施鼓励客人开展绿色消费、节约消费的具体计划。

12.3　绿色饭店创建活动得到社会的良好反应，有媒体的相关报道。

12.4　绿色饭店创建活动得到客人的支持和赞同，客人对饭店环境的满意程度达到80%以上(根据征求意见表统计)。

12.5　绿色客房出租率呈上升趋势，或绿色客房平均出租率超过饭店平均出租率。

12.6　饭店通过采购、投资等方式促进节能、环保技术的推广和应用，推进社会各类绿色产品的生产和销售。

(摘自国家旅游局《绿色饭店等级评定标准》)

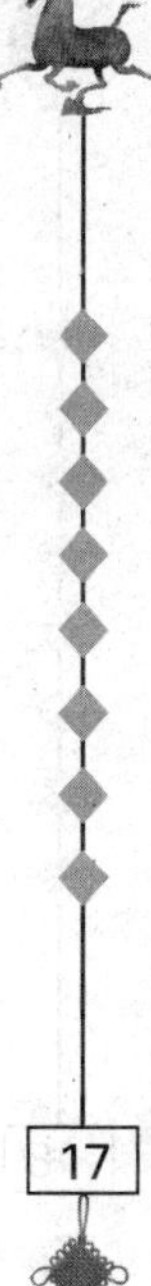

第三节 饭店的类型和特点

饭店是旅游者在旅游途中的家外之家,是为旅游者提供食宿及其他相关辅助服务的主要场所。由于旅游者的旅行目的和动机不一,其旅游需求也各不相同。为了满足各类旅游者的需要,出现了不同类型和不同等级的饭店。

一、饭店的类型

根据某些特定标准对饭店进行分类:一是有利于顾客选择;二是有利于饭店的市场营销,能使饭店明确所处市场和推销对象,从而更有效地制定营销计划;三是便于同行业的比较,一家饭店经营得好坏,要与同一类型的饭店相比才有意义。饭店的类型繁多,分类也没有统一标准,通常有以下分类方式:

(一)按服务对象(客人特点)分类

饭店按其服务的对象,可分为以下几种:

1. 商务型饭店(Commercial Hotels)

商务型饭店,也称"暂住型饭店"(Transient Hotels)。此类饭店以接待从事商务活动的客人为主,地理位置一般多位于城市的商业中心地带。此类饭店目前在饭店业中所占比例最大,是饭店业的主体。其配套设施齐全,服务功能也较为完善,可以为客人提供管家、秘书等与商务活动有关的服务。因此,商务型饭店比其他饭店档次普遍要高。此类饭店的特点主要体现在以下4个方面:

(1)商务设施:饭店针对商务客人的特点,店内设有商务中心、会议室等齐全完善的设施,并能为客人提供便利的店内办公和商务洽谈条件。

(2)客房设施:客房内也有较完备的商务设施,如配有24小时可以上网的电脑、商务办公用品等。大床单人房和套房较多,突出房间内办公空间。

(3)餐饮娱乐设施:由于商务客人的交际应酬较多,所以餐饮娱乐等设施也一应俱全。

(4)行政楼层:高档饭店还设置专门的"行政楼层",并在本楼层设有独立的总服务台、商务中心、小型酒吧等,尽可能为客人提供快捷、方便的服务。很多高星级的饭店为了能够为客人提供入住期间的旅居和商务等全方位的服务,还专门为入住行政楼层的客人提供贴身管家服务。

2. 度假型饭店(Resort Hotels)

度假型饭店,也称"休养地饭店",以接待休闲度假的客人为主。此类饭店地理位置围绕或远离城市,多位于海滨、温泉、海岛等旅游胜地。拥有完善且独立的生活配套设施,其功能、设计更注重舒适性,以吸引客人,例如高尔夫、骑马、垂钓、潜水、冲浪等项目的设立。度假型饭店多受气候和时间的影响，因而采用实行淡旺季价格、增设会议设施、开展主题活动等较为灵活的经营方式。近年来，不少旅游胜地出现了分时度假型饭店（由多名买主共同投资或购买并共同享用，根据投资比例确定各位买主每年可以使用的时限及分红。在自己使用的时限内，买主可以独家享用，也可以出租，还可以与其他地方的类似设施交换使用，公寓的管理、维修及出租等事宜通常委托专门的公司代办）。

图 1-6　海南三亚国光豪生度假酒店

3. 长住型饭店（Resident Hotels）

长住型饭店，也称“公寓型饭店”（Apartment Hotels）。此类饭店适合住宿期较长、在当地工作或休假的客人或家庭居住。一般采用公寓式建筑的造型，客房多采用家庭式布局，以套房为主，配备必要的家具、电器设施及厨房设备，饭店通常只提供住宿服务，并根据客人需求提供餐饮及其他辅助性服务，使客人感到“有家庭生活之乐趣，无家庭生活之累赘”。饭店的组织机构、管理和服务也较其他类型饭店简单。

长住型饭店与客人之间通过签订协议或租约的方式，对居住时间、服务项目等事项作出明确的约定。此类饭店的发展趋势，一是向豪华型饭店发展，二是向通过分单元向客人出售产权发展。不少饭店还实行定时分享制，与其他地方的相同类型设施的所有者交换使用。

4. 主题型饭店

主题饭店在国外已有近 50 年的发展历史了，代表着国际饭店业发展的新趋势。此类饭店通过文化融合的方式，以创造一个或多个文化主题为标志，并围绕主题来营造饭店经营服务与管理氛围，提供特殊的住宿和餐饮等服务的综合体。

主题饭店最大特点就是赋予饭店以某种具有特色的主题，并围绕它来组织生产经营活动，营造经营服务与管理气氛，使饭店的产品、服务、环境、造型以及活动等都为主题服务,而且始终使主题成为顾客容易识别的饭店特征和产生消费行为的刺激物。

主题饭店的核心是主题产品的文化特征,它并不是主题和饭店的简单组合,而是一个系统的工程,它系统细致地将主题文化由表及里地、全方位与立体化地融入饭店各个环节中。不仅改变了饭店产品的内涵和层次结构,而且还改变了产品的核心。因为主题饭店从建设开始就注重文化的营造,从设计、建设、装修到管理经营、服务都注重独特的主题内涵,突出文化品位,形成个性,从而在市场上形成鲜明的主题形象;把服务项目融入主题中去,以个性化的服务代替刻板的规范化服务模式,从而体现对客人的尊重。

如果根据经营特点可将主题饭店划分为会议型主题饭店、博彩型主题饭店等。

(1)会议型主题饭店(Convention Hotels)

会议型主题饭店是用于接待参加各种会议的客人,专门为举行各种商业会议、贸易展览及科学讲座会议服务的。它不但有围绕主题文化设计的客房、餐饮,还要有会展设施、先进的会议设备(如接待国际会议必须配备同声传译装置)、展览厅、多功能厅等。同时,会议饭店必须配备能够协助会议组织者组织会议事务的高效率的接待人员。

我国近几年会议饭店发展迅速,如成功接待 APEC 会议的上海国际会议中心的会议设施就非常完备。

(2)博彩型饭店(Casino Hotels)

美国的拉斯维加斯、马来西亚的云顶饭店等都是博彩型饭店。而我国澳门的葡京酒店就是世界闻名的以博彩业为主要经营产品的饭店。

博彩型饭店营业情况与传统饭店不同,它的主要收入来源是博彩业收入,而不是客房销售额。一般博彩型饭店的房价较低,食品和饮料通常是为吸引顾客而亏本出售的商品。很多酒饭店为了吸引更多的博彩客人,通过办理 VIP 会员卡的形式免费提供餐食。但豪华的博彩饭店客房、餐饮消费也很高。

除此之外,近年来为了满足家庭旅游者和需要更多私人空间的客人的需求,还出现了新的主题饭店类型。全套房饭店(All - suites Hotel)就是其中一种,它也分为经济型、中档与高档饭店,并且有的还实行品牌经营。

相关链接

世界知名主题饭店——金字塔酒店

美国拉斯维加斯的金字塔酒店(Luxor Hotel),又叫“卢克索酒店”,酒店以

图 1-7 澳门威尼斯人酒店

埃及金字塔为主题，外形是人面狮身像，有 4407 间客房，是世界上第三大度假型酒店，第四大金字塔。金字塔酒店于 1991 年动工，1993 年 10 月 15 日开业。金字塔酒店也是全拉斯维加斯最容易被察觉的酒店，因为在酒店的金字塔顶部有一束激光射向天空，在夜间，飞机飞行途中就算远至 440 千米外的加利福尼亚州也能隐约看到。酒店金字塔的内部是中空设计，建有主题乐园，位于金字塔内墙的房间都需要乘搭一种特制的升降机方能到达，而这种升降机与外墙成 39°角。卢克索酒店这个名字来自古埃及的一座著名城市——卢克索，卢克索市内存有很多遗迹，但该城市本身并无金字塔。此酒店被认为是 20 世纪 90 年代后的现代建筑主义典范，曾登上著名的建筑杂志的封面。

（摘自《主题酒店创意与管理》）

（二）按饭店规模分

国际上通常按照饭店拥有的客房数量来表示饭店规模，按饭店规模可分为以下几种：

1. 小型饭店

一般把客房数在 300 间以下的称为“小型饭店”。

2. 中型饭店

一般把客房数在 300～600 间的称为“中型饭店”。

3. 大型饭店

一般把客房数在 600 间以上的称为“大型饭店”。

由于我国饭店的客房数量比较少，有的按照 200～500 间的数量划分，有的把客房数在 1000 间以上的称为“超大型饭店”。

2004 年底我国按饭店规模大小划分的情况是：客房数在 500 间以上的饭店 125 座，占全国星级饭店客房总数的 8.5%；客房数在 300～499 间的饭店 389

座,占全国星级饭店客房总数的11.5%;客房数在200~299间的饭店822座,占全国星级饭店客房总数的15.9%;客房数在100~199间的饭店3245座,占全国星级饭店客房总数的35.2%;客房数在100间以下的饭店6307座,占全国星级饭店客房总数的28.8%。

(三)按计价方式分

按照国际惯例,根据饭店向客人收取的房费中是否包含餐费的标准分类,一般可分为以下五种:

1. 欧式计价饭店(European Plan,简称EP)

饭店客房价格只计房租,不含餐费。世界上大多数饭店采用。通常情况下只要饭店未向客人作特别说明的报价,均为欧式计价。

2. 美式计价饭店(American Plan,简称AP)

饭店客房价格不仅含房租,而且还包括一日三餐的费用,多为度假型饭店或团队、会议客人使用。

3. 修正美式计价饭店(Modified American Plan,简称MAP)

饭店房价包括房租、早餐费用,还包括一顿午餐或晚餐(任选一),比较适合普通旅游客人。

4. 欧陆式计价饭店(Continental Plan, 简称CP)

饭店房价中包括房费和欧陆式早餐(Continental breakfast)。欧陆式早餐比较简单,一般提供冷果汁、烤面包(配黄油、果酱)、咖啡或茶。此类计价方式多用于不设餐厅的家庭旅馆。

5. 百慕大式计价饭店(Bermuda Plan, 简称BP)

饭店房价中包括房费和美式早餐(American breakfast)。美式早餐除包括欧陆式早餐的内容外,通常还提供煎鸡蛋、火腿、香肠、咸肉、牛奶、水果等。此类计价方式多适用于商务型的饭店。

(四)按饭店的收费价格分

按照饭店的收费价格,可分为以下几种:

1. 经济型饭店

此类饭店在国外也称"有限服务饭店",如早期的汽车饭店,主要提供住宿,不提供或只提供早餐及简单的餐饮服务。近几年来,经济型饭店发展较为迅速。世界上的主要饭店集团几乎都有自己的经济型饭店品牌,平均房价低于60美元。我国"锦江之星"连锁经济型饭店的房价通常在100~200元。目前较知名的经济型饭店品牌,国内有锦江集团旗下的"锦江之星"、首旅集团旗下的"如家"等,国外有雅高集团的"宜必思"、圣达特集团的"速8"、洲际酒店集团的"假日快捷"等。

2. 中档饭店

此类饭店除住宿外，还提供餐饮、会议、娱乐等服务项目。在国外此类饭店的平均房价低于90美元。

3. 高级或豪华型饭店

此类饭店的高级和豪华不但能为客人提供完全的服务项目，而且还提供豪华的装饰、设施和最具特色的个性化服务。

图1-8 阿联酋迪拜伯瓷酒店

二、饭店的等级

饭店等级是指一家饭店的豪华程度、设施设备、服务范围、服务质量等方面所反映出的级别与水准。按照一定的标准和要求对饭店进行分级，并用某种标志表示出来，在饭店显著的地方公之于众，这就是饭店的定级或等级制度。

(一)饭店划分等级的目的

1. 有利于保护消费者的利益

消费者在选择饭店前都希望对饭店类型和档次有一定的了解，并根据自己的需求和消费能力来作出选择。对饭店定级可以有效地指导消费者选择饭店，同时也促使饭店自觉地按自己的等级和标准提供相应的服务，保障消费者利益。

2. 有利于饭店走向规范化和科学化的道路

饭店的等级是对其建筑、装饰、设施设备及管理、服务水平的全方位评定。并且评定后每年都要进行一次复核，三年后重新评定，从而促使饭店按照自己的等级标准不断完善设施设备和服务质量，提高管理水平。

3. 便于进行行业管理

对饭店进行等级评定，便于对饭店进行分档管理，便于国家的政府机构和组织对饭店进行规范管理,达到维护国家形象、维护消费者权益、指导饭店业持续发展的目的。因此,我国从 1988 年开始进行对旅游涉外饭店进行星级评定的工作。

(二)饭店等级划分方法

目前,世界各地有多种多样的饭店等级划分方法,不同的国家和地区采取不同的评定方式对饭店进行等级评定,用以表示级别的标志与名称也不一样。饭店的位置、环境、设施、服务等情况是不少国家和地区在对饭店进行等级划分时常用的划分依据。饭店等级评定后通常用特定的标志,在饭店显著位置公之于众。

目前常见的饭店等级划分方法有以下几种:

1. 星级制

星级制即将饭店根据一定标准分成的等级分别用星号标识以区别等级的制度。比较流行的是五星级级别,星级越高,等级越高。这种星级制在世界上,尤其在欧洲,采用最为广泛。我国国家旅游局也采用这种方法进行饭店星级的评定。

2. 字母表示法

许多国家将饭店的等级用英文字母表示,即 A、B、C、D、E 五级,E 为最低级。此外,有的虽然也是五级,却用 A、B、C、D 四个子目表示,最高级用 A1 或特别豪华级来表示。

3. 数字表示法

用数字表示饭店的等级,一般最高级以“豪华”表示,继豪华之后由高级到低级依次为 1、2、3、4,数字越大,档次越低。

相关链接

中国旅游饭店星级的划分和评定

我国目前实行的《旅游饭店星级的划分与评定》标准是 2010 年 6 月颁布,2011 年 1 月 1 日正式实施的。标准规定了旅游饭店星级的划分条件、评定规则及服务质量和管理制度要求,适用于正式营业的各种经济性质的旅游饭店。

按国际惯例明确了旅游饭店的定义——以间(套)为单位出租客房,以住宿服务为主,并提供商务、会议、休闲、度假等服务的住宿设施。按不同习惯可能被称为宾馆、酒店、旅馆、旅社、宾舍、度假村、俱乐部、大厦、中心等。

用星的数量和设色表示旅游饭店的等级。星级分为五个等级,即一星级、二

星级、三星级、四星级、五星级(含白金五星级)。最低为一星级,最高为白金五星级。星级越高,表示旅游饭店的档次越高。星级以镀金五角星为符号,用一颗五角星表示一星级,两颗五角星表示二星级,三颗五角星表示三星级,四颗五角星表示四星级,五颗五角星表示五星级,五颗白金五角星表示白金五星级。

规定旅游饭店使用星级的有效期限为五年,取消了星级终身制,增加了预备星级。即饭店开业一年后可申请星级,经星级评定机构评定批复后,可以享有三年有效的星级及其标志使用权。取消了预备星级的使用。

它代替了2003年颁布实施的《旅游涉外饭店星级的划分及评定》标准。新标准主要有如下突出特点:

(1) 强调了主体功能的整体有效性。

(2) 增设了绿色环保、节能减排、安全等应急处置、社会责任等方面的必备条件。

(3) 对降低服务质量和复核不达标的星级饭店处罚更加严厉。

【课堂思考】

饭店进行等级划分有什么意义?结合实际谈谈你自己的看法。

第四节　饭店基本组织结构

由于各饭店的规模和性质不同,现代饭店组织的机构设置和职权分配不必强求统一,但基本上的要求是一致的。一般来说,饭店内部门机构设置的特点是根据饭店为宾客提供的各种饭店产品和服务来设置的。按照饭店各部门的性质,可将饭店划分为营业部门、职能部门和其他部门。

一、饭店营业部门

(一)前厅部(Front Office)

前台部,也称"总台服务部",是饭店经营活动的中心。前厅部的工作始终贯穿于宾客与饭店接触、交流的全过程。其通过预订客房、办理登记手续、安排住宿房间、分发行包、代客储存物品、办理邮电业务、外币兑换、结账等,为宾客提供全面的服务。前厅部的主要机构有:预订处(Reservation Desk)、接待处(Reception Desk)、问讯处(Information Desk)、行李处(Bell Service Desk)、电话总机(Telephone switchboard)、收银处(Cash Desk)等。

(二)客房部(Housekeeping Department)

客房是宾客住宿和休息的场所,也是饭店设施的主体部分。随着现代化旅游业的发展,宾客对客房环境、住宿设施、清洁卫生设备及服务质量等都提出了很高的要求。因此,为宾客提供一个整洁、舒适、安全的房间,是客房部的主要任务。客房部包括客房主管部、楼层服务组、公共区域服务组、棉织品组、洗涤组等。

(三)餐饮部(Food & Beverage Department)

餐饮部是饭店又一个主要创收部门,虽然其创收能力通常小于客房出租的总收入,但该部门所获得的经营收入仍然是相当可观的。饭店餐饮服务的规模不论大小,一般均包括食品原料采购供应、厨房加工烹调、餐厅酒吧三部分业务活动,因而相应设置的业务部门有以下几种:厨房、餐厅、酒吧、管事部等。

(四)康乐部(Recreation Department)

在许多饭店中,特别是度假型饭店,都设有专门的部门为旅游团体和旅游者个人提供康乐活动。其中包括高尔夫球、网球、保龄球、健身、游泳等活动。这些活动均由康乐部组织安排,并设专门人员负责组织和指导工作。

(五)商品部(Shopping Arcade)

现在几乎所有的饭店都设有商品部或商品销售点,大型饭店的商品部和市区内零售商场的经营相类似。但饭店商品部装饰豪华,商品价格通常高于饭店外的同类商品的价格。饭店商场和商品部出售的商品,一般以当地特有的旅游商品为主,同时也经营一些日常生活用品。在有些大型饭店中,商品部属于业务部门,其经营收入在饭店营业总收入中占有一定的比例。

此外,饭店为了竞争和发展的需要,日益重视向客人提供更加完善、更加新型的业务项目,以满足宾客多方面的需求。

二、饭店职能部门

饭店职能部门不直接从事饭店产品生产和服务接待业务,而是为业务部门服务,执行自身某种管理职能的部门。饭店的人事部、安全部、销售部、财务部和工程部均属于饭店的职能部门。

(一)人事部(Personnel Department)

人事部的主要职责是为了满足饭店经营管理的需要,协助其他部门做好饭店管理人员和服务人员的选聘、培训及具体的管理工作。人事部是饭店中的一个非常重要的部门,一般直接受总经理的领导和指挥。人事部除设有经理和副经理外,还有专职人员负责人员调配、员工培训、工资管理等。

(二)销售部(Sales Department)

销售部的主要职责和工作目标是为饭店组织客源。为了保证饭店有充足的客源,销售部的人员要进行市场调研,了解市场需求,掌握客源流向,并负责推销饭店产品。各饭店销售部的规模是有差异的。一般是从1~15人(或20人)。

销售部设经理和主管销售业务的专职人员。有些大型饭店的销售部还设分管旅游销售、会议销售、宴会销售的经理及公关等专职工作人员。为了搞好销售工作,饭店总经理也要分出一部分时间来处理销售部的有关事宜。

(三)工程部(Engineering Department)

工程部的主要职责是负责饭店房屋及设备的维修工作,使饭店的外部及内部装修等保持在完好和较高的水平上,并经常对饭店的各项设备、设施进行修理、保养和更新。工程部还需要按计划对饭店的能源进行有效的管理。工程部的组织机构包括:工程部办公室(由工程部经理、助理调度员等组成)、锅炉冷冻组(由锅炉房和冷冻机房组成)、电工组(由交配电组与强弱电组组成)、维修组(由综合维修人员组成)、电梯组(由电梯操作、维修人员组成)、土建维修组(由土建、木工、油漆工组成)。

(四)安保部(Security Department)

安全保卫部是饭店非常重要的职能部门之一,宾客在饭店中不仅需要良好的食宿服务条件,而且还需要一个安全、舒适、宁静的环境。安保部对饭店的各种设施、财产的安全以及宾客的人身和财产安全负有重要责任。饭店设有安保部经理和专职的安全保卫工作人员,对全饭店进行24小时的安全保卫和巡视。

(五)财务部(Financial Department)

财务部主要负责处理饭店经营活动中的财务管理和会计核算工作。财务部人员的数量取决于饭店的经营规模。一般来说,饭店财务工作直接由一位饭店的副总经理领导,财务部内设经理、副经理、主管会计、会计员、出纳员若干名。

三、其他机构设置

根据我国国情、法律、政治经济体制,饭店还要设置其他机构:一是党组织的领导机构。它要对饭店的经营决策、正常运行、实现组织目标起监督保证作用。二是工会、共青团、妇女组织机构。工会是职工代表大会的常设机构,通过职工代表大会的形式使职工行使民主管理的权利,并维护广大职工的利益。共青团、妇女组织是饭店的群众组织。根据该组织章程,它们一方面要从该组织成员的特点出发,引导他们在饭店中发挥积极作用,另一方面要保护该组织成员的权益。

本章小结

本章首先介绍了饭店的基本概念及其在社会发展中所起到的作用,其次介绍了中外饭店的发展历史。恺撒·里兹提出的“客人永远不会错”以及斯塔特勒提出的“饭店只销售一样东西,这就是服务”等经营名言,至今对饭店业仍大有启迪。与此同时,介绍了饭店的类型、特点以及饭店的基本组织结构。

复习思考

一、名词解释

1. 饭店

2. 主题饭店

二、简答题

1. 如何理解饭店的概念?

2. 国外饭店发展经历了哪几个时期? 各自特点是什么?

3. 我国饭店发展经历了哪几个时期?

4. 经济型饭店、商务饭店、主题饭店各自的特点是什么?

5. 一般饭店由哪些组织构成?

三、案例分析

从 2011 年 1 月 1 日起,新《饭店星级的划分与评定》标准正式实施。按照新标准的要求,星级饭店需取消牙膏、牙刷、拖鞋、梳子、沐浴液、洗发液等一次性客房用品。据此,你认为饭店应如何恰当地调整自己的产品和服务,以便更好地保证饭店应有的服务质量?

推荐阅读

1. 徐仰前等:《绿色酒店创建与价值提升实证研究》,载《经济研究导刊》2010 年第 16 期。

2. 宋洋:《浅谈绿色饭店的创建与管理》,载《现代经济信息》2010 年第 18 期。

3. 李珊等:《中美主题酒店经营特点比较研究》,载《首都师范大学学报》2010 年第 4 期。

4. 史慧君等:《浅析我国经济型酒店的发展潜力》,载《中国集体经济》2009 年第 25 期。

第二章　饭店产品

【学习目标】

知识目标

1. 掌握饭店产品的内涵和特点。

2. 了解饭店前厅部、客房部、餐饮部等业务部门的地位和作用、业务特点及组织结构。

3. 熟悉饭店前厅部、客房部、餐饮部等业务部门的工作流程。

技能目标

1. 能够根据饭店产品的内涵和特点，了解其与其他产品的区别。

2. 能够根据饭店主要营业部门的业务特点和工作流程，初步了解其各自的管理特点。

【本章导读】

学习目的和意义　饭店产品的概念同一般意义上的企业产品概念既有区别又有联系，准确把握饭店产品的概念和特点对于我们研究现代饭店管理的内在规律有着重要的意义。前厅、客房、餐饮是饭店最主要的三大营业部门，熟悉和了解这三个部门的职责和工作流程，是我们做好饭店管理工作的前提。

本章内容概述　本章主要介绍了饭店产品的内涵和特点以及饭店前厅部、客房部、餐饮部等业务部门的业务特点、工作流程等。第一节主要介绍了饭店产品的概念、构成和特点，第二、三、四节分别介绍了饭店前厅部、客房部、餐饮部等业务部门的作用、业务特点和工作流程等。

【案例导入】

一个夏天的早上9点20分左右，在一家五星级饭店大堂门口的一辆出租车里走出了一位女模特。女模特上身穿着一件非常时髦的白色短衬衣，下身穿着一条白色超短裙，脚下穿着一双白色的高跟皮鞋，手中提着一个漆皮的白色手包。女模特的出现，吸引了大堂中所有人的目光，因为她太出众，太漂亮了，就连大堂值班经理——一位高大英俊、现年28岁的未婚男士，也被深深地吸引了。这位女模特目中无人地朝着大堂值班经理走来，在离值班经理还有3米远的距离时,突然她脚下一滑,摔了一个大马趴,手中的漆皮包也被甩了出去,包里的女士用品撒了一地。女模特的倒下立即引来很多客人的围观。

【课堂思考】

如果你是那位英俊、年轻的大堂值班经理,面对这位摔倒的女模特你该如何处理?下面四种处理方法你认为哪种更合适?

方法一:大堂值班经理立即上前将女模特扶起来,就近让她坐下,顺便将她的包和撒落的物品拾起来转交给客人。及时询问客人是否摔伤,是否需要看医生,并立即向客人道歉。

方法二:大堂值班经理立即就近叫来两名女服务员指示她们扶起女模特,选择安静的地方让她休息。大堂值班经理亲自将女模特的包和撒落的物品拾起来转交给客人,并立即向客人道歉。

方法三:大堂值班经理立即上前将自己的西装脱下为女模特遮羞,然后询问是否摔伤,得到准确答复后将女模特扶到后台休息室,并就近找一位女服务员请她帮助捡拾女模特的包和撒落的物品,立即请客人确认是否有物品丢失。及时询问客人是否摔伤,是否需要看医生。

方法四:大堂值班经理立即做了一个"向后转"的动作,装作没看见,就近叫来两名女服务员,对其中一人说:"请你询问一下客人是否摔伤,得到准确答复后将客人扶到后台休息室。"对另外一名女服务员说:"请你立即捡拾客人的包和撒落的物品,请客人确认是否有物品丢失。"然后,他背对着客人劝解围观客人离开,并将客人摔倒的场地仔细进行检查。过了五分钟之后,大堂值班经理才来到客人面前询问客人的伤情,提供必要的帮助。

第一节　饭店产品的内涵和特点

一、饭店产品的内涵

饭店产品的概念同一般意义上的企业产品概念既有区别又有联系,准确把握饭店产品的概念对于我们研究现代饭店管理的内在规律有着重要的意义。饭店在其经营过程中生产和销售的产品,我们通常称其为饭店产品。饭店产品是饭店在经营过程中为顾客在饭店旅居期间提供的使用价值的总和。

饭店产品是由饭店生产的,饭店利用后台设施提供顾客旅居所需的各种环境条件,利用前台设施提供顾客旅居直接需要的使用价值,还通过服务员的服务劳动向宾客提供劳务服务。饭店的设施设备和各种物品的使用价值、实物产品的使用价值(主要是餐饮产品)、服务劳务的使用价值构成饭店产品的使用价值三要素。其中,服务劳务价值占了较大比重,服务劳务起着主体的作用。这就决定饭店产品一般来说是一种无形产品,但并不排除有形的内容,它是一个整体概念,是若干不同部门产品的总和。

我们可以从饭店和顾客两个不同的角度来定义饭店产品。

从饭店的角度来说,饭店产品是指饭店经营者凭借一定的饭店资源向顾客提供的满足其在住店过程中综合需求的服务。这里,饭店产品最终表现为活劳动的消耗,即饭店服务的提供。当然,饭店服务是与有形的物质产品结合在一起的服务,只有借助于一定的资源、设施、设备,饭店服务才能得以实现。由于饭店产品是由若干不同部门组成的总体,所以我们可以把饭店产品分为整体饭店产品和单项饭店产品。整体饭店产品是满足顾客在住店过程中全部需求的产品(或服务),单项饭店产品是指诸如客房产品、餐饮产品、娱乐、健身项目等某方面的产品(或服务)。整体饭店产品是由单项饭店产品综合构成的,饭店产品的总价值是由各个部门单独创造的价值综合起来体现的。

从顾客的角度来说,饭店产品是一段住宿经历。顾客的这段住宿经历是个组合产品,它由三部分构成:一是物质产品,即顾客实际消耗的物质产品,如食品、饮料等。二是感觉上的享受,它是通过住宿设施的建筑物、家具、用具等来传递的,顾客通过视觉、听觉、嗅觉领略物质享受。三是心理上的感受,即顾客在心理上所感觉到的利益,如地位感、舒适感、满意程度、享受程度等。

顾客通过对饭店产品的购买和消费,获得的不仅是生理上的满足,更重要的是心理上和精神上的满足。正因为如此,饭店产品的质量完全是通过顾客的主观感受来评价的。饭店经营者真正能够理解这一点对于经营饭店是十分重要的。

二、饭店产品的构成

饭店属于服务接待企业,它将设施和服务销售给顾客,一个完整的饭店产品是饭店有形设施和无形服务的综合。饭店产品的内容非常丰富,主要由以下部分构成:

(一)饭店的设施设备

这是饭店产品的有形部分,是饭店赖以存在的基础,是饭店提供服务的依托,主要包括设施设备的质量、档次、舒适与完好程度。饭店内设施设备要依据饭店的等级和经营需要来配备,但无论何种档次的设施设备,都应保证正常运转,充分发挥其效能,以提高饭店产品质量。

(二)饭店服务

服务是饭店产品构成的核心部分,是饭店产品的本质体现。饭店产品的质

图 2-1 饭店大堂中庭

量从一定意义上来说就是饭店服务的质量。饭店服务主要包括以下几个方面的内容:服务态度、服务技巧、服务方式、服务效率、礼节礼貌和服务员的精神面貌。服务态度取决于服务人员的主动性、积极性和创造精神,取决于服务人员的素质、职业道德和对本职工作的热爱程度,良好的服务态度表现为热情、主动、周到和体贴;服务技巧是提高服务质量的技术保证,取决于服务人员的专业技术水平,提高服务技巧要求服务员熟悉业务,掌握服务规程和操作程序,提高应变能力和服务的艺术性;服务方式随服务项目而变化,其核心是如何方便客人;服务效率是服务工作的时间概念,讲究服务效率,就是要尽量减少客人的等待时间;礼节礼貌反映了饭店服务员的精神风貌和文化修养,体现了饭店员工对客人的基本态度,讲求礼节礼貌就是要求服务员衣冠整洁、举止端庄、待客谦恭有礼、尊重客人习惯、动作优美、语言文雅动听、微笑服务等。

(三)前厅接待

前厅是宾客进出饭店的吞吐口和集散地,是宾客办理手续的场所。前厅还要为宾客提供休息、综合服务、处理投诉等多项服务,前厅又是饭店的信息中心和业务调度中心。因此,前厅接待是饭店产品的重要组成部分。

(四)客房产品

客房产品是饭店产品的主体,客房的功能是供宾客休息、睡眠、工作、梳洗、会客等需单独进行活动的场所。如果宾客把饭店当作家外之家的话,那么这一点在客房表现得最为充分。对客房产品的要求包括:客房面积、装饰布置、豪华程度、室内环境卫生状况、客房用品配备、客房对客服务质量、客房设立的服务项目等。

(五)餐饮产品

餐饮产品是饭店唯一生产的实物产品,餐饮的功能主要是满足宾客对食和饮的需求。宾客对餐饮产品的需求不仅追求生理和享受的满足,而且还是对一种文化的探求。因此,餐饮产品从完整概念上来说,应包括食品、饮料、餐厅环境、餐饮服务、厨房生产和食品原料等多种因素。有特色、有地方风味的菜肴是饭店产品的重要组成部分。

(六)康乐产品

随着人们生活方式的变化以及市场对饭店产品多元化的需求,康乐设施成为现代饭店不可缺少的部分。饭店康乐设施种类繁多,包括娱乐类如歌舞厅、游戏厅、棋牌室等,运动类如健身房、游泳池、保龄球等,美容健美类如理发室、桑拿房等。康乐产品满足了客人享乐、健身、健美等多种需求,对提高饭店的声誉和等级,创造良好的经济效益具有十分重要的意义。

(七)安全状况

安全是饭店产品质量的重要内容,也是饭店产品的构成要素。没有安全就没有旅游,旅游者入住饭店,考虑的首要问题是安全。安全状况包括安全设施的配备情况、防火防盗措施、疾病的预防等。

(八)饭店地理位置、环境气氛

同样等级档次的饭店,由于地理位置以及由此引起的环境的不同,客房价格会有较大的差异,这无疑说明地理位置与环境也是构成饭店产品的内容。优越的位置、怡人的环境同样能增强饭店产品的吸引力和竞争力。

相关链接

麦当劳的选址步骤

1. 市场调查和资料信息收集

麦当劳往往在计划进入某城市之前,就先通过有关部门或专业调查公司收集这个地区的资料,包括人口、经济水平、消费能力、发展规模和潜力、收入水平以及前期研究商圈的等级和发展机会及成长空间等。

2. 对不同商圈中的物业进行评估

这些评估包括人流测试、顾客能力对比、可见度和方便性的考量等,以得到最佳的位置和合理选择。在了解市场价格、面积划分、工程物业配套条件及权属性质等方面的基础上进行营业额预估和财务分析,最终确定该位置是否可开设一家麦当劳餐厅。

3. 投资回报与风险评估

商铺的投资是一个既有风险又能够带来较高回报的决策,应更多地关注市场定位和价格水平。既考虑投资回报的水平，也注重中长期的稳定收入，这样才能较好地控制风险，达到投资收益的目的。

（选自“百度文库”）

三、饭店产品的特点

饭店产品是一种特殊的产品，正确认识、把握其特殊性，对于饭店经营管理人员控制好饭店产品质量，进行有效的经营具有重要的意义。饭店产品的特殊性表现在以下几个方面：

（一）生产与消费的同时性

生产与消费的同时性是饭店产品与其他有形产品的最核心的差别。一般产品由生产到消费要经过商业这个流通环节才能到达消费者手中，产品的生产过程与顾客的消费过程是分离的，顾客看到的和感受到的只是最终产品。所以一般产品是先生产后消费，不受顾客即时需要的限制，工厂能够主动地调整生产的产量、时间和节奏。而饭店出售的产品却不存在这样“独立”的生产过程，它要受顾客即时需要的制约，其生产过程和消费过程几乎是同步进行的。只有当客人购买并在现场消费时，饭店的服务和设施相结合，才能形成饭店产品。

（二）价值不可储存性

饭店产品不像其他有形产品一样，今天没销售出去可以储存到以后的时间再销售。一般产品的买卖活动会发生产品的所有权转让，但饭店出租客房、会议室和其他综合服务设施，并同时提供服务，并不发生实物转让。以客房为例，客人买到的只是某一段时间的使用权，而不是所有权。也就是说，它的价值具有不可储存性，价值实现的机会如果在规定的时间内丧失，便一去不复返。所以饭店业的业内人士把客房比喻为“易坏性最大的商品”、“只有24小时寿命的商品”。这就是为什么饭店业普遍以“顾客第一”为经营信条，并在经营时有时甚至以低于成本的价格销售饭店产品而不愿饭店设施闲置的根本原因。

（三）受人的因素影响大，具有不可捉摸性

饭店服务是无形的，服务质量的好坏不能像其他商品那样用机械或物理的性能指标来衡量。来自不同国家、地区的不同类型的客人，由于他们所处的社会经济环境不同，民族习惯、经历、消费水平和结构不同，对服务接待的要求也不尽相同，因此，客人对服务质量的好坏在一定程度上取决于客人各自的需要和自身的特点。饭店的服务人员和管理人员不能忽视这一点，不能以自己的想象或自己的服务质量标准来对待外国旅游者。

一般的商品可以摆在柜台里，让顾客自由选择，认为满意才购买，而饭店产品却具有不可捉摸性。客人在购买前对饭店产品看不见、摸不着，通常不可能对

这一产品的质量和价值作出准确的判断,往往易产生“担风险”的心理,因而不利于饭店产品的销售。饭店服务业不能像其他产品那样,做得不好,可以重新返工;饭店的任何一个环节和服务人员出了问题,对饭店所造成的损失,常常是难以弥补的。

(四)具有综合性和季节性

首先,现代旅游是一种高级消费形式,饭店必须提供能够满足客人的吃、住、行、购、娱等多种需求的产品和服务。饭店产品往往同时具有生存、享受和发展三种功能。饭店产品必须是能够满足顾客多层次消费的综合性商品。

其次,旅游受季节、气候等自然条件和各国休假制度的影响较大。在国际上,各国的休假大多在夏季和秋季,因此饭店产品的销售具有明显的季节性。淡旺季客人多寡差别很大,往往造成客房出租率的大起大落。

【课堂思考】

2003 年“非典”期间,国内尤其是北京、上海、广州等城市的饭店业遭受重创。这一现象反映出饭店产品的什么特性?

第二节　饭店前厅服务与管理

前厅服务是饭店产品的重要组成部分,前厅部(Front Office)是饭店组织客源、销售客房产品、为宾客提供前厅服务、联络和协调饭店各部门的对客服务的综合性业务部门。前厅部是饭店内部管理系统中的神经中枢,是饭店和宾客之间的桥梁。

一、前厅部在饭店中的地位和作用

前厅部是现代饭店的重要组成部分,在饭店经营管理中占有举足轻重的地位。前厅部的运转和管理水平,直接影响到整个饭店的经营效果和对外形象。

(一)前厅部是饭店业务活动的中心

前厅部是一个综合性服务部门,饭店的每一位客人,从抵店前的预订,到入住,直到离店结账,都需要前厅部提供服务,前厅是客人与饭店联系的纽带。同时,前厅部还要及时地将客源、客情、客人需求及投诉等各种信息通报有关部门,共同协调对客服务工作。因此,无论饭店规模大小、档次高低,前厅部都是向客人提供服务的中心,前厅部通常被视为饭店的“神经中枢”。

(二)前厅是饭店形象的代表

饭店前厅部通常都设在客人来往最为频繁的大堂,这里是客人对饭店产生“第一印象”的地方,也是给客人留下“最后印象”的地方。客人在饭店整个居住

图 2-2 饭店大堂休息处

期间,前厅要提供各种有关服务,在客人心目中,前厅便是饭店。因此,前厅管理水平和服务水准,往往直接反映整个饭店的管理水平、服务质量和服务风格。前厅是反映饭店总体经营管理水平的窗口,代表着饭店的对外形象。

(三)前厅部是饭店组织客源、创造经济收入的关键部门

客房是饭店最主要的产品,前厅部通过客房的销售来带动饭店其他各部门的经营活动。为此,前厅部积极开展客房预订业务,为抵店客人办理入住手续及安排住房,积极宣传和推销饭店的各种产品。前厅部的有效运转是提高客房出租率、增加客房销售收入、并进一步提高整个饭店经济效益的关键部门。

(四)前厅部是饭店的信息中心

作为全饭店的业务活动中心,前厅部每天能接触到大量的信息,如有关客源市场、产品销售、营业收入、客人需求及反馈意见等信息。把收集到的有关整个饭店经营管理的各种资料和信息,经过整理和分析后,向有关管理机构反映和提供真实数据及报表,供饭店管理阶层进行经营决策时参考。

二、前厅服务管理工作的特点

前厅部是综合性的服务机构,其管理工作有三个鲜明的特点:

1. 业务涉及范围广泛,需要良好的组织与协调

前厅服务的环节繁多,性质复杂,包括预订、接待、门卫、行李、总机、邮电、收银、商务中心等不同性质的服务内容与服务环节,需要各部门和各环节加强协作,共同完成服务任务。只有通过制定严格的服务工作程序,使前厅各方面的工

作形成一个有机的整体,才能保证服务质量和工作效率。

2. 服务高质量与人员高素质

客人对饭店的第一印象和最后印象在很大程度上取决于前厅的服务与管理水平。做好前厅管理要注意三点:其一,要严格管理制度,使各项工作有章可循;其二,前厅对员工的素质要求较高,必须选择形象好、语言水平高、有主动精神和应变能力的员工;其三,为了不断提高服务质量、满足客人需要,饭店应对前厅员工加强培训,不断提高其业务水平与敬业精神。

3. 高效率

首先,前厅服务工作的效率要高。客人无论入住还是离店,都希望能尽快办完所有手续。这就要求前厅员工处理工作要迅速、准确。其次,处理信息的效率要高。饭店前厅在服务过程中,每天都要产生大量的信息,需要迅速汇总统计与分析,然后传达到饭店的各部门,作为经营管理的依据。这些信息数量大、变化快,要求前厅工作人员必须有很高的工作效率才能作出及时处理,否则饭店会因信息不畅而使经营管理陷于被动。

三、前厅部的组织管理系统

(一)前厅部的组织机构

前厅部通常设在饭店最前部的大堂里,由前厅柜台和办公室两部分组成。设在前厅的大型柜台称为“总台”或“前台”(Front Desk),一般有接待、问讯、行李、收银等机构,负责处理住客的接待服务工作。在总台的后面或侧面是前厅部办公室,并设有预订部、行李房等机构,主要承担前厅部的行政管理、预订、存放客人行李及贵重物品等职能。饭店规模大小不同,前厅部组织机构可以有很大的区别。大中型饭店前厅部往往单独设置,是饭店主要业务部门之一。一些大型饭店内设有房务部(Room Division),前厅部则归属其内,但仍为部门建制。小型饭店往往不单独设立前厅部,而是将其业务归客房部负责。大饭店管理层次多,有前厅经理、主管、领班、服务员四个层次;而小饭店层次少,可能只有经理、领班、服务员三个层次。大型饭店前厅部的组织机构如图 2-2 所示:

(二)前厅部各机构的职责

1. 预订处(Reservation)

预订处的职责包括:接受客房预订,办理预订手续;制作预订报表,对预订进行计划安排;按要求定期预报客源情况;与客源单位保持业务联系;保管预订资料。

2. 接待处(Reception)

接待处的职责包括:接待抵达要求住店的客人(包括有预订的团体及散客、无预订的散客)、办理客人住店手续,负责分配客房;负责对内联络;安排接待事

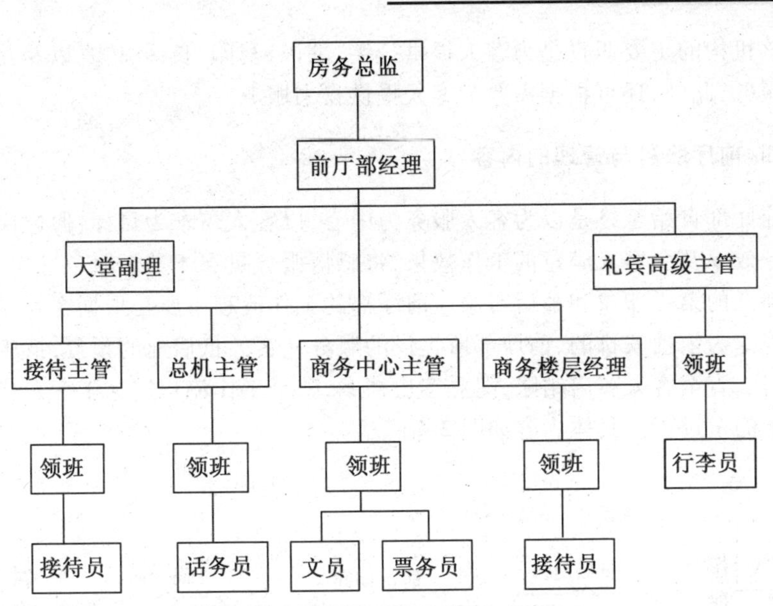

图 2-3 大型饭店前厅部的组织机构

项;掌握并控制客房出租状况,制作客房出租报表;保管有关信息资料。

3. 问讯处(Information)

问讯处的职责包括:回答客人有关饭店各种服务、设施及饭店所在城市的交通、游览、购物等问题的询问;代客对外联络;代办客人委托事项;收发保管客房钥匙;处理客人邮件、留言等。

4. 收银处(Cashier/Check-out)

收银处员工隶属财务部,但由于与总台有着不可分割的联系,因而也接受前厅部的统一管理。其主要职责是:办理离店客人的结账手续;提供外币兑换服务;管理住店客人的账卡;与店内各营业部门的收款员联系,催收、核实账单;夜间审核全饭店的营业收入及账务情况等。

5. 电话总机(Switch Board)

该机构职责为:转接电话;办理长途电话事项;为客人提供问询服务、叫醒服务、通知紧急和意外事件等。

6. 大厅服务处(Bell Service)

大厅服务处一般由大厅服务主管、领班、迎宾员、行李员、委托代办员组成。其主要职责是:负责迎送客人,代客卸送行李;陪送客人进房并介绍客房设备及饭店服务项目,为离店客人搬送行李;提供行李寄存和托运服务,代客联系出租车;负责客人其他委托代办事项。

7. 商务中心(Business Center)

该机构的主要职责是为客人提供打字、翻译、复印、长话、传真以及互联网等商务服务，此外，还可根据需要为客人提供秘书服务。

四、前厅服务与管理的内容

前厅部自始至终是以为客人服务为中心，以客人需求为目标，通过快速敏捷的服务效率及令客人满意的工作效果，将感情服务贯穿于整个服务过程，为客人留下满意的第一印象和最后印象。前厅部的工作流程主要是根据客人在饭店的活动规律为依据安排的，前厅部所提供的服务从客人抵店前的预订，抵店时的接待、入住，直至客人离店结账，建立客史档案，整个工作流程贯穿于客人与饭店交易往来的全过程。具体内容如图 2-4 所示。

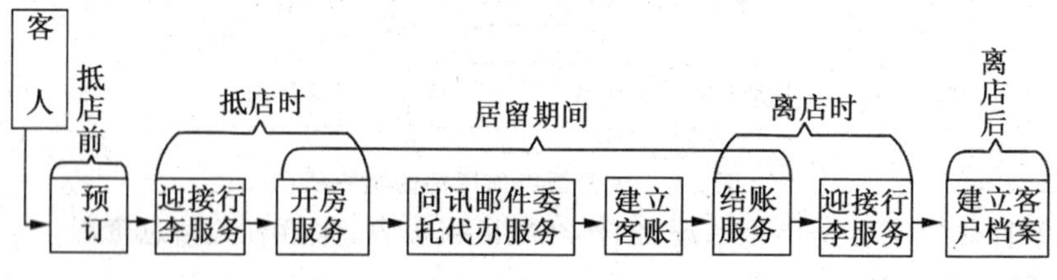

图 2-4 前厅部对客服务流程图

前厅部的工作内容具体有以下几项：

（一）接受预订

预订是前厅管理和服务的中心环节之一。预订既能保证客人的快节奏活动的需求，又给予客人一种安全感，也是控制客源的有力措施。前厅部必须根据销售部和公关部组织客源的各种信息和自身所掌握的客源信息，通过预订来保证客源，保证饭店各部门的工作秩序和效率。因此，积极开展预订业务，是饭店推销客房产品的重要手段，也是前厅部的中心任务。

预订处负责接受、确认、调整、回复来自各个渠道的订房信息，使预订要求得到确认；及时向前厅经理等有关部门管理人员提供未来某一日期的房间预订数字及资料；负责与会议组织单位、机关团体、旅行社等提供客源的单位建立业务关系，尽力推销客房并了解委托单位接待要求；参与预测工作；及时向上级提供贵宾抵店信息；制作预订报表；参与制定全年的客房预订计划；定期预报客源情况；保管订房资料；完善订房记录和档案管理程序。

（二）接待客人入住

接待客人入住登记是对客接待服务全过程中的一个关键阶段，此阶段的工作效果将直接影响到客房销售、信息的提供、协调对客服务、建立客账与客史档案等相应功能的发挥。办理入住登记手续后,客人与饭店之间就建立了正式的合法关系。

接待处负责接待抵达饭店并要求住店的宾客,包括有预订的团体及散客、无预订的散客;办理宾客住店手续,负责分配客房;积极参与促销;协调对客服务,掌握客房出租状况,制作客房出租报表;掌握住客动态及信息资料;制作客房营业日报表等;负责对内联络,安排接待事项;保管有关住宿资料。

(三)客人住店期间的系列服务

前厅部除了做好预订和接待服务工作、销售客房产品外,还担负着大量的其他直接为客人服务的工作,前厅系列服务工作是围绕住店客人的需要展开的,在推销饭店和宣传饭店方面起着重要的作用。

1. 迎送服务

迎宾员也称作"门卫"、"门童",是代表饭店在大门口迎送客人的礼宾人员。客人抵达时,迎宾员要主动相迎,拉开车门,热情招呼客人,协助客人下车及卸下行李,提醒客人清点行李,并招呼前厅行李员,将客人引领入店。客人离店时,招呼客人用车至大门口,协助行李员将客人的行李装上车,并请客人核对行李后再上车,协助客人上车坐好,轻关车门,向客人致意送别,并表示欢迎客人再次光临。迎宾员还负责维持大门口的秩序,指挥门口交通,引导和疏散车辆,保证大门前的交通通畅。

2. 行李服务

行李服务工作由前厅部专设的行李处承担。每天一早,行李处主管要认真阅读分析由预订处和接待处送来的"预抵客人名单"和"预离客人名单",掌握进出店的客流量,以便安排好人力。在这两份名单中,要特别注意重要客人和团体客人抵离饭店的情况,做好充分的准备工作。在此基础上,做出当日的工作安排计划,召集全体行李员进行布置。

3. 问讯、邮件服务

前厅问讯处负责接受客人的问讯及查询,处理宾客的邮件,收发保管客房钥匙等。问讯员在接受客人询问时,要热情、耐心,解答要清楚、准确,有问必答,百问不厌,遇到不能回答的问题,应热情帮助查找。问讯处还设有邮件架、钥匙架,全部按房间号排列,用来存放客人的邮件及房间钥匙。

4. 电话总机服务

电话总机为客人提供以下服务:转接电话、挂拨长途电话、问询服务、代客留言、叫醒服务等。

5. 接受和处理客人的投诉

饭店对客人投诉都极为重视,前厅设有大堂副理(Assistant Manager)来接受和处理宾客投诉。饭店对客人投诉应持欢迎态度,并把处理客人投诉的过程作为改进管理与服务的大好机会，事前认真分析，事后认真总结。前厅在处理客人投诉时，应真心诚意地帮助客人解决问题，绝不允许与客人争辩，同时也不能损害饭店的利益。接受投诉时，应关切地倾听，并保持态度平和，注意与客人交流感情，要善于理解客人的心情，认真记录客人所投诉的问题，告诉客人采取纠正行动的具体时间。然后，将信息转告有关部门或人员，督促其及时采取纠正措施，以便问题能尽快解决，并掌握问题进展的情况。处理投诉后要继续与客人保持联系，了解客人对投诉处理结果的反应。处理完毕后，应将客人投诉的内容及处理情况完整记录在工作日志上，便于以后查阅。

大堂副理定期对投诉记录写出分析报告，找出客人投诉的热点以及饭店管理及服务工作中的薄弱环节，上报饭店管理机构，并通报饭店各部门，从而提高饭店整体的经营管理水平和服务质量。

6. 商务中心服务

大多数饭店为方便宾客、满足宾客商务活动的需要而设立商务中心。一个功能齐全的商务中心，能为饭店吸引更多的参加各类会议（比如各种展览会、贸易洽谈会、研讨会等）的商务客人。商务中心所提供的服务项目有：打字、复印、电传、传真、电报、翻译、听/写会议记录、文件核对、托运、网上服务等。

7. "金钥匙"服务

为体现饭店的档次和服务水准，许多高档饭店在大堂内还设立"金钥匙"（Concierge），向客人提供全方位、一条龙式的服务。只要不违反道德和法律，任何事情"金钥匙"都会尽力满足客人。国际金钥匙协会成立于 1952 年，其会员通常身着燕尾服，上面别着十字形金钥匙，表明其就像万能的"金钥匙"一样，可以帮助客人解决一切难题。在国际上，"金钥匙"已成为高档饭店个性化服务的重要标志，有人称之为"现代饭店之魂"，其所承担的使命和为饭店带来的声誉是饭店内其他任何人都无法比拟的。

（四）客人离店及收银

收银处位于饭店前台的显眼处，且与接待处和问讯处相邻。收银处人员归属财务部，主要任务是负责饭店宾客在店一切消费的收款业务，包括客房、餐厅、酒吧及各项综合服务费用等，催收核实账单，夜间审核全店营业收入，制作报表，为离店宾客办理结账手续。

前台收银是一项十分细致复杂的工作，现代饭店一般采用一次性结账的方式，即客人在饭店花费的全部费用在离店时一次结清。为能迅速准确地给离店客人结账，避免跑账、漏账的发生，要求饭店对客服务的各部门必须及时将客人的各种消费账单传递至收银处，迅速入账。在为客人办理离店手续时，收银员应热情、礼貌、快捷而准确地提供服务。

第三节 饭店客房服务与管理

客房是饭店最重要的产品,饭店客房部负责饭店所有客房的清洁、保养工作,并配备各种设备,供应各种生活用品,提供多种服务项目,方便住店宾客,努力为宾客创造一个清洁、美观、舒适、安全的理想住宿环境。客房部还负责整个饭店公共区域的清洁和保养工作,使整个饭店在任何时刻都处于一种清新舒适、幽雅宜人的环境状态。

一、客房管理概述

(一)客房管理的意义

1. 客房是饭店的基本设施

客房是客人住宿和休息的场所。虽然现代饭店中各种设施日趋多样化,饭店的功能也随之增加,但客房仍然是饭店经营管理的主体部分,客房销售收入是饭店经济利润的主要来源。无论是从饭店的功能作用,还是从其资金投入、经济收益考虑,客房都是构成饭店经营管理的主体,是饭店所拥有的最基本、最重要的基础设施。

2. 客房服务是饭店销售的主要产品

客房营业收入是饭店经济收入的重要来源。客房销售收入一般占饭店全部营业收入的40%~60%。同时,客房消耗低、纯利高,虽然初期投资比较大,但其耐用性很强,经过服务人员的清洁整理,可再行销售,并不断循环。饭店经营以客房为基本设施,只有保持较高的客房出租率,饭店的其他设施才能充分发挥作用。从某种意义上说,客房销售是带动饭店其他部门经营活动的关键环节。

3. 客房服务是衡量饭店整体服务质量的重要指标

客房是旅游者旅途中的"家外之家",客人使用客房的时间较长,客房是否清洁、服务是否周到、设施是否完好、物品是否齐全,对客人都有直接影响。客房服务质量是客人评价饭店服务质量的主要依据。客房部经营管理的好坏,直接关系到整个饭店的声誉和经营效果。

(二)客房管理的特点

1. 经营过程同时具有生产性和服务性

客房经营过程主要是通过客房员工付出的劳动为客人提供优质服务的过程。从增加资本、创造价值的角度讲,客房服务和劳动本身是生产性劳动。从客房服务过程看,是员工利用客房的设施、设备和生活用品等物质要素,不断向客人提供使用价值和劳动的过程,是生产过程与服务过程的统一。

2. 业务组织过程具有复杂性

客房业务组织包括员工整个服务活动的组织以及工作程序安排和设备保养、客房用餐等项目的实施。这些业务工作内容复杂,彼此联系,各成体系又相互影响、互为条件,加之客源成分复杂,这就使客房业务管理更增加了复杂性。

3. 业务工作内容具有随机性

客房业务工作琐碎而复杂,客房对于宾客而言,同时是休息空间、睡眠空间、盥洗空间、书写空间、储藏空间、饮食空间等。客房员工的工作是围绕宾客生活需要而展开的,都是一些具体烦琐的事务工作,为客人服务的过程具有很强的随机性。

4. 服务质量和成本消耗具有不易控制性

客房服务质量的高低除依赖于设备、设施等物质因素外,更取决于员工服务水平的高低。由于受情绪等各种因素的影响,即使是同一员工在不同的时间内也可产生不同的服务效果,而不同员工的服务质量会更加不易控制。由于客房的面积占饭店总面积的百分比高,占用的设备、设施和物资数量大而品种多,加之客房部管理范围广、人员分散,因此,客房的服务质量和成本消耗具有不易控制性。

(三)客房部的组织机构

客房部是饭店的主要业务经营部门,一般都按照"直线职能制"的形式进行组织机构设计。大中型饭店客房部的组织结构如图 2-5 所示:

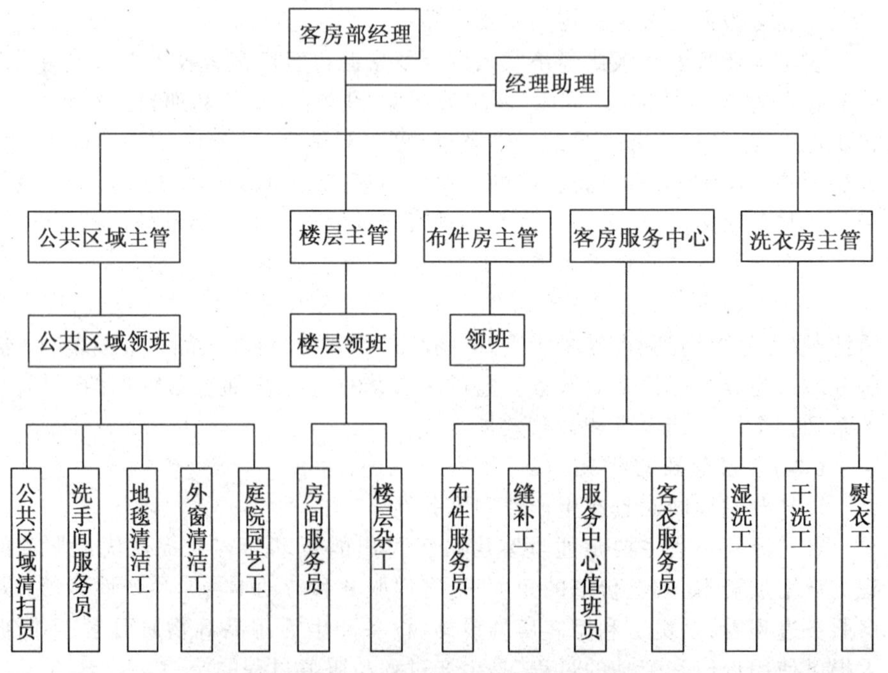

图 2-5　大中型饭店客房部的组织机构

二、客房的清洁保养工作及管理

客房的清洁卫生工作是客房服务管理的重要内容,也是客人较敏感的问题,应引起高度重视,并严格按照服务规程制定的标准及要求来进行管理和检查。

(一)客房的清洁整理

客房的清洁卫生工作一般分为日常清扫和计划卫生两大类:

1. 客房日常清扫卫生

整理客房又称"做房",它包括三方面的工作内容:清洁整理客房、更换补充物品和检查保养设备。为了使工作能够有条不紊地进行,避免服务操作人员过多的体力消耗和意外事故的发生,同时也便于控制工作的速度和质量,各饭店都制定了自己的工作程序并定期予以修改和补充。处在不同状态的客房(如走客房、住客房、空房等)其清洁卫生打扫工作的要求也有所不同,但基本内容是一致的,主要包括以下几个方面:

(1)整理:即按规格和要求整理客人使用过的床铺,整理客人使用后放乱的各种用品、用具,整理客人放乱的个人衣物、用品。

(2)打扫除尘:用吸尘器吸去地毯、软坐椅上的灰尘,用抹布揩擦门框、窗台、桌柜、灯罩、电视机等家具设备,倒掉烟灰缸中的烟灰、纸篓里的废物。

(3)擦洗卫生间:整理各种卫生用品及客人用具,倒掉脏纸污物,擦洗卫生洁具(洗脸台、座厕、浴缸)、镜面、水龙头,坐洗四周的瓷砖墙面及地面。

(4)更换及补充用品:在客房和卫生间的清洁整理过程中,按要求更换床单、枕套、面巾、手巾、浴巾、脚垫巾等棉织品,补充文具用品、火柴、卫生纸、肥皂、茶叶等供应品。

(5)检查设备:在客房和卫生间的整理过程中,检查灯具、水龙头、坐厕的抽水设备以及电视机、音响、空调、电话机等设备是否能正常工作。同时,还应注意各种家具、用具是否被客人损坏等。

如果有住客,还要做好客房晚间夜床服务,如倒烟灰、垃圾,整理用品、用具,做好夜床,拉上窗帘并打开床头灯等服务。

2. 客房计划卫生

计划卫生即周期性的清洁保养工作。客房计划卫生是指在搞好客房日常清洁工作的基础上,拟定一个周期性清洁计划,采取定期循环的方式,对清洁卫生的死角或容易忽视的部位及家具设备进行彻底的清扫和维护保养,以进一步保证客房的清洁保养质量,维持客房设施设备良好状态。

各饭店根据自己的设施设备和淡旺季,合理地安排计划卫生的内容、周期和时间。其管理重点是做好以下三个方面的工作:

(1)根据时间、空间的限制条件安排计划卫生项目和周期。客房计划卫生项目较多,时间空间限制条件不同,客房档次、规格及卫生要求不同,清洁间隔时间也不同。做好计划卫生,先要制定不同项目的计划,确定主要项目和间隔周期。

(2)做好人员安排,定期搞好计划卫生。客房各种计划卫生项目的周期不同,是循环进行的。要根据不同项目,做好人员安排,其中一些间隔短的项目主要由服务员利用日常卫生以外的时间完成。要分别落实、定期清洁。

(3)加强检查,保证质量。客房计划卫生项目,每次完成后都应检查,对一些小的计划卫生项目,随时发现卫生质量问题要及时清洁。

3. 客房检查制度和查房程序

客房检查制度是客房部日常管理的重要规范和内容之一。查房制度包括四项内容:

(1)服务员自查。时间在整理客房完毕并交上级检查之前。自查的内容包括:设备完好,环境整洁,物品布置到位。其目的是加强员工责任心,提高客房的合格率,同时也减轻领班查房的工作量。

(2)领班查房。其责任重大,要对每间客房都进行检查并保证质量合格。每个领班一般负责30~40间客房的区域,因此楼层领班应由训练有素、经验丰富的服务员担任。领班查房的作用是:及时发现服务员的疏漏,有助于提高质量;帮助指导新员工提高服务技能;查房的过程也是对服务员的考核评估,有助于实现饭店多方位的控制和调节。

(3)主管抽查。主管抽查房间数要求在领班查房数的10%以上。此外,主管还必须仔细检查所有的贵宾住房和抽查住客房。

(4)经理查房。经理查房一般是定期进行。主要检查内容是:家具设备状况、清洁保养状况等。因为要求较高,所以被象征性地称为"白手套式"检查。

检查房间与整理客房的程序和标准基本一致。查房时应按顺时针或逆时针方向循环进行,发现问题马上记录,及时解决。

(二)公共区域的清洁卫生

在现代化的大饭店里,客房部不仅承担了客房区的清洁卫生工作,而且还承担着整个饭店的全部清洁卫生工作。饭店通常在客房部内设立公共区域清洁组,负责楼道、前厅、餐厅、酒吧、舞厅、健身房、商场、办公室、停车场、职工餐厅、建筑物、外部玻璃、墙壁、内庭绿化等饭店内外所有客用区、员工工作区域和生活区域等的卫生工作。和客房清洁工作一样,公共场所的清洁打扫工作一般也可分为日常清扫和计划卫生两种。

公共卫生管理的特点是:第一,面积大,项目杂。可以管到饭店的每一个角落,从客房到餐厅,从公共场所到综合服务设施、内庭花园、员工生活区等,是饭店管理范围最宽的一个部门。第二,工作琐碎,情况变化快。由于项目多,各地区各个卫生项目的清洁方法和要求不同,而这些地区又大多是客人及饭店职工交汇集结的场所,客流量大,不易清洁和保持。第三,工作难度大,不易被人重视。现根据我国饭店管理经验,将其管理方法重点介绍如下:

1. 定岗划片,包干负责

根据公共卫生所管辖的区域和范围及其卫生项目,划片定岗,实行包干负责制,如餐厅卫生岗、公厕卫生岗、前厅及门前卫生岗、办公室及楼道卫生岗、综合服务项目卫生岗等等,使每人每天所需要完成的主要工作相对固定。

2. 建立计划卫生制度

公共卫生管理中,不少卫生项目需要采用计划卫生管理方法,如公共区域的墙面、高处窗户玻璃、各种灯具、窗帘清洗、地毯洗涤、地面打蜡等,不能做到每天清扫,需要像客房计划卫生一样,制定计划,循环清洁。清洁计划的项目、周期、人员安排要事先落实到位。

3. 拟定卫生质量标准

如前厅主要是地面、桌面、玻璃、灯具等的卫生质量标准,公共卫生间主要是洗漱台、墙面、地面、厕位、便池、烘手器等的卫生质量标准,需要根据不同情况来拟定,形成公共卫生管理质量标准。

4. 做好人员组织,合理安排班次

公共卫生管理一般设主管 1 ~2 人,下设公共卫生班。根据管辖范围和定岗要求确定每班服务人员数量。在此基础上,再安排班次,班次一般分早班、夜班、中班和外围(即饭店门前三包范围)四种,服务人员每天在各自的岗位上按照卫生项目和质量要求清扫公共卫生。

5. 班组长、管理员要加强巡视检查

服务员、班组长和部门主管之间要建立检查联系制度,包括服务员自我检查、班组长巡回检查、主管重点检查三个层次,并填好检查记录登记表。

三、客房接待服务及管理

(一)客房服务中心的设立

20 世纪 80 年代以前,我国的饭店几乎都采用设立楼层服务台的模式,因为它不仅突出了面对面的人情味服务,而且还有利于做好楼层的安全保卫工作。但随着饭店业的发展和受合资饭店示范效应的影响,许多饭店采用了客房服务中心模式,即楼层不设服务台,客人有事时拨打客房服务中心电话,由客房服务中心统一调配服务员来提供相应的服务。

客房服务中心24小时连续有人值班,通常设一名领班或主管负责一般的日常事务。客房服务中心除了安排提供客人所要求的服务外,也能够发挥信息处理、房态监控、员工出勤控制、钥匙管理、失物处理、档案保管等多种功能。当然,客房服务中心的有效运转也有赖于合理的劳动组织、服务中心与服务员之间的通信联络以及设施设备配置的得当,否则,便会妨碍其功能的有效发挥。

(二)客房接待服务工作

客房部的日常接待服务工作,主要是围绕宾客入住、居住、离店三个环节进行的,使客人来时高兴、住时愉快、走时满意,享受到热情礼貌、周到细致的服务。

1. 迎客服务

迎客服务是客房接待服务工作的首要环节。首先,应了解客源。在接到抵客通知书后,客房部要尽可能详尽地了解来客的各种情况。其次,在了解客源的基础上,对房间进行布置整理,备好生活用品和服务用品,准备好饮用热水、冰水。如果是重要客人,根据接待规格准备水果和鲜花。如果客人在风俗习惯或宗教信仰方面有特殊要求,应尽量予以满足。检查房内的家具、水电设备是否完好正常。在客人到达之前,要根据气候调好室温。如果客人是晚间到达,要拉上窗帘,开亮房灯,做好夜床,以整洁、舒适的住宿环境迎接客人。客人在前厅办完入住手续后,由行李员引领上楼,进入房间,行李员应介绍客房设备及使用方法,热情询问客人需要提供何种服务并表示乐意解决,离房时把门轻轻关上。

2. 送客服务

得知客人的离店日期后,客房服务员要仔细检查该客人所有委托代办的项目是否已办妥,有关账单是否都已转至前厅收银处。对清晨离店的客人,应询问是否需要提供叫醒服务。客人离店时,如果是团队客人,由行李员统一搬运行李;如有机会,服务员应以敬语向客人告别,并欢迎客人再次光临。客人离开房间后,客房服务员应迅速入房仔细检查,如发现客人有遗留物品,应立即派人追送。同时,还要检查饭店设备物品有无损坏及丢失。如发现有设备及物品被损坏或丢失的情况,应及时向主管报告。

3. 客房部日常接待服务工作

为了使客人住得愉快、舒适,有"宾至如归"之感,日常的服务工作应做到主动、热情、周到、细致。日常接待服务的主要内容和方法如下:

(1)整理房间。按照整理房间的规格要求,每天进行客房清扫和晚间整理,在客人午间休息或接待访客后,也须进行整理。

(2)洗衣服务。客人送洗衣物有水洗、干洗、熨烫三种。客房内放有洗衣登记单和洗衣袋。客人可根据需要填写洗衣登记单。客衣的洗烫时间一般为一天之内,即早上收取,晚上送回;如客人急用,可提供特快洗衣服务。当衣服送回时，客房部服务员要将洗烫完毕的衣服及时送进客房，放置于床上。

(3)房内小酒吧服务。为了方便客人在房内使用各类饮料及小食品，同时增加饭店客房收入，中高档饭店的客房必须配备小冰箱或小酒吧，存放一定数量的酒水和小食品，供客人自行取用。收费单则放在柜面，一式三联，注明各项饮料食品的储存数量和单价，请宾客自行填写耗用数量并签名。服务员每天早上进房检查饮食品消耗情况，并将收费单转至前厅收银处，然后补足饮品食物，撤换用过的器皿，放上新的收费单。

(4)失物招领服务。客人在住店期间或离店时，有时会遗忘或丢失物品。为了协助客人找回失物，客房部应有处理客人失物的规定和程序。客房部设置客人失物日志，妥善保管好失物，根据饭店所掌握的客人资料，通知失主前来认领。

(5)擦鞋服务。为了方便客人擦鞋，客房部在客房内放置擦鞋纸套和亮鞋器。不少饭店为了维持服务水准，还为客人提供免费擦鞋服务。

(6)借用物品服务。有些客人往往会向饭店要求借用各种用品，如电吹风、熨斗、棋牌桌等，客房部应配备这些客人可能借用的物品，在服务指南中可标明此项服务。客人借用、归还时都必须办理手续，并登记在册。

此外，客房部还提供访客接待、托管婴儿等服务项目。客房部在日常接待过程中，应特别注意对生病客人、残疾客人、老人儿童等提供格外细致、体贴入微的服务，对常客也应总结服务规律。一些饭店设有商务楼层，为商务客人提供额外的服务与设施，如提供各类委托代办，提供下午茶、秘书等服务。客房部应针对不同类型的客人，如团队、散客、观光客、会议客人、VIP 客人等制定有针对性的服务程序与接待办法。

图 2-6　客房

相关链接

行政楼层

行政楼层,很多饭店又叫作“贵宾楼层”,通常服务、内部装修与价格均高于普通楼层。因为可以提供专属的行政楼层待遇,比如说有行政酒廊、免费甜点和下午茶、免费洗衣、延迟离店等。住在行政楼层的客人大多是贵宾及愿意入住高房价的客人,也就是说客人的档次都比较高。而且行政楼层可以直接为客人快捷地办理入住及离店手续。

北京希尔顿逸林酒店的行政楼层拥有33间客房及118间套房。行政楼层服务包括:全天提供各式各样的茶点;提供免费熨烫服务,限每天一件衣物;特别迎宾礼遇等。该酒店承诺:“凡是入住行政楼层的客人,都可以享受酒店位于21层行政酒廊的所有设施。在轻松愉悦的环境里,客人可享受豪华免费自助早餐和晚间温暖美味的烤面包以及新鲜出炉的逸林热巧克力曲奇迎宾礼遇等。酒店的目标是为客人提供满足其需求的个人服务。”

四、客房原始记录的管理

客房部各业务区域的原始记录和各种报单是客房部掌握情况、发现问题、考核员工的主要依据。客房资料的收集处理是客房管理的基础工作,必须予以重视。

客房资料的内容一般包括四个方面:

1. 客房产品销售记录

内容包括订房记录、接待记录和销售统计记录,而以上三项又各有多种记录,如订房登记、订房统计、接待报告、各式账单等。

2. 客房服务工作记录

内容包括服务质量检查表、作业登记表、客房卫生检查表、宾客委托代办记录、宾客投诉记录、设备维修记录、拾物处理记录等。

3. 客房物品消耗记录

客房部要每天记录进货和各楼层领用消耗物品的名称、数量、规格、价格,定期汇总整理,做好统计分析,以利于发现问题及时纠正。

4. 客房设备维修记录

这一工作主要由工程部负责,但客房部的各类报修单、维修记录也应妥善收存。

收集客房资料既是管理活动的手段，又是对员工进行考核的依据，更是对客房业务活动经常、广泛、真实的反映，是管理的重要信息源，具有十分重要的价值。各式客房的统计表格要统一设计、统一编号、统一审查。

在日常管理中要抓好原始记录的记录整理、内容检查、分析研究，建立健全原始记录管理制度。原始记录管理制度要求责任明确，记录、复核、保管、整理都应由专人负责，限时完成。

第四节 饭店餐饮服务与管理

餐饮管理是对饭店的厨房生产、产品销售、餐厅服务等工作所进行的各项组织管理活动的总称，是组织饭店餐饮部的人员、设施设备，利用食品原材料向宾客提供餐饮产品的整个过程。餐饮服务在饭店总体服务构成中占有重要地位。

一、饭店餐饮管理的作用与特点

(一)饭店餐饮部的作用

自饭店发展初期，餐饮服务即成为饭店服务必不可少的一部分，餐饮部一直是饭店组织机构的一个重要部门。饭店餐饮部的地位和作用主要体现在以下几个方面：

1. 它是满足客人基本生活需求的主要服务部门

旅游者的旅游生活是一次完整的生活经历，如果没有完善的与宾客消费水平相适应的餐饮服务部门，既影响宾客的旅游生活，也影响饭店的经营与生存。所以，餐饮服务是饭店服务的必要组成部分，餐饮部是饭店中不可缺少的业务部门，甚至可以说没有餐饮服务的饭店算不上真正的旅游饭店。

2. 它是饭店经营利润的主要来源之一

一般来说，餐饮部门的收入在饭店各部门中仅次于客房而处于第二位。我国旅游饭店餐饮部门的营业收入约占饭店总收入的1/3，欧美国家餐饮收入也占饭店总收入的35%。

3. 它是饭店服务水平的客观标志和吸引宾客的重要因素

现代饭店的客房在标准上比较接近，同一档次饭店的客房设施水平难分仲伯。客房的服务基本上也是一种标准化的服务，对同一档次和类型的饭店，宾客在进行选择时，难以用客房服务的水平作为依据。相对于客房，餐饮服务有灵活性、多变性和复杂性的特点。餐饮服务的水平客观反映了饭店的服务水平，直接影响饭店的声誉和竞争力。宾客可以根据饭店餐饮服务的水平来判断饭店服务水平。卓越的餐饮经营必然对饭店产品的销售产生良好的影响。

4. 它是平衡饭店经营中季节性差异的重要环节之一

饭店经营中的季节性变化比较大。在旺季饭店往往超负荷运转,淡季饭店则相对比较冷清,设施设备的能力不能充分发挥出来。饭店也许没有能力来改变旅游活动的淡旺季特点,但饭店可以搞好餐饮服务来提高淡季的营业水平。因为餐饮服务的对象与客房不同,既有外地旅游者,也有当地居民。饭店餐饮部门可以借助有效的促销活动吸引更多的当地宾客,增加餐饮收入,平衡饭店经营的季节性差异,提高饭店设施设备的利用率和服务人员的劳动效率。

(二)餐饮管理的特点

餐饮部是饭店各部门职工最集中、业务环节最繁多、技术水平要求最高、牵涉到的学科知识也最为广泛的一个业务部门,因而饭店经营者对餐饮部的管理难度最大。与其他部门的工作相比,饭店餐饮管理的特点是:

1. 时间性强,效率要求高

餐饮产品生产过程与消费过程具有同一性,餐饮产品的生产过程时间短。而且餐饮产品为易腐产品,无法事先生产。产品是现销售、现制作、现消费,为了不让宾客过多地等待,生产过程必须控制在合理的时间范围以内,餐饮企业必须备有充足的原料和经验丰富的生产人员才能满足宾客的需要。

2. 复杂性

餐饮服务是饭店各种服务活动中涉及学科知识、专业技艺较多的一种业务活动。餐饮产品的构成中既有食品饮料等物质产品,也有无形的服务,比饭店中的其他产品复杂得多。

3. 经营方式灵活多样

各饭店的餐饮产品与餐饮经营方式有很大的差异,有的以经营中餐为主,有的以经营西餐为主,有的多接待散客,有的多提供宴会服务。产品形式的多样性使得经营管理方式也要保持相应的灵活性。

4. 成本控制难度大

餐饮生产经营有许多环节,每一环节几乎都对产品成本控制有重要的影响。在采购、验收、储存、发放、烹调加工、销售等任何环节的疏漏,都会导致严重的成本泄漏。由于餐饮成本泄漏点多、形式多样,所以成本控制非常困难。

二、饭店餐饮部的组织机构及其职能

(一)饭店餐饮部的组织机构的一般模式

餐饮管理组织机构的具体形式主要受企业规模、接待能力、餐厅类型等因素的影响,其一般模式主要有四种:

1. 小型饭店简单模式

这种类型的饭店数量少，类型单一，大多只经营中餐。

2. 中型饭店复杂模式

这种饭店有300～500间的客房。餐厅类型比较齐全，厨房与餐厅配套，内部分工比较细致，餐饮管理组织机构相对复杂。

3. 大型饭店专业化模式

大型饭店一般有5个以上的餐厅，多的可达十几个、几十个餐厅。

4. 涉外餐馆、酒家一般模式

其组织机构形式与饭店餐饮部不同，它具有较健全的机构。涉外餐馆必须是具有一定规模、取得特级以上餐馆称号的餐馆。

由于餐饮部门所管辖的面广、环节多，各经营点分散在饭店的不同区域。从人员结构上讲，餐饮部的员工数一般在饭店各部门中占第一位，且工种多、文化程度差异大。要将这样一个复杂的部门管理好，必须建立起合理有效的组织网络，进行科学分工，使各部门各司其职，以保证餐饮部门的正常运转，并出色地完成本部门的各项职责。

一般来说，饭店餐饮部门大多采取"直线——职能制"的四级管理体制，即部门经理、主管、领班、服务员。在内部联系上采用垂直领导、横向协调的方法，使餐饮部成为一个有机的整体。一个典型的饭店餐饮部门的组织机构如图2-7所示。

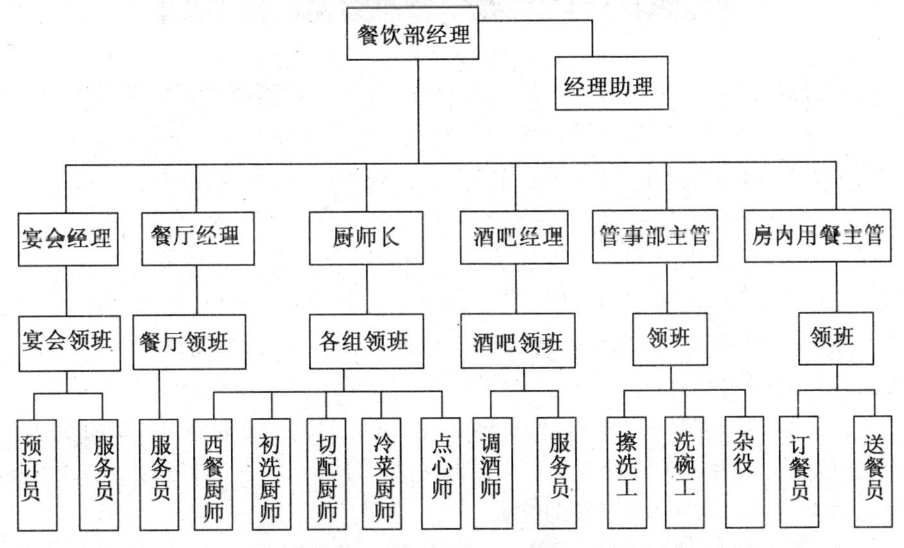

图2-7 饭店餐饮部组织机构图

(二)饭店餐饮部各部门的职能

三星级以上饭店的餐饮部一般下设餐厅、厨房、宴会、酒吧、管事部等。现将各部门的职能和特点介绍如下:

1. 餐厅

大中型饭店一般均设几处甚至十几处餐厅设施,根据其餐饮内容、服务方式、规格水平的不同,大致可以分为以下几类:

(1)正餐厅:指食品精美、服务高雅、装饰华丽、环境舒适的桌边服务餐厅。饭店中各种类型的中餐厅、西餐厅多属此类。正餐厅一般多使用点菜菜单,提供零点服务。正餐厅一般只供应午餐、晚餐。中餐厅多采用传统的中餐式服务或中餐西吃式服务,西餐厅服务方式则有法式服务、美式服务和俄式服务之分。

图 2-8　餐厅

(2)风味餐厅:风味餐厅本质上也是正餐厅,只因其所供应的菜肴富有特色而区别于一般正餐厅,因而风味餐厅亦常称为"特色餐厅"。风味餐厅可专营某一类菜肴,如海鲜、野味、青菜等;或突出某一地方菜系,如鲁菜、川菜、京菜、粤菜等;也可突出某一时期或某一民族的菜肴,如清宫菜、宋菜、清真菜、朝鲜菜、维吾尔族菜等;也可专以某种烹调方法为主,如扒房、烤肉等。风味餐厅因其经营内容专一,所以菜单内容较为有限;服务程序与正餐厅大致相似,但服务细节、技术各不相同。风味餐厅的装饰布置也都应根据餐饮内容设计,使之起到渲染、烘托餐饮特色的作用。

(3)咖啡厅:是一种规格较低的西餐厅,供应的食品比较简单,如面包、三明治、色拉及有限几种大众化主菜,但并非仅供应咖啡、饮料。咖啡厅服务迅速,营业时间长,一般早、午、晚三餐都营业。

(4)自助餐厅:属经济型快餐厅。这种餐厅菜单品种有限,菜品的制作很简单,不提供桌边服务。自助餐厅经营的特点是人工费用节约,薄利多销。

2. 宴会

宴会厅也是饭店必不可少的餐饮设施，大型的可容纳数百上千宾客，小型的仅可接待一两桌宾客。饭店的多功能厅也常作为宴会厅使用。宴会有国宴、家宴、便宴、冷餐会之分，不同类型的宴会，内容不一、规格不一、人数不一，因此食品准备和宴会厅的布置都应根据预订标准和宾客需求决定。

3. 厨房

厨房是烹制各种菜肴的场所，其基本任务是按照菜单的要求，将食品原料加工成符合要求的菜肴和食品，保证各项接待任务和日常供餐任务的完成。厨房生产影响到企业经营的效益，对餐饮经营至关重要。因为不仅产品质量直接关系餐饮的特色和形象，而且产品的成本和赢利在很大程度上受厨房生产的支配。因此，良好的管理是厨房生产获得成功的基本保障。从某种意义上说，厨房的另一项最基本任务就是进行经济核算，控制成本，讲求经济效益。

4. 酒吧

酒吧是指利用吧台为宾客提供酒水饮料服务的营业场所，它以销售酒水为主，同时销售佐酒食品。同各种餐厅相比，酒吧的规模小，内部环境幽雅舒适，是客人消闲、社交的场所。酒吧可以独立存在，也可以隶属于某个餐厅。

5. 采保组

该组负责食品生产所需原料、物资的采购和保管，主要任务是按时购进质量好、数量足、价格合理的食品原料和所需物资，将购进的食品原料和物资按照要求分门别类地储藏、保管好。

图 2-9 酒吧

6. 管事部

负责所有餐具、器皿的洗涤、消毒、存放、保管和控制，将所需换洗的布单及时送交洗涤部门（洗衣房），将厨房以外的地面清洁工作交给客房部负责。

三、饭店餐饮生产服务系统

饭店餐饮生产经营经过多个环节，从消费者需求调查、确定菜单、原料采购、验收、储藏、发放、厨房生产、餐厅服务到成本核算，构成餐饮服务生产系统。

（一）餐饮消费者需求调查

饭店餐饮部有一定的经营独立性，它所属的餐厅酒吧不仅面向住店客人，而且还面向本区域的居民和居住在其他饭店的客人。饭店餐饮部除了服从饭店总的目标市场外，还需自行开拓餐饮市场，创造新的产品与服务，以适应不断变化的消费者需求。

1. 了解消费者的需求

餐饮市场消费者的需求可以分为两大类：生理方面的需求和心理方面的需求。生理方面的需求有：营养、风味、卫生和安全。心理方面的需求有：受欢迎的需求、受尊重的需求、物有所值的需求、显示气派和方便的需求。餐厅的档次越高，客人对心理方面的需求就越高。

2. 确定餐厅的市场区和目标市场

餐厅的市场区是消费者愿意前来就餐并能旅行的范围，它是以餐厅为圆心，以消费者愿意并能旅行的距离为半径的区域。市场区的范围可由以下几个因素决定：①合适的驱车距离；②公共交通设施；③同业竞争情况；④自然的或人为的障碍。饭店餐饮部的市场区以住店客人为主要目标市场，同时也要吸引店外客人，尤其是宴会部。

饭店餐饮部确定了市场区后，就需对市场区的顾客进行市场细分。市场细分的因素有顾客的经济收入、年龄、性别、职业、心理需求等，从而确定自己的目标细分市场。此外，还需大致估算一下潜在目标顾客的数量。这种估算对于餐厅面积和座位数的设定、餐厅经营规模的决策十分重要。潜在目标顾客数可采用下列公式估算：

潜在月目标顾客人次数 = 市场区总人口数 × 目标顾客群体比例 ×（1 －非消费者比例）× 人均每月外出就餐次数 ×（1 + 流动人口就餐比例）

在估算该地区中等收入偏高每月潜在顾客人次数以后，管理人员根据对相同档次餐厅竞争者情况调查所了解的餐座数、竞争者吸引目标顾客的人次数以及竞争者吸引目标顾客的优点及弱点，分析本餐厅的优势与劣势，估计能吸引顾客的潜力和吸引目标顾客的人次数，从而确定本餐厅的市场需求量。

（二）确定餐厅的经营宗旨

在确定餐厅目标顾客及其需求的基础上，决定饭店餐饮部的经营宗旨。饭店餐饮部的经营宗旨指饭店餐饮部的主要服务对象及经营范围,包括设立何种类型、档次的餐厅,提供什么主要产品,具有哪些经营项目和特色,主要的消费对象和类型等。

(三)确定餐厅菜单

菜单在餐饮生产销售中有着重要的作用,菜单不仅仅是餐饮生产的产品目录,也是餐饮服务生产和销售活动的依据,是餐饮服务最重要的推销工具。菜单内容一方面体现了饭店餐饮服务的规格水平和风格特色;另一方面,也直接影响着餐饮服务的经营成败。设计餐厅菜单,应遵循以下原则:

1. 菜单应体现市场需求

菜单设计应明确企业的目标市场,掌握目标市场的各种特点和需求特征,如年龄结构、性别比例、宗教禁忌、饮食习俗、消费水平等,对餐饮价格、营养成分、烹调方法等方面进行计划和调整,从而设计出为宾客所乐于品尝和享用的菜单内容。

2. 菜单应体现食品原料成本及菜式赢利能力

菜单设计是饭店餐饮部为获取利润所必须进行的第一步工作。菜单设计者必须始终明确饭店餐饮部的成本对象,即目标成本或目标成本率。饭店餐厅的菜单通常由不同成本,甚至成本相差很大、赢利能力悬殊的诸多菜式品种组成。菜单应合理安排菜品结构,体现食品原料成本与菜式赢利能力,使其既能满足宾客需求,又能确保企业赢利。

3. 菜单应体现食品原料供应情况、食物的花色品种和食物的营养成分

菜单所列的菜式品种,厨房必须无条件地保证供应。在设计菜单时就必须充分掌握各种原料的供应情况,也应根据时令节气,不失时机地调整菜单菜式。此外,菜单也应体现食物的花色品种和食物的营养成分。

4. 厨房设备条件及职工技术水平

菜单设计应当考虑饭店厨房设备和技术力量的局限性,菜单要与厨房设备、职工技术力量之间达到最大限度的和谐。

5. 菜单内容安排要合理,制作要精良

菜单上应有菜品的品名和价格、菜品的介绍、告示性信息、机构性信息、特色菜介绍等。菜单菜品应按一定的顺序排列,突出重点推销的高档菜、特色菜等。菜单设计也要注意艺术、美观,制作精良。

(四)食品原料的采保管理

食品原材料的采购、验收、储存和发放管理也是餐饮管理的重要内容,它直接影响到餐饮产品的质量和管理水平。食品原材料的供应是厨房生产和餐厅销售的基础,整个餐饮经营过程必须重视原材料的供应。对原材料的采购、验收、

储存和发放的管理必须做到以下几个方面：

(1)采购的食品质量、数量、价格、提供的时间都必须符合经营的要求。

(2)验收的食品全部符合订货的要求。

(3)储存的食品始终保持购进时的质量,减少储存中的损耗。

(4)发放的食品应满足生产的需求,符合质量标准。

(五)厨房生产管理

厨房是饭店向客人提供食品的生产部门,它负责整个饭店所有中西式食品的准备与烹饪制作。厨房生产是为餐厅服务的,厨房必须以餐厅为中心来组织调配自身的工作。厨房的业务工作主要有：

(1)按当天预报并结合前一天的销售情况来确定当天或下一天的生产任务量,下达生产任务书,进行当天业务安排。

(2)开餐前准备。在厨师长指挥下,按各环节本身的业务内容各自进行餐前准备。

(3)开餐时间内,厨房应以餐厅业务的进展为依据,以炉灶为中心来安排工作,厨房中的一切工作岗位都要服从炉灶的需要。

(4)抓好成本核算,把握好食品原材料的采购关、验收关、选洗关、切配关和烹调关五道关口,从而实现食品生产全过程的成本控制。

(5)管好厨房设备。实行分级归口、划片包干的管理原则,谁用,谁管,谁维护。

(6)搞好清洁卫生和安全管理。

(六)餐厅服务与管理

1. 餐厅计划管理

在建立餐厅销售历史资料的基础上,对餐厅销售进行预测,编制厨房生产计划、餐厅接待计划和工作计划,做好餐厅员工的班次、人力安排,健全服务设施与用具的管理制度,使餐厅的人力、物力得到最佳利用。

2. 餐厅日常接待与服务管理

服务是餐厅经营的基础,餐厅应建立严格的岗位规范和服务程序,使每位顾客都得到满意的服务。

3. 餐厅人员的培训、考核与激励

餐厅人员的培训是多方面、多层次的,不仅有服务技能、服务程序的培训,也有职业道德、餐厅促销、督导指挥能力的培训。除对服务员进行培训之外,对领班、管理员等也需要进行培训,使他们了解餐饮管理的先进方法,提高本职工作的业务能力。此外,餐厅应建立有效的员工考核与激励机制。

4. 分析市场,开拓客源

分析餐饮市场,调查消费者的需求情况,增加或更新菜单菜肴的品种和数量,开展餐饮促销活动,开拓和增加客源。

(七)餐饮成本管理与控制

餐饮成本管理的目的并非仅仅记录成本数额,而是通过提供各项成本的形成情况,分析实际成本与标准成本和目标成本之间的差异,为经营管理者作出正确判断及采取纠正措施提供客观依据。餐饮成本管理从菜单定价开始,涉及餐饮服务的各个业务环节。

1. 建立食品原材料盘存和报表制度

库存的食品原材料要定期盘存清点,在正常情况下,一般在每一会计期末进行一次,通常是在每月月底。盘存清点工作是一次全面彻底地核实清点仓库存货,检查原料的账面数字是否与实际储存数相符。在实际盘存的基础上,可以做出食品饮料等原材料的成本报表。现代大型饭店除了成本月报表以外,还要求每天进行成本核算以及成本分析,并据此做出日报表,以利于饭店餐饮部经营者及时检查经营情况。

2. 对食品原材料生产全过程进行成本控制

(1)原材料的采购控制。食品原材料的采购数量、质量、价格直接关系到食品原材料的成本。因此,采购原材料时,应坚持使用原材料采购规格标准,严格控制采购数量,同时采购价格必须合理。

(2)验收控制。验收控制的目的除了检查原料质量是否符合饭店的采购规格标准外,还应检查交货数量与订购数量、价格与报价是否一致。

(3)储藏控制。应保证库存食品原料的质量,延长其有效使用期,减少和避免因原材料腐败变质引起食品成本增加,杜绝偷盗损失。

(4)原料发放控制。应建立合理的原料领发制度,既要满足厨房用料需要,又要严格有效地控制发料数量。还要建立原料领料单制度,规定领料次数和时间等。

(5)加工烹调控制。食品原料的粗加工、切配以及烹调、装盘过程对餐厅食品成本的高低也有很大影响。在食品原料的加工烹调阶段,厨房应进行切配烹调测试,定出厨房生产计划,坚持标准投料量和标准菜谱,控制菜肴分量等。

总之,餐饮服务生产系统是一个包括餐饮消费者需求调查、菜单设计、采保管理、厨房生产、餐厅服务、成本核算与控制、消费者满意度反馈这样一个闭路循环系统,在这个餐饮服务生产系统的运转过程中,餐厅经营应处于良性循环和发展中。

本章小节

本章首先从饭店和顾客两个角度阐述了饭店产品的内涵，我们所理解的饭店产品是指饭店经营者凭借一定的饭店资源向顾客提供的满足其在住店过程中综合需求的服务。同时介绍了饭店产品的构成及特点。然后分别对饭店的三个主要营业部门——前厅部、客房部、餐饮部的作用、业务特点、岗位职责和工作流程作了简单的介绍，使大家对这几个部门的工作特点和管理要求有个初步的认识，为下一步深入探讨具体的管理知识打下一个基础。

复习思考

一、名词解释

1. 饭店产品

2. 客房计划卫生

二、简答题

1. 怎样理解饭店产品的概念，与一般产品比较它有哪些特点？

2. 试述前厅部、客房部、餐饮部在饭店中的地位和作用，并比较其工作特点有何不同。

3. 前厅服务与管理工作有哪些主要内容？

4. 客房接待服务工作内容有哪些？

5. 如何理解饭店餐饮生产服务系统的运转和各环节之间的连接？

三、案例分析

一家饭店厨房发生了大火，损失惨重。事后调查发现，该厨房承包给一帮外地厨师。由于是外包，饭店为了尽快交接，没有进行岗前安全培训，消防设备长期没有检查保养，消防水带缺失，没有灭火毯，灭火器没有及时补压，再加上油烟灶长期没有清洗，因此造成了此次火灾。据此案例分析一下饭店将厨房外包还会有哪些隐患？

推荐阅读

1. 袁学勇:《浅谈旅游饭店产品的质量含义》，载《中国科技博览》2008 年第 24 期。

2. 李肖楠:《论体验经济时代的酒店产品的设计与创新》，载《科技风》2010 年第 4 期。

3. 张春琴等:《大规模定制时代酒店产品特色构建探讨》，载《江西科技师范学院学报》2008 年第 5 期。

第三章　饭店管理基础理论

【学习目标】

知识目标

1. 掌握主要的管理学理论及其演化历史。

2. 掌握饭店管理的概念及其特征。

3. 熟悉掌握饭店管理的主要职能。

技能目标

1. 能够运用所学理论知识，分析饭店管理的内容实质。

2. 能够运用饭店管理职能的相关知识，对饭店的组织架构进行分析。

【本章导读】

学习目的和意义　了解饭店管理的基础理论知识，包括科学管理理论、行为科学理论及现代管理理论的主要内容；掌握饭店管理的计划、组织、指挥、协调、控制职能的概念、类型、内容及执行步骤或方法；形成对饭店管理的总体认识。

本章内容概述　本章主要介绍了饭店管理的相关基础理论以及饭店管理本身的概念、内容及主要职能。第一节从梳理管理学理论框架入手，详细介绍了主要的管理学理论。第二节介绍了饭店管理的基本概念及内容体系。第三节介绍了饭店管理的主要职能。

【案例导入】

梅利莎发现很难与员工卡洛尔相处。卡洛尔是前台有经验的员工，在饭店工作已经3年了。梅利莎发现自从她几个月前到任以来，卡洛尔一直对她不够友好，拒绝回答她提出的有关工作程序的问题。卡洛尔向梅利莎承认，自己一直想晋升到梅利莎现在的职位，对公司从外面聘人很不满意。梅利莎冥思苦想，希望卡洛尔能接受她这个主管。有几次梅利莎发现卡洛尔在与其他前台员工说笑，可当她一走近，她们就走开了。梅利莎确信卡洛尔肯定是在挑拨她与其他员工的关系。

梅利莎注意到，卡洛尔虽然技术娴熟，但有一些不好的习惯，卡洛尔经常迟到，有好几次客人投诉她态度粗鲁，缺乏为他们解决问题的热情。梅利莎去找前厅赫南蒂丝女士,征询解决问题的办法。赫南蒂丝承认,前任主管也觉得很难与卡洛尔打交道。她建议下次卡洛尔工作再出现问题,就给她口头警告。梅利莎查阅了卡洛尔的档案,结果吃惊地发现,卡洛尔不仅没有处罚记录,而且每次评估都是优秀。

次日,卡洛尔又迟到了15分钟。梅利莎向她提出口头警告。尽管卡洛尔听到处分后很生气,梅利莎还是尽力使她冷静了下来,并以平和的口吻告诉她如果问题得不到解决,下次将处以书面警告。

在以后的几周里,卡洛尔再没有迟到,但她的工作态度仍然不够积极,常对客人表现出不耐烦的态度,此时已接近年度评估。梅利莎必须为此做好安排。这将是一件困难的工作,因为卡洛尔的档案材料表明她一直是一名优秀的员工。梅利莎认为从她上任后,卡洛尔的表现远未达到优秀的程度,但又不知道该怎样评价她。她认为应该给卡洛尔打低分,但这样做会与她以前的评估形成太大的差距。请你来帮她找出尽快解决问题的办法。

【课堂思考】

过去的管理人员对卡洛尔的处理有哪些失误?梅利莎该如何扭转局面?你认为梅利莎应该如何评定卡洛尔?梅利莎是否可以改善与卡洛尔的关系?

第一节 管理学理论基础

饭店管理是以管理学的一般原理为基础,从饭店本身业务特点和经营管理特点出发而形成的一门独特的学科。饭店管理理论既有管理学的一般理论,又有饭店管理的独特个性。饭店管理者必须了解各种管理理论和方法,善于从中选择最恰当的理论体系加以灵活运用。

一、管理学理论的框架

管理活动源远流长,人类进行有效的管理活动,已有数千年的历史。但从管理实践到形成一套比较完整的理论,则是一段漫长的历史发展过程。管理理论的产生和发展,直接来源于企业管理的实践。18世纪英国工业革命后,企业大量出现,一些学者如英国的亚当·斯密(Adam Smith,1723~1790)对劳动分工和专业化等问题进行了理论研究,开创了企业管理理论的先例。从19世纪后期开始,随着资本主义经济发展,管理学家先后提出了科学管理理论(或古典管理理论)、行为科学理论、现代管理理论及其他管理理论和方法。任何管理方法都不是解决管理问题的唯一方法,各种方法都有其长处,也有其不足。管理人员必须掌握现有的管理知识,并善于吸收发展过程中出现的新理论、新办法。

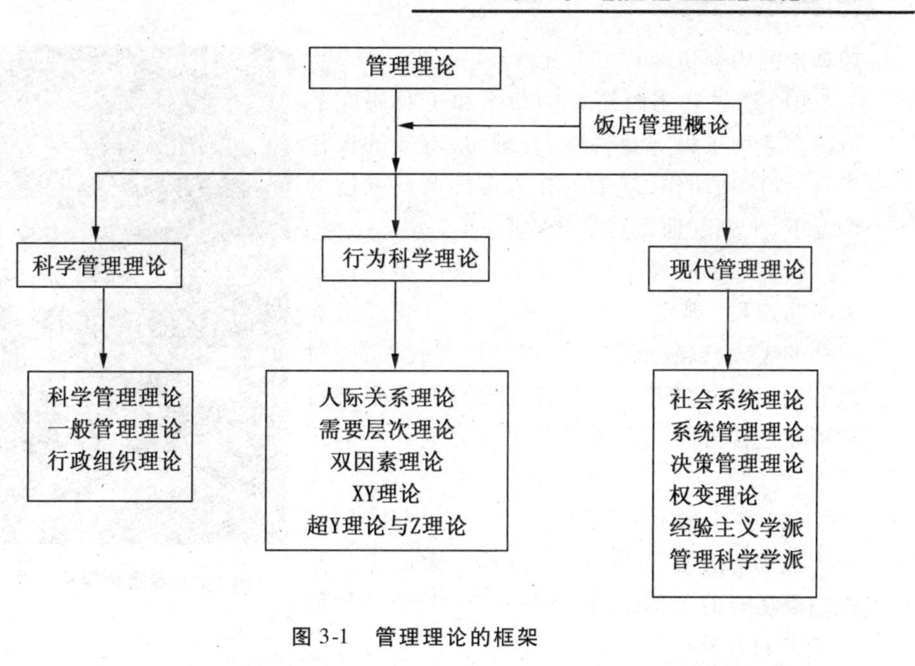

图 3-1 管理理论的框架

二、饭店管理理论基础的演进和发展

(一)科学管理理论

随着生产的发展,科学技术的进步,特别是资本主义公司的兴起,企业管理工作日益复杂,对管理的要求越来越高。单凭经验进行生产和管理已经不能适应这种激烈竞争的局面,迫切需要改进企业管理。正是基于这些客观要求,西方国家的一些企业管理人员和工程技术人员,开始致力于总结经验,进行各种试验、研究以提高生产率。科学管理理论由此应运而生。科学管理的产生是管理发展史中的重大事件,也是管理从经验走向科学的第一步。

1. 泰罗的科学管理原理

科学管理是19世纪末20世纪初在美国形成的。它的创始人是美国人费雷德里克·泰罗(Frederick W. Taylor,1856～1915),他是美国古典管理学家,科学管理的创始人,被管理界誉为“科学管理之父”。他从一名学徒工开始,先后被提拔为车间管理员、技师、小组长、工长、设计室主任和总工程师,在工厂的经历使他了解工人们普遍怠工的原因,他感到缺乏有效的管理手段是提高生产率的严重障碍。为此,泰罗开始探索科学的管理方法和理论,其研究的范围主要是基层的作业管理。

泰罗在他的主要著作《科学管理原理》中所阐述的科学管理理论,使人们认识到了管理是一门建立在明确的法规、条文和原则之上的科学。泰罗的科学管理理论的内容主要有以下几点：

(1)动作和工时研究。动作和工时研究的目的在于为工人寻找科学、合理、最有效的操作工具、程序和动作，使工人在不增加劳动强度的情况下，大幅度地提高生产效率。

图 3-2　费雷德里克·泰罗

(2)实行差别计件工资制。按照作业标准和时间定额，规定不同的工资率。对完成工作定额的工人，以较高的工资率计件支付工资；对没有完成定额的工人，则按较低的工资率支付工资。这样可以极大地调动工人完成任务的积极性。

(3)科学地选择和培训工人。泰罗认为，每个工人都有自身的特点，管理者应为员工找到他们最适合的工作，并对其进行培训，激励他们尽最大的力量来工作。

(4)作业人员和管理者的分工协调。泰罗主张工人与管理部门实行分工，把计划职能从工人的工作中分离出来，由专业的计划部门去做，从而提高计划的科学性、可行性，也便于工人去执行。

泰罗的科学管理理论对企业管理的贡献在于，他主张管理学是一门科学，一切管理问题都可以而且可能用科学的方法加以研究和解决；实行各个方面的标准化，而不是单凭经验去管理；注重发挥每个人的最高效率，从而产生最高产量。科学管理理论对管理学理论和管理实践的影响是深远的，直到今天，科学管理的许多思想和做法仍被许多国家采用。例如，时间与动作研究就可适用于操作程序固定的饭店客房整理工作，以提高饭店客房整理的工作效率。

图 3-3　亨利·法约尔

2. 法约尔的一般管理理论

和泰罗同时代的法国人亨利·法约尔(Henri Fayol，1841～1925)，被后人尊称为“管理理论之父”。他的《工业管理和一般管理》奠定了古典管理理论的基本框架。与泰罗的工人出身相反，法约尔长期担任企业高级领导职务。他的研究是以企业整体作为研究对象，因此他侧重于从中高层管理者的角度去剖析具有一般性的管理。他认为,管理理论是指有关管理的、得到普遍承认的理论,是经过普遍经验检验并得到论证的一套有关原则、标准、方法、程序等内容的完整体系,并因此而被称为"一般管理理论"。法约尔的著述很多,1916 年出版的《工业管理和一般管理》是其最主要的代表作,标志着一般管理理论的形成。他最主要的贡献在于:

(1)从经营职能中独立出管理活动

法约尔通过对企业全部活动的分析,认为要经营好一个企业,不仅要改进生产现场的管理,而且要注意改善有关企业经营的六个方面的活动:技术活动、经营活动、财务活动、安全活动、会计活动、管理活动。一般管理理论把经营和管理分为两个不同的概念,认为管理就是执行计划、组织、指挥、协调、控制职能,管理的五大要素就是计划、组织、指挥、协调和控制。随着企业由小到大、职位由低到高,管理能力在管理者必要能力中的相对重要性不断增加,而其他诸如技术、商业、财务、安全、会计等活动的重要性则会相对下降。

(2)提出五大管理职能和十四项管理原则

法约尔将管理活动分为计划、组织、指挥、协调和控制等五大管理职能,并进行了相应的分析和讨论。法约尔认为十四项管理原则是:实行劳动分工与协作;权力与责任要相适应;制定并维持纪律;统一指挥;统一领导;个人利益服从整体利益;人员的报酬要合理;集权与分权要恰当;建立等级制度;建立并维持秩序;平等公平;人员的稳定;具有首创精神;培养团结协作的精神。

图 3-4 马克斯·韦伯

法约尔的一般管理理论是古典管理思想的重要代表,后来成为管理过程学派的理论基础,也是以后各种管理理论和管理实践的重要依据,对管理理论的发展和企业管理的历程均有着深刻的影响。其中某些原则甚至以"公理"的形式为人们所接受和使用。因此,继泰罗的科学管理之后,一般管理理论被誉为管理史上的第二座丰碑。

3. 韦伯的组织理论

被誉为"组织理论"之父的德国社会学家马克斯·韦伯(M. Weber,1864 ~ 1920)生于德国。他的主要著作有《新教伦理与资本主义精神》、《一般经济史》、

《社会和经济组织的理论》等。韦伯对组织管理理论的伟大贡献在于明确而系统地指出理想的组织应以合理合法权力、等级和行政制度为基础,没有某种形式的权力,任何组织都不能达到自己的目标。

韦伯认为理想的组织模式,具有下列特征:

(1)明确的分工。组织中的成员应有固定和正式的职责并依法行使职权,组织是根据合法程序确定的,应有其明确目标,并靠着这一套完整的法规制度,组织与规范成员的行为,以期有效地追求与达到组织的目标。

(2)组织的结构是由上而下逐层控制的职权等级体系。在组织内,按照地位的高低规定成员间命令与服从的关系。

(3)理性的原则。强调管理者以理性原则指导组织成员间和组织与外界的关系,不受个人情感的影响,只有对事的关系而无对人的关系。

(4)成员的选用与保障。每一职位均根据其资格限制(资历或学历),按自由契约原则,经公开考试合格予以使用,务求人尽其才。

(5)专业分工与技术训练。对成员进行合理分工并明确每人的工作范围及权责,并不断通过技术培训来提高工作效率。

(6)成员的工资及升迁。按职位支付薪金,并建立奖惩与升迁制度,使成员安心工作,培养其事业心。

韦伯认为,具有上述六项特征的组织可使组织表现出高度的理性化,其成员的工作行为也能达到预期的效果,组织目标也能顺利地达成。韦伯对理想的官僚组织模式的描绘,为官僚组织指明了一条制度化的组织准则,这是他在管理思想上的最大贡献。

(二)行为科学管理理论

20世纪初期后,随着泰罗制的实行,工人阶级劳动强度加大;同时,资产阶级剥削工人的加剧,使两个阶级的矛盾加深。在这种情况下,科学管理理论已不能完全适应新的形势。欧美等国的统治阶级感到单纯用科学管理等传统的管理理论和方法已不能有效地控制工人,不能达到提高生产率和利润的目的,必须有新的企业管理理论来缓和矛盾,促进生产率的提高,一些管理学家便开始试着从不同的角度对管理理论和方法进行新的研究。在这种情况下,行为科学理论应运而生。行为科学是将心理学、社会学等理论引入企业管理过程,研究人的行为的一门综合性科学。管理者对工人在生产中的行为、行为产生的原因和影响行为的因素进行分析研究,并提出相应对策,目的在于激发人的积极性、创造性,以调节生产中的人际关系,提高生产效率,达到组织目标。

1. 梅奥的人际关系理论

行为科学开始于20世纪20年代末、30年代初的霍桑试验。乔治·埃尔顿

· 梅奥(George Elton Mayo)作为人际关系理论的创始人,也是行为科学理论阶段(30~60年代)中各种层出不穷的理论研究的奠基之人,进行了著名的霍桑试验。其主要代表著作有《组织中的人》和《管理和士气》。梅奥的人际关系理论的重要贡献主要有两个方面:一是发现了霍桑效应,即一切由“受注意了”引起的效应;二是创立了人际关系学说。

(1)人际关系学说的诞生——霍桑试验。霍桑试验是1924~1932年以哈佛大学心理学教授G.E.梅奥为首的一批学者在美国芝加哥西方电气公司所属的霍桑工厂进行的一系列实验的总称。从1924年到1932年,以梅奥为首的美国国家研究委员会与西方电气公司合作,在美国西方电器公司霍桑工厂进行的长达九年的实验研究——霍桑试验,真正揭开了作为“组织中的人”的行为研究的序幕。霍桑试验的初衷是试图通过改善工作条件与环境等外在因素,找到提高劳动生产率的途径。他们先后进行了4个阶段的实验:照明试验、继电器装配工人小组试验、大规模访谈和对接线板接线工作室的研究。但试验结果却出乎意料:无论工作条件(照明度强弱、休息时间长短、工厂温度等)是否改善,试验组和非试验组的产量都在不断上升。在试验计件工资对生产效率的影响时,发现生产小组内有一种默契,大部分工人有意限制自己的产量,否则就会受到小组的冷遇和排斥,奖励性工资并未像传统的管理理论认为的那样使工人最大限度地提高生产效率。而在历时两年的大规模的访谈试验中,职工由于可以不受拘束地谈自己的想法,发泄心中的闷气,从而态度有所改变,生产效率相应地得到了提高。

从霍桑试验中,梅奥认为影响生产效率的根本因素不是工作条件,而是工人本身。参加试验的工人意识到自己“被注意”,是个重要的存在,因而增强了归属感,这种意识助长了工人的整体观念、有所作为的观念和完成任务的观念,而这些是工人在以往的工作中不曾得到的,正是这种人的因素导致了劳动生产率的提高。这从某种程度上说明,在决定工人工作效率的因素中,工人为团体所接受的融洽性和安全感较之奖励性工资有更为重要的作用。同时,这项试验还说明,企业中非正式组织的存在对组织成员起着重要的影响作用。

图3-5 乔治·埃尔顿·梅奥

(2)人际关系学说。霍桑试验的研究结果否定了传统管理理论的对于人的

假设,表明了工人不是被动的、孤立的个体,他们的行为不仅仅受工资的刺激,影响生产效率的最重要因素不是待遇和工作条件,而是工作中的人际关系。据此,梅奥提出了自己的观点:

①工人是"社会人"而不是"经济人"。梅奥认为,人们的行为并不单纯出自追求金钱的动机,还有社会方面的、心理方面的需要,即追求人与人之间的友情、安全感、归属感和受人尊敬等,而后者更为重要。因此,不能单纯从技术和物质条件着眼,而必须首先从社会心理方面考虑合理的组织与管理。

②企业中存在着非正式组织。企业中除了存在着古典管理理论所研究的为了实现企业目标而明确规定各成员相互关系和职责范围的正式组织之外,还存在着非正式组织。这种非正式组织的作用在于维护其成员的共同利益,使之免受其内部个别成员的疏忽或外部人员的干涉所造成的损失。为此非正式组织中有自己的核心人物和领袖,有大家共同遵循的观念、价值标准、行为准则和道德规范等。

③新的领导能力在于提高工人的满意度。在决定劳动生产率的诸因素中,置于首位的因素是工人的满意度,而生产条件、工资报酬只是第二位的。职工的满意度越高,其士气就越高,从而工作效率就越高。高的满意度来源于工人个人需求的有效满足,不仅包括物质需求,还包括精神需求。

④满足工人的社会欲望,提高工人的士气,是提高生产效率的关键。梅奥等人认为,"士气"高低取决于安全感、归属感等社会、心理方面的欲望的满足程度,满足程度越高,"士气"就越高,生产效率也就越高。

在心理学研究的历史上,霍桑试验第一次把工业中的人际关系问题提到首要地位,并且提醒人们在处理管理问题时要注意人的因素,这对管理心理学的形成具有很大的促进作用。梅奥的这一理论在当时被称为人际关系理论,也就是早期的行为科学。

2. 马斯洛的需求层次理论

马斯洛的需求层次理论是研究组织激励时应用得最广泛的理论。激励,简而言之是对人行为动机的激发。行为科学认为需要引发动机,动机支配行为,如果行为达到目标,某种需要就会得到满足,这种需要就会消失,另一种需要就会产生新的动机。

美国威斯康星大学的心理学家马斯洛(A. Maslow,1908 ~ 1970)于 1943 年在《人类动机的理论》和《动机与人中》提出了关于人的需要结构理论——需求层次论,即把人的需求分成生理需求、安全需求、社交需求、尊重需求和自我实现需求五类,并按其重要性和发生的先后顺序依次由较低层次到较高层次进行排列。

图 3-6　马斯洛

(1)生理需求:对食物、水、空气和住房等需求都是生理需求,这类需求的级别最低,人们在转向较高层次的需求之前,总是尽力满足这类需求。这是人类生存和社会发展的最原始、最基本的需要。管理人员应该明白,如果员工还在为生理需求而忙碌时,他们所真正关心的问题就与他们所做的工作无关。当努力用满足这类需求来激励下属时,我们是基于这种假设,即人们为报酬而工作,主要关心收入、舒适等等,所以激励时可以利用增加工资、改善劳动条件、给予更多的业余时间和工间休息、提高福利待遇等来激励员工。

(2)安全需求:安全需求包括对人身安全、生活稳定以及免遭痛苦、威胁或疾病等的需求。对许多员工而言,安全需求表现为追求有固定职业、稳定收入、劳动保护、医疗保险、失业保险和退休福利等。如果管理人员认为对员工来说安全需求最重要,就要在管理中着重利用这种需要,强调规章制度、职业保障、福利待遇,并保护员工不致失业。如果员工对安全需求非常强烈时,管理者在处理问题时就不应标新立异,并应该避免或反对冒险,而员工们将循规蹈矩地完成工作。

(3)社交需求:社交需求包括对友谊、爱情以及归属的需求。当生理需求和安全需求得到满足后,社交需求就会凸显出来,进而产生激励作用。在马斯洛需求层次中,这一层次是与前两层次截然不同的另一层次。这些需要如果得不到满足,就会影响员工的精神,导致高缺勤率、低生产率、对工作不满及情绪低落等。管理者必须意识到,当社交需求成为主要的激励源时,工作被人们视为寻找和建立温馨和谐人际关系的机会,能够提供同事间社交往来机会的职业会受到重视。管理者感到下属努力追求满足这类需求时,通常会采取支持与赞许的态度,十分强调能为共事的人所接受,开展有组织的体育比赛和集体聚会等活动,并且遵从集体行为规范。

(4)尊重需求:尊重需求既包括对成就或自我价值的个人感觉,也包括他人对自己的认可与尊重。有尊重需求的人希望别人按照他们的实际形象来接受他们,并认为他们有能力,能胜任工作。当他们得到成就、名声、地位和晋升机会时,不仅赢得了人们的尊重,同时就其内心因对自己价值的满足而充满自信。不能满足这类需求,就会使他们感到沮丧。在激励员工时应特别注意有尊重需求的管理人员,应采取公开奖励和表扬的方式,布置工作要特别强调工作的艰巨性以及成功所需要的高超技巧等,另外,还可以通过颁发荣誉奖章、在公司的刊物上发表表扬文章、公布优秀员工光荣榜等手段提高人们对自己工作的自豪感。

(5)自我实现需求:自我实现需求的目标是自我实现,或是发挥潜能。达到自我实现境界的人,接受自己也接受他人,解决问题能力增强,自觉性提高,善于独立处事,渴望激励,愿意在工作中运用最富于创造性和建设性的技巧。强调自我实现的管理者,会在设计工作时考虑运用适应复杂情况的策略,会给身怀绝技的人委派特别任务以施展其才华,或者在设计工作程序和制定执行计划时为员工群体留有余地。

马斯洛的需求层次理论表明,当人的某种层次的需要得到满足后,就无法再保持激励作用,必须发现和满足其更高层次的需要。对管理者而言,要善于发现员工真正的需要,并把这种合理需要与组织目标结合起来。

【课堂思考】

在市场经济条件下,掌握和满足客人需求对于饭店经营管理至关重要。马斯洛的需要层次理论对于我们分析和满足客人需求有什么指导意义?

3. 双因素理论

美国心理学家赫茨伯格(Herzberg)在其《工作的推动力》、《工作与人性》等著作中提出双因素理论。他认为,影响人的工作动机的主要因素有两类,即满意因素和不满意因素。满意因素是指可以使人得到满足和激励的因素,也就是激励因素;不满意因素是指如果缺少它就容易产生意见和消极影响的因素,也就是保健因素。

图 3-7　赫茨伯格

(1)激励因素。激励因素是指能调动员工工作积极性的因素,属于员工工作本身和工作内容方面的因素,如工作成就、被重用、富有挑战性的工作和光明的前途等,这些因素能对员工构成激励,使员工对工作感到满足,从而提高生产效率。

(2)保健因素。保健因素属于员工工作环境和工作条件方面的因素,能使人维持工作现状,如工资报酬、工作条件、人际关系、企业政策与企业管理等方面,这些因素达到人们可接受的水平时,能防止员工产生不满,但不能激发员工提高工作效率,一旦达不到员工可接受的水平,就会引起员工不满。正如同卫生保健职能对人体所起的作用一样,它能防止疾病,却无法医治疾病,因此称保健因素。

赫茨伯格的激励因素相当于马斯洛的较高层次的需要，主要涉及工作本身；保健因素相当于较低层次的需要，主要涉及工作的外部环境。但两者的侧重点有所不同，马斯洛侧重分析需要或动机，赫茨伯格侧重分析满足这些需要的目标或诱因。

4. 麦格雷戈的X理论和Y理论

图3-8 麦格雷戈

人的本性问题，历来就是伦理学家们争论的核心问题，也是管理学研究的一个中心课题。早在科学管理时期，就有人探讨这个问题。到了后期的行为科学理论对此进行了比较深入的研究。在人性理论研究方面，美国麻省理工学院的教授麦格雷戈（Mcgregor，1906～1964）的X理论和Y理论有很高的地位。

麦格雷戈认为，传统的管理理论有很多缺陷，根本在于对人的看法不正确，对人性作了错误的假设。他把传统的管理观称为"X理论"。X理论有三种假设，均建立在"经济人"基础上：

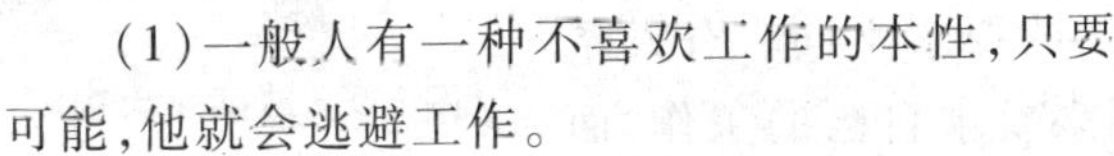

(1)一般人有一种不喜欢工作的本性，只要可能，他就会逃避工作。

(2)由于人类不喜欢工作的本性，对于绝大多数人必须加以强迫、控制、指挥，以惩罚相威胁，以便使他们为实现组织目标而付出适当的努力。

(3)一般人宁愿受指挥，希望逃避责任，较少有野心，对安全的需要高于一切。

根据X理论假设，相应的管理措施为采取专制的领导方式，依靠权力管理员工：

(1)专职管理。即管理是少数人的事，工人的主要任务是听从管理者指挥。

(2)任务管理。即管理工作的重点是完成生产任务，提高生产效率。

(3)严格管理。即管理者应按制度从严要求，采用金钱来刺激工人的生产积极性，用严厉的措施对待消极怠工者。

麦格雷戈认为，建立在"社会人"、"自我实现人"的假设基础上的Y理论应取代传统的X理论。Y理论的主要观点是：人并不是懒惰的，他们对工作的喜欢和憎恶取决于这个工作对他是一种满足还是一种惩罚，在正常情况下，人们愿意承担责任，热衷于发挥自己的才能和创造性。

根据Y理论，相应的管理措施应为：

(1)采用参与性更强的管理方式,让员工参与与工作相关的决策。

(2)经常对员工的意见和建议表示关注、信任和赞同,尊重和相信下属。

(3)为员工创造良好的工作环境和条件,减少和消除员工自我实现过程中遇到的困难。

对比X理论和Y理论可以发现,它们的差别在于对人的需要和假设看法不同,因此采用的管理方法也不同。据X理论来看,对于工人的需要,管理者就要采取严格的控制和强制的方式。如果按Y理论,管理者就要创造一个能多方面满足工人需要的环境,使人们的智慧和能力得以充分的发挥,以更好地实现组织和个人的目标。

5.超Y理论和Z理论

在麦格雷戈提出了X理论和Y理论之后,美国的洛尔施(Joy Lorsch)和莫尔斯(John Morse)对两个工厂和两个研究所进行对比研究后发现,采用X理论和采用Y理论都有效率高的和效率低的结果,便由此推断Y理论不一定都比X理论好。那么在某种情况下到底应选用哪种理论呢?他们认为,管理方式要由工作性质、成员素质等来决定,并据此提出了超Y理论。其主要观点是:不同的人对管理方式的要求不同。有人希望有正规化的组织与规章条例来要求自己的工作,而不愿参与问题的决策去承担责任,这种人欢迎以X理论为指导的管理方式。有的人却需要更多的自治责任和发挥个人创造性的机会,这种人则欢迎以Y理论为指导的管理方式。此外,工作的性质、员工的素质也影响管理理论的选择。不同情况应采取不同的管理方式。

图3-9 威廉·大内

Z理论是由美国日裔学者威廉·大内(William Ouchi)提出来的,其研究的主要内容是人与企业、人与工作的关系。大内对以美国为代表的西方国家的价值观和以日本为代表的东方国家的价值观对管理效率的不同影响进行了对比研究,他把由领导者个人决策,员工处于被动服从地位的企业称为A型组织,并认为当时研究的大部分美国机构都是A型组织,而日本的J型组织则具有与其相对立的特征;他还通过对美国文化和日本文化的比较研究指出,每种文化都赋予其人民以不同的行为环境,从而形成不同的行为模式。

超Y理论和Z理论的实质在于权变,即管理方法的选择和运用必须符合企业自身的特点,才能收到满意的效果。

(三)现代管理理论

随着社会的发展,二战以后的企业状况和社会环境都发生了巨大变化,科学技术日益进步,生产力发展,新兴工业出现,企业生产过程复杂,企业与社会联系更为广泛。管理技术和理论也要适应这种变化,于是产生了现代管理理论。现代管理理论有两个前提:一是企业管理是建立在物、人和环境三个因素之上的,企业从封闭系统转向开放系统,管理的重点从内部转向经营,并将决策放在重要位置上;二是面对不断变化的企业和环境,管理也要不断改变,因此现代管理理论是多种最新管理理论的综合体,几乎涉及管理的所有方面。

1.社会系统学派

社会系统学派的代表人物是美国著名的管理学家巴纳德。1938 年,他发表了《经理的职能》一书,在这本著作中,他对组织和管理理论的一系列基本问题都提出了与传统组织和管理理论完全不同的观点。他认为组织是一个复杂的社会系统,应从社会学的观点来分析和研究管理的问题。由于他把各类组织都作为协作的社会系统来研究,后人把由他开创的管理理论体系称作社会系统学派。

图 3-10 巴纳德

以巴纳德组织理论为代表的社会系统学派的观点也奠定了现代组织理论的基础,对管理思想的发展,特别是组织理论的发展产生了深远的影响。

社会系统学派的主要内容可以归纳为以下几个方面:

(1)组织是一个由个人组成的协作系统,个人只有在一定相互作用的社会关系下,同他人协作才能发挥作用。

(2)组织作为一个协作系统都包含三个基本要素:组织的信息交流;组织成员具有作贡献的意愿;具有共同的目的。

(3)组织是两个或两个以上的人所组成的协作系统,管理者应在这个系统中处于相互联系的中心,并致力于获得有效协作所必需的协调,因此,经理人员要招募和选择那些能为组织目标的实现而作出最好贡献并能协调地工作在一起的人员。

(4)经理人员的作用就是在一个正式组织中充当系统运转的中心,并对组织成员的活动进行协调,指导组织的运转,实现组织的目标。根据组织的要素,巴纳德认为,经理人员的主要职能有三个方面:提供信息交流的体系,促成必要的个人努力,提出和制定目标。

巴纳德的社会系统理论中关于组织与管理的内容十分丰富,还强调了经理人员在企业管理中的领导作用,这些理论均为现代管理理论的发展起到了基石的作用。

2. 系统理论学派

在企业管理中,系统理论学派亦称“系统学派”,是指将企业作为一个有机整体,把各项管理业务看成相互联系的网络的一种管理学派。该学派重视对组织结构和模式的分析,应用系统理论的范畴、原理,全面分析和研究企业和其他组织的管理活动和管理过程,并建立起系统模型以便于分析。这一理论是弗理蒙特·卡斯特(F·E·Kast)、罗森茨威克(J·E·Rosenzing)和约翰逊(R·A·Johnson)等美国管理学家在一般系统论的基础上建立起来的。该理论的主要观点是:

(1)组织是由许多子系统组成的。组织作为一个开放的社会技术系统,是由五个不同的分系统构成的整体。这五个分系统包括:目标与价值分系统、技术分系统、社会心理分系统、组织结构分系统和管理分系统。这五个分系统之间既相互独立,又相互作用,不可分割,从而构成一个整体。这些系统还可以继续分为更小的子系统。

(2)企业是由人、物资、机器和其他资源在一定的目标下组成的一体化系统,它的成长和发展同时受到这些组成要素的影响。在这些要素的相互关系中,人是主体,其他要素则是被动的。同时,企业还是社会这个大系统中的一个子系统,企业预定目标的实现,不仅取决于内部条件,而且还取决于企业外部条件,如资源、市场、社会技术水平、法律制度等,它只有在与外部条件的相互影响中才能达到动态平衡。

(3)如果运用系统观点来考察管理的基本职能,可以把企业看成是一个投入——产出系统,投入的是物资、劳动力和各种信息,产出的是各种产品(或服务)。运用系统观点使管理人员不至于只重视某些与自己有关的特殊职能而忽视了大目标,也不至于忽视自己在组织中的地位与作用,可以提高组织的整体效率。

系统理论通过对组织的研究来分析管理行为,体现了管理哲学的改变。从系统的观点来考察和管理企业,有助于提高企业的整体效率。企业领导人有了系统观点,就更易于在企业各部门的需要和企业整体的需要之间保持适当的平衡,使得企业的管理人员不至于因为只注意一些专门领域的特殊职能而忽略了企业的总目标。

图 3-11 赫伯特·西蒙

3. 决策理论学派

决策理论学派的主要代表人物是曾获 1978 年度诺贝尔经济学奖金的赫伯特·西蒙。第二次世界大战后，随着现代生产和科学技术的高度分化与综合，企业的规模越来越大，特别是跨国公司不断地发展，这种企业不仅经济规模庞大，而且管理十分复杂。同时，这些大企业的经营活动范围超越了国界，使企业的外部环境发生了很大的变化，面临着更加动荡不安和难以预料的政治、经济、文化和社会环境。在这种情况下，对企业整体的活动进行统一管理就显得格外重要了。以西蒙为代表的决策理论继承了巴纳德的社会组织理论，着重研究为了达到既定目标所应采取的组织活动过程和方法，形成了一门有关决策过程、准则、类型及方法的较完整的理论体系。其理论要点归纳如下：

(1)决策贯穿管理的全过程，决策是管理的核心。西蒙指出组织中经理人员的重要职能就是作决策。他认为，任何作业开始之前都要先作决策，制定计划就是决策，组织、领导和控制也都离不开决策。

(2)系统阐述了决策原理。决策过程包括四个阶段：搜集情况阶段、拟订计划阶段、选定计划阶段和评价计划阶段。这四个阶段中的每一个阶段本身就是一个复杂的决策过程。

(3)在决策标准上，用“令人满意”的准则代替“最优化”准则。以往的管理学家往往把人看成是以“绝对的理性”为指导，按最优化准则行动的理性人。西蒙认为事实上这是做不到的，应该用“管理人”假设代替“理性人”假设，“管理人”不考虑一切可能的复杂情况，只考虑与问题有关的情况，采用“令人满意”的决策准则，从而可以作出令人满意的决策。

(4)一个组织的决策根据其活动是否反复出现可分为程序化决策和非程序化决策。经常性活动的决策应程序化以降低决策过程的成本，只有非经常性的活动，才需要进行非程序化的决策。

4. 权变理论学派

进入20世纪70年代以来，权变理论在美国兴起，受到广泛的重视。该理论认为管理没有一种最好的行事方式，而是必须因地制宜地处理管理问题，于是形成一种管理取决于所处环境状况的理论，即权变理论，“权变”的意思就是权宜应变。

权变理论认为，在企业管理中要根据企业所处的内外条件随机应变，没有什么一成不变、普遍适用的“最好的”管理理论和方法。该学派是从系统观点来考察问题的，它的理论核心就是通过组织的各子系统内部和各子系统之间的相互联系，以及组织和它所处的环境之间的联系，来确定各种变数的关系类型和结构类型。它强调在管理中要根据组织所处的内外部条件随机应变，针对不同的具体条件寻求不同的最合适的管理模式、方案或方法。其代表人物有卢桑斯、菲德勒、豪斯等人。

在理论方法上，权变理论学派的重点则在通过大量事例的研究和概括，把各种各样的情况归纳为几个基本类型，并给每一类型找出一种管理模式。

5. 经验主义学派

经验主义学派又称为“经理主义学派”，以向大企业的经理提供管理企业的经验和科学方法为目标，主要代表人物是彼得·德鲁克(Peter F·Drucker)。主要作品有《管理实践》、《管理——任务、责任、实践》等。另一个代表人物是欧内斯特·戴尔(Dale)，其代表作是《伟大的组织者》。经验主义学派认为，管理学就是研究管理经验，通过对管理人员在个别情况下成功的和失败的经验教训的研究，会使人们懂得在将来相应的情况下如何运用有效的方法解决管理问题。因此，这个学派的学者把对管理理论的研究放在对实际管理工作者的管理经验教训的研究上，强调从企业管理的实际经验而不是从一般原理出发来进行研究，强调用比较的方法来研究和概括管理经验。经验主义学派理论的研究在内容上主要涉及了以下几方面的管理问题：

图 3-12 彼得·德鲁克

(1)做有效管埋者。企业管理成败取决于管理者，管理者要学会“重要的事情先做”，并“认识你的时间”。

(2)建立合理的组织机构。企业组织模式可归纳为五类：集权的职能式机构、分权的联邦式结构、矩形结构、模拟性分散结构和系统结构。

(3)实行目标管理的管理方法。目标管理结合以工作为中心和以人为中心的管理方法，使职工发现工作的兴趣和价值，从工作中满足自我实现的需要。同时，企业的目标也因职工的自我实现而实现，这样就把工作和人性二者统一起来了。目标管理在当今仍是运用最多的管理方法。

(四)管理科学理论

科学理论是运用现代科学技术和方法研究生产、作业等方面的管理问题，它以决策为主要的着眼点，以经济效果标准作为评价的根据，依靠数学模型和电子计算机作为处理问题的方法和手段，为选择最优方案提供数量依据。所以管理科学有时也叫“运筹学”。简单地说，就是用数学模型、程序对企业进行管理。管理科学理论可以更好地运用于饭店的投资策划和饭店投资的前期可行性研究。该学派的典型代表人物是美国的伯法(E. S. Buffa)等。其主要理论有：规划论、排队论、库存论、对策论等。科学管理使管理的定量化成分提高,科学性增强,尤其是一些数学模型的建立,使部分管理工作成为程序化的工作,从而使这部分管理工作效率大大提高。

【课堂思考】

从管理学基础理论的历史发展脉络分析,企业管理理论与社会经济、政治发展具有怎样的关系?

相关链接

管理学的革命:福特流水线与科学管理

20世纪初的美国,是一个伟大的时代,是“大王”频出的时代:铁路大王斯坦福、银行大王摩根、石油大王洛克菲勒、钢铁大王卡耐基,当然,还有汽车大王福特。虽然同样被称作“大王”,但我更认为福特和之前的“大王”有本质的不同——福特是一位真正的企业家,而其他人只是成功的生意人。

在纪录片《大国崛起》中有这样一段解说:“1913年8月一个炎热的早晨,当工人们第一次把零件安装在缓缓移动的汽车车身上时,标准化、流水线和科学管理融为一体的现代大规模生产就此开始了。犹如第一次工业革命时期诞生了现代意义上的工厂,福特的这一创造成为人类生产方式变革进程中的又一个具有划时代意义的里程碑。每一天,都有大量的煤、铁、砂子和橡胶从流水线的一头运进去,有2500辆T型车从另一头运出来。在这座大工厂里,有多达8万人在工作。1924年,第1000万辆T型汽车正式下线,售价从最初的800美元降到了290美元。汽车开始进入美国的千家万户。”

流水线彻底改变了汽车的生产方式,同时也成为现代工业的基本生产方式。时间过去100年,流水线仍然是小到儿童玩具大到重型卡车的基本生产方式。

亨利·福特为制造汽车而生。15岁的时候,福特就在自家的工具间里制造出了一台内燃机。1887年,24岁的福特进入爱迪生的电灯公司成为一名技术员。10年之后,福特辞去工程师的职位,在底特律和别人合伙创立了汽车公司。直到1947年去世,福特一生都在领导着以自己的名字命名的汽车公司。1936年,福特还成立了以自己名字命名的基金会,慷慨地捐助教育、科学研究和社会改良等事业。在长达几十年的时间里,福特基金会的捐助额一直名列美国榜首。

如果需要用一个人来诠释熊彼特描述的那种企业家,那么福特一定是最典型的人选。在熊彼特看来,资本主义之所以会有跨越式的发展,就是因为出现了这样一批企业家——他们通过整合资源,创造新的技术、新的生产方式、新的组织模式,通过创新打破原来的经济均衡,在满足客户需求的同时获得利润。

福特让汽车真正进入了美国家庭,比这个贡献更伟大的是流水线所带来的工业生产方式和管理方式的真正革命。福特所引领的变革被后人称作“福特主义”。

流水线在极大提高生产效率的同时,也带来了弊端。在流水线上,每个工人被固定在一个工位上,长期进行动作单一的操作。手工业时代匠人们通过一双巧手制造一个产品的成就感荡然无存,人成了机器的一部分。福特认识到,工人们必须得到另外的补偿,才能够寻找到工作的意义。于是他赋予了“福特主义”新的内容——让工人成为企业利润的分红者。

1914 年 1 月 11 日的《纽约时报》发表了以“亨利·福特解释他为什么要发掉 1000 万美元”为题的长篇报道。文章写道:“星期二全世界被报纸上的一份宣告震惊了。它宣称福特公司已经通过了一个和雇员平分利润的方案,据说公司将拿出 1914 年 50% 的利润,估计为 1000 万美元在雇员中分配。它将按照现在日工资的比例,装在员工每周的工资袋中。红利的价值是如此之高,以至于可能超过他的工资。即使是每天只挣 2.34 美元最低工资的清洁工,也将得到 5 美元。”

在 20 世纪初的美国,这样的举动称得上石破天惊。《纽约时报》1914 年 1 月7 日的社论用“一个工业乌托邦”为题揶揄福特的做法,并轻率地下了这样的结论:“福特公司管理层的理论显然是空想的,并将在实践中走入死胡同。”“公司关于优待雇员的理论带有乌托邦的色彩——分享利润并不会改变人的本性。”《纽约时报》将近 100 年前的社论和当下中国众多的经济学家谈及《劳动合同法》时的言论惊人地相似。也许,这 90 多年正好是中国与美国在发展阶段上的距离。

在《纽约时报》的长篇报道中,福特这样解释他为什么这么做:“我想强调,这并不是增加工资而是利润分享的方法。员工的工作效率一直很高,而且很忠诚,我们认为他们应当和我们一道来分享成果。如果你想从别人那里得到点什么,那你就必须出个好价钱。如果你想得到他的最佳发挥,你必须真正地酬谢他,必须给他生活的希望。”

福特彻底颠覆了传统经济学对企业的定义。他说:“作为领导者,雇主的目标应该是,比同行业的任何一家企业都能给工人更高的工资。”

经过分析,福特发现在制造 T 型车的 7882 项工作中有 4034 项并不需要完全的身体能力,这成了福特工厂雇用残疾人士的理论基础。上万名残疾人士平等地获取正常工资。

高工资结合福利有助于实现低成本。工人对工厂有深厚的感情,提高效率、增产节约的创造性办法层出不穷。这让福特工厂里的技术创新和管理创新总是走在其他企业前面。

福特曾经说过:成功的秘诀,在于把自己的脚放入他人的鞋子里,进而从他人的角度来考虑事物。服务就是这样的精神,站在客人的立场去看整个世界。

客户和工人同样是他的客人。

正像《大国崛起》解说词描述的那样：福特赢了，在与雇员分享50%利润的同时，福特把T型车的价格从800美元降低到290美元。请记住福特作出这个决定的时间——1914年，这个时间比起罗斯福新政中相关劳动法案的出台早了整整20年！

福特所崇尚的变革从来都不是在政府的压力下做出的，无论是技术上、管理上，还是对待员工的态度上。福特主动做出的这一切也不是来自于所谓的"企业社会责任"或者"资本家的慈悲心肠"，而是出于独立地经营一家公司，提高其生产效率的考虑。这才是真正的企业家精神。

福特所尊崇的理念让他的后辈们在几十年后避免了和通用一样在国会遭受议员们羞辱的耻辱，也让福特在同样遭受经济重创的时候依然可以有尊严地沿着自己的方向前行。

一个企业的真正竞争力决不是来自政府的扶持和救助，也不是来自对市场的一味迎合。真正的竞争力只能来自于企业的技术创新、管理水平和每个员工的努力工作。

在长达一个世纪的漫长岁月中，美国汽车业承载了美国式资本主义的光荣与梦想。它彻底改变了美国人的生活方式，让美国成为一个装在车轮上的国家；它孕育了现代管理科学，让企业管理成为一门真正的学科；它推翻了人们对资本主义的传统认识，福利制度让数百万蓝领工人成为体面的中产阶级。

如今，汽车行业在中国开始扮演差不多的角色。

在广东南海的本田汽车配件厂里，两位技工学校毕业的工人领导了中国汽车行业中第一次罢工，罢工的诉求是增加工资。在100年前福特的工厂里，一名一线工人购买一辆自己生产的T型车需要3～4个月的薪水。100年后，本田工厂的工人购买一辆最廉价的汽车至少需要3～4年的薪水。尽管这样，学者们仍然为中国工人要求更高的工资而忧心忡忡。

拥有最低价的员工，就拥有最有竞争力的公司，也就拥有了最具价格优势的产品，从而促进中国经济的繁荣，这种逻辑一直主宰着中国经济的发展模式。

1947年4月3日，亨利·福特走完了他技术员——工程师——创业者——企业家——慈善家的路程。葬礼那天，美国所有的汽车生产线停工1分钟，以纪念这位"汽车界的哥白尼"。

1999年，《财富》杂志将亨利·福特评为"20世纪最伟大的企业家"，以表彰他和福特汽车公司对人类发展所作出的贡献。2005年《福布斯》杂志公布了有史以来最有影响力的20位企业家，亨利·福特名列榜首。

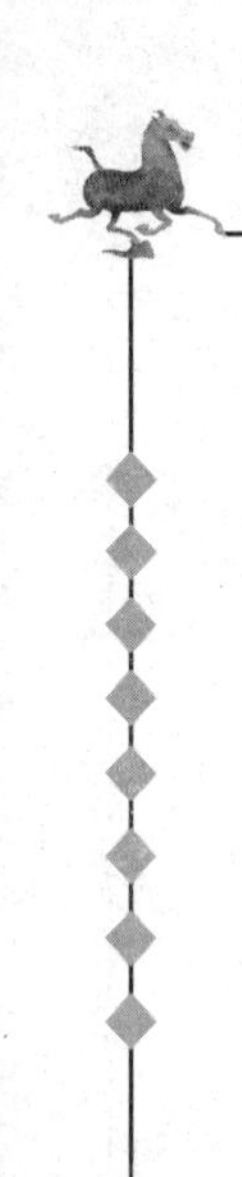

第二节 饭店管理概述

一、饭店管理的基本含义

饭店管理学是建立在管理学基础上的,结合多学科知识,与饭店具体经营管理实践相结合,研究饭店业务特点、管理特点、饭店市场、管理职能变化规律的一门独特的管理学科。随着现代饭店的发展,饭店管理变成一个日趋复杂的系统工程,管理的方法也多种多样,但是只要明确了管理的内容,把握好饭店的管理特点,并善于利用饭店管理的基础理论,就能够不断提高饭店的管理和经营水平,引来更多的宾客,在激烈的市场竞争中,争取更大的市场份额。

(一)饭店管理的概念

饭店管理,实际上是饭店经营管理的简称,包括经营和管理两个方面,是指饭店管理者在了解市场需求的前提下,为了有效实现饭店的既定目标,遵循一定的原则,运用各种管理方法,对饭店所拥有的人力、财力、物力、时间、信息等资源进行计划、组织、指挥、协调和控制等一系列活动的总和。

饭店管理就是要解决管理什么和怎么管理这两个基本问题。下面从饭店管理的目的、手段、要素和职能几个方面对此概念进行剖析:

1. 饭店管理的目的

衡量饭店管理成效的主要依据就是饭店预定目标的实现程度,所以饭店管理的目的就是实现饭店的预定目标——取得一定的社会效益、经济效益和环境效益。饭店的社会效益就是指饭店的经营管理活动带给社会的功用和影响,这是因为饭店作为一个开放的子系统,与社会有着广泛的联系,它在向社会提供特定的使用价值的同时也担负着一定的社会责任。社会效益表现为社会对该饭店和饭店产品的认可程度,如饭店的知名度、美誉度、饭店利用率、饭店和社会的各种关系等等。饭店的经济效益是指饭店通过经营管理所带来的投资增值额。在市场经济条件下,追求利润最大化正是饭店管理的动力所在。对饭店而言,社会效益是经济效益的基础,社会效益不好的饭店,其经济效益必然会受到极大影响,所以饭店非常看重自身形象。另外,随着人类环境问题的日益严重、环境保护意识的日益普及和可持续发展观念的深入人心,饭店还应考虑环境效益,尽量使饭店的经济效益、社会效益与环境效益达到完美统一。

2. 饭店管理的手段

饭店管理的手段就是饭店管理者在管理过程中要遵循一定的管理原则,把饭店管理的基础理论、原理等通过一定形式和方法转化为实际的运作过程,以提高饭店管理成效,达到饭店管理目标。

3. 饭店管理的要素

饭店管理的要素就是指饭店所拥有的人力资源、财力资源、物力资源、时间资源和信息资源等。

在饭店管理所有要素中,人力资源最为重要,它既是饭店的主体和饭店管理成功的关键,也是饭店经济效益、社会效益、环境效益的创造者。所以饭店必须具备一批管理素质良好的管理者和行业素质良好的从业人员。在"以人为本"的饭店管理中,不仅应考虑饭店所需要的人的数量和质量问题,即饭店需要多少人和需要什么样的人,更为关键的是管理者自身的素质。实际上,一家饭店管理水平、服务质量的高低都取决于饭店管理者的水平。

财力是指饭店的资金运作状况。只有具备一定的财力,饭店才可以购置运转中所需的各种设施设备和原材料,才能支付员工工资及其他各种管理费用等,所以财力是饭店正常运转的基本保证。

饭店的物力资源主要是指饭店运转所必需的物资及各种技术设备,如饭店的建筑物、电梯、空调、锅炉、客用品、服务用品、原材料等等。物力资源是饭店运转的基础,所以也是饭店管理要素之一。物力和财力是紧密地联系在一起的,因为物力通常以固定资金和流动资金的形式表现出来。

信息是饭店管理者制定计划的依据、决策的基础,也是饭店组织的重要手段、质量控制的有效工具。随着宾客需求的不断变化和饭店之间竞争的日趋激烈,饭店常处于瞬息万变的经营环境之中,因此,信息的取得、整理和利用日益受到饭店管理者的重视,并成为饭店管理的一个要素。

另外,在市场经济条件下,时间的价值越来越被重视,在"时间就是金钱"的今天,时间也成为饭店中一种不可忽视的资源,而管理者对时间价值的认识则决定其对时间资源的有效管理。管理者对时间资源的有效管理可以提高饭店的工作效率,降低员工的劳动强度,也有利于提高饭店的服务质量。

4. 饭店管理的职能

在饭店管理的概念中,管理只能是管理者与饭店实体相联系的纽带,是其必不可少的组成内容之一。饭店管理的职能就是计划、组织、指挥、协调和控制。饭店管理就是管理者通过执行计划、组织、指挥、协调、控制等不同职能来实现的饭店内外各要素不断调整并取得和谐的动态过程。所以饭店管理的本质是管理者科学地执行管理职能。

(二)饭店经营与管理的概念

广义的饭店管理,既包括经营,又包括管理。实际上,饭店经营和管理有着不同的内涵,是两个不同的概念,侧重点也不相同。但是现实中两者又是密不可

分的。

1. 饭店经营

经营是指企业以独立的商品生产者的身份,面向市场,以商品生产和商品交换为手段,满足社会需要并实现企业目标,是企业的经济活动与企业生存的外部环境达成动态均衡的一系列有组织、有计划的活动。饭店经营即在国家政策指导下,根据市场经济的客观规律,对饭店的经营方向、目标、内容、形式等作出决策。饭店经营的主要内容有:市场调查和状况分析、目标市场的选择与定位、饭店产品的创新与组织、巩固与开拓客源、从市场角度来运用资金和进行产品成本、利润、价格分析等等。经营的侧重点在于市场,是根据市场需求的变化,努力使饭店经营的内容适应宾客的需求,积极面对竞争,从而使饭店得到更大的发展。

2. 饭店管理

管理的侧重点在饭店内部,针对饭店具体的业务活动,即饭店管理者通过计划、组织、督导、沟通、协调、控制、预算、激励等管理手段使饭店人、财、物等投入最小,但又能完成饭店的预定目标。所包含的主要内容是:按科学管理的要求组织和分配饭店人、财、物,使饭店各项业务正常运转;在业务运转过程中保证和控制服务质量,激励并保持员工工作积极性以提高工作效率,加强成本控制,严格控制管理费用等,并通过核算工作保证达到饭店经营的经济目标。即要以最小的投入形成最大的产出。

总之,经营决定着管理、制约着管理,管理又是经营的必备条件;经营中蕴涵着管理,管理中也蕴涵着经营。

【课堂思考】

经营与管理相互制约,相互影响,相互促进,你怎样理解两者之间的这种关系?

(三)饭店管理者

饭店管理成功的关键在于人,即饭店是否拥有管理素质良好的管理者和行业素质良好的员工。其中,饭店管理者的素质又是饭店管理水平高低的决定性因素,它直接影响着饭店管理的成败。

1. 饭店管理者的含义

在饭店中,所有的工作可分为两类:一类是具体的业务或操作,如客房服务员清理房间、餐厅服务员为客人斟酒上菜等,这类工作称为“作业过程”。另一类是指挥他人完成具体的工作任务,如制定工作计划,设计组织机构,安排饭店的人力、财力、物力,指导、协调、检查下属完成的各项具体工作,这类工作称为“管理过程”。

从事管理工作的人就是管理者,也就是利用各种资源去实现组织目标的指挥者、组织者。饭店管理者是指在饭店中被正式承认并被任命、居于管理职位,通过执行管理职能来完成既定任务,实现自己的工作目标的人员。在饭店中,每个管理者都有自己特定的级别、专业分工和岗位职责,并履行特定内容的管理职能。

2. 饭店管理者的层次

在饭店中,根据管理者的责任和权限的不同,通常分为高层管理者、中层管理者和基层管理者三个层次。在不同的层次上,由饭店的规模决定了高、中、基层管理职位的设置。例如,在规模较小的饭店中,饭店经理属于高层管理者,部门经理属于中层管理者;但在大型连锁饭店集团中,董事会、首席执行官、区域经理可列为高级管理人员,各饭店总经理和部门总监被认为是中层管理者。不同的管理层次决定了对管理者的不同要求。

(1)高层管理者:饭店中的高层管理者即为决策层,是饭店管理的核心层,如总经理、副总经理等。他们是对饭店管理成败负有主要责任的关键人物,主要的工作是对饭店进行宏观决策,确定饭店的方针、政策和目标,考虑饭店的全局问题和战略问题。

(2)中层管理者:饭店的中层管理者就是饭店的管理层,是饭店承上启下的中坚力量,如部门经理等。中层管理者通常根据高层管理者的计划和决策,实施具体的计划和工作任务,并将其分配给下属完成。中层管理者负责其所管辖部门的一切业务,主要目标是保证本部门正常运转。

(3)基层管理者:饭店中的基层管理者主要指饭店中的控制层,是管理指令的执行层,如主管、领班等。他们按照中层管理者的规定和要求管理所负责区域的具体事务,并带领下属完成中层管理者所部署的各项工作任务。基层管理者非常注重操作技能的掌握,因为其主要任务就是训练、指导下属员工,使之能够出色地完成接待任务。

管理层次越高,其宏观管理能力越显重要;管理层次越低,其实际操作能力越重要。高层管理者应具有更好的观察、分析、决策、沟通、社会交往的能力,中层管理者更强调具有内部沟通、维护客户关系等良好人际关系能力以及成本控制、市场营销策划等业务运营能力,基层管理者的动手操作能力、纠正偏差能力、示范培训能力则显得更为重要。另外,对任何层次的饭店管理者来说,其与人相处的能力及处事技巧都非常重要。

3. 饭店管理者的工作内容

饭店管理者的工作内容是管理职能在饭店管理中的具体实践,主要包括:

(1)资产管理:资产管理主要指饭店对其拥有的建筑物、设备资产等进行的管理活动。饭店管理者有保证饭店或本部门设备设施使用安全、运转正常、更新及时的职责,也有保证饭店建筑布局和功能划分合理、装修风格富有特色的职责,同时还要明确饭店资产的经营管理和服务要求。

(2)计划管理:管理者要对完成上级任务的行动制定规划和方案,包括先做什么、后做什么、如何去做、由谁去做等。饭店这一行业的特殊性在于受外部环境影响较大,饭店的计划管理相对而言要有更快的编制速度和可变性,以尽量适应市场需求的变化。

(3)组织管理:饭店是一个执行统一意志的组织团体,不同层级的管理者负有确定饭店或部门组织机构设置、制定岗位责任权利、明确工作中的相互关系,并通过规章制度来维护组织正常运转的职责。

(4)人力资源管理:饭店的人力资源工作是每一个管理者工作内容中相当重要的一部分,包括根据饭店经营情况确定部门和岗位所需要的员工数量,挑选、录用员工,分配、培训和使用员工,对员工进行日常管理等。例如对员工进行考核评估从而实现奖惩、晋升、辞退等的管理。

(5)指挥和指导管理:指挥是饭店管理者凭借高度的权威性,通过指示、命令等手段对下属的工作任务进行分工安排的管理活动,指导是管理者示范给下属如何完成好任务。为提高饭店经营管理水平和服务质量,满足饭店的业务需要,管理者应合理运用指挥和指导的管理艺术。

(6)沟通与激励管理:沟通是指实现信息的传递和反馈的双向交流。激励管理是指促使下属对饭店积极有利行为的发生。管理者需要通过良好的沟通管理技巧实现对宾客需求和员工深层次需要的了解,同时还要利用各种良性手段激励员工完成组织的预定目标。

(7)控制管理:控制管理是指管理者利用事先设立的工作标准来指导和检查下属的工作,对符合标准的工作应进行积极强化,并适当提高工作标准;否则,要分析是下属的问题还是标准不符合实际,并采取培训、惩罚、撤换人员或及时修正标准等手段进行更正。

(8)协调管理:在饭店实际运行过程中,经常会发生部门之间、员工之间或宾客与饭店之间的冲突或矛盾,管理者要及时发现和分析矛盾的性质、类型,并选择正确的方法加以解决。

二、饭店经营管理的理念

饭店经营管理理念在饭店经营管理中起着重要作用,支配和指导着饭店的经济行为和管理行为。

图 3-13 饭店大堂副理接待宾客

(一)市场理念

1. 法人意识

市场经济赋予饭店法人地位,饭店就应有独立的法人意识。作为独立的社会组织,尤其是对那些国有或集体所有的饭店来讲,必须建立适应市场经济的经营体制,明晰产权,两权分离,独立面对市场,自主经营,自负盈亏,独立行使自己的民事权利和义务,对自己的行为负法律责任。

2. 市场意识

在市场经济的条件下,饭店的一切资源配置主要来自市场,饭店的经营决策、组织设置、运作方式都应符合市场规律。树立市场意识要求饭店经营者主动了解行情发展趋势,了解竞争对手的情况和掌握市场需求,密切注意市场发展变化的动向,使饭店产品和市场需求相适应,并努力开发新的市场需求领域,引导消费,达到提高企业经济效益和社会效益的目的。

3. 竞争意识

竞争主要有价格竞争和非价格竞争。对饭店来说,价格竞争表现在以低价格策略扩大市场占有率、提高客房出租率等方面。价格竞争无节制的发展,会给市场带来恶性循环。饭店企业之间的竞争应体现在服务特色、产品质量、管理水平、创新意识等非价格竞争领域,其实质是质量的竞争、技术水平的竞争、信息的竞争和人才的竞争。

4. 危机意识

世界旅游组织(WTO)把危机(Crisis)阐述为:“影响旅游者对一个目的地的信心和扰乱继续正常经营的非预期性事件”,并可能以无限多样的形式,在许多年中不断发生。这些不可预见的事件可能是洪水、飓风、火山爆发等自然灾害，也可能是经济危机、汇率波动、意外事故、犯罪、流行病，或恐怖组织袭击和战争等危险事件，它们对旅游目的地形象的损害远甚于对目的地基础设施的破坏。对于饭店而言，除了上述外部因素引发的危机外，饭店管理不当也会导致危机发生，如火灾、食物中毒、偷盗抢劫、劳资纠纷等。

饭店经营者若无正确的管理意识，当危机发生时，饭店通常是一片混乱、反应迟钝，结果损失严重。因此，饭店经营者必须树立危机意识，研究和制订危机管理方案，才能成功应对危机发生时的各种复杂局面。

（二）法制理念

市场经济有着许多自然经济和计划经济所缺乏的积极因素，但也有消极因素和局限性。为了调节市场中互相作用的各种关系，必须运用法律的权威，所以有人说，市场经济是法治经济，企业经营者应具有很强的法治观念。

1. 依法经营意识

饭店作为市场交易活动的主体，必须遵守市场经济的游戏规则，依法经营。饭店企业在经营过程中应遵照规范一般市场主体行为和权利的法律法规，如企业法、公司法、破产法、知识产权法等，来规范经营行为，维护合法权益。

2. 重合同守信誉意识

饭店的交易活动必须按照经济合同来进行。饭店企业不仅必须完成订有书面协议的交易，对大量未签订书面协议但已经形成契约关系的交易，也要保质保量如期完成，这是饭店企业重合同守信誉意识的含义。

3. 公平竞争意识

竞争是市场经济中的普遍现象，但不道德的竞争会带来恶性后果，危害市场中的每一个主体。反不正当竞争法和消费者权益保护法等法规对竞争进行了法律界定，饭店经营者必须遵守这些法规所规定的原则和义务，开展公平正当的竞争。

（三）人本理念

饭店业是以人为本的产业，人在饭店经营管理中有着极其重要的地位和作用。一方面，饭店产品的生产主要是由人来完成；另一方面，饭店产品质量的高低也是以人的主观感受来评定。饭店企业的所有活动都应围绕着人来开展。

1. “员工第一”的意识

饭店产品的生产和消费同步或几乎同步进行，饭店员工对饭店产品的质量起着决定性的作用。许多饭店提出“员工第一”的口号，认为“没有满意的员工，就没有满意的宾客”。有些饭店还一反惯例，在组织结构图上把员工放在最上层以示对员工的重视。这些观点和做法，都是基于员工是饭店生存和发展的根本因素的全新认识。

2. 使用和培育并重的意识

饭店业是劳动力密集型行业,饭店经营需要大量员工。饭店不仅不应把使用员工看成是简单的雇佣,而且必须考虑员工的发展,要不断地对员工进行理论教育和实践培训,激发他们的潜在能力,充分发挥其积极性和创造性,将员工的自我实现和饭店的发展结合起来。

3. 宾客至上的意识

如前所述,饭店产品的质量高低是以宾客的感受来评价的,因而饭店必须树立"宾客是上帝"、"宾客至上"的经营意识,认识研究宾客的需求和消费心理,提供适销对路的服务和产品。让理、让利于宾客,不断提高服务质量,提升饭店的品牌和美誉度。

(四)服务理念

饭店产品是一种组合产品,由饭店的设施设备、食品饮料等具有实物形态的物质产品和饭店员工所提供的非实物形态的各种劳务服务构成。饭店产品的构成中劳动服务占较大比重,起着主导作用。饭店行业树立牢固的服务理念显得尤为重要。

1. 质量意识

由于饭店产品的无形性、非物质化特点,饭店产品的质量不可能像工业产品那样通过仪表仪器加以测定衡量,从而定出量化标准。饭店通过建立服务质量管理体系,制定和执行质量目标、质量标准、服务规程等来控制饭店服务产品的质量,以确保饭店产品满足宾客的共性需求。饭店的管理者一定要严格按照质量标准以及服务规程进行管理和服务,努力提高饭店服务质量。

2. 时间意识

在饭店管理和服务中,时间是一种非常重要的资源和要素。一方面,饭店管理者不仅要重视人力、物力、财力等有形资源的组合和利用,而且还要注意时间要素的节约;既不能仓促决策,造成失误,更不能迟疑不决,延误机会。另一方面,饭店服务具有非常强的时效性,宾客要求饭店提供准时和适时的服务。所以饭店服务首先要做到准时,尽量减少宾客等候时间,同时还应讲究适时,即应该根据宾客情况,把握最适当的时机为宾客服务,做到准时、适时、优质,时时处处讲究效率。

3. 专业化知识

一方面,随着时代发展和科技进步,越来越多的科技成果被运用到饭店管理中来,饭店的设备设施越来越先进,饭店业务和管理也已普遍采用计算机进行操作和信息处理,对各种专业人员、技术人员的需求也越来越迫切;另一方面,饭店

服务本身是一种非常专业的工作，对人员素质和技能有相当高的要求，一位技术熟练的专业服务人员对饭店来说是十分宝贵的财富。因此，要从上述两个方面来重视和提高饭店的专业化意识。

图 3-14　饭店专业化服务

(五)战略理念

现代饭店企业的管理者不仅应是战术家，而且还应是个优秀的战略家，应该具备全局意识、信息意识、风险意识、超前意识等战略理念。

1. 全局意识

市场经济的自发作用主要表现在价值规律这只“看不见的手”在指挥一切，实现完全竞争，优胜劣汰，达到资源的优化配置。但市场经济也有自身无法克服的缺陷，如有些领域调节不灵，出现无政府状态等，这时只能由国家通过经济管理职能加以干预和调控。饭店是典型的市场经济企业，不可避免地要接受国家的宏观调控，饭店管理者应具有很强的全局观念，不能把国家调控看成阶段性和突发性政治运动，而必须既按照市场规律制定饭店的经营计划，又自觉地服从国家对市场的调节。

2. 信息意识

饭店企业的生产经营活动与外界存在着广泛的物质和非物质的交换关系，饭店内部各生产环节之间存在着大量的信息交换关系。饭店不断向外发送产品质量、价格、促销活动等信息，外界也不断向饭店提供需求、供给、竞争、消费偏好、国家调控等信息。对这些信息进行加工和分析，可以促进饭店内部各部门之间、饭店与外部环境之间的关系调整，为经营决策提供依据，保证饭店经营活动的有序开展。饭店管理者要重视信息的作用，加强对信息的管理，保证信息渠道通畅、信息反馈真实，不断提高获取信息、处理信息、运用信息的能力。

3. 风险意识

饭店企业是市场经济中的一个独立主体,实行独立核算、自主经营、自负盈亏,承担经营风险。一方面,饭店的发展、员工的收入和福利都与饭店的经营效益密切相关。经营好,饭店不断壮大,员工待遇不断提高;经营不好,饭店会陷入困境,甚至破产,员工将会面临下岗。这就是市场经济的风险。另一方面,由于饭店是满足人们非基本需求的服务企业,饭店产品对绝大多数消费者来说是可有可无,饭店产品可替代性程度高,竞争激烈,使得饭店经营存在较大的风险。所以饭店管理者不仅要具有极强的风险意识,而且还要建立风险防范机制,如加强市场调查、市场预测,加强民主管理、吸收员工参与决策,扩大经营范围、开展多种经营等,以增强饭店抗风险能力。

4. 超前意识

与我国目前的生产力水平和人民群众的消费水平相比,饭店行业具有明显的超前性,这不仅表现在饭店一般都采用较先进的设施设备,以保证其服务功能在相当时间内不会落后,而且还表现在与国际市场紧密衔接,以国际标准为依据从事经营管理。饭店行业的超前性要求员工具备超越一般企业员工的素质,要求管理者具有先进的经营观念和管理方法,充分认识饭店业的先进特性,了解国内外饭店发展的新动向,不断进行新产品的开发,以满足日益成熟、变化多样的市场需求。

(六)品牌理念

目前,中国绝大多数民族饭店都是单打独斗,缺乏品牌意识和文化、个性内涵,市场定位不准,客源的选择也非常盲目。饭店及其产品如何树立自身的特色以区别于对手,如何以自己的质量优势及鲜明个性吸引客户,关键是树立品牌理念,强化品质意识、名牌意识和顾客忠诚意识。

1. 品质意识

饭店产品的质量是品牌得以建立的基础,基础不牢,任何知名度、美誉度都只能是海市蜃楼。要实现饭店产品的高品质,在设计产品时要考虑到顾客的实际需要,建立独特的质量形象,并随时掌握消费者对质量要求的变化趋势,注重产品的创新与发展。

2. 名牌意识

品牌需要细心呵护,不断培育,不断打造,通过质量锻造、服务锻造、广告锻造、公关锻造等模式才能成为名牌。饭店也可"借船出海",加入国内、国际知名的饭店品牌,学习其先进的经营管理方法,提高自身的品质和影响力。

3. 顾客忠诚意识

忠诚度是顾客对品牌的情感上的偏好,它表现为顾客对某种品牌的产品持有好感并重复购买。忠诚度是不容易培养的,饭店需要重视顾客的需求,珍惜顾客在众多竞争者之中对自己的选择,在认真服务好顾客的第一次消费的基础上,使之成为"回头客",同时制定以消费者为中心的销售策略,完善售后服务系统,真正做到顾客至上。

【课堂思考】

有人说,理念是行动的先导,没有先进的理念,就没有先进的行动。请结合饭店经营管理的理念,谈谈你的认识。

三、饭店管理的内容体系

在了解饭店管理含义的基础上,饭店管理者必须从需求和供给的角度,即从分析饭店产品特征、宾客需求特征出发,进一步研究饭店管理的对象和内容,也就是研究管什么和怎么管的问题,目的是构筑饭店管理的框架,然后对框架各部分的实质内容展开研究,理清思路,在自己的意识中形成框架概念,即把握饭店管理的纲要。最后抓住纲要,实施有效管理。

饭店管理的内容体系是饭店实现其管理职能的基本内容,同时也体现了饭店的经营特点,对管理者理清思路,实施有效管理具有重要作用,饭店管理的内容体系通常包含以下方面:

1. 饭店建筑

(1)饭店建筑物的外观有特色,外装修精致,外环境怡人。

(2)饭店布局合理,即应考虑功能划分组合、设施使用方便安全。

(3)饭店装修具有突出的风格特色。

(4)建筑物应能节约能源,节约人力。

2. 业务管理

业务管理是指针对饭店前厅、客房、餐饮、康乐等业务部门的工作进行的管理。

(1)确定管理范围以及管理的目标和要求。

(2)设计操作流程和运转程序,制定服务规程和质量标准。

(3)建立信息管理系统,确定部门间信息沟通的方式和互相协调的途径。

(4)执行管理职能,实施全过程管理,督导下属完成管理目标与要求。

3. 人力资源管理

(1)根据饭店的管理体制与实际状况,设计合理的组织机构。

(2)根据不同部门和岗位要求编制定员。

(3)选择、招收合格的管理者和员工。

(4)对全体人员进行培训,提高管理者素质,建立一支专业化的员工队伍。

(5)科学使用人才,用人所长。

(6)通过激励,充分调动饭店管理者和员工的工作积极性。

(7)建立饭店各项管理制度。

4. 财务管理

(1)饭店资金筹措管理。

(2)饭店投资管理。

(3)饭店营运资金的管理。

(4)饭店成本费用管理。

(5)饭店利润管理。

(6)饭店财务评价。

(7)有关财经纪律、财务制度的管理。

5. 市场营销供销和公共关系

(1)饭店市场营销分析。包括对饭店市场营销环境、宾客的消费行为、饭店竞争形式的分析研究。

(2)饭店市场营销计划的制定。包括饭店营销策略和具体行动方案的构思,以及对饭店营销计划的调整等内容。

(3)饭店产品组合、价格组合的指定与调整。

(4)饭店市场开拓。包括销售渠道组合、促销组合的设计与调整。

(5)饭店市场营销控制。

(6)制定公共关系计划。

(7)CIS 的策略和实施。

(8)在日常工作中进行公关活动。

6. 工程设备管理

(1)设备设施配置的投资决策和安装、运行的管理。

(2)建立健全的工程设备管理制度。

(3)加强饭店设备的资产管理。即对饭店设备进行分类、编号、登记、保管,并建立饭店设备的技术档案。

(4)合理使用饭店设施设备。

(5)建立合同的设施设备维护保养体系。

(6)对水、电、汽、冷、暖供应的管理。

(7)工程节能和对绿色环保相关工作的管理。

(8)工程人员素质管理。

(9)设备迁移、更新改造以及报废的管理。

7. 物资管理

(1)建立饭店物资管理体系。

(2)进行饭店物资采购决策。

(3)制定饭店物资采购计划。

(4)饭店物资采购、验收、进仓、保管、发送等的管理。

(5)饭店各种物资的定额管理,包括消耗定额、储备定额、资金定额等。

(6)仓库管理。包括进仓、堆放、保管、发放、盘点、账务。

(7)物资的节约和修旧利废等的管理。

8.安全管理

(1)建立有效的安全组织体系。

(2)制定饭店安全工作计划。

(3)饭店财产安全管理。

(4)饭店消防安全管理。

(5)饭店紧急事故的妥善处理。

(6)做好日常工作中的安全管理,保障饭店的正常运行。

9.服务质量管理

(1)明确服务质量的含义、内容和特点,树立牢固的质量意识。

(2)确定饭店及各部门、各岗位的服务规程和服务质量标准。

(3)制定服务质量计划。

(4)建立服务质量管理体系。

(5)进行饭店服务质量教育。

(6)采取有效的服务质量管理方法,实施全面质量管理。

以上九个方面形成了饭店管理的纲要,它构筑了饭店管理的框架,也勾画出“饭店管理”这门学科的学科体系,使千头万绪的饭店工作变得井然有序。管理者从事饭店管理,首先要把握住管理纲要,进而发挥自己的管理才能 ,灵活应变,最终形成自己经营管理的思路,并不断创新。

第三节　饭店管理职能

管理是人们进行的一项实践活动,一种行动。人们发现,在不同的管理者的管理工作中,他们往往采用程序具有某些类似、内容具有某些共性的管理行为,比如计划、组织、控制等,人们对这些管理行为加以系统归纳,逐渐形成了“管理职能”这一被普遍认同的概念。所谓“管理职能”,是管理过程中各项行为的内容的概括,是人们对管理工作应有的一般过程和基本内容所作的理论概括。最早系统提出管理职能的是法国的法约尔。他提出管理的职能包括计划、组织、指挥、协调、控制五个职能,其中计划职能为他所重点强调。尽管后来有许多管理学家提出了一些另外的说法,但都是在此基础上进行的取舍或补充。饭店管理的核心就是管理者通过执行管理职能来实现饭店的经营目标,也就是说,执行管理职能是饭店管理者的主要职责,饭店管理职能贯穿于饭店管理全过程。

一、计划职能

(一)计划职能的含义

简单地说,计划就是饭店预先决定要做什么、如何做、何时做和由谁做。计划职能是管理的首要职能。饭店计划职能就是指对未来的活动进行规划和安排,在工作或行动之前,预先拟定出具体内容和步骤。包括确立短期和长期目标以及选定实现目标的手段。在市场经济条件下,社会、经济的发展为饭店的发展提供了机会,但也带来了风险。计划职能就是利用各种机会有效地利用现有资源,实现饭店最佳的经济效益和社会效益,即饭店利益的最大化,同时使饭店经营风险最小化。因此,在饭店管理中,首先要有科学合理的计划。

(二)计划的内容

计划职能的主要内容包括:一是分析和预测单位未来的情况变化;二是制定目标,包括确定任务、方针、政策等;三是拟订实现计划目标的方案,作出决策,对各种方案进行可行性研究,选定可靠的令人满意的方案;四是编制综合计划和各专业活动的具体计划;五是检查、总结计划的执行情况。

二、组织职能

(一)组织职能的含义

组织职能是为了有效实现饭店计划目标,通过确定组织结构,对人、才、物、时间、信息等资源进行合理配备和使用,并划分部门、分配权力和协调业务活动的管理过程。为了实现管理目标和计划,必须要有组织保证,必须对管理活动中的各种要素和人们在管理活动中的相互关系进行合理的组织。

(二)组织职能的内容

组织职能主要包括六个方面:

(1)按照目标要求建立合理的组织结构。

(2)按照业务性质分工、确定各部门的职责范围。

(3)给予各级管理人员相应的权力。

(4)明确上下级之间的领导与协作的管理层次关系,建立信息沟通渠道。

(5)配备、使用和培训工作人员。

(6)建立考核和奖惩制度。

三、指挥职能

（一）指挥职能的含义

指挥职能，是指组织管理者按照既定的目标和计划，通过下达指示命令等手段，适时发令调度，指导和激励下属工作，并付诸行动，齐心协力实现饭店预定目标的一种管理职能。

指挥职能发挥得好坏，有两个重要因素：一是饭店接待能力的合理性，二是管理者自身素质的高低。指挥职能是计划和组织职能的延伸和继续，计划是指挥的依据，组织是指挥的保证。

（二）在组织管理过程中，指挥职能应遵循的原则

1. 统一指挥原则

对于一个组织来讲，统一指挥是保证政令统一、组织机构协调运转和计划目标顺利实现的必要条件。饭店管理者只对直接下属部门和员工实施指挥，不能越级；下属也只接受直接上级的指令，防止令出多头，无所适从，树立并维护管理者的权威，确保饭店业务正常运转。

2. 有效激励原则

管理者要注意运用各种有效的激励手段调动下属的工作积极性，激发其努力工作，完成饭店的预定目标。

3. 等级链原则

饭店应建立强有力的指挥系统，按等级链原则划分管理层次，明确权利关系，保证命令畅通无阻。

（三）指挥职能的类型

饭店管理者在执行指挥职能时，应根据自己的职位、周围的环境、下属的能力和特点等条件来选择不同的指挥方法，通过树立和维护管理者的权威，合理分配权力，有效地运用指挥方式和坚持指挥原则来实现指挥的目标。指挥职能的类型主要包括：

1. 直接指挥

这是中、基层管理者经常使用的指挥方式，是指饭店管理者对自己的直接下属发布命令或指示的活动，通常采用肯定或否定的语言，表达简单、清晰、明确。直接指挥不仅有利于被指挥者及时、迅速、准确地贯彻指挥意图，而且还有利于指挥人员及时发现问题并采取措施解决问题。

2. 启发式指挥

上级管理者针对需要解决的问题，通过启发引导的方式让下属自我思考解决的措施，使上下级之间的思路一致后再实施指挥的管理方法。高、中层管理者

在管理中要注意引导下属的工作思路，发挥下属的主观能动性，使之对要解决的问题习惯自我思考、自我决策，最终与自己达成一致。这种指挥方式可以较好地规避风险错误，有效培养和锻炼下属分析、解决问题的工作能力。

3. 归纳式指挥

饭店业务复杂，宾客需求多变，内外环境差异较大，在遇到涉及饭店各部门疑难问题的时候，管理者在充分听取各方意见的基础上，进行合理决策，再下达指令的指挥方法，叫做归纳式指挥。归纳式指挥要求管理者有较强的分析归纳能力，善于抓住问题的主要方面，思路清晰，拥有令人信服的权威。另外，管理者要将所需解决问题的复杂困难程度告知下属，并指出各部门需要合作的内容，以便实现饭店目标。

4. 应急式指挥

饭店业务中难免出现一些意外的特殊情况，为解决这些临时出现的突发问题，管理者必须及时下达指令并立见效果，无法进行周密的思考和筹划。应急式指挥即管理者为解决突发问题而下达紧急指令的指挥方式。要求管理者具有敏锐的洞察力和很强的应变能力，下达指令既果断又谨慎，能及时解决问题，防止事态扩大或贻误时机而影响饭店声誉。

四、协调职能

（一）协调职能的含义

协调职能，是指饭店依据正确的政策、原则和工作计划，运用恰当的方式方法，对饭店内外出现的各种不和谐现象及时排除障碍，理顺关系，促进饭店正常运转和工作平衡发展的一种管理职能。组织管理过程中充满着各种矛盾和冲突，如果不能及时排除这些矛盾和冲突，理顺各个方面的关系，组织机构的协调运转和计划目标的顺利实现就不可能。因此协调工作十分重要。

（二）协调的范围、内容与途径

在饭店运行的过程中出现的各种矛盾和冲突都在协调的范围之内。这些矛盾和冲突按与组织的关系，可分为内部和外部两大类：对饭店内部的各种矛盾和冲突的协调，称之为“内部协调”；对饭店与其他组织、个人的矛盾冲突的协调，称之为“外部协调”。

1. 饭店的内部协调

现代饭店业务构成复杂，随机性大，为提高工作效率和专业化程度，通常都实行分工协作的原则。由于分工后，每个人和每个部门都在有限的工作范围内从事较单一的工作内容，因而会产生局部观念和注重自我意识的倾向，使局部与局部、个体与个体之间产生矛盾和不协调。而饭店是一个整体，需要部门的个体

之间的广泛联系和协作。因此,必须树立全局观念,通过执行协调职能达到整体统一以及组织日标实现。内部协调一般分为横向协调和纵向协调两类。

首先,要抓好纵向沟通,保证信息双向畅流。纵向协调是指饭店提供顺畅的沟通渠道,抓好上下级之间的沟通,以保证信息的双向畅流。这是因为,一方面,饭店员工在进行对客服务时需要大量有关顾客需求和饭店经营、决策等方面的信息,而饭店管理层也有必要把饭店新的服务策略、新的服务方式乃至饭店的企业文化等信息及时地传递给饭店的员工;另一方面,饭店员工的需要、建议、要求也需要及时反馈到管理层,尤其是一线员工的建议对饭店改善经营、服务极具价值。如果员工的某些建议、要求无法到达管理层或得不到重视,就会挫伤员工积极性,影响对客服务的质量。因而饭店内部应有下情上呈的沟通渠道,建立有效的双向沟通系统,使得员工的可行性建议能被及时采纳,管理层依照员工的要求作出调整后把信息反馈给员工,从而使员工深切地意识到自己在组织中的价值。为了搞好上下级的纵向沟通,许多饭店采用召开员工会议、与员工座谈等方式,以求从中了解员工的需要及员工的不满情绪,并作出反应,加以疏导。

其次,做好横向沟通,加强部门间协作、支持。从饭店的具体工作来看,饭店的许多服务工作都需要不同部门的员工相互配合,共同协作完成。以餐饮宴会接待为例,宴会接待涉及餐饮部、销售部、工程部及安全部等部门,单靠餐饮一个部门是不能很好地完成接待任务的。而从顾客角度来看,服务对顾客来说是一个整体概念,饭店中不同部门、不同员工为顾客提供的服务都是顾客对该饭店服务质量感受的组成部分,任何环节的缺失都会破坏服务的整体效果。因而,饭店有必要加强部门间的信息平衡沟通,协调好部门间的协作与支持。一线部门应及时将顾客信息传递到相关的辅助部门,并要求辅助部门作出相应的信息反应;接待部门需要了解销售部门在对外营销时对顾客作出的承诺,以便在提供服务时,尽量达到或超过饭店对顾客所做的承诺。如果部门间缺乏沟通,没有向顾客提供其所希望的产品、服务时,都会极大地影响顾客对饭店服务的满意度。因此,员工之间、部门之间必须协调配合,以求创造一个高服务质量的饭店形象,增加饭店对外部市场的吸引力。

2. 饭店的外部协调

现代饭店是一个开放型的组织,它既有一定的内在联系,同时又受到外部环境的影响,饭店与外部环境之间的协调是非常重要的,这种协调能使饭店内所有部门的活动同步化、和谐化,并使饭店与环境相适应。缺乏外部协调就会使饭店在时间、人力、金钱等方面造成浪费,使饭店形象受到损害。外部协调可分为饭店与宾客的协调和饭店与社会的协调。

外部协调作用对外部公众而言,首先是与客人沟通,建立良好的宾客关系,进而了解宾客的需求，改善饭店的服务质量，使宾客成为饭店的忠实客人。这种沟通工作既是大量的，也是极为重要的，必须始终树立“顾客第一”、“客人总是对的”的经营思想，尽力根据客人的要求建立和完善服务项目和服务设施，真正与客人做到相互沟通，彼此信任，互促互进。

饭店必须与社会各界和谐相处。这种关系处理是否妥当，直接影响饭店在社会上的地位和声誉。因此，大多数饭店都非常重视通过公共关系活动处理好与社会各界，特别是银行、财税、工商、公安、消防、环保、文化卫生等各方面的关系。如安全部经理要与当地公安部门保持联络，建立一种良好的关系；人事培训部经理要与当地的人事劳动部门密切联络，联系有关招工、招聘事宜。此外，还要注意发挥与政府、社区和新闻界之间的信息沟通作用，取得他们的理解和支持，为饭店的发展创造一个良好的外部环境。

五、控制职能

（一）控制职能的含义

在饭店管理过程中，管理者应始终以计划目标为基础，对饭店各种资源进行尽可能的调配和组织，并随时调整和改变策略，适应不断变化的市场竞争情况。通过实施饭店的控制职能，一方面可以有效防止计划偏差的出现，使实际结果与计划目标之间的差异减少到最低限度；另一方面，一旦出现差异，控制职能有助于管理者及时发现问题并采取措施，从而避免更大的损失。

饭店控制职能是指饭店根据计划目标和预定标准，对饭店业务的运转活动进行检查、监督和调节的管理活动。虽然在计划职能中要求尽可能全面、周密地反映客观情况，制定出切实可行的计划，但是在管理过程中，还会出现各种预料不到的情况，所以在执行计划的过程中，仍有可能产生不同程度的偏差。这就要求控制职能加以调节，以保证目标的实现。

（二）执行控制的步骤

控制的基本程序是：制定控制标准，衡量计划执行情况，将实际成果同预定目标相比较以确定是否发生了偏差，采取纠正措施。有效的控制应该根据管理者和管理对象的不同情况，采取预先控制、现场控制和反馈控制等不同的控制方法，将控制职能贯穿于管理的全过程。

1. 建立控制的标准

管理者对计划偏差的过程监控正如同人们对身体健康的保持，要想知道身体是不是健康，就要进行血压、体重、血脂等指标的检查。管理也是如此，要判断事情是否正在按计划进行。控制首先要从设定员工在正常条件下完成工作的方法和应达到的标准要求等指标开始，这个环节叫做建立控制的标准。

从企业的具体工作来看，建立控制标准就是要在企业中建立起一套考评体系，例如通过设计财务、顾客、内部过程、学习与成长方面的指标可以考察饭店的经营业绩。控制标准通常分为数量型标准，如营业额、成本、费用等，或描述型标准，即质量标准，如服务规程、卫生标准等。

2. 衡量实际绩效

在完成建立控制标准第一步骤之后，第二个步骤就是用这套尺度来衡量现实的绩效，如营业额与预期成果的差距、成本费用支出的合理性、宾客满意度水平对出租率的影响等。衡量的结果一般来说有两种：或者事情正在按计划进行，即为偏差在允许范围或无偏差，这是理想状况；或者事情的进程与计划存在着差距，一般正偏差是理想的，如营业额的正偏差越大说明赢利状况越好，如果出现负偏差，通常对饭店不利。假如事情正在按计划进行，继续进行就可以了。假如事情没有按计划进行，就意味着实际的进程与计划之间存在着偏差，就要进行第三步工作。

3. 分析偏差并予以纠正

如果工作没有按计划进行，存在偏差，我们就要找到造成偏差的原因，然后纠正偏差。只有把造成偏差的原因消灭掉了，问题才得到解决，事情才能回到正确的轨道上来。在采取纠正措施时，一定要落实纠偏的时间和责任，并采取有效的控制方法，才能有效地达到管理目的。

这三个环节就构成了控制的三部曲，形成控制的全过程，如图 3-15 所示。

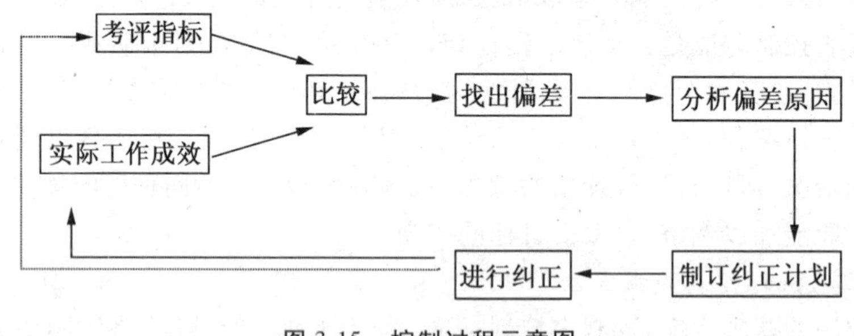

图 3-15 控制过程示意图

本章小节

本章从梳理管理学基础理论的发展脉络入手，系统、详细地介绍了主要的管理学理论，包括每种理论的主要观点和历史背景。在此基础上，将这些管理学理论应用于饭店企业管理领域，介绍了饭店管理的基本概念、主要内容及主要职能。分析了饭店管理者应具备的管理理念。本章学习的重点是主要的管理理论流派及其主要观点，饭店管理的主要内容、主要职能和基本理念。难点是理解和

掌握管理理论发展与社会经济政治发展的关系、经营与管理之间的关系。

复习思考

一、名词解释

1. 饭店管理

2. 饭店经营

二、简答题

1. 泰罗的科学管理理论有什么主要内容?

2. 一般管理理论的六种经营活动指什么? 管理原则有哪些?

3. 霍桑试验的结论是什么?

4. 双因素理论的主要观点是什么?

5. 简述现代管理理论主要学派的观点。

6. 分析饭店经营与饭店管理的区别。

7. 什么是饭店管理的指挥职能? 有哪些类型?

8. 什么是饭店管理的协调职能? 包括哪些内容?

三、案例分析

某旅游饭店有一名“特殊”的员工,业务能力很强,但很傲慢,难管理,在日常工作中由于其业务突出,经理对其管理松懈,久之,员工心态发生了变化,对经理的安排也时常不服从,问其理由,员工常以业务繁忙来推脱,经理非常无奈。后来,该员工终因出现重大工作疏忽而被经理辞退。事后,饭店总经理对该事件非常不满意,对经理进行了严肃的批评。

根据以上案例,结合所学的管理学理论知识,请分析:

1. 饭店总经理为什么批评经理,经理有哪些过错?

2. 如果你是经理,当初应该怎么处理该员工?

3. 你认为该员工主要错误何在? 应如何改正?

推荐阅读

1. 李莉:《发达国家饭店管理理论研究的特点》,载《西安外国语学院学报》2004 年第 1 期。

2. 袁勇志等:《管理的定义与管理理论发展——对法约尔管理定义的检验及反思》,载《学术界》2006 年第 6 期。

3. 陈龙:《西方管理学发展探析》,载《现代商贸工业》2010 年第 19 期。

4. 陈海燕:《饭店管理中的常见问题与对策》,载《黑龙江科技信息》2010 年第 15 期。

第四章　饭店经营决策

【学习目标】

知识目标

1. 掌握饭店经营决策的概念、特点及基本知识。

2. 掌握饭店经营环境分析、预测的概念、特点及基本知识。

3. 熟悉掌握饭店经营决策的程序和基本方法。

技能目标

1. 能够运用所学理论知识,对饭店经营环境进行科学分析;

2. 能够运用科学决策的基本程序和方法,对具体的经营行为进行决策分析。

【本章导读】

学习目的和意义　通过本章学习,使学生对饭店企业经营环境分析、预测和决策的概念、原理、程序和方法有较深入的了解。培养学生初步具备运用所学知识分析、预测饭店企业经营发展趋势,并运用正确的程序和方法作出决策的实践能力。

本章内容概述　本章主要介绍了饭店经营决策的概念、特点、要素、程序和方法。本章共分四节,第一节主要介绍了饭店经营决策的概念、特点、分类、原则、涉及的要素以及决策的意义。第二节介绍了饭店经营环境分析的基本知识及程序和方法。第三节介绍了经营预测的基本程序和方法。第四节介绍了饭店经营决策的基本程序及主要的决策方法。

【案例导入】

他该如何决策?

程志最近受聘担任一家有300间客房的高星级饭店的总经理。他的这一选择是不寻常的,因为除了作为饭店常客外,他从未有过从事饭店业的经历。

这家饭店四年前开业,开业后曾以服务优良、富有传统特色而闻名。两年后店方的主管部门频繁更换总经理,已换了七任总经理,其中包括从境外聘请了三家酒店管理公司。当程志就任时,该饭店服务质量已大大下降,与过去的名声很不相称。客人抱怨越来越多,老客户的回头率日趋下降,客人对服务人员的冷漠、缺乏礼貌、不规范的服务经常投诉。

第一个月，程志走遍饭店各部门了解情况，尽量同员工接触交谈。他发现员工更衣室乱七八糟，地板肮脏不堪，卫生间没有肥皂、毛巾，马桶的坐圈丢失，房门破损。其他员工区也同样杂乱无章，墙壁上的油漆、灰泥严重剥落。员工食堂的伙食差，厨具变形、不洁，食堂灯光暗淡。他完全可以设想，服务员将美味可口的食物送进套房后，只能回到一个肮脏的“地牢”里去。

他惊异地发现，运作了几年的这家高星级饭店竟然没有一套适合本店的管理模式，开业以来对中高层管理者没有做过一次系统的培训。上级指挥下属很费劲，有时还要看下属的脸色行事，因为下属认为你今天在台上，明天还不一定在位。

程志向人事部门了解员工录用情况，发现员工只要填一张申请表就立即安排工作。为了节省劳动力成本，从乡镇招了不少临时工，也用了一些下岗“大嫂”，可岗前培训只有半天，甚至有时没有进行岗前培训。除了顶头上司的评语外，没有工作评估。原来打算在人事部办公室外设立的布告栏从未设立过，重要人事布告没有固定张贴场所。骨干员工已流失不少，有些部门经理正在寻找合适单位。

程志还发现饭店存在严重语言障碍，影响与客人的交流。在近1000名员工中，一线服务员有1/3不能讲英语，员工之间相识而不知其部门和名字者甚多。

此外，他发现前台工作人员从未去过本店的客房，更不要说以客人身份在里面过一夜，这怎能热情地向潜在客人介绍客房的特色呢？同样，饭店的6个餐厅经理只在本餐厅就餐，不了解其他餐厅的情况，也不了解其他饭店的餐饮经营情况。饭店的15个部门经理也同样不了解其他部门在干什么。信息不灵和缺乏协调使部门间问题成堆，而客人受害则首当其冲。

【课堂思考】

程志应怎样决策以解决上述问题，使员工为在饭店工作而自豪，使客人享受到舒适的服务？

第一节　饭店经营决策概述

“管理的重心在经营，经营的关键在决策。”在市场经济条件下，任何一个饭店要想在激烈的市场竞争中生存和发展，就必须在先进的经营思想的指导下，运用科学的程序和方法对饭店的经营环境进行科学的分析和预测，并在此基础上，作出科学的经营决策。如果经营决策正确，就会引导饭店企业沿着正确的方向发展，实现效益最大化；反之，就会对饭店企业的经营活动产生不良影响，甚至影

响其生存。

一、饭店经营决策的概念和特点

(一)饭店经营决策的概念

饭店经营决策是指饭店经营者在拥有大量信息和丰富经验的基础上,对饭店未来行动确定目标,并借助科学的手段和方法,对影响决策的诸因素进行分析和研究,从两个以上的可行方案中,选取一个满意方案的运筹过程。

现代饭店经营活动的实质就是不断整合企业信息和资源,从而不断制定决策方案,采取决策行动和组织实施决策方案的过程。我们理解饭店经营决策的概念,应注意把握以下几点:

(1)决策以对饭店经营环境的分析和预测为基础,以相关信息和决策者的经验为前提。决策的目标就是使饭店的经营活动适应变化了的经营环境。

(2)决策是一个动态的发展过程,不是一成不变的,而是发展变化的,是一个包含诸多发展阶段的过程。"世变时移,决策变矣。"饭店的经营环境在变化,所以经营决策也需相应变化。

(3)决策具有鲜明的目的性。决策是为了解决问题和达到目标。没有问题,无所谓决策,没有目标,也不需要决策。

(4)决策是一种选择活动。如果情况只有一种可能,只能做一种方案,就不需要决策。决策是在几个可供选择的方案中作出选择,有选择先要有比较,方案比较实际上是实施方案预定结果的比较,是效益的比较。

(5)决策深受决策者素质、能力和经验的影响,具有显著的主观能动性。一个经营决策,无论其程序多严谨,方法多科学,其最终的作出依然依赖于决策者的素质、能力和经验。所谓"一将不肖,累死千军",讲的就是这个道理。

(6)决策具有预见性和计划性。决策是在行动之前,是对未来一段时间饭店经营活动的预测和计划。如果决策滞后于情况变化和行动措施,就失去了意义。

(二)饭店经营决策的特点

根据饭店经营决策的概念,可知饭店经营决策具有以下特点:

1. 目标性

饭店经营决策是为解决饭店经营活动所面临的某一问题,实现某一目标而开展的,没有目标,便没有决策。

2. 选择性

饭店经营决策最显著的特点之一就是从两个以上的方案中选择相对优化的方案,如果只有一个方案,没有选择,也就无所谓决策了。

3. 风险性

因为饭店经营决策具有预测性，是对未来饭店经营活动的预测和计划，因而具有一定的不确定性。而任何建立在不确定性因素之上的经营活动都是有风险的。

4. 程序性

经营决策是一个过程，它总是按一定的步骤，采取一定的方法进行。

5. 主观性

经营决策离不开决策者的主观能动性，因而任何经营决策都带有一定的主观性。

二、饭店经营决策的分类

依据不同的分类标准，从不同的角度，为了不同的目的，饭店经营决策的类型划分也是多种多样的。

(一)以决策重要性和决策涉及的范围以及层次划分的经营决策

1. 战略性决策

战略性决策是对整个饭店宏观性、整体性、战略性的经营管理活动所进行的决策，也即对饭店经营目标、饭店性质、发展方向、经营方针、管理体制、饭店更新改造计划以及市场定位等方面的决策。它是饭店经营活动中最重要、最根本的决策，关系到饭店的前途和命运，关系到饭店的效益。饭店战略决策是其他各种决策的基础。战略性决策一般由饭店的高层管理者作出。

2. 管理性决策

管理性决策又称为“战术决策”，是指对饭店中各类管理问题确定模式和方法的决策。在饭店战略性决策的指导下，管理决策要决定本饭店管理的基本指导思想和理论，决定饭店管理的风格和形式，决定饭店基本制度和服务规程，确定饭店各部门的人员编制和岗位职责，确定饭店的财务制度和资金使用等等。战术性决策一般是由饭店的中层管理者在高层管理者的指导下作出。

3. 业务性决策

业务性决策又称为“实施性决策”，它是短期的、具体事务性的决策，是指对饭店某一方面经营业务的内容、形式、种类、规格等的确定。它是为解决日常性和技术性的问题而进行的决策，内容较单一，影响面较小。如员工班次安排、饭店突发事件的处理等。业务性决策一般由饭店的基层管理者在中层管理者的指导下作出。

【课堂思考】

管理学家说:细节决定成败。还有人认为:业务性决策影响面小,因此对企业来讲不重要。谈谈你的理解。

(二)按经营决策事件发生的频率、规律性划分的经营决策

1.程序性决策

程序性决策又称为“常规性决策”,是指对一些经常性、反复出现的问题进行的决策。这种类型的决策一般有章可循,并已形成了一定的决策程序,风险性较小,把握性较大。如库存决策、销售计划的制定、对客服务流程、饭店卫生质量保持等等。程序性决策一般由饭店中层和基层管理者实施。

2.非程序性决策

非程序性决策又称为“非常规性决策”,是指对偶然发生的而且较为重要的问题所进行的决策。这类决策因其发生的随机性和复杂性,无先例可循,无固定章法可依,因而决策起来较为困难,更多地依赖决策者的经验、知识和能力。如饭店的经营方向、市场细分与定位等等。非程序化决策一般由饭店的中高层管理者实施。

(三)按经营决策所依赖的条件划分的经营决策

1.确定型决策

确定型决策是指决策所需的各种条件是确定的,各个可供选择的方案的结果也是确定的。换句话说,就是已拟订的各种行动方案与决策目标之间都有明确的数量关系,且各种方案只有一个自然状态,决策即是对其进行比较而取最佳者。确定型决策最大的特点是一种方案只有一个确定的结果。

2.风险型决策

风险型决策是指已拟订的各种方案与决策目标之间的数量关系虽然明确,但方案中存在两个或两个以上的自然状态,即可供选择方案的结果不止一种。但是,各状态出现的概率可以利用统计资料计算或进行估计而得出,也可用预测的方法获得。这种决策具有一定的风险性。风险型决策的最大特点是一种方案有两个以上确定的结果。

3.非确定型决策

非确定型决策与风险型决策其他条件都相同,只是状态出现的可能性无法估计或统计得出,即可供选择的各种方案的结果出现的概率是不知道的。只能靠决策者的经验来确定。非确定型决策的最大特点是一种方案有两个以上不确定的结果,且各种结果的出现概率无法计算。

(四)按经营决策的时间跨度划分的经营决策

1.长期性决策

长期性决策是指对饭店经营活动中较为长远的中长期计划、销售计划、资金投向等战略性问题的决策。长期性决策的决策周期一般在一年以上。

2. 短期性决策

短期性决策是指对饭店经营活动中一年之内要解决及执行的有关问题的决策。短期性决策的决策周期一般在一年以内。

(五)按经营决策问题是否用数量表现来划分的经营决策

1. 定性决策

定性决策是指需要决策的内容不能用确定的数量来表现,只能对决策目标进行性质分析。例如饭店市场定位、销售渠道和竞争策略等。定性决策因无法用确定的数量来反映,因而它的作出更多地依赖决策者的经验、知识和判断能力。

2. 定量决策

定量决策是指决策的内容可以通过调查研究和分析,从而用明确的数量来反映。例如饭店客房价格决策、饭店客源市场细分等。定量决策因可用数量来反映,因而它的作出更多地依赖科学方法与数学模型。

3. 混合性决策

混合性决策是指决策的作出既含有定性决策的成分,又要采用定量决策的方法。在饭店经营过程中,绝大多数的决策都属于这种混合性决策。

图 4-1 餐厅环境

三、饭店经营决策的原则

(一)系统性原则

经营决策过程是一个具有明确目标,由许多相互制约、相互联系的要素所构成的有机整体。经营决策的作出,要全面考虑到经营环境诸要素的方方面面;否

则，就会“一叶障目，不见泰山”，经营决策就会失去有效性，甚至产生相反的后果。、

（二）信息化原则

经营决策者只有掌握企业经营环境的大量的内外部的信息，做到“知己知彼”，并科学地对信息进行归纳、比较、选择、提炼，才能正确决策，从而实现“百战不殆”。

（三）科学性原则

经营决策必须尊重客观规律，尊重市场，尊重科学，从饭店实际出发，实事求是。执行科学性原则，要求决策者一要具有科学的决策思维，二要按科学的程序进行。

（四）谨慎性原则

“一招不慎，满盘皆输。”对企业来讲，经营决策是一件大事，它的成败与否，与企业的前途和命运息息相关。所以决策者在决策时，一定要慎重，不仅要考虑到需要，还应考虑到可能；不仅要估计到有利因素和成功的机会，更要预测出不利条件和失败的风险。

（五）时效性原则

在激烈的市场竞争中，企业面临着诸多的机遇和挑战。有时候，机遇稍纵即逝，挑战瞬间带来危害，这就要求决策者在决策时，要慎重，但也要果断。“当断不断，反受其乱”，过时的决策对企业来讲没有任何意义。

（六）权责相应原则

在决策过程中，一定要明确经营决策者的责任和权利。而且，这种经营决策责任和权利是相对应的，有什么样的责任，就要有什么样的权利。避免越级决策。

（七）监督调整原则

因为经营决策受诸多因素的影响，而这些因素又是处在不断的运动变化之中，所以聪明的决策者总是善于及时监督决策的实施过程，并根据变化了的企业环境适当调整决策计划。

（八）满意性原则

经营决策本质上是一种方案的选择，所以在决策时，决策者不能强求最理想的方案，常常只能满足于“足够好的”、“相对好的”或“相对满意”的方案。实践证明，过于理想化的决策方案，在实施的时候往往难以取得理想的效果。

（九）民主化原则

“三个臭皮匠，顶个诸葛亮。”在决策时，一定要充分发扬民主，要尊重众人的意见，特别是一线人员的意见。只有这样，才能做到“众人拾柴火焰高”，使经

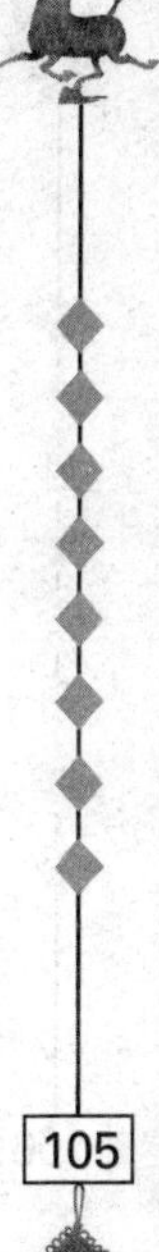

营决策与企业经营环境达到最优化的契合。

【课堂思考】

有人认为:决策是饭店高层管理者的事情,与普通员工没有多大关系。你怎样看待这一问题?

四、饭店经营决策的基本要素

饭店经营决策通常由如下几项基本要素构成:

1. 决策者

决策者即决策主体,可以是一个人,也可以是一个集体。它是进行科学决策的基本要素,也是经营决策诸要素中的核心要素和最积极、最能动的要素,是决策成败的关键。决策者不仅要具备必要的智力结构和层次,而且还要具备科学的思维模式和良好的品德修养。

2. 决策目标

决策目标即经营决策所期望达到的效果。经营决策具有明确的目的性,没有目标,也就无所谓决策。

3. 备选方案

经营决策本质上是一种方案的选择,是未来饭店经营活动的选择,所以要决策,就必须要有需要作出选择的方案。没有选择方案,决策也无从谈起。

4. 自然状态

自然状态即不依决策者的主观意志为转移的客观环境或条件,是决策者无法改变、只能参考的参数。

5. 决策后果

决策后果即作出决策,实施行动后所实际产生的结果。它可能与决策目标相一致,也可能与决策目标不一致。决策者在作出决策时,要充分考虑决策行动可能产生的后果,既要考虑到符合期望的结果,也要考虑到不符合期望的结果。

6. 决策准则

决策准则即决策时所依据的基本原则。决策的作出绝不是盲目的、随意的,而是有目的、有原则的。

7. 决策方法

决策方法即决策时所采用的决策程序和方法。实践证明,无论是何种决策,科学的决策程序和方法都是必不可少的。程序和方法科学,决策才科学和有效。

五、经营决策的重要意义

经营决策对于饭店企业的重要性可以归纳为如下几点:

(一)饭店经营决策是企业经营成败的关键,事关企业的生存和发展

例如,山东一旅游饭店原以接待会议团队为主,但近年来,随着饭店业竞争的加剧,特别是会展中心、商务饭店、高档写字楼的兴起,饭店营业额和营业收入均出现大幅下滑。企业何去何从?在大量调查研究的基础上,饭店决策团队对饭店的经营环境进行了科学的分析,敏锐地洞察到了近年来散客休闲旅游在中国的兴起,并充分利用饭店地处著名风景名胜区的优势,及时调整了饭店的经营目标,重新细分了饭店的目标市场,并进行了饭店的装修改造。结果不出两年,饭店营业额和营业收入都有了大幅提高,饭店又起死回生。从这个例子中,我们不难发现,经营决策的正确与否、及时与否,对企业的生存和发展是至关重要的。

(二)饭店经营决策是饭店企业各项管理职能顺利运作的前提

对饭店企业来讲,决策与管理是相辅相成的两个方面。管理以决策为前提,没有正确的决策,管理就会成为“无源之水,无本之木”;决策以管理为保障,没有科学的管理,决策就会成为“纸上谈兵”,失去实际意义。

(三)饭店经营决策是饭店企业迎接未来的挑战和机遇的根本手段

没有一成不变的市场,市场总是处在不断的运动变化之中。这种变化对企业来讲,有时候是百年难遇的机遇,有时候是不可忽视的挑战,企业要想规避风险,抓住机遇,最根本的手段就是根据市场和环境的变化,作出及时科学的决策。没有正确的经营决策,就没有企业的未来。

第二节 饭店经营环境分析

“物竞天择,适者生存。”任何事物都不是孤立存在的,总是处在一定的环境之中,都面临着一个如何适应和利用周围环境的问题。饭店作为企业,如果想有效地适应和利用周围的环境,就必须对环境予以分析,分清自己的优势和劣势,从而为饭店经营决策提供坚实的信息基础。

一、饭店经营环境的概念和特点

(一)饭店经营环境的概念

依据不同的标准,从不同的角度出发,饭店经营环境在概念上也有不同的定义。有的学者认为,饭店经营环境是指影响饭店经营活动的一切因素与动向,包括外部要素和内部要素。这种经营环境定义的突出特点是将饭店内部如企业文化、员工素质等因素也作为饭店经营环境的应有内涵,我们可以将这种观点看做是关于经营环境的广义上的概念。另一些学者认为,饭店经营环境专指与饭店经营活动有关的外部要素的集合。从而将饭店内部因素排除在经营环境的内涵之外。我们可以将这种观点看做是饭店经营环境的狭义的概念。

饭店经营决策是一项复杂的决策活动，它不仅受外部环境的影响，在很大程度上也受到饭店内部环境的制约。没有和谐稳定的内部环境的支持，饭店适应和利用外部环境就会成为一句空话。从这个角度来讲，采取经营环境的广义概念更为实用和恰当。

(二)饭店经营环境的特点

饭店经营环境具有如下特点：

1. 复杂性

饭店经营环境是由诸多因素构成，涉及饭店内外的方方面面，如国家宏观政策、客源市场变化、社会文化习俗、企业文化、员工素质、管理制度、操作流程等等，因而具有极大的复杂性。

2. 动态性

饭店经营环境不是静止不变的，而是始终处在不断的变化之中。我们常说，市场瞬息万变，机遇稍纵即逝，讲的就是这个道理。

3. 不可控性

饭店经营环境中的许多要素是饭店管理者无法控制的，如国家的宏观政策、法规，突发事件等等。饭店只能通过调整自己的经营方向来适应，而不能改变。

4. 相关性

饭店经营环境的诸要素之间不是孤立的，而是相互影响、相互制约的，"牵一发而动全身"，这就要求决策者决策时应充分考虑到所采取行动可能产生的连锁反应。

5. 主次性

具体到某一次决策来说，任何决策者，无论其个体素质多高，无论决策方法如何科学，也不可能且没有必要穷尽饭店经营环境的所有方面。这就要求决策者在分析饭店经营环境时，要抓住主要因素，同时尽可能兼顾到其他因素。从这个意义上来讲，饭店经营环境的诸要素是有主次之分的，不能"胡子眉毛一把抓"。

6. 可测性

各种环境因素之间是互相关联、互相制约的。因而某种环境因素的变化大都是有规律性的。不过，这种规律性有的比较明显，有的比较隐蔽；有的作用周期长，有的作用周期短。变化规律性明显且作用周期长的环境因素，其可测性则较高。

7. 差异性

即使是两个经营范围相同的企业面对同一环境因素，对环境因素的影响也

会有不同的体验和反应。环境的差异性决定了企业经营战略的多样性。

二、饭店经营环境的分类

我们知道,饭店经营决策成功的一个最重要的前提就是做到"知己知彼":所谓"己",我们可以理解为饭店经营环境中的内部诸要素;所谓"彼",我们可以理解为饭店经营环境中的外部诸要素。相应地,我们将饭店经营环境分为内部环境和外部环境。

(一)内部环境

内部环境是指饭店在经营活动中所具有的内部条件和因素的集合,具体包括:

1. 员工素质

人才是企业经营成败的关键因素。员工是饭店产品的生产者,按照马克思政治经济学的原理,在生产力的诸要素中,生产者是最重要、最积极、最活跃的因素。饭店经营目标的实现,归根结底,要依靠饭店的全体员工来实现。没有具有适合企业发展需求的员工队伍,饭店的生存和发展就无从谈起。所以决策者在分析饭店内部环境时,一定要对饭店员工的素质有一个清晰的认识。具体来讲,分析饭店员工的素质,应考虑以下几个方面:

(1)服务意识和服务理念。饭店是服务性行业,服务本身构成饭店产品的重要方面。因此,员工的服务意识和服务理念是否先进直接影响饭店产品的质量。

(2)知识层次和知识结构。随着饭店业的发展,饭店员工是否具有较高的知识层次,是否具有完整的知识结构,逐渐成为决定员工素质、影响饭店经营的重要因素。

(3)学习能力和创新能力。饭店企业要想在激烈的市场竞争中立于不败之地,就需要其员工具有较强的学习能力和创新能力,能够与时俱进,通过学习使自己的服务意识、服务理念、知识层次、知识结构与饭店的发展相适应,与市场的需求相适应。

(4)操作技能和实践能力。饭店业是服务型行业,员工(特别是一线员工)除了具备一定的理论知识,还必须有娴熟的操作技能,较强的实践能力,能够向客人提供优质、标准、规范的一流服务。

(5)纪律意识和团队意识。现代饭店企业是建立在分工合作的基础之上的,饭店产品是整体产品,每个员工都是产品生产链上的不可或缺的重要一环。这就要求员工具有较强的纪律意识和团队意识。

(6)年龄结构和稳定状况。各个年龄段的员工保持一个合理的比例,员工队伍相对稳定，离职率保持在一个合理的水平。

图 4-2 饭店员工

2. 企业凝聚力

员工对饭店的归属感构成企业的凝聚力，它是饭店力量的源泉。饭店产品作为整体产品，其经营的成败，绝不是单单依靠几个人就可以完成的。员工对饭店的归属感受诸多方面因素的影响，其中最主要的因素是员工对领导的信赖，对自己所处环境的满足感和对工作的成就感，对饭店未来的信心等。一个员工缺乏归属感的饭店，是无法在激烈的市场竞争中长期生存和发展的。

3. 企业文化

企业文化是在企业中长期形成的共同思想、作风、价值观念和行为准则，是一种具有企业个性的信念和行为方式。如店训、店歌、店服、店徽、美誉度、管理风格及企业哲学等。企业文化能够促进企业树立良好形象，发挥员工的潜能，团结合作，提高企业的经济效益，并为社会作出贡献。而且，良好的饭店文化氛围，对外界客人也会产生巨大的吸引力，如近几年在中国涌现的各种主题文化饭店(如儒家主题文化饭店)，其经营的成功也充分说明了企业文化对企业经营的重要性。有人说，企业管理的最高境界是文化管理，这是有一定的道理的。

4. 资金流转

资金流传包括资金的筹集、使用、分配等方面是否及时合理，资金的流转、增值水平以及利润率大小等。资金作为饭店经营的重要资源之一，它的流转速度对饭店经营具有至关重要的意义。

5. 管理水平

管理人员的素质如何，管理体制是否精简科学，管理制度是否完备，岗位设置是否合理，信息传递、沟通、反馈是否及时、有效，这些构成了饭店企业管理水平的主要内容。

6. 市场状况

市场状况包括饭店现在的经营范围、拳头产品、产品结构和发展前景、市场占有率如何、饭店获利能力大小和竞争能力强弱、产品正处于寿命周期的哪个阶段、饭店所面临市场的主要机遇和挑战等等。

7. 生产能力

生产能力包括饭店的经营范围、产品种类、拳头产品、产品结构、产品周期、生产规模等。

8. 销售能力

销售能力包括市场调研和开发能力，现有的销售渠道、销售组织以及促销手段等。

(二) 外部环境

外部环境指饭店在经营过程中所面临的外部条件和因素的集合，具体包括：

1. 政治环境

政策环境是指一个国家和地区的政治局势、法律、外交政策等。政治是一种重要的社会现象，政治条件及状况的不同，会对饭店的经营产生不同的作用和影响，因而政治环境是影响饭店生存和发展的重要因素。对政治环境的分析，主要包括：

(1) 国家的有关方针、政策，如国家的外汇政策、对外开放政策等。

(2) 政府的有关法律、法令和法规。

(3) 国家有关国民经济和行业发展计划和社会发展规划。

(4) 国家或地区的重大活动，如 2008 年北京奥运会的举办，对中国饭店业的发展的影响是显而易见的。

(5) 国与国之间的外交关系以及客源国的政治环境。

(6) 地区重大政治事件的发生，如局部战争、恐怖活动等，都会对一国或一地区的饭店业产生重大影响。

2. 经济环境

经济环境是指一国或地区的经济发展水平、居民收入及可支配收入、产业结构及社会消费能力等方面的情况。经济环境对饭店的作用和影响，实质上就是国家或地区宏观经济环境的变化对饭店经营的影响。饭店在经营活动中，必须密切关注经济环境的变化及发展态势，从而选择有利于饭店经营发展的战略和对策。分析饭店经济环境，主要包括：

(1) 国民经济发展状况，如国民生产总值、经济发展速度及态势、国民收入等。

(2)国家或地区旅游资源状况及行业发展状况。

(3)居民的收入水平特别是可支配收入水平。

(4)物价水平及物价指数现状。

(5)当地劳动力价格及就业率。

(6)世界经济特别是旅游经济的发展水平和发展趋势等。

3. 社会文化环境

社会文化环境是指由于地域及生活环境中的社会地位和文化素养的长期熏陶而形成的风俗习惯、宗教信仰、生活方式、价值观念、道德规范和行为准则的总和。不同的地区、国家、民族,其文化形式迥异,饭店作为服务性行业,其主要面对的是来自四面八方、五湖四海的客人,因此,应对社会文化环境予以充分重视。分析饭店社会文化环境,应特别重视以下四个方面:

(1)民族状况及宗教信仰。

(2)生活方式和风俗习惯。

(3)文化禁忌和价值观念。

(4)人们对旅游业及饭店业的基本态度等。

4. 科学技术环境

科学技术环境是指一国或地区自然科学和社会科学的发展水平、发展速度、发展容量、新技术、新理论转化为生产力的能力。主要是新技术、新设备、新工艺、新材料的采用。科学技术发展不仅能够使饭店及时采用新技术、新材料,更新、改造硬件设施设备,提高工作效率和服务质量,而且能够为饭店提供先进的管理模式和管理手段。如新型节能系统、集中供暖制冷技术、电子多媒体网络技术的应用都深刻地改变了饭店的经营面貌。分析技术环境,主要考虑:

(1)旅游设施设备方面的新技术、新材料。

(2)科技含量高的新型旅游产品。

(3)饭店管理和运转方面的新方法、新手段、新理论。

(4)交通条件及其现代化程度等。

5. 人口环境

人口环境包括人口分布、结构变化,社会阶层的形成和变动,人们生活方式的变化,工作方式的变化等等。

6. 自然环境

自然环境是指饭店所在地的气候、资源、地理、生态等自然要素的总和。指自然资源的种类、数量、可用性以及地理、气候等方面的情况。自然环境的变化会在很大程度上影响饭店的经营,为饭店带来市场机会或者市场挑战。如2006年东南亚地区的海啸灾害,就对当地饭店业的经营活动产生了极坏的影响。因

此,饭店经者必须充分重视自然环境的变化。

7. 市场环境

市场环境就是指饭店所在的市场关系的诸方面要素的集合。狭义的市场是指人们交换产品的场所。广义的市场是指影响、促进产品交换的一切机构、部门与产品买卖双方的关系,即某一特定产品的供求关系。包括买方市场和卖方市场、供应市场和需求市场。著名市场学家菲利普·科特勒(Katlur)认为,一个市场是由那些具有特定的需要和愿望,愿意并能够通过交换来满足这种需要或愿望的全部潜在顾客所构成。市场环境是饭店作为企业所面临的最直接、最重要的环境。从经营环境分析的角度出发,市场环境主要包括:

(1)顾客市场,包括现有顾客和潜在顾客,又称为“销售市场”。分析销售市场,就是要对顾客的消费需求现状及变化进行研究。

(2)竞争市场,又称为“同行市场”,即市场上与本饭店生产相同或相似产品的企业的状况。包括竞争者的位置、目标市场、市场占有率,产品种类、特点、价格,销售策略及促销手段,管理风格及经营策略等等。

(3)供应市场,即饭店产品的原材料、能源供应及其变化情况。饭店要时刻关注市场上物资的供应情况及价格变化,尽可能做到低价采购,库存适量,保障饭店经营需要。

(4)资金市场,即饭店从外部筹取资金的方式、渠道、数量以及需要付出的代价。资金市场直接关系到饭店经营决策和经营活动的顺利开展。

(5)劳动力市场,即饭店所需员工的供应情况。饭店作为劳动密集性产业,需要大量的具有服务意识和技能的劳动者,因此,劳动力市场对饭店的经营也是极为重要的。如近几年来,饭店业的劳动力市场始终处在一种供不应求的状态,饭店无法招聘到适合需要的员工,从而极大地影响了饭店的经营。

(6)合作伙伴,如连锁经营情况、共同的销售网络等。

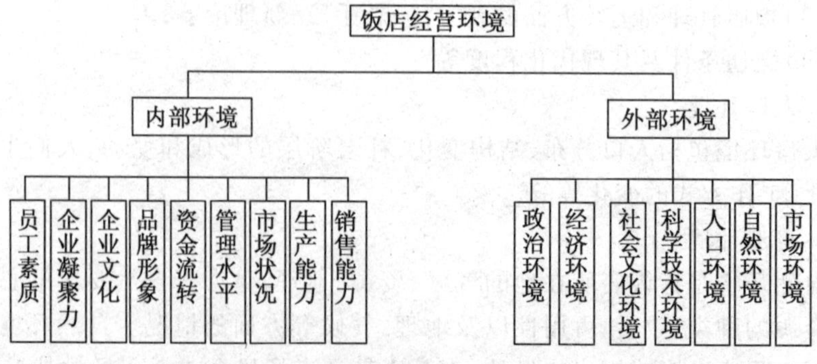

图 4-3 饭店经营环境因素

三、饭店经营环境分析的程序与方法

所谓饭店经营环境分析，就是运用科学的方法，有目的地、系统地收集、整理和分析饭店企业经营环境中制约或促进企业活动的各种信息，以便帮助经营者了解环境，发现问题和机会，调整企业经营决策，与环境相适应。

（一）饭店经营环境分析的程序

饭店经营环境分析一般遵循如下程序：

1. 提出分析的问题，确定分析的目的。
2. 明确分析的模式与方法。
3. 收集、整理、加工、概括各种信息。
4. 提出分析结果，拟订分析方案。
5. 评估和调整分析方案。

（二）经营分析的方法

1. 调查统计法

调查统计法是根据饭店经营分析目标，运用科学的方法，有计划地收集饭店企业有关经营资料的方法。按照调查统计的范围可分为全面调查和抽样调查。抽样调查又可分为随机抽样调查统计和非随机抽样调查统计。抽样调查统计是饭店企业经营环境分析中普遍采用的一种方法。它是根据数学中的概率和数理统计理论，按照随机原则，从调查的总体对象中抽取一定数量的样本，进行分析研究，从而推断所调查总体对象状况的方法。其具体程序如图 4-4 所示。

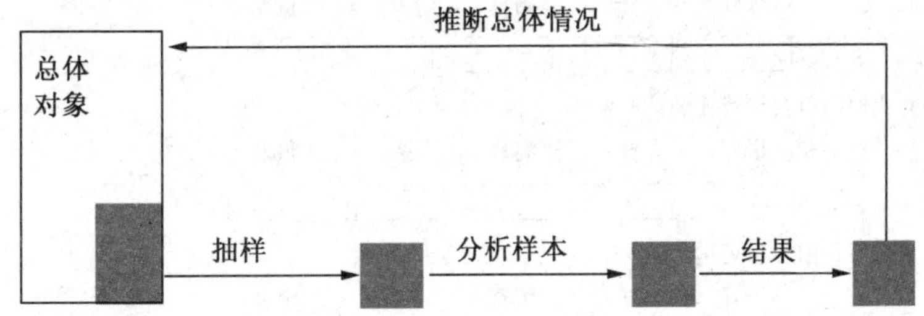

图 4-4 经营环境分析的抽样调查模型

2. 专家会诊法

专家会诊法是利用环境分析专家的经验、知识和判断能力，对饭店企业经营现状、特点及未来发展趋势作出分析和判断的方法。这种方法使用简便、直观，并具有相当的准确性，因而在饭店经营环境分析中得到广泛的使用。专家会诊法常用的方式有两种，即个别意见法和集体意见法。个别意见法是选择一定数量的专家进行个别的咨询和调查，然后将专家意见综合整理，再反馈给专家征询

意见,如此反复几次,最后得出较一致的结论。这种方法又称为“德菲尔法”。集体意见法是将一定数量的专家集中在一起座谈讨论、互相交流,通过专家们的集思广益、取长补短,集中各种意见,得到较一致的结论。

3. 宾客意见法

对饭店企业来讲,顾客就是上帝。饭店企业必须充分重视宾客意见的收集,并以此作为分析饭店经营环境的重要依据。也就是采用宾客意见法。在实践中,它通常是通过向客人发放调查问卷的方式进行的,如表4-1所示。

表4-1　××饭店宾客意见调查表

亲爱的宾客:

感谢您下榻我们饭店,希望您在此度过舒适、美好的时光。

我们的目标是不断为我们的客人提供高水准的服务和设施,我们的宗旨是“我们的顾客就是我们的上帝”。

阁下,您的意见就是您对我们最大的信任和激励。若您能花上一点时间填写此表,我们将不胜感激。

您可以将此表直接放在客房中,我们将会安排专人收取;您也可将本表投放在接待处的木箱内;如果您愿意,您还可在离店后将此表邮寄给我们。

您对我们饭店的总体评价如何?

很好	好	满意	差	很差
□	□	□	□	□

您对我们的前台接待还满意吗?

很好	好	满意	差	很差
□	□	□	□	□

您对您所住的客房还满意吗?

很好	好	满意	差	很差
□	□	□	□	□

您对我们饭店的餐厅还满意吗?

很好	好	满意	差	很差
□	□	□	□	□

(续表)

<table>
<tr><td>如果阁下旧地重游,您还会选择我们饭店吗?
是 □　否 □　不一定 □
如果阁下能留下宝贵的评语,我们将非常感激。(请写在以下画横线处)
____
________________________________</td></tr>
<tr><td>先生/太太/小姐
姓氏:________________
公司:________________
地址:________________
国家:________________
房号:______ 到店日期:______ 离店日期:______
谢谢合作!</td></tr>
</table>

4. 机会—威胁分析法

所谓“机会—威胁分析法”:就是将饭店所处的环境按是否对饭店有利分为机会和威胁进行分析,从而为饭店经营决策提供依据的方法。它通常用“机会—威胁”矩阵来对饭店的经营环境进行分析。运用这一矩阵分析饭店经营环境可能会出现的四种不同的结果,如表4-2所示:

表4-2　饭店“机会—威胁”分析表

	理想环境	冒险环境	成熟环境	恶化环境
机会水平	高	高	低	低
经营威胁	低	低	低	高

(1)理想环境:即处于高机会和低威胁的经营环境。

(2)冒险环境:即处于高机会和高威胁的经营环境。

(3)成熟环境:即处于低机会和低威胁的经营环境。

(4)恶化环境:即处于低机会和高威胁的经营环境。

对于所面临的主要威胁有三种可能的选择:

(1)反抗:即试图限制或扭转不利因素的发展。这在实际运用时是很困难的,饭店必须量力而行。

(2)减轻:即通过调整经营策略或战略来改善环境适应,从而减轻环境威胁的严重性。

(3)转移:即决定转移到其他市场或经营项目上去,以此躲避环境威胁所带来的损失。

运用"机会—威胁"分析法的关键在于确定饭店外部环境与内部条件的各因素。根据饭店经营的特点,我们可以将这些因素归纳如下:

表 4-3　　饭店"机会—威胁"程度表

因此	威胁 -100%	0	机会 +100%
一、客源需求 客源需求总量及增长率 潜在客源量 销售利润率			
二、市场竞争 饭店业总体规模 主要竞争对手 潜在竞争对手 市场空白点			
三、社会经济变化形势 政治经济文化局势 饭店产业政策 与饭店业相关产业发展状态 国家税收及信贷政策			
四、饭店内部经营条件 客源市场占有率 产品与服务质量 心理占有率 饭店销售能力 饭店财务状况 饭店生产能力 员工基本状况			

5. SWOT 分析法

SWOT 分析法是一种综合考虑饭店内部条件与外部环境的各种因素,进行系统评价,从而选择最佳的经营战略与策略的方法。在这里,"S"是指饭店内部的优势(Strengths),"W"是指饭店内部的劣势(Weaknesses),"O"是指饭店外部环境的机会(Opportunities),"T"是指饭店外部环境的威胁(Threats)。

SWOT 分析法的步骤就是依据饭店的经营目标,列出对饭店经营活动及其

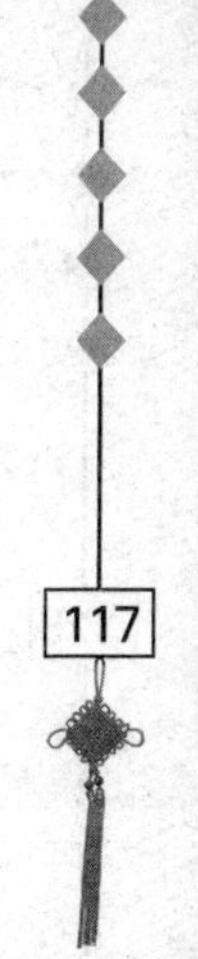

发展有重大影响的内部及外部因素，并根据所确定的标准，对这些因素进行评价，从中判断出饭店的优势与劣势、机会与威胁。

表 4-4　　××饭店 SWOT 分析表

	饭店优势	饭店劣势
饭店内部环境	1. 本饭店具有良好的企业形象和市场知名度 2. 已加入某著名饭店集团 3. 本饭店销售网络已遍及全国 4. 内部管理完善 5. 饭店产品具有特色 6. 员工结构合理，素质较高	1. 饭店目前资金较短缺 2. 员工整体经营意识不强，还未形成现代化的市场观念 3. 员工流动性强 4. 饭店设备已陈旧，亟待更新改选 5. 地理位置离市中心、机场、车站较远
	经营机会	经营感染
饭店外部环境	1. 客源市场规模扩大，本地居民消费水平提高 2. 本地商务活动日益扩展，已成为全国经济贸易金融中心 3. 本地机场经过扩建，客运能力大增 4. 我国对旅游业饭店大力支持	1. 本地饭店业规模大，竞争日益激烈 2. 人们对饭店产品的要求提高，消费需求呈现多元化 3. 本地旅游产品的季节性较强 4. 本地劳动力市场价格呈上升趋势

【课堂思考】

专家意见法和顾客意见法是饭店经营环境分析中最常用的方法之一。请运用所学知识，分析这两种方法各自的优缺点。

四、饭店经营环境分析的重要意义

市场如同浩瀚的大海，深不可测，其中充满了急流暗礁和惊涛骇浪。饭店如想在市场中生存和发展，就必须对“市场之海”的方方面面进行分析和研究，做到“知己知彼”，并及时调整自己的“航向”。

1. 分析饭店经营环境，可使饭店更好地适应和利用环境。饭店所面临的经营环境是极其复杂多变的，其中存在诸多的不可知、不确定、不可控的因素，稍有不慎，就会对饭店的经营产生负面影响。只有及时、科学地对经营环境进行分析，才能更好地适应和利用环境，做到“适者生存”。

2. 分析饭店经营环境，可使饭店及时发现经营过程中存在的机遇和挑战。经营环境中既存在难得的机会，也存在致命的威胁。只有及时、科学地对经营环境进行分析，才能了解经营过程中存在的问题，做到“趋利避害”。

3. 分析饭店经营环境,可以为饭店制定正确的经营决策奠定坚实的基础。离开了对饭店经营环境的分析,饭店的经营决策就会成为“纸上谈兵”。

4. 分析饭店经营环境,可以使饭店对自身及竞争对手的情况有一个全面的了解,做到“知己知彼,百战不殆”。

相关链接

成功之道——微软公司经典经营案例分析

(一)公司支持人人平等

资深人员基本上没有“特权”,依然要自己回电子邮件,自己倒咖啡,自己找停车位,每个人的办公室基本上都一样大。有一次,一些从中国来访微软的教授在等待听 Jim Gray(发明数据库的著名科学家,图灵奖的获得者,加州研究院的院长)的演讲时,看见一个满头华发的老人趴在地上接电线,还以为他只是一名老工人。等他站起来时,大家却惊讶地发现,他就是演讲者 Jim Gray。这些教授都很震惊,没想到连 Jim 这样的人都亲自动手接线装电脑。微软就是这样一个崇尚技术、人人平等的公司。

(二)公司主张施行“开门政策”

也就是说,任何人可以找任何人谈任何话题,当然任何人也都可以发电子邮件给任何人。一次,有一个新的员工开车上班时撞了比尔·盖茨停着的新车。她吓得问老板怎么办,老板说:“你发一封电子邮件道歉就是了。”她发出电子邮件后,在一小时之内,比尔不但回信告诉她,别担心,只要没伤到人就好,还对她加入公司表示欢迎。

一个平等的公司可以降低公司内部的信息阻塞,增加所有员工的主人翁精神,还能更早地发现公司在发展中遇到的问题。平等的公司可以说是微软发展的必备平台。

(三)自我批评,追求卓越

微软文化的一大特色就是自我批评。在科技呈指数趋势飞跃发展的今天,不愿意批评自己,不承认自己的错误,不追求卓越的公司将面临灭亡。

我认识一个刚加入微软的市场经理,他带着我们的产品去参加一个商品展。回来后,他兴高采烈地发了一封电子邮件给整个产品小组。他说:“我很高兴地告诉大家,我们在这个展览会上获得了令人振奋的成绩。十项大奖中我们囊括了九项。让我们去庆祝吧!”但是,他没想到,在一个小时内,他收到了十多封回信。大家问他:“没得到的是哪一个奖?为什么不告诉我们为什么没得到那个奖?我们得到什么教训?明年怎么样才能得到这第十个奖?”他告诉我,在那一刻,他才理解了微软为什么会成功。

自我批评在公司早已被系统化。每一个产品推出后,会有一段特别时间空出来给产品团队做“post-mortem”,也就是系统化的“自我批评”。所有小组成员都会被询问,什么地方可以做得更好,每一个动作和决定都会被分析,结果将在公司公布,以帮助别的小组避免同样的问题,让公司的项目能越做越好。

比尔·盖茨鼓励员工畅所欲言,对公司的发展、存在的问题,甚至上司的缺点,毫无保留地提出批评、建议或提案。他说:“如果人人都能提出建议,就说明人人都在关心公司,公司才会有前途。”微软开发了满意度调查软件,每年至少做一次员工满意度调查,让员工以匿名的方式对公司、领导、老板等各方面作回馈。其中有选择题(例如:“我对我的副总裁有信心。以下选一:非常同意、同意、无意见、不同意、非常不同意),也有问答题(例如:你对公司战略有什么建议?)。每个经理都会得到多方面的回馈和客观的打分。比尔、史蒂夫以及其他高层领导和人事部都会仔细地研究每个组和经理的结果,计划如何改进。

除了自我批评,还要有能接受别人批评的胸怀和改变自己的魄力。

1995年,当比尔·盖茨宣布不涉足互联网领域产品的时候,很多员工提出了反对意见。其中,有几位员工直接发信给比尔说,你这是一个错误的决定。当比尔·盖茨发现有许多他尊敬的人持反对的意见时,又花了更多的时间与这些员工见面,最后写出了《互联网浪潮》这篇文章,承认了自己的过错,扭转了公司的发展方向。同时,他把许多优秀的员工调到互联网部门,并取消或削减了许多产品,以便把资源调入互联网部门。当时,有些员工在某一天上班时,老板会告诉他:“我们的产品被取消了,因为公司需要我们做更重要的IE浏览器。明天起,我们整个部门将加入互联网部门。”那些批评比尔·盖茨的人不但没有受处分,而且得到重用,今天都成了公司重要部门的领导。在软件这个市场变化迅速的领域,调整企业方向对微软无比重要。从这个例子里我们看到的是:平等的环境、直接的沟通、宽大的胸怀、宏大的魄力拯救了公司。

(四)责任至上,善始善终

公司和领导者有了关注的目标之后,还要有足够的责任心,才能把事情做好。微软公司要求每一个部门、每一个员工都要有自己明确的目标,同时,这些目标必须是“SMART”的,也就是:

S——Specific(特定的、范围明确的,而不是宽泛的)

M——Measurable(可以度量的,而不是模糊的)

A——Attainable(可实现的,而不是理想化的)

R——Result - based(基于结果,而非行为或过程)

T——Time - based(有时间限制的,而不是遥遥无期的)

只有每个人都拥有了明确的目标,并可以随时检查自己是否达到了预先设

定的目标,公司员工才能在工作中体现出强烈的责任感和工作热情。

微软公司要求部门和员工制定的目标必须是可分享的,即每个人都应当通过某种渠道,如公司的内部网站等将自己的目标公布出来(当然,某些需要保密的工作目标除外)。这样,当某位员工对领导或其他员工的工作方式不理解的时候,就可以去查看对方的工作目标,以寻求最好的沟通和理解。

除了针对目标、结果的负责,公司更需要在决策方面有负责的框架。微软的"决策制定框架"下,每一项重要决策都有一定的制定流程和人员角色划分。每一个决策流程的推动人很自然地就是决策的责任人。对该决策有支持和认可权利的人是决策的审批者。对该决策进行核查、提出支持或反对意见的人是决策的复核者。在整个决策流程中,虽然复核者可提出反对意见,但审批者仍拥有决策的最终决定权。有了这样的框架,公司的决策流程更加清晰,人员责任更加明确,决策不会被轻易拖延或推翻,决策的效率也大大提高了。

(五)虚怀若谷,服务客户

微软公司对技术相当重视,对合作伙伴和客户也同样重视。作为软件平台公司,合作伙伴和客户都是公司的命脉。微软公司在价值观中强调,所有员工都要信守对客户和合作伙伴的承诺,而且在产品研发过程中,不仅要考虑到产品的技术特性,更要关注客户和合作伙伴最需要的功能。

微软的大企业产品部鼓励每一个员工在加入公司的前几个星期到技术支持中心工作,帮助客户解决问题。无论一位员工的资历有多深,公司都希望他经过最基层技术支持工作的锻炼,能理解客户的困难。在大企业产品部的近1万名员工如果以前没有做过技术支持工作,在公司就没有晋升某一级别的机会。

除了要求员工悉心聆听客户意见之外,微软的软件也会自动收集客户的反馈意见。多年前,当Office开发者无法决定该把哪些功能放进常用工具栏时,Office的程序员制作了一套特别的Office软件。这套Office在用户允许的情况下,记录用户最常用的功能,传送到微软。最后,借助这些统计数据,开发者就可以决定什么样的用户界面才会对大多数用户有利。今天,微软把这个技术做进了所有的产品。任何微软的软件碰到问题(如宕机)时会搜集数据,并在用户的允许下经过网络把这些数据传到总部的服务器,以帮助开发人员诊断和测试软件。有了这样的技术,WindowsXP推出一个月后,微软就把用户碰到的一半问题都解决了,然后再通过网络自动帮助所有合法用户升级软件。此类工作集中体现了公司的创新精神以及借助软件技术解决问题的目标,当然也体现了公司悉心聆听客户意见的决心。

(案例来源:http://www.mba.org.cn)

第三节 饭店经营预测

一、饭店经营预测的概念与特点

(一)饭店经营预测的概念

预测是人们根据过去和现在的已知因素,有目的地运用已有的知识、经验和科学方法,对事物未来发展趋势进行的估计和判断。所谓饭店经营预测,是指饭店企业在饭店经营环境分析的基础上,针对饭店的实际需要,运用科学的方法,对饭店和市场未来的发展趋势,作出分析和判断的过程。饭店经营预测是饭店环境分析的延续。

(二)饭店经营预测的特点

饭店经营预测具有以下特点:

1. 科学性

预测是在对饭店经营环境进行科学分析的基础上,运用科学的方法,对饭店未来的经营活动作出的推断,因而这种推断是科学的。

2. 广泛性

一是体现在预测的内容及涉及的范围是广泛的,饭店经营过程中的几乎所有活动都离不开预测,经营实质是一个作出预测、实现预测和纠正预测的过程;二是体现在影响预测结果的因素是广泛的。饭店经营预测要受到饭店外部环境和内部环境诸多因素的影响。

3. 趋向性

预测的主要功能就是对事物未来的发展方向作出预测,因此其具有趋向性。

4. 近似性

预测是对未来不确定趋势的一种判断,预测依据的各项因素也是处在不断的变化之中,而且影响事物发展变化的所有因素我们不可能全部了解,因此,预测结果与实际情况之间总是存在着一定的误差,预测只能是一个近似值。

5. 实用性

预测的目的在于指导饭店下一步的经营活动,因此,预测必须是实用的。

6. 局限性

预测是由预测者作出的,因而,预测者的知识、经验、能力,必然会对预测结果产生重大影响;由于预测所依据的经营环境资料不够全面和完整,以及所采用的预测方法的片面性,也会导致分析问题不够全面,因而预测结果又具有一定的局限性。

二、经营预测的内容

饭店经营预测的内容非常广泛，凡是与饭店经营方面有关的情况都可以作为预测的内容，但从我国饭店的经营实际出发，应重视以下方面的预测：

1. 饭店宏观经营环境的预测

通过分析资料，对饭店经营的宏观大背景如国家政策与法规、国家政治与社会稳定性、国民经济整体发展趋势、能源及原材料市场变化、产业政策与产业发展前景等宏观经营环境作出预测。如果饭店经营的宏观大背景不好，饭店在经营方面也必然是无所作为。

2. 客源市场预测

它主要包括客源地结构、客源增长状况、旅游需求的季节变化、客人需求和动机、顾客消费行为和特点、旅游游览时间长短变化等。

3. 供给市场预测

它主要包括饭店档次与层次、饭店地理分布、饭店规模、服务项目、竞争状况等。

4. 销售活动预测

它主要包括销售策略、销售方式、促销手段、广告方式与效果、销售费用等。如互联网兴起之初，许多饭店经营者就敏锐地预见到，网络销售将成为一种重要的销售方式和促销手段，并基于这种预测，采取诸如建立饭店网站等方式在饭店产品的销售和促销方面抢得先机。

5. 经济效益预测

饭店必须对成本和利润进行预测。包括饭店固定成本、变动成本及其构成比例、劳动力成本、饭店各部门的物资消耗、饭店财务费用的控制、利润率等。

6. 资源预测

资源预测包括饭店的人力、物力和财力。如资源的供应状况及其变化趋势、降低资源消耗的可能性、资源的价格变化、代用材料的情况等。

7. 技术发展预测

就是对由于新技术、新工艺、新材料、新产品的发展对产品需求的影响作出估计。

三、经营预测的类型

依据不同的标准，经营预测可分为不同的类型。

（一）按预测范围划分，可分为以下两种：

1. 总体预测

总体预测又称为“宏观预测”，即对总体或总量所进行的广范围、粗线条、综

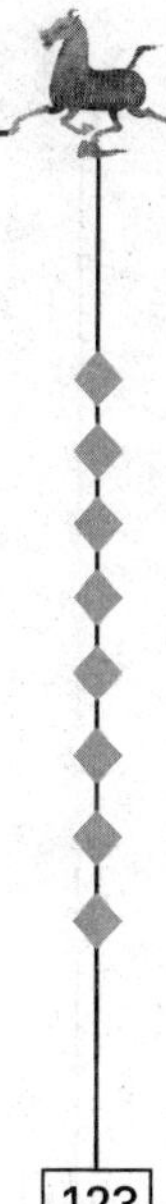

合性的预测。如饭店对旅游业发展规模和速度的预测。其目的是为饭店经营决策提供宏观的客观依据。

2. 具体预测

具体预测又称为“微观预测”,即对总量中某些分量所进行的较细致的专题性的预测。如饭店对自己产品销售量的预测。其目的是为饭店制定相应的经营策略提供依据。

(二)按预测时间划分的具体预测

1. 长期预测

长期预测是指对5年以上的市场动态所作的预测。如对未来五年客源市场的变化的预测,就是长期预测。

2. 中期预测

中期预测是指对1年以上5年以下未来变化所作的预测。

3. 短期预测

短期预测是指对1年以内的市场动态所作的预测。

(三)按预测方法的性质划分的具体预测

1. 定性预测

定性预测是指人们凭直觉或经验判断事物的发展趋势。

2. 定量预测

定量预测是指根据调查所得到的数据资料,运用科学的数理方法对预测目标做出“量”与“度”的测算与界定。

3. 综合预测

综合预测是指在预测过程中综合运用定性预测和定量预测的方法,既依靠决策者的个人经验和能力,又采用大量的数理方法对预测目标作出“质”、“量”与“度”的界定。在实际运作过程中,绝大多数的预测都属于综合预测。

四、经营预测的程序与步骤

1. 确定预测目标

预测目标即预测的内容和目的。预测目标直接影响到预测对象和预测资料的选择以及预测方法的运用。

2. 收集和整理资料

资料是预测的基本依据。准确地预测是建立在广泛收集、占有和分析资料的基础之上的。资料的收集和整理不是盲目的、无目的的,它必须根据预测目标和预测将要采取的方法来收集、整理和加工。

3. 选择预测方法

饭店经营预测的方法很多,同样的资料采用不同的预测方法往往会得到不同的结果。因此,要根据预测目的、所占有的资料选择最适合的预测方法,最好是能够将多种预测方法综合运用,以期得到尽可能精确的预测结果。

4. 实施预测

这是预测的关键环节。如果是定量预测,就要根据饭店经营活动中各种要素、现象之间的相互关系的数据资料建立数学模型,进行外延类推;如果是定性预测,就要在客观资料的基础上,凭主观的认识和经验,进行逻辑推理,对未来加以判断。

5. 计算、分析预测误差,评价、修正和改进预测结果

对预测的可靠性、准确性进行分析、验证,尽量缩小其误差,并在进一步分析的基础上,对预测结果作出调整、评价、修正和改进。

6. 形成预测报告

预测报告是预测最终成果的书面体现。预测报告的阐述要简单明了,并对预测过程、预测指标、预测方法、资料来源等作出说明。报告应及时传递到决策者,以供决策之用。

五、饭店经营预测的意义

经营预测贯穿于饭店经营活动的整个过程,对饭店经营活动具有重大影响。

1. 为饭店经营决策提供依据

饭店通过科学的预测,就能够及时把握市场的总体动态和各种经营因素的发展趋势,从而为饭店确定经营方针、投资方向、发展规模等经营决策行为提供可靠的依据。

2. 有利于提高饭店企业的竞争能力和应变能力

影响饭店经营发展的各种环境因素是复杂多变的,企业只有及早预测到这些环境因素的变化趋势及未来状况,才能及时调整经营计划,保持饭店与环境的动态平衡,从而提高自身的竞争能力和应变能力。

3. 有利于饭店及早确定目标市场,在激烈的市场竞争中“抢得先机”

没有永恒不变的市场,市场总是处在不断的发展变化之中,在激烈的市场竞争中,谁能更早地预测到市场的变化,谁就能更好地占领市场。

4. 有利于促进饭店不断改善服务质量和经营管理,提高饭店的经济效益

通过预测,及时把握旅游市场和消费者的变化特点和趋势,采取合适的对策和措施,使饭店的服务质量和管理水平能够适应市场和客人的需求。

六、饭店经营预测的方法

饭店经营预测的方法有很多,通常分为两大类型:一类是定性预测法(qualitative analysis),是由熟悉饭店经营业务知识,具有丰富实践经验和综合分析判断能力的人员,根据已掌握的历史资料和现状情况,运用自己的知识、经验和能力对饭店经营环境变化和经营发展趋势作出预测的方法。另一类是定量预测法(quantitative analysis),是运用一定的数学分析方法,对各种经营信息资料进行加工处理,来推断饭店经营发展趋势的方法。

(一)定性分析法

1. 经营管理人员意见法

这种方法是最简单、最常见的一种经营预测方法。此法是由营销、服务、财务等几个部门主要人员根据自己的经验和实践,对营业收入作出估计,然后取平均数为预测基数。这种方法对新店来说,往往是唯一可选择的预测方法。但这些主观判断往往受心理因素的影响,有一定的风险和片面性。

2. 销售人员意见法

服务人员是最接近消费者的人员,因而对客人的消费动向和特点比较了解,他们的预测是较有价值的,往往能反映多数消费者的意见。这种方法是服务企业研究市场、进行市场经营预测必不可少的一个方法。见表 4-5。

表 4-5 销售人员意见法

销售人员	预测项目	销售量	出现概率	销售量×概率
A	最高销售量	1000	0.3	300
	最可能销售量	700	0.5	350
	最低销售量	400	0.2	80
	期望值			730
B	最高销售量	1200	0.2	240
	最可能销售量	900	0.6	540
	最低销售量	600	0.2	120
	期望值			900
C	最高销售量	900	0.2	180
	最可能销售量	600	0.5	300
	最低销售量	300	0.3	90
	期望值			570

3. 专家会议法

专家会议法即邀请有丰富经验的专家和有关专业管理人员召开座谈会，利用专家们的知识、经验和个人判断进行预测。这种方法主要运用于对饭店经营活动有重大影响的决策，如饭店发展方向与前景等。这种方法的优点是信息量大，考虑因素多，专家之间相互补充、相互启发；不足之处是易受权威的影响，产生随大流的现象，有时也会出现意见相左、争执不下的情况。

4. 德尔菲法

德尔菲是古希腊神话中的神谕之地，城中有一座神殿，据传能够预卜未来。二次大战之后，美国兰德公司提出一种向专家进行函询的预测法，称之为“德尔菲法”。它的基本做法是：首先邀请来自不同学科领域的专家若干名（通常不少于5名），然后由各位专家对所预测的问题独立地提出自己的估计和假设，以量化指标提交主持人。主持人在收到专家的回信后，将他们的意见分类统计归纳，不带任何倾向地将结果反馈给各位专家，供他们作进一步的分析判断，提出新的估计。如此多次往返，意见渐趋接近，得到较好的预测结果。它既可以避免由于专家会议面对面讨论带来的缺陷，又可以避免个人一次性通信的局限。其缺点是信件往返和整理都需要时间，所以相当费时。

5. 宾客意见法

即对有代表性的消费者或市场进行调查，通常是在现有的和潜在的消费者中进行调查，了解被调查者是否已经形成消费意图，或是否计划进行消费行为，从而及时决定企业经营动向。

6. 主观概率预测法

就是根据饭店预测人员某次或多次经验，运用概率原理，对事物未来发展趋势作出估计与判断的预测方法。应用这种方法，首先要组织若干对预测对象熟悉的人员，然后由这些人员提出各自的主观概率，但必须符合概率论的基本原理，即某一特定结果的概率 P 需满足条件 $0 < P < 1$，整体事件中的每一事件概率之和等于1，最后求概率平均值，即得到事件可能发生的预测值。用公式来表示：

$$P = \sum p_i / n$$

式中：P—— 事件预测值；

P_i—— 第 i 个专家的主观概率；

n—— 专家总人数。

（二）定量分析法

1. 时间序列法

就是充分运用饭店以往的历史数据来推算饭店未来的发展情况。因为过去的历史数据按时间前后排列成序列，故称"时间序列法"。这种方法的最大优点是凭数据说话，所以较为客观；但因为它是建立在过去的数据的基础上的，因而不可能绝对准确。常用的时间序列法有如下几种：

（1）简单平均法。即是利用算术平均数在时间上顺序排列而形成的平均动态数列，以说明某种现象在时间上的发展趋势。用公式表达为：

$$Y = (X_1 + X_2 + \cdots Xn)/n$$

式中：Y—— 算数平均数，即某期的预测值；

X_n—— 第 n 期的观察值；

n—— 时间序列的资料期数。

例如：某饭店历年的营业收入如下表所示，请据此预测该饭店 2008 年的营业收入。

表 4-6　　某饭店历年营业收入　　单位：万元

年份	2002	2003	2004	2005	2006	2007
营业收入	2000	2100	2000	1800	2100	2250

利用上述公式求得 2008 年营业收入：

$Y = (2000 + 2100 + 2000 + 1800 + 2100 + 2250)/6 = 2041.67$

（2）加权平均法。参与预测的一组历史数据中，一般远期数据影响小，近期数据影响大。为减少预测误差，按各个数据影响程度的大小赋予权数，并以加权算术平均数作为预测值的方法。运用这一方法的关键是科学确定各个数据应有的权数。用公式表达为：

$$Y = (f_1X_1 + f_2X_2 + \cdots\cdots f_nX_n)/(f_1 + f_2 + \cdots\cdots f_n)$$

式中：Y—— 加权算术平均数，即预测值；

X_n—— 第 n 期的预测值；

F_n—— 第 n 期数据的权数；

n—— 参与计算的数据个数。

例如：某饭店历年的营业收入和各年权数如表 4-7 所示，请据此预测该饭店 2008 年的营业收入。

表 4-7　　饭店历年营业收入和权数表　　单位：万元

年份	2002	2003	2004	2005	2006	2007
营业收入	2000	2100	2000	1800	2100	2250
相应权数(Fi)	0.05	0.05	0.1	0.15	0.3	0.35

利用上述公式求得 2008 营业收入：

$$Y = (0.05 \times 2000 + 0.05 \times 2100 + 0.1 \times 2000 + 0.15 \times 1900 + 0.3 \times 2100 + 0.35 \times 2250)/(0.05 + 0.05 + 0..1 + 0.15 + 0.3 + 0.35) = 2189.5$$

（3）移动平均法。即利用过去若干期的实际值来求取其平均值，作为预测期的预测值。每预测一次，在时间上逐次往后推移，每期预测均取若干期实际值的平均值作为当期的预测值。移动平均期取得长，预测误差就减小。只有包括足够的期数，才足以抵消随波动变化的影响。用公式表达为：

$$Y = (X_t + X_t - 1 + \cdots + X_t - n + 1) / n$$

式中：Y—— 为第 $t+1$ 期平均数，即预测值；

X_t—— 第 t 期数据；

n—— 移动平均期。

（4）指数平滑法。它是一种特殊的加权平均法，也是实际工作中经常用到的一种定量方法。它以前期的实际值和预测值的加权平均数作为后期的预测值。使用这一方法时，需要选择一个平滑系数 α，其值一般在[0,1]。对于呈水平趋势且变化幅度不大的数据，α 值宜小；对于缓慢线性上升或下降变动且变动幅度较大的数据，α 值宜大。用公式表达为：

$$Y_t + 1 = S_t + \alpha(X_t - S_t)$$

式中：$Y_t + 1$—— 为第 $t+1$ 期的预测值；

S_t—— 第 t 期的实际数据；

S_t—— 第 t 期的预测值；

α— 平滑系数。

（5）百分率增加法。

$$Y_t + 1 = Y_t \times Y_t / Y_t - 1$$

式中：$Y_t + 1$—— 第 $t+1$ 期的预测值；

Y_t—— 第 t 期的实际值；

$Y_t - 1$—— 第 $t-1$ 期的实际值。

2. 因果分析法

该法又称为“相关预测法”、“回归分析法”，是通过分析互有关联影响的两个因素或多个因素，并通过一个或多个因素来预测另外一个目标值变化情况的方法。通常采用的有一元回归分析法和多元回归分析法。其中，一元回归分析法的公式是：

$$Y = a + bT \qquad a = (\Sigma Y - b\sum t)/n \text{ ；} b = (\Sigma tY \cdot n - \Sigma Y \cdot \Sigma t)/\Sigma t2 \cdot n - (\Sigma t)2$$

式中：Y—— 预测值；

T—— 时间序数据；

a、b—— 待定的系数。

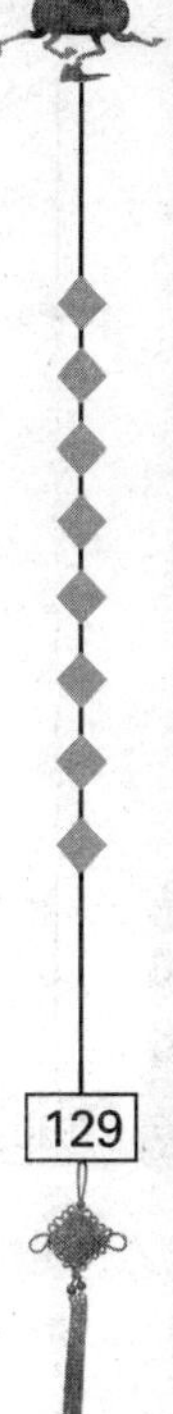

【课堂思考】

定性分析与定量分析各自有什么优缺点?

第四节 饭店经营决策程序与方法

一、饭店经营决策程序

科学的决策必须遵循科学的决策程序(the process of decision making),而科学的决策程序一般包括提出问题、确定决策目标、拟订备选方案、评价选择、组织实施及跟踪反馈五个步骤。

(一)提出问题

所谓问题,就是实际情况与应有现象之间的差距。没有问题,就不需要决策。一项好的、科学的决策有赖于准确地把握问题。许多饭店经营人员决策失误的重要原因之一,就是没有把确切的经营问题找出来。经营管理人员要善于在各种复杂的表象中发现问题,抓住关键,为科学的决策提供确切的前提。

(二)确定目标

所谓目标,就是在一定经营环境条件下,在预测的基础上所希望达到的结果。确定目标首先取决于寻找确切的问题,同时也要充分考虑决策的各种限制因素和预期的要求。尤其是饭店经营发展的目标,必须充分考虑发展的机会和现实的条件,使决策目标既先进又可行。因此,为了确定正确的经营决策目标,必须对饭店的经营环境进行全面的调查分析,对未来发展的趋势作出正确的预测,才能确定正确的决策目标。

(三)拟订备选方案

拟订备选方案,就是针对饭店经营中的问题,根据饭店决策的目标和要求,拟订多个实现决策目标的可行方案,以便从中选择最佳方案的过程。决策方案的提出,既要勇于探索、敢于创新,又要注意决策方案的可行性研究,力求做到所拟方案经营中可行、技术上先进、经济上合理,并具有明确的定量指标和要求。另外,在拟订方案时,还要做到以下两点:一是详尽性,拟订的方案应包括所有可能的方案而无遗漏;二是互斥性,即各种备选方案之间,必须有质的区别。

(四)比较选择

即优选方案。对提出的决策备选方案,要按照决策目标和要求,在充分考虑饭店的内部和外部环境变化的基础上,权衡利弊,进行比较和评价,从中选择最有效、最实用的方案。这是饭店经营决策中最为关键的一个环节,直接决定着决

策的成败。在对各个方案比较时,要重视从定量分析和定性研究的比较分析中,优选出最佳方案。

（五）实施反馈

一个好的决策方案,必须尽快组织实施。因为任何决策方案,无论它是多么科学,都是在一定的经营环境条件下作出的。随着时间的流逝,决策方案所依据的条件也会随之发生变化,这样,决策方案的有效性、科学性、实用性自然会受到影响。同时,任何决策方案,都是在现有条件基础上对未来情况的预测。因此,在组织实施决策方案的过程中,应及时发现决策中存在的问题和不足,并及时作出调整,修正决策目标。

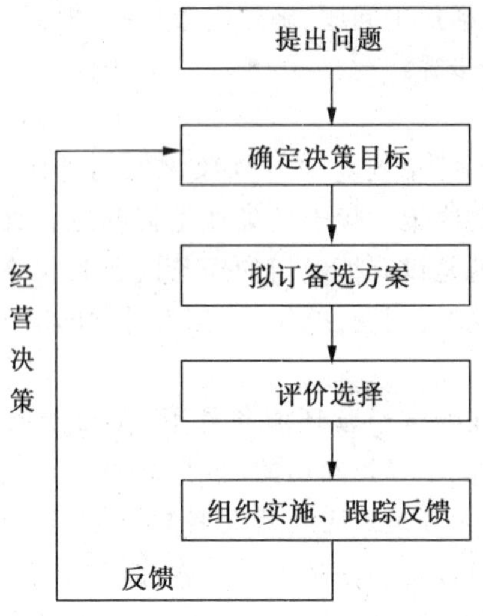

图 4-5　饭店经营决策程序

二、饭店经营决策方法

决策方法,又称为“决策技术”。出于不同的决策目的,饭店经营决策的方法很多。但概括起来,不外乎定性决策和定量决策两大类。

（一）定性决策方法

所谓“定性决策方法”,又称为“主观决策法”,或称为“决策软技术”,是指在经营决策中,在综合考虑现有信息的基础上,主要依靠决策者的知识、经验和能力,对决策目标、决策方案进行评价和选择。定性决策方法因为主要依靠主观判断,所以往往无章可循,在实际运用中有较大难度。但这种方法对饭店经营决策来讲,又是极为重要的。它主要解决饭店经营中宏观的、战略性、方向性的问题,如饭店经营目标、市场定位、发展规划等。饭店高层管理者要学会熟练掌握

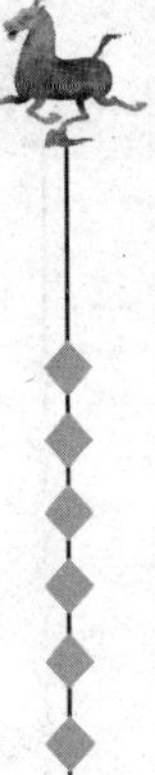

和运用这种技术。下面介绍几种常用的定性决策方法。

1. 意见畅谈会法

这是一种采用会议讨论的方式来确定决策方案的决策方法，也称为"集体意见决策法"。这种方法就是集中饭店内部经营管理人员、业务人员、销售人员，凭他们的经验智慧，通过思考分析、判断综合、共同讨论从而确定决策方案的方法。俗语说，"三个臭皮匠，顶个诸葛亮"，这种方法因其能够充分整合众人的意见，因而在饭店决策中最为常用。

2. 专家意见整合法

该法又称为"德菲尔法"。它是通过发函询问的方式进行决策的方法。其具体做法是：首先邀请来自不同学科领域的专家若干名（通常不少于 5 名），然后由各位专家对所决策的问题独立地提出自己的方案，以量化指标提交主持人。主持人在收到专家的回信后，将他们的意见分类统计、归纳，不带任何倾向地将结果反馈给各位专家，供他们作进一步的分析判断，提出新的方案。如此多次往返，意见渐趋接近，得到较好的决策方案。它既可以避免由于专家会议面对面讨论带来的缺陷，又可以避免个人一次性通信的局限。其缺点是信件往返和整理都需要时间，所以相当费时。

3. 头脑风暴法

这种方法又称为"畅所欲言法"，就是参与决策的人员可以各抒己见、自由思考，在决策时可以无拘无束地畅谈自己的意见和想法，从而互相启发，增加联想，使决策人的创造思维产生共鸣和连锁反应，以达到提出更多创新决策方案的目的。在采用这种方法时，人员不宜太少，但也不宜太多，一般以 10 人左右为宜。

4. 对演法

该法又称为"反头脑风暴法"。就是在决策中事先确定几个相互对立的方案，然后组织相关人员进行对立方案的辩论，专门挑对方方案的毛病，努力证明己方方案的正确性，从而在辩论中发现各种方案的优缺点，确定最佳决策方案。

（二）定量决策方法

所谓"定量决策方法"，又称为"客观决策法"，或称为"决策硬技术"，是指在经营决策中，在整合现有信息的基础上，主要依靠数学模型来计算有关数据，并以此作出决策的方法。定量决策方法主要解决饭店经营中局部的、战术性的问题。如饭店营业收入、产品销售量等。饭店中高层管理者要学会熟悉掌握和运用这种技术。常用的定量决策方法主要有：

1. 确定型决策方法

所谓"确定型决策"也就是在进行这类决策时，决策者对未来情况已有完整

的资料，没有不确定的因素。在确定型决策下，决策方案的选择简化为对每一个方案结果值进行直接比较的过程。一般常用的决策方法有：线性规划、盈亏平衡分析、非线性规划、整数规划、动态规划、投入产出数学模型、确定型储存技术、网络分析技术等。下面介绍线性规划、盈亏平衡分析法及边际决策法。

(1)线性规划法。线性规划用于企业经营决策，实际上是在满足一组已知的约束条件下，使决策目标达到最优。也就是在满足一组约束的条件下，求目标函数的最大值(或最小值)的问题。它是一种为寻求单位资源最佳效用的数学方法，常用于组织(企业)内部有限资源的调配问题。线性规划可用图解法、代数法等方法求解，在变量多时可利用计算机求解。

(2)盈亏平衡分析法。又称“量、本、利分析法”。它是根据对业务量(产量、销售量、销售额)、成本、利润三者间相互制约关系的综合分析，对饭店的经营活动进行有效决策的一种数学分析方法，是饭店经营决策中常用的方法。这种方法将饭店的经营成本分为固定成本和变动成本。固定成本是指在一定的经营条件下，饭店的成本中不受营业额增减影响而固定不变的成本，如饭店设施的折旧费；变动成本是指在一定经营条件下，饭店成本中随营业额增减变化而相应变化的成本，如饭店客房中的易耗品。固定成本和变动成本之和就是饭店的总成本。这一方法的数学公式表达为：

$$MV = F/(1 - V/S) \quad P = MV \times (1 - V/S) - F$$

式中：MV——为盈亏平衡点营业额；

F——固定成本；

V——变动成本；

S——营业收入；

P——利润。

例如：已知某饭店客房的年营业额为200万元，年固定成本为40万元，年变动成本为60万元，试计算该饭店客房的盈亏平衡点营业额和预期利润。

盈亏平衡点营业额 $MV = 40/(1 - 60/200) = 57.14$(万元)

预期利润 $P = 57.14 \times (1 - 60/200) - 40 = 0$(万元)

(3)边际决策法。即运用经济学中的边际分析方法，通过边际收益等于边际成本的利润最大化原则，对饭店的经营活动进行科学决策的方法。所谓“边际收益”(MR)，是指饭店每增加或减少销售一单位饭店产品所带来的总收益(TR)的变动额，也就是总收益的一阶导数。所谓“边际成本”(MC)，是指饭店每增加或减少销售一单位饭店产品所引起的总成本(TC)的变动额，也就是总成本的一阶导数。按照 $MR = MC$ 的利润最大化原则，其决策的基本原理如下：

①当 $MR > MC$ 时，饭店每多提供一个单位的产品所增加的收益大于相应增

加的成本，从而会使总利润增加，并促使饭店多提供产品，直至 $MR=MC$。

②当 $MR<MC$ 时，饭店每多提供一个单位的产品所增加的收益小于相应增加的成本，从而使总利润减少，并促使饭店减少提供产品的数量，直至 $MR=MC$。

③当 $MR=MC$ 时，由于饭店多提供或少提供一个单位的饭店产品，既不能增加总利润，也不会减少总利润，从而使饭店的经营利润达到最大化，并处于相对稳定的生产规模状态。

2. 风险型决策方法

风险型决策方法是研究怎样根据决策事件各种自然状态及其概率，作出合理决策的问题。这类决策方法主要有决策收益表和决策树。风险型决策所依据的标准主要是期望值标准。所谓"期望值"就是在不同自然状态下决策者期望达到的数值。

(1)决策收益表法。决策收益表，又称"决策损益矩阵"。该表包括可行方案、自然状态及其概率、各方案的损益值等数据。运用决策收益表决策的步骤如下：

①确定决策目标。

②根据经营环境对企业的影响预测自然状态，并估计其发生的概率。

③根据自然状态的情况，充分考虑本企业的实力，拟订可行方案。

④根据不同可行方案在不同自然状态下的资源条件、生产经营状况，运用系统分析方法计算损益值。

⑤列出决策收益表。

⑥计算各可行方案的期望值。

⑦比较各方案的期望值，选择最优可行方案。

决策收益表模型如表 4-8 所示：

表 4-8　　决策收益表模型

状态 / 状态 概率 / 损益值 方案	$y_1 y_2 \cdots y_2$			
	$P(y_1)P(y_2)\cdots P(y_n)$			
U_1	a_{11}	a_{12}	…	a_{1n}
U_2	a_{21}	a_{22}	…	a_{2n}
…				
U_m	a_{m1}	$a_{m2}\cdots$	a_{mn}	

例如：某饭店餐厅拟供应快餐，每份售价 5 元，其中成本 2 元，每份可赚利润

3元。如果当天卖不出去，到第二天只能处理掉，即每份将损失2元；若销售量超过生产量，则餐厅将失去本可以赚取的3元利润的机会。餐厅面临的问题是每天生产多少份快餐最好。

经统计，餐厅过去100天的销售量如表4-9所示：

表4-9　　餐厅日销售量

日销售量(份)	100	110	120	130
销售天数	15	20	40	25
概率	0.15	0.20	0.40	0.25

按决策收益表方法，此问题列出决策表如表4-10所示：

表4-10　　策收益表实例

状态 / 状态 / 概率 / 损益值 / 方案	销售100份	销售110份	销售120份	销售130份	期望值
	0.15	0.20	0.40	0.25	
生产100份	300	300	300	300	300
生产110份	280	330	330	330	322.5
生产120份	260	310	360	360	335
生产130份	240	290	340	390	327.5

根据表中所列资料，可以计算出各种方案的期望值：

生产100份的期望值 $=300\times0.15+300\times0.2+300\times0.4+300\times0.25$
$=300$(元)

生产110份的期望值 $=280\times0.15+330\times0.2+330\times0.4+330\times0.25$
$=322.5$(元)

生产120份的期望值 $=260\times0.15+310\times0.2+360\times0.4+360\times0.25$
$=335$(元)

生产130份的期望值 $=240\times0.15+290\times0.2+340\times0.4+390\times0.25$
$=327.5$(元)

经过比较可以看出，生产120份的期望值最大，为335元。故生产120份为当前情况下的的最佳方案。

当然，决策收益表法也具有一定的风险性，主要是因为它利用了事件的概率，概率只说明了自然状态发生的可能性，并不是肯定会发生。所以我们在运用这种方法时,一定要对事件发生的概率进行科学的调查、分析、预测,让概率尽量与事件发生的实际情况相接近。

(2)决策树法。在风险型决策中,除了可以用决策收益表来进行决策外,还可以用决策树来进行决策,所不同的是决策树既可以解决单阶段的决策问题,也可以解决决策收益表无法表达的多阶段序列决策问题。它思路清晰、阶段明了、逻辑清楚、一目了然,便于决策者集体讨论。这种方法在管理上多用于较复杂问题的决策。决策树是以决策结点为出发点,从它引出若干方案枝,每个方案枝都代表一个可行方案。在各方案枝的末端有一个状态结点,从状态结点引出若干概率枝,每个概率枝表示一种自然状态。在各概率枝的末梢,注有损益值。其模型如图 4-6 所示:

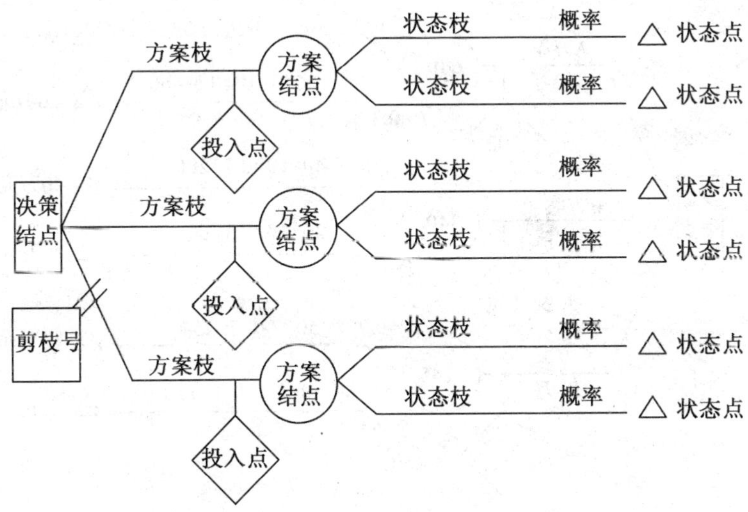

图 4-6 决策树模型图

决策树模型图包括如下基本要素:

①决策结点(用□表示):是对各个经营决策方案优选的结果。

②方案枝:由决策结点引出的若干枝条,每一枝条代表一个决策方案。

③方案结点(用○表示):用来表示各可行方案及其期望收益值。

④投入点:(用◇表示):用来反映各可行方案的总投资。

⑤状态枝:由方案结点引出的若干枝条,每一枝条代表该方案的一种自然状态及概率。

⑥状态点:(用△表示):用来反映各个可行方案在不同状态下的收益值。

⑦剪枝号:(用//表示):表示剔除的方案。

例如:某旅游涉外饭店为满足市场需要,需扩大经营餐饮服务,经初步研究,饭店决策层拟订了如下三个可行方案,试用决策树法比较选择最佳方案。

A 方案:新建一个大的餐厅,需投资 300 万元,若销路好每年可获利润 100 万元,销路不好每年亏损 20 万元,预计经营期 10 年。

B 方案:对现有餐厅进行扩大改造,需投资 140 万元,若销路好每年可获利润 40 万元,销路不好每年仍可增加利润 20 万元,预计经营期 10 年。

C 方案:拟承包改造一家餐厅,预计投资 80 万元,若销路好每年可获利润 50 万元,销路不好则不亏不盈,预计经营期 7 年。

现通过市场调查和经营环境分析及预测,销路好的概率为 0.7,销路不好的概率为 0.3。用决策树法对上述方案进行决策,最佳方案为 A 方案。

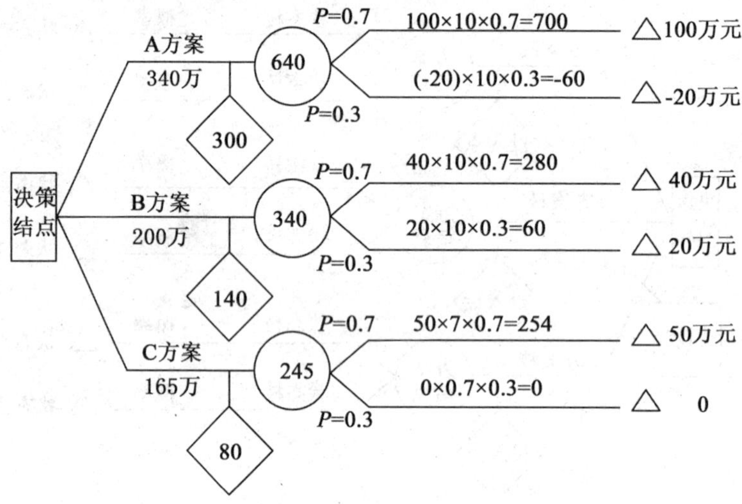

图 4-7 决策树法分析饭店经营方案图

3. 非确定性决策方法

某些待决策的事项存在着几种可能出现的状态,但没有充分的资料来确定每一种自然状态发生的概率,对这类问题所进行的决策称为非确定型决策。非确定型决策时,由于决策者对各种自然状态发生的概率无法知晓,因此决策者就要靠经验人为地制造一系列决策原则。非确定型决策常采用以下几种思考原则:

(1)小中取大法:是悲观原则,表示最差也能赚多少的方法。力求从不利的情况下,寻求较好的方案,即从坏处着眼,向好处努力。这种方法又称"最小最大值收益法",从每一方案中选出损益值最小的;再从这一组最小损益值中选中最大数值对应的方案作为决策结果。如下例,决策方案为 C。

表 4-11　　原则决策表

自然状态 / 损益值 / 方案	畅销	一般	滞销	最小损益值	最大损益值	决策方案
方案 A	240	170	-20	-20	240	
方案 B	160	131	30	30	160	C
方案 C	110	90	73	73	110	

(2)大中取大法:是乐观原则,能赚多少就赚多少。方法:从每一方案中选出损益值最大的,再从这一组最小损益值中选中最大损益值所对应的方案作为决策结果,例子中为 A。

表 4-12　　乐观原则决策表

自然状态 / 损益值 / 方案	畅销	一般	滞销	最小损益值	最大损益值	决策方案
方案 A	240	170	-20	-20	240	
方案 B	160	131	30	30	160	A
方案 C	110	90	73	73	110	

(3)机会均等法:是由均等概率(1/状态数目,如有经济景气和不景气两种状态,状态数目数为 2)与对应损益值之和的乘积计算期望值最大决策,例题为 A。

表 4-13　　机会均等法决策表

自然状态 / 损益值 / 方案	畅销	一般	滞销	各方案期望值	最大期望值	决策方案
方案 A	240	170	-20	1/3 × (240 + 4170 - 20) = 130		
方案 B	160	131	30	1/3 × (160 + 131 + 30 = 107	130	A
方案 C	110	90	73	1/3 × (110 + 90 + 73) = 91		

(4)后悔值法,又叫"大中取小法"。这种方法的基本原理是:当决策者所选择的方案未能符合实际时,决策者必定会产生后悔的感觉。后悔值是每一状态下最大收益值与所采用方案中收益值的差额。后悔值法就是计算各方案各状态

的后悔值，从各方案中选出最大后悔值，再从一组最大后悔值中选出最小的对应的方案作为决策方案。例题中为 B。

(5)折中原则。这种方法首先考虑每一方案的最大收益值和最小收益值，然后应用一个系数对最大收益值和最小收益值进行折中调整，算出它们的调整收益值，最后以调整收益值 EMV 最大的方案作为最优方案。

$$EMV = a \times \max Ai + (l-a) \times \min Ai。$$

其中：EMV——调整后的收益值；

a——乐观系数，是在 0～1 的数值。

通常由决策者根据对获得的最大收益值的可能性的估计，自己主观选定。如 a 为 0，就成为悲观决策法；如 a 为 1，就成为乐观决策法；$\max Ai$ 为 Ai 方案的最大收益值，$\min Ai$ 为 Ai 方案的最小收益值；i 为方案的序号。运用这种方法来计算，例题中的决策方案为 A。

表 4-14　　后悔值决策表

<table>
<tr><th>自然状态
损益值
方案</th><th>畅销</th><th>一般</th><th>滞销</th><th>最小损益值</th><th>最大损益值</th><th>决策方案</th></tr>
<tr><td>方案 A</td><td>240</td><td>170</td><td>-20</td><td>-20</td><td>240</td><td rowspan="7">B</td></tr>
<tr><td>方案 B</td><td>160</td><td>131</td><td>30</td><td>30</td><td>160</td></tr>
<tr><td>方案 C</td><td>110</td><td>90</td><td>73</td><td>73</td><td>110</td></tr>
<tr><td>自然状态
损益值
方案</td><td>畅销</td><td>一般</td><td>滞销</td><td>各方案的
最大后悔值</td><td>最大后悔
值组最小值</td></tr>
<tr><td>方案 A</td><td>0</td><td>0</td><td>93</td><td>93</td><td rowspan="3">80</td></tr>
<tr><td>方案 B</td><td>80</td><td>39</td><td>43</td><td>80</td></tr>
<tr><td>方案 C</td><td>130</td><td>80</td><td>0</td><td>130</td></tr>
</table>

表 4-15 折中原则决策法

自然状态 / 损益值 / 方案	畅销	一般	滞销	a 系数值	各方案调整值	调整值的最大数值	决策方案
方案 A	240	170	－20	0.7	0.7×240＋(1－0.7)×(－20)＝162	160	*A*
方案 B	160	130	30		0.7×160＋(1－0.7)×30＝120		
方案 C	110	90	73		0.7×110＋(1－0.7)×73＝99		

以上介绍了一些决策常用的定性和定量分析方法，从中我们看到，这些方法均具有一定的片面性。由于决策者对自然状态的看法不同，各方法所依据的主要信息源和侧重点也不同，采取不同的方法就会得到不同的决策方案。所以决策者在决策时，要多方面思考，采取多种方法来验证自己的判断，防止片面性。

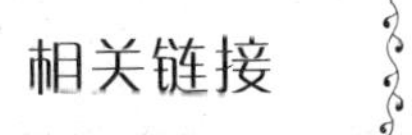

喜来登(*Sheraton*)成功之路

欧内斯特·亨德森(*Ernest Hen derson*)，1897 年 3 月 7 日出生于离美国波士顿不远的栗树山镇，病逝于 1967 年 9 月 6 日。他于 1937 年创建喜来登饭店公司(*Sheraton*)，到 1989 年，喜来登饭店公司的饭店总数已达 540 家，客房超过 15.4 万间，遍及全球 72 个国家，是世界上最大的国际饭店公司之一。上海华亭喜来登宾馆也曾是它的成员。

不少人认为，像希尔顿一样，喜来登就是公司老板的名字，其实不然。可是后来，亨德森于 1965 年出版了一本自传《喜来登先生的身世》，在这里，亨德森将自己称为喜来登先生。

早期创建大饭店公司的人，大多数是科班出身。如里兹刚开始当餐厅服务员，斯塔特勒刚开始当前厅行李员，希尔顿早年也帮助他开小店的妈妈招待客人。可是亨德森与他们不同，他直到 44 岁时才认真从事饭店业。他在饭店经营管理技术上没有许多创新，但他为喜来登饭店公司有效管理而制定的喜来登十诫却很有意义。

第一诫是不要滥用权势和要求特殊待遇。这是对管理人员的约束。亨德森说，他每到一个喜来登饭店，那里的经理总是为他安排最好的客房，像招待贵宾

那样送上一篮新鲜水果。他说,那些经理不理解,其实作为董事长的他,最爱听的话是:“对不起,那间总统套房不巧已被人住上了。”因为这样,那间总统套房每天至少可获得几百美元的收入。

第二诫是不要收取那些讨好你的人的礼物,收到的礼物必须送交一位专门负责礼品的副经理,由饭店定期组织拍卖这些礼物,所得的收益归职工福利基金。这一约束的目的在于防止有人因私人得到礼品好处,在交易中就用饭店的财物去做人情。如负责食品采购的经理,为了回报送礼商人几美元礼品的好处,常常会提高食品购买价格而使饭店增加数十万美元的开支。

第三诫是不要叫你的经理插手装修喜来登饭店的事,一切要听从专业的装潢师玛丽·肯尼迪。这一约束在于强调专家管理。1941年,亨德森买下了波士顿有名的科普雷广场饭店(*Copley Plaza*),决定对它进行重新装修。如何能保证装修效果使顾客满意呢?亨德森请了8位装潢大师,举行装潢竞赛。每人要装潢一套房子,预算费用为3000美元,要求他们装潢成受客人欢迎的未来型客房。到竞赛结束那天,他举办了一次大型鸡尾酒会,请来了1000名客人,请他们投票选出每人最喜欢的房间。最后,装潢师玛丽·肯尼迪以压倒多数的选票赢得了这场竞赛。从此,玛丽被喜来登饭店公司聘作饭店装潢的总主持人,亨德森规定,各饭店经理不能擅自修改玛丽的装潢方案。

第四诫是不能违背已经确认的客房预订。超额预订是饭店经理为了防止有一部分预订者不如约入住而造成损失的一种方式。如果预订者都到店住了,超额预订就会出现有预订的客人没有客房可住的情况。一旦出现这种情况,喜来登公司规定,送客人一张20美元的礼券,这张礼券可在任何一家喜来登饭店使用,并派车送客人到另一家饭店居住,车费由喜来登承担。

第五诫是管理者在没有完全弄清楚确切目的之前,不要向下属下达指令。亨德森认为,如果管理者理解清楚了每一指令的目的,同时又让下属了解指令的目的,就可使下属发挥主动性和灵活性,把工作做得更好。

第六诫是一些适用于经营小旅店的管理方式可能正好是经营大饭店的忌讳。亨德森认为,在小旅馆里,老板的长处在于他能统管一切事务,可在大饭店里,必须授权予人。大饭店成功的根本点在于选拔部门经理,发挥他们的才干,靠他们去承担责任和行使权力。如食品、饮料、前厅服务的程序,锅炉与电梯的维修等具体事务要由部门经理去考虑。实践证明,提拔小旅馆经理来掌管大饭店往往会出现许多令人头痛的事。只有那些善于授权的人管理饭店才能取得成功。

第七诫是为做成交易,不能要人家的最后一滴血。亨德森认为:在谈生意时,几美元的争执在当时看来似乎事关重大,但实际意义并不大。在一些微小的争执中，不要使用“干就干，不干就拉倒”等语句，要有整体与长远的眼光，小分歧可以通融，不要把大路堵死。

第八诫是放凉的茶不能上餐桌。这一诫虽然是直接针对餐厅服务员讲的，但它的精神适用于一切服务员。这就是要遵循服务的质量要求。如热菜要热，用热盘装盛；冷菜要冷，用冷盘装盛。质量不好，会直接影响饭店的声誉。

第九诫是决策要靠事实、计算与知识，不能只靠感觉。亨德森认为，任何决策，首先要把实际情况搞清楚，要认真进行计算，光靠感觉、估计、愿望去办的做法要禁止。

第十诫是当你的下属出现差错时，你不要爆竹那样，一点就火冒三丈。因为他们的过错也许是由于你没有给予他们适当的指导而产生的，你要从解决问题的角度去思考如何更好地去处理。

亨德森著名的格言是：“在饭店经营方面，客人比经理更高明。”凡给喜来登总部来的信，他都要求给予及时答复。无论是表扬信还是投诉信，都要转给有关经理阅读。对投诉信的处理尤其认真。他认为顾客的抱怨有不少是建设性的，是饭店制定政策和改进业务的依据。他赞赏运用《顾客意见征询表》。一旦总部收到的投诉信件少了，他就指示用《顾客意见征询表》，去主动征询客人的意见。

早在20世纪60年代，亨德森就指定由专人来处理客人的投诉，还要求对赞扬与投诉的信件分类登记和整理。当时还确立了下列评价标准：当抱怨信略多于赞扬信时，说明经理工作有些疏忽；如果比例是60 ∶ 40，那么就必须认真对待，及时采取措施。另外，如果对某一位经理的赞扬信过多，也需要检查一下，这位经理是否用饭店应得的利润来换取客人的过度好感。

本章小节

本章详细介绍了饭店经营决策的概念、特点、分类、原则、要素、意义等基本知识。在此基础上，重点介绍了经营决策的三个环节即分析、预测、决策的主要内容、基本程序和主要方法。通过本章的学习，我们能够较好地了解经营决策的全过程，掌握定性分析、定量分析、头脑风暴法、宾客意见法等一些主要的经营决策方法。

复习思考

一、名词解释

1. 定性决策
2. 经营环境
3. 头脑风暴法
4. 德尔菲法
5. 决策树法

二、简答题

1. 什么是饭店经营决策？它具有哪些特点？
2. 依据不同的标准，饭店经营决策可以分为哪些类别？
3. 饭店经营决策的原则有哪些？
4. 饭店经营环境的特点主要有哪些？
5. 饭店经营环境分析的主要方法有哪些？
6. 简述 *SWOT* 分析法的主要内容。
7. 简述饭店经营预测的概念及其特点。
8. 饭店经营预测中常用的定量分析法有哪些？
9. 非确定性决策法的主要原则有哪些？

三、案例分析

某沿海旅游度假饭店 2008 ~ 2010 年的客房销售收入分别为 3400 万元、4700 万元、5600 万元，客房销售量分别为 11000 间、12500 间、15000 间。试根据以上历史数据，运用加权平均法预测该饭店 2011 年的客房销售收入和销售量。(根据加权权数的确定原则，设定 2008 ~ 2010 年的权数分别为 1,2,3)

推荐阅读

1. 徐雅琨:《我国酒店展业发展的现状与未来趋势》，载《商场现代化》2010 年第 31 期。
2. 王亚雷:《西蒙管理思想评析》，载《北方文学》(下半月)2010 年第 5 期。
3. 李亚荣:《东西方决策理论比较分析》，载《现代交际》2010 年第 7 期。

第五章　饭店战略与计划管理

【学习目标】

知识目标

1. 理解饭店经营战略的基本理论。

2. 了解饭店计划管理的概念、特征。

技能目标

1. 能够使用SWOT方法分析饭店经营环境。

2. 能够运用计划编制方法拟定饭店计划。

【本章导读】

学习目的和意义　自1979年以来，随着经济体制改革的深化，饭店业的经营环境发生重大变化，饭店的生存和发展不再仅仅取决于其目前的经营状况，而更多地取决于对未来发展作出的总体性筹划。

本章内容概述　本章主要通过介绍饭店经营战略的基本理论，了解经营战略与策略对饭店企业生存及竞争的重要性。第一节以管理战略的基本概念作为切入点，介绍了常用的战略分析方法。第二节介绍了饭店经营战略的类型。第三节介绍了计划类型与计划指标体系。第四节介绍了饭店计划的编制。

【案例导入】

喜来登饭店闪电促销策略

喜来登饭店公司是著名的跨国企业——美国国际电报电话公司（AT&T）的子公司。多年来，它一直紧跟假日公司，保持在世界大饭店中排行第二的位置。到1989年，其麾下旅馆总数已达540家，遍布全球72个国家。

1962年深秋的一天，位于波士顿60大街的喜来登饭店公司总部里格外忙碌。雄心勃勃的董事长亨德森先生不顾65岁的高龄亲自主持管理高层的办公会议。引人注目的是除了公司主要骨干外，还有60多名来自世界各地的专职销售员也出席了会议。原因是亨德森先生收购了一家饭店，喜来登大家族里增添了新成员。亨德森先生是北美商界出了名的经营高手，被誉为“最佳意义上的资本家”。他最擅长看准机会，收购一些经营不善而富有潜力的饭店。买到手后,他再重新设计,更新调和设备,改善经营,使旅馆本身增值,然后再看准高价出手。当然,这种看似简单的方法并不是每一个人都可以效仿的。除了收购改造所需要的大量资金外,还要求高超的经营技巧,确保能使饭店增值。当然,最卓有成效的还是著名的"闪电促销战术"。

这一次收购的新饭店是一家有200间客房、经营5年的汽车旅馆,设有100个座位的咖啡厅,能为120人提供服务的酒吧,容纳500人的餐厅,而这个餐厅可以分割为三个容纳150人的会议厅,还有一个由4个能容纳50人的小厅组成的大会议厅。新饭店还设有能提供许多娱乐设施的室内游泳池、4个室外网球场、4套豪华套房、10间行政办公室以及可以停放250辆轿车的停车场。在喜来登集团接手以前,这座有一流设施的饭店已连续几年亏损,客房出租率连年滑坡,一度低于20%,餐厅、娱乐收入则更是每况愈下。举步维艰、回天无力的店主只好忍痛低价将它出售了。亨德森先生已经以低于建造成本的理想价格购得了这座富有潜质的饭店,在紧锣密鼓交接工作之后,由60多位销售员组成的销售小分队出发了,"销售闪电战"也拉开了帷幕。

首先是全面细致的市场调查。60多名经验丰富的销售员像蝗虫一样钻进了新饭店所在的城市。将一些信息汇总,最后整理出详尽完整的饭店市场分析报告。明确了市场形势以后,名下销售部被分成了6个小分队,受命在一个月的时间内迅速打开当地市场,获得尽可能多的会议宴会、庆典等活动的订单,并建立起覆盖全城的客源网络,确保饭店能获得占优势地位的市场份额,使饭店迅速上升为全城最好的饭店。六个小分队各由一名资深的区域销售经理带队,负责某个方面的攻关。

第一分队由科夫曼博士率领,专攻三所大学的市场。他们向各校的系主任寄出调查表,邀请大学师生于周末在酒店组织一些专题研讨会,同时鼓励学校前来举行各种校友集会、毕业庆典活动。

第二分队由德塞利女士主持,召集全城各工厂的女秘书、女经理聚会,建立秘书俱乐部和女经理俱乐部,为会员发放优惠金卡,并对她们揽来的业务进行积分奖励。全年度招揽业务最多者将获得最新款的福特跑车一辆。

第三、四分队由约翰逊先生统领,主攻本地的散客市场。他们将全城居民分为20个小片,每个销售员负责一个小片,并根据各片实际情况不同,确立相应的业务指标。短短一个月时间,几乎走访了全城20万居民中的80%,并对其中约3000户居民进行跟踪推销,发放出至少1万张一次性优惠卡,并成功地接到了300多份预订单,足够餐饮部忙活大半年了。

第五分队由斯特恩先生领衔,主要是协调与当地所有公司、公共机构的关系,并从中获取订单,发展建立起庞大的代理人网络。

第六分队由琼斯小姐负责，主要是处理与当地传媒和过境客户的关系，她们在支付了一笔可观的广告费用之后，获得了本地几大电视网的黄金时段的广告权，并且因此招致了全国几十家执行机构的垂询。

一个月以后，喜来登的阿城饭店重新开张，顿时生意爆满，令所有竞争对手羡慕不已，然而笑得最开心的还是亨德森先生，这是他“闪电促销战术”的又一次胜利：我们又救活一家新饭店，哦，应该说是，“我们又收获了一片市场！”

（摘自“酒店微博”）

【课堂思考】

短短几十年间，从3家小旅馆起步，亨德森先生是怎样建立起如此庞大的饭店王国的呢？其经营与管理有什么独到之处呢？

第一节 战略管理的基本理论

一、战略管理的概念

“战略”一词来自军事用语，指有关战争全局的计划和策略。在企业管理中正式使用这一概念则源于20世纪60年代安索夫的《企业战略论》一书。70年代美国企业管理者认识到，外部环境对企业生存和发展的重要影响，开始把管理的重心从满足职能领域的有效管理转到制定和实现企业的总目标和总策略上，使企业适应外界环境的变化并保持稳定增长。在书中他指出企业战略解决的五个基本问题：

1. 在纷杂的环境中，组织行为的模式是什么？
2. 在这些行为模式中，决定其差别的是什么？
3. 什么因素导致成功或失败？
4. 一种特定的行为方式的选择是由什么决定的？
5. 组织从一种方式转向另一种方式，是由什么决定的？

另一位管理专家明茨博格给“战略”下的定义是：

战略（Strategy）这个大“S”由五个小“p”所组成，即计划（plan）、策略（ploy）、模式（partner）、定位（position）和观念（perspective）。

战略是一种计划，一种有意识、有预计的行为程序，一种处理某种局势的方针，是在企业发生经营活动以前制定的有意识和有目的的开发活动。

战略是一种策略，它是指在特定的环境下，企业把战略作为威胁和战胜竞争对手的一种具体手段。

战略是一种模式，它反映了企业的一系列行为。

战略是一种定位,是指在竞争的市场环境中,确定企业自身所处的位置。

战略是一种观念,它体现了人们对客观世界的认识方式。

综上所述,可以这样定义饭店战略管理:在研究有关饭店经营全局性规律的基础上,为有效地组织和利用饭店内部的各种资源,使之适应外部环境,饭店决策者作出的,指导整个饭店在未来一个相当长时期内经营活动的总体谋划。它不仅包括饭店的发展方向,而且规定了战略实施阶段的划分和实现战略目标的基本途径,以及实现饭店经营环境、自身资源状况与饭店的经营战略目标二者之间的动态平衡和统一,以便使饭店和饭店集团有持续的竞争优势。

战略分析是战略制定的第二个环节。是战略制定者对组织所处的内外环境进行分析以求为战略目标的确定和规划提供依据的工作。

二、常用的战略分析方法

战略分析的方法有很多,最常用的有关键因素评价矩阵法、业务组合矩阵法和 SWOT 分析法。

(一)关键因素评价矩阵法

常用于组织内部环境的分析。此法是先确定 10~15 个内部关键因素项目,再确定每个因素的权重,权数和为 1。然后给每个因素打分。可以规定打分的标准,比如,主要弱点 1 分,一般弱点 2 分,一般优势 3 分,主要优势 4 分。打分之后将每个关键因素的评分值与对应的权重值相乘,得出加权评价值;最后将每个因素的加权评价值相加得评价总分。

(二)业务组合矩阵分析法

这是组织在向各业务部门分配资源时最常用的一种方法,是 20 世纪 70 年代由波士顿咨询顾问小组提出的。具体如图 5-1 所示:

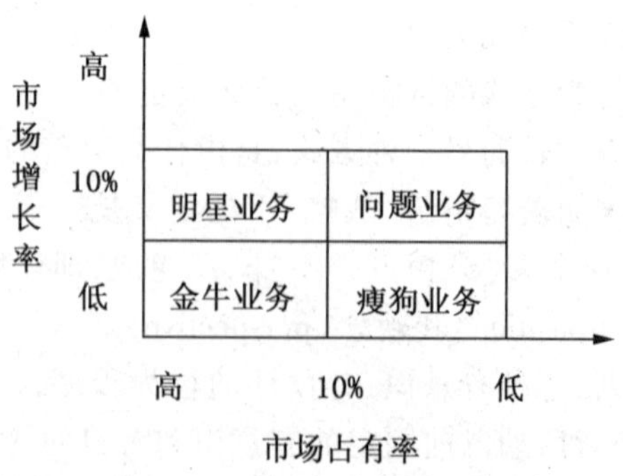

图 5-1 业务组合矩阵分析法

（三）SWOT 分析法

SWOT 分析法是以组织内外部环境分析的结果为基础来寻找和制定战略的方法。如表 5-1 所示：

表 5-1 SWOT 分析法

优势、劣势 / 各种战略类型 / 机会、威胁	优势—S（列出优势）	劣势—W（列出劣势）
机会—O（列出机会）	SO 战略 发挥优势 利用机会	WO 战略 利用机会 克服弱点
威胁—T（列出威胁）	ST 战略 利用优势 回避威胁	WT 战略 减小弱点 回避威胁

三、战略类型

可供企业经营选择的战略主要有以下几种（如表 5-2 所示）：

图 5-2 战略类型

战略类型		
公司层战略	维持战略又称稳定战略	维持一种温和程度的增长或干脆维持现状
	扩张战略	常是扩大企业规模、扩大市场份额等，可分为多元化战略和一体化战略 一体化战略又有前向一体化战略、后向一体化战略和横向一体化战略之分
	收缩战略	通过减少成本与资产对企业进行重组，以扭转销售额和盈利的下降
市场渗透战略	通过更大的营销努力提高现有产品或服务的市场份额	
市场开发战略	将现有产品或服务打入新的地区市场	
产品开发战略	通过改造现有产品和服务或开发新产品与服务而增加销售	
集中化多元经营战略	增加新的但与原业务相关的产品或服务	

（续表）

混合式多元化经营战略	增加新的与原业务不相关的产品或服务
合资经营战略	两家或两家以上的发起公司为合作目的组成独立的企业
剥离战略	指将分公司或组织的一部分售出，只保留一部分继续经营
清算战略	为实现其有形资产价值而将公司资产全部分块售出

除此之外，迈克尔·波特在新著《竞争战略》（*Competitive Strategy*）中指出："各种战略使企业获得竞争优势的三个基本点是：成本领先、差异化和专一化经营。"波特将这些基本点称为"一般性战略"或"通用战略"。

四、波特的一般性战略

（一）成本领先战略

成本领先战略（Cost leadership）强调以很低的单位成本价格，为敏感用户生产标准化的产品。采取前向、后向和横向一体化战略的主要目的在于降低成本，获取成本领先的收益。但成本领先战略一般必须与差异化战略结合使用。包括企业的规模经济状况、生产能力使用率、与供应商和销售商的关系及学习和经验曲线效应。在战略选择中需要考虑的其他成本因素包括：在企业内分摊成本和分享知识的潜力、与新产品开发或现有产品调整相关的研究与开发成本、劳动成本、税率、能源成本及运输成本。

在下述情况下宜采取成本领先战略：①市场中有很多对价格敏感的用户；②购买者、消费者不太介意品牌间的差别；③存在大量讨价还价的消费者、购买者；④实现产品与服务差异化的途径很少。

这里的要点在于使自己的产品与服务的价格低于竞争者，从而提高市场份额和销售额，将一些竞争者逐出市场。成功的成本领先战略通常应贯彻于整个企业，其实施结果表现在高效率、低管理成本，有限的奖金、奖励与成本节约挂钩及员工对成本控制活动的广泛参与。采取成本领先战略的风险有：竞争者可能会进行效仿，这会压低整个产业的盈利水平；本产业技术上的突破可能会使这一战略失败；购买者的兴趣可能会转移到价格以外的其他产品特征上。采取成本领先战略而著称的范例是麦当劳公司（McDonald's Corporation）。

（二）差异化战略

差异化（Differentiation，又译为"别具一格"）战略旨在为对价格相对不太敏感的消费者提供独特的产品与服务。为此必须首先仔细研究购买者的需求和偏

图 5-2 麦当劳

好，以便决定将一种或多种差异化特征结合在一个独特的产品与服务中，赢得顾客的欢迎。

成功的差异化战略能够使企业以更高的价格出售其产品与服务，并通过使消费者高度依赖产品与服务的差异化特征而得到消费者的忠诚。产品差异化可实现于以下方面：服务水平，原材料的提供，工艺设计，产品的性能、寿命、能耗及使用的方便性。

采取差异化战略的一种风险是，消费者对某种特殊产品价值的评价是并非物有其值。在这种场合下，成本领先战略会轻易地击败差异化战略。另一风险是，竞争对手可能会设法迅速模仿产品服务的差异化特征。所以企业必须长久地保持产品与服务的独特性，使这一独特性不被竞争对手迅速而廉价地模仿。

成功的差异化战略对一般组织工作的要求包括：对研究开发和市场营销功能的强有力协调，以及提供能够吸引科学家和创造性人才适宜的工作环境。

采取差异化战略的旅游饭店企业有希尔顿饭店（集团）、假日饭店（集团）等。

（三）专一性经营战略

波特的专一性（focus）经营战略是提供满足小用户群体需求的产品与服务。专一经营战略的成功实施，要求所经营的产品与服务有足够的市场规模，有良好的市场增长潜力。诸如市场渗透和市场开发这样的战略可提供相当大的专一经营优势。中型和大型企要想有效地采取专一经营战略，必须将其与差异化战略或成本领先战略结合起来。

当消费者有独特的偏好或需求，以及当竞争者不想专业化于同一目标市场时，专一经营战略最为有效。采取专一经营战略的有北京全聚德烤鸭店、广州蛇

图 5-3 上海静安希尔顿饭店

餐馆等。

专一经营战略也有一定的风险,因为它的经营目标集中于特定的消费者群体,特定的市场或特定的产品,市场比较狭窄,情况发生变化时风险就增大。

【课堂思考】

什么是饭店管理战略?

第二节 饭店经营战略

一、市场营销战略

在企业战略管理体系中,营销战略通常被界定为一种职能战略。但若在更高层次去理解市场营销,应该认为营销战略是企业战略的核心或主体。企业的基本使命就是要赢利和发展,并为相关的主体承担相应责任;企业之所以能存在,主要是因为它能为社会提供有用的产品和服务。显然,营销的使命是与企业使命最为一致并最能体现企业存在的价值的。营销战略的一个基本问题就是要确定企业以什么产品进入什么市场。认真细致地去理解产品和市场问题,就可以发现营销战略实际贯穿于企业总体战略、经营单位战略和职能部门战略等多个战略层次之中。营销经理逐渐发现自己必须参与确定企业方向和那些可以创造和维持竞争优势并影响企业长期绩效的决策。

在市场营销学中,营销战略并非是一个单独的组成部分,而是体现在市场营销活动全过程的带有全局性、长远性的设想和谋划,对更为具体的营销活动具有指导意义。

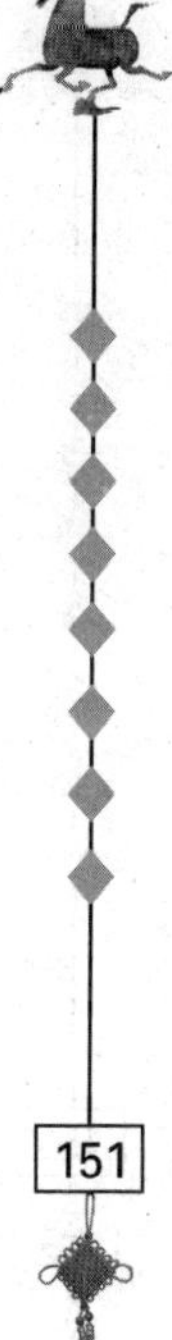

二、市场竞争战略

市场竞争战略是指为实现企业经营目标，在明确竞争对象及其行为的基础上，所制定的使本企业在双方竞争关系中处于主动有利地位的策略。它主要建立在对竞争对手力量对比、产品生命周期和市场发展前景的正确分析基础上，研究如何与同行企业争夺市场份额，扩大产品销售量。在市场竞争中，优胜劣汰是产品生产和交换的规律。制定有效的市场竞争策略，才能使企业在日益激烈的竞争中赢得生存和发展。

市场竞争策略按供求双方选择偏好可概括为价格竞争策略和非价格竞争策略两大类。

1. 价格竞争策略

价格竞争策略是指以产品价格作为竞争的中心，企业以低于市场上其他同行业企业同类产品的价格参与市场竞争，与竞争对手争夺市场，扩大销售量的一种策略。它广泛为企业所采用，常表现为“降价竞争”策略。

2. 非价格竞争策略

非价格竞争策略是指根据企业自身条件扬长避短，通过价格以外的产品差异化建立起差别优势，增强产品吸引力，制胜竞争对手的一种策略。这种策略的行动方针是以差别优势取胜，其主要手段有：

(1)以创新取胜。以创新精神，通过开辟新的生产领域和服务领域，采用新的技术，生产具有独特新意的产品等方法和手段，来争取更多的客户。

(2)以优质取胜。以优质的产品和优质的服务来增强竞争能力，建立市场销售优势。

(3)以信誉取胜。通过创名牌、保质量、守承诺取信于客户，扩大产品销路、占领市场优势。

在市场竞争中，价格和非价格两类竞争策略都有自己的适用条件和适用范围，它们的作用各有其局限性。企业在选择市场竞争策略时，要根据自身条件、市场需求变化趋势和产品生命周期交替采用或同时采用两类竞争策略才能取得更大的效果。

三、市场占有率战略

市场占有率战略是指为实现经营目标和市场战略而适当选择市场占有率指标的策略。企业市场占有率的高低，与企业市场经营状况有密切的关系。市场占有率高的企业，对市场控制能力强，其产量或价格变化对市场的影响大，并具有较高的承受市场冲击的能力。但绝不是说较高的市场占有率就一定能带来较

大的收益。有时候较大的市场占有率,可能带来较大的风险和损失。市场占有率策略主要有以下三种类型:

1. 扩大市场占有率

通过采用一定的手段来扩大本企业产品在市场同种商品中所占的份额。企业为了保持市场竞争优势,增强市场控制能力,扩大产品影响,获得更多利润或提高企业地位和声誉,都设法在现有市场占有率的基础上予以扩大。通常采用两种方法:一是把改善产品质量、发展新产品和增加市场费用三个因素综合起来,进行协调配合,扩大市场占有率;二是致力于突破某一个市场,以点扩展到面,实现扩大市场占有率的预期目标。

2. 维持市场占有率策略

保持企业目前的市场占有率水平,使企业产品在市场占有稳固的地位。运用此策略需要注意:企业有没有改进技术的可能性;能不能合理减少技术方面的支出;竞争对手的动向及其竞争实力。

3. 缩小市场占有率策略

当企业产品处于劣势,有计划地逐步从市场退出,以缩小本企业产品在市场同种商品中所占的份额。企业缩小市场占有率的收益一般要比维持已有市场占有率的水平低,但在一定条件下有些企业即使缩小市场占有率所获得的收益,也会不低于维持市场占有率的水平。

四、品牌支撑战略

随着全球经济一体化进程的加快和信息技术的发展,同类饭店产品在质量、功能、价格等方面的差异越来越小,品牌作为一项无形资产成了饭店竞争力的一个重要砝码。对于现代饭店而言,品牌不再是简单的产品识别标志,它已成为企业营销战略管理的一项重要内容。

【课堂思考】

如何树立品牌形象?

五、营销组合策略

市场营销组合是饭店为达到在目标市场上的销售水平而对可控性营销变量进行优化组合和综合运用的管理活动。通过设计合理的营销组合,饭店可以充分利用一切资源,发挥整体优势,增强饭店的市场竞争力。

传统的饭店市场营销组合主要围绕“4P”来展开,即饭店产品组合、实施促销方案、分销渠道组合以及产品定价策略四部分内容。随着饭店业的不断发展、饭店市场营销理念的创新,饭店市场营销组合战略也有了新的内容,从传统的

"4P"组合向"4C"组合转变。

"4P"与"4C"相比从卖方的产品(Product)转向买方的需要和欲望(Customer needes and wants);从卖方的定价(Pricing)转向买方愿意花钱的成本(Cost to customer);从卖方的渠道或网点(Placing)转向买方的便利(Convenience);从卖方的促销(Promotion)转向买卖双方间的沟通(Communication)。从"4P"到"4C"这是一场新的营销革命。对于饭店这个特殊行业来说,顾客就是上帝、顾客就是生命,饭店营销的真谛在于买方导向,因此"4C"把交易的控制权完全"让给"了买方,让买方根据交易的意愿、成本、便利和信息沟通等情况来进行交易决策,以此来激励买方完成交易。

相关链接

经过二十多年的发展,中国饭店集团虽然在规模与效益方面都取得了可喜的成绩,但与世界著名饭店集团相比,差距仍然很大。因此,学习借鉴世界著名饭店集团成功的经营管理经验,对于引导我国饭店集团健康、有序、快速地发展意义重大。

2001年世界饭店集团300强排名第五的精品国际饭店公司(Choice Hotels International)即是一个典型的主要依靠品牌经营战略迅速成长起来的饭店集团。它在短短二十多年的时间里,主要通过品牌特许经营、多产品品牌组合、品牌营销等品牌经营策略实现了其在全球范围内的市场规模迅速扩大,品牌价值日益提高。截至2004年9月,拥有8个品牌的精品国际已经在全球43个国家开设超过5000家饭店,拥有客房数44万多间。1998年《消费者报告》将其所属的Sleep Inn品牌评为美国最佳预算联号,《成功》杂志将另两个品牌——Comfort和Quality——列为最佳品牌经营者之一。

精品国际在品牌经营方面所获得的巨大成功显示出品牌经营已经成为饭店市场竞争的重要利器之一。品牌经营是指企业针对市场需求的基本态势,以企业理念为核心,以品牌为手段,通过品牌营销、品牌推广、品牌资产管理等各种经营方式以实现企业利益最大化的最终目标。品牌经营的优势增强顾客忠诚,形成差异化竞争优势饭店产品是借助于一定的设施向客人提供的无形服务,它不具备实物产品有形性特征,而客人对饭店产品的消费是对服务过程的一种体验,它具有多样性特征。而饭店集团的品牌可以在消费者心目中树立良好的企业与产品形象,增强其对饭店无形产品的认知度,促进顾客对其优先选择购买;而一旦顾客认可了某一饭店产品品牌,在下次选择饭店产品时顾客出于降低购买成

本与风险考虑会选择同一饭店品牌,而多次的消费经历会形成习惯性消费,使其最终成为这一品牌的忠实顾客。顾客忠诚度的提高将有助于饭店集团吸引回头顾客,提高市场占有率。品牌体现着饭店服务产品的差异与特色,一个品牌所体现的服务个性价值如果被与之身份、情感、喜好相符合的顾客群体所认同,那么其对这一品牌的忠诚将不可取代。因此,个性化品牌将有助于饭店集团形成差异化的比较竞争优势,从而更有效地占领不同的细分市场。

第三节　饭店计划的类型与指标体系

一、饭店计划的定义与重要性

(一)计划的定义

从管理的运作过程来看,计划是决策的组织落实过程。决策是计划的前提,计划是决策的逻辑延续。任何组织的管理过程都是从计划开始,为组织活动制定目标,提供指导方针与行动方案,从而为实现决策目标提供保证。同时,计划又要以预测为前提,科学的预测为计划的有效性提供了坚实的基础。

计划就是选定并围绕组织的目标对组织活动的过程进行详细的统筹规划。计划是实现组织目标的方法、途径和时间表。它包括对事项的叙述、目标和指标的排列、规定所采取的手段、完成任务的进度等。

计划有广义和狭义之分。广义的计划是指制定计划、执行计划和检查计划执行情况三个紧密衔接的工作过程。狭义的计划是指制定计划,也就是说,根据实际情况,通过科学地预测,权衡客观的需要和主观的可能,提出在未来一定时期内要达到的目标以及实现目标的途径。它是使组织中各种活动有条不紊地进行的保证。计划以正式的形式明确了组织成员行动的方向和方式,为组织协调各方面的工作提供了有力的工具;同时,计划工作的开展迫使各级管理人员花时间和精力去仔细思考企业未来可能发生的各种情况,有助于企业更好地回避经营风险;另外,计划工作使日常管理活动更趋于合理,并且为组织各层管理人员的日常考核和控制提供了科学的标准。综上所述,计划工作是企业必不可少的一种管理行为,是一套充满活力的、能够减少企业错误的一系列措施,而并非我们通常所见的一份份计划书。

计划不是一劳永逸的,而是一个连续不断的过程。只要组织存在,计划工作就会循环往复,一直进行下去。

饭店计划是指饭店立足现实、面对未来,通过对其经营活动的运筹计议、决策规划所形成的全面安排其经营业务活动的文件。它规定了饭店经营业务活动的内容,为饭店的经营业务活动提供了依据,它是饭店在计划期内的行动纲领和奋斗目标。

饭店计划管理是饭店根据内外环境条件,通过对计划的编制、执行、控制,确定其经营目标和经营政策,拟订和选择经营方案,指导它的经营活动,实现饭店双重效益,推动饭店发展的过程。计划管理有双重含义:一是对计划编制本身的管理;二是实施计划,用计划管理饭店。根据其内容,包括四个基本点:

1. 预测市场和社会需求变化

现代计划管理,特别强调和重视对未来环境变化的分析预测工作。分析、预测的内容是多方面的,对饭店经营来讲,市场需求及其变化趋势是分析、预测的中心内容。在经济快速发展和外部环境多变的时代,市场需求预测,是制定饭店计划的直接和主要根据。重视和搞好预测是提高计划工作水平和经济效益的重要保证。

2. 制定计划目标和经营政策

计划目标通常是指管理对象最终应达到的状态。计划目标应建立在科学预测分析基础上,计划目标决定着各种管理活动的内容,决定着管理方式方法的选择和管理人员的挑选等。经营政策,一般指管理过程中的战略性和策略性规定,它决定着管理过程的发展轨道。良好经营政策和策略是实现计划目标的保证。

3. 设计和选择经营方案

计划必须具有可行性。计划管理就是要选择、优化经营方案,以便更有效地实现计划目标。

4. 设计的目的性

制定计划和实行计划管理,其目的在于提高管理工作的预见性,减小经营风险,提高经济效益。饭店经营管理活动效益的高低,是判断计划工作水平的最终标准。

(二)计划的性质

1. 层次性

计划是对企业目标的界定,而目标是具有层次性的。例如一家企业的目标可能是通过生产某种家电产品而获利;但其生产部门的目标是按照一定的质量要求,在成本的约束下生产出一定数量的电冰箱;而其销售部门的目标则是尽快地卖出产品。三者的目标是一致的,但生产部门和销售部门都不能单独完成企业目标,所以它们的目标是更具体的,与企业的总目标不同,有层次高低之分。

2. 先导性

实际上,管理工作是一个不断循环的过程,各种职能在实行过程中是相互交织在一起的。尽管如此,任何管理工作都是为了一定的目标而进行的,因此,计

划工作在时间上要领先于其他管理工作。

3. 目的性

任何组织和个人制定计划都是为了有效地实现某种目标。目标是计划的终点,所以计划是组织精心安排的更有技巧地实现组织目标的过程,具有强烈的目的性。没有计划就不能达到组织各系统的协调行动,也就难以顺利实现组织的目标。在实际工作过程中,管理者一般要根据实际情况确定组织的总目标,根据总目标的需要进一步明确各部门、各系统的具体工作目标。在此基础上制定科学的计划,保证组织总目标的实现。

4. 普遍性

虽然计划工作的特点和范围随着各级管理人员的权力和责任的不同而有很大差别,但是它却是组织每个层次的管理人员都要做的一件事。计划涉及组织内所有人员,是全体管理人员的一项职能。在组织的总目标及一系列子目标确定以后,各级管理人员都要根据总目标的要求和自己应达到的子目标,分别制定各自的行动计划,由于管理人员在组织中的地位和权力不同,因此所进行的计划工作也就有所差别。高层管理人员根据总目标制定组织的战略性计划,中下层管理人员则负责制定具体的实施计划。虽然各种计划在组织运行中所发挥的作用和影响是不同的,但各级管理人员都要制定计划这一点是确定无疑的,所以计划在管理工作中具有普遍性。

5. 效率性

所谓"计划的效率性",是指计划对实现组织目的或目标的贡献程度,即指实现计划目标所获得的收益与制定和执行计划所需费用的比率。计划是组织在一定时期内的行动蓝图,所提出的目标与行动方案、建议和说明应当是经得起实践检验的,对组织的发展起着重要的指导和促进作用。计划的效率性表现在三个方面:第一,科学的计划能有效地保证组织目标的实现,为组织带来巨大的经济效益和社会效益;而错误的计划会给组织造成损失,甚至是巨大的损失。第二,有效率的计划使组织和行动达到最优的投入产出比。不同的计划方案会有不同的投入产出比,带来的经济效益会有很大的差异。通过不同计划方案的比较,可以选择投入少而产出多的计划方案。第三,应尽可能地制定科学而精确的计划。为保证计划的效率性,计划必须建立在对以往统计资料认真分析和对实际情况深入调查的基础之上,并要以科学的预测为前提,提高计划的准确性和有效性。要对各种因素进行充分考虑和综合平衡,对整个行动过程作全面、完整的描述;对关键环节给予充分的重视,使计划具有较强的可操作性。

6. 时效性

任何组织活动都必须有计划地进行,计划是组织一定时期内的行动方案,它

的制定是以一定时间内各种现实情况为前提的。但是计划也不是一成不变的，随着时间和条件变化，与目标有关的一些关键因素也会发生变化，从而使原计划失去效用。因此，计划具有很强的时效性，离开了一定的时间和环境条件，计划就失去了意义。管理者必须充分了解计划的时效性，根据各种因素的变化，及时对计划进行修改。当然，计划的时效性并不否定计划的相对稳定性，只有在一定条件下保持相对稳定，才有助于计划执行者顺利完成计划任务。

（三）饭店计划的重要性

在市场经济日益发展、管理水平逐渐提高的今天，计划的重要性日渐突出。概括起来，主要表现在以下四个方面：

1. 计划明确了饭店的发展目标

饭店计划规定了计划期内经营管理活动的主要内容，使饭店的一切工作都围绕着计划预定的目标展开。如果没有计划，没有规定的目标，管理就是一句空话，其他管理功能也就名存实亡。

2. 便于饭店内部协调工作的进行

随着饭店规模的扩大、功能的增加，饭店必须统一安排各项工作，以减少重复和摩擦。各个部门将根据饭店计划，确定本部门的经营活动计划，并与饭店的总体计划相协调。由于饭店不同部门的工作人员往往只注重部门的利益，因此，必须依靠饭店的经营管理计划协调人力和物力，以保证饭店的整体利益。

3. 提高饭店经营管理水平与提高经济效益

由于饭店计划规定了饭店未来一定时期内要实现的各项指标，并制定了相应措施，它可以降低劳动消耗，减少支出，增加收入，使饭店在经营管理计划的指导和控制下，不断提高经济效益。

二、饭店计划的分类

饭店计划按照不同的标准可分为不同的类型。如按计划期长短分，可分为：计划期为5~10年的长期计划、1~5年的中期计划、1年之内的短期计划。按计划内容分，可分为饭店综合计划、各部门的分类计划和主管的作业计划等。

（一）饭店不同层次管理人员的计划及其类型、特点

饭店计划实际上是由饭店各层管理人员制定和实施的。在饭店里，每一个管理者都必须制定计划。他们将多少时间花费在制定计划上，取决于他们不同的管理责任。高层计划是战略性的，直接涉及饭店资产经营的全面、长期的使命即目标、任务和政策。他们可能需要花费3/4的时间用于计划。在这一层计划里存在大量的不确定因素。

中层以上管理者以饭店的总目标和政策为指导，制定本部门的业务行动计

划，一般需要花费少于50%的时间。计划的不确定性大大减少了。这类计划在性质上也是长期的、创造性的，中层管理者至少要制定为期一个月的部门工作计划。

饭店计划的种类很多，功能各异。饭店可按照不同要求和特点，制定不同类型的饭店计划。见表5-3。

表5-3　计划的类型

管理层	花费时间	计划类型	确定性	计划期
上层：决策层	75%	战略性：全面、长期的目标、政策	具有较大的不确定性	3～5年
中层：管理层	<50%	战术性：部门业务的行动计划	有一定的不确定性	一个月到3年
低层：作业层	10%	作业性：每周、每天的作业安排	不确定性少	低于3个月

（二）饭店长期计划、短期计划

饭店计划从时间长短的角度，可分为长期计划和短期计划。

长期计划的期限一般在一年以上。长期计划是有关饭店发展方向、规模、人员、经济、技术等各方面建设发展的长远纲领性计划。它明确了整个企业未来的发展方向，为其他各类计划提供框架，并使之适应外部环境的变化，它关系到饭店的生存和发展。长期计划的制定是对远景的一个决策过程，具有预见性、前瞻性。它是饭店在对旅游市场深入了解，对国内外饭店发展形势以及影响饭店发展的众多因素正确估计的情况下，在掌握可靠数据的基础上，把饭店在规划期内的决策具体化。长期计划的核心是饭店的发展目标。因此，饭店的长期计划应该由高层管理人员来制定，中低层管理人员加以配合协作。

短期计划是根据长期计划制定的，通常为一年或一年以内时间，如以一年为计划期，也称为“年度计划”。短期计划主要是指导饭店的日常经营、管理，内容比较具体、可行。

短期计划主要是由中层管理人员即部门经理一级制定，主管一级参与短期计划的制定。因为他们都负责日常的管理工作，对基层情况非常了解。

长期计划与短期计划的关系，犹如“战略”与“战术”的关系。长期计划是战略性的、总体的、全面的。短期计划是战术性的、局部的、具体的。

（三）内部计划与外部计划

从空间或环境的角度划分，可分为内部计划与外部计划。

外部计划是饭店为了实现自己既定的目标，通过预测经营环境，包括政治、经济、社会、法规、科学技术等诸多方面的变化而制定的对应策略。外部计划属战略性的长期计划。

内部计划是以既定的外部计划为前提，制定出的饭店实际营业操作程序。内部计划明确了饭店的发展目标和各项具体指标，属战术性短期计划。内部计划的实现，关键在于全体员工的齐心协力。

（四）总体计划和部门计划

按计划涉及的范围划分，计划又可以分为饭店总体计划和部门计划。饭店总体计划主要是围绕整个饭店或饭店的几个主要部门展开的，其主要内容包括饭店总体目标、策略、执行方案等。部门计划是指饭店各个部门制定的计划，它包括部门实现的目标、各种策略等。例如，饭店的客房部计划、餐饮部计划等都是部门计划。

饭店总体计划为部门计划提供了一个基本的框架，部门计划的好坏将直接影响饭店总体计划的完成。饭店总体计划与部门计划构成饭店计划的有机整体。

（五）饭店的经营计划和管理计划

从饭店计划的具体内容看，饭店计划可分为经营计划和管理计划。

1. 饭店经营计划的主要内容

（1）饭店经营战略计划。即饭店的长期计划，它从总体上确定饭店未来的发展水平和标准、经营规模和接待能力以及饭店各项经济效益指标的增长水平。经营战略计划还要就饭店的固定资产投入、员工培训、职工生活福利水平作出总体规划。

（2）饭店销售计划。它是在经营战略的基础上，根据企业未来的发展和市场的变化而制定的年度经营计划。销售计划的主要内容是确定饭店的销售目标和赢利水平。大型饭店还需要分别确定客房、餐饮、商品等部门的销售额、毛利率和净盈利水平。为此，在销售计划中，要具体规定饭店销售的措施、时期、费用及控制和评估方法。

（3）市场营销计划。饭店营销计划的制定须从实际出发，规划饭店的客源结构、确定饭店的客源市场占有率，同时确定饭店产品的结构、档次，产品的组合方式等。并指出饭店市场推销的主要方向及市场营销策略。

（4）饭店接待业务计划。饭店的接待业务计划是饭店所有经营活动的核心。接待业务计划分为两类：

①月计划。月计划是以时间单位月为范围，依该月的时序而制定的接待业务计划。这个计划根据年度综合计划和各月预订客源的实际情况制定。具体规定每个月的计划指标和各部门的日常接待业务，它是年度综合计划在各个时期的具体化。各部门都要制定相应的接待业务计划。由于饭店接待有各种类型的淡旺季，每个月的业务量、业务内容、客源、经济状况都会有所不同，所以各个月计划也是完全不同的。对月计划要求逐月制定，要求月计划能详细具体。

②重要任务接待计划。重要任务接待计划是指饭店针对某一项重要的接待

任务而专门制定的接待计划。所谓"重要任务"是指来宾的特殊身份,或来宾接待规格要求高,或是来宾的规模较大等。这两种计划前者是以月为时间范围,依时序而制定的接待业务计划;后者是指饭店针对某一项重要任务而专门制定的接待业务计划。

图 5-4　贵宾房间布置

2. 饭店管理计划的主要内容

饭店的管理计划主要是指饭店的各职能部门为保证饭店经营活动的正常运行而确定的各种职能计划。它主要包括:

(1)劳动工资计划。它是对饭店的人员及劳动报酬所作的具体安排。劳动费用是饭店活动中最主要的成本支出,它对饭店的经济效益有着重要的影响,所以要制定较细的计划并予以实施。劳动工资计划需要确定计划期内饭店正常运转所需的职工人员构成,人员素质标准和劳动组织的基本形式,饭店全员劳动生产率和创利率,以及饭店的工资总额、平均工资额、奖金、津贴和其他工资的支付额度。

(2)设备建设和维修计划。它是对饭店设备进行投资建设、保养和维修的计划。该计划除需要确定饭店计划期内正常经营活动所需增添设备的种类、数量、资金来源和设备更新改造计划外,还需对设备归口保养、设备保养控制作出规定。根据设备的维修制度,确定日常修理方式、工作量、计划修理的周期和方法,并提出计划修理期间设备使用的替代方案、经费预算和维修力量安排。

(3)财务计划。财务计划是根据饭店经营决策而对饭店资金使用和管理的规划和安排。财务计划规定饭店资金使用的一些主要方面,制定出固定资产的折旧、营运资金的需用量和周转速度、收入与利润的分配及成本与费用计划。

(4)物资供应计划。物资供应计划是为饭店各部门完成接待和供应任务提供各种物资的计划。物资供应计划要根据饭店经营管理的要求,确定饭店各部门主要物资的种类、规格、特性等基本要求,规定各类物资在计划期的需求量、储备量、进货渠道、采购批量等。

(5)职工培训计划。培训计划要对一定时期饭店员工的来源、素质要求所达到的标准作出规划。还需具体规定员工来自社会招工、职业学校和大专院校的结构的安排,确定饭店职工短期或长期的培训内容、层次、对象和时间的安排。

三、饭店计划中的主要指标

计划指标是反映饭店企业在一定时期内经营管理所要达到的目标和水平的各种数值。它包括概念明确的指标名称和具体数值两部分。饭店计划中的每一项指标反映的是饭店某一方面的目标和情况,而一系列相互联系、相互补充、完整的计划指标则综合反映的是饭店经营质量。

当然,饭店的计划指标不可能也没有必要包括饭店经营管理的所有内容。但必须包括关系到饭店经营管理全局的主要计划指标。根据我国饭店管理实际需要,饭店计划的主要指标有以下 8 项:

1. 客房或床位数

客房数或床位数是表示饭店接待能力的最基本的指标。就具体的饭店来讲,客房或床位数只取其一项,这要根据不同的销售方式而定。同时,要根据客房不同的类型,计算不同类型的客房或床位数。

2. 接待人数

饭店经营的直接成果是饭店的接待人数。接待人数可以通过两个指标反映:

(1)住宿人数。它是一定时期内到饭店住宿登记的人数,即通常所说的人数。一名宾客不管在饭店连续住宿几天都只算一个人数。

(2)人天数。一个宾客在饭店住宿一天称一个人天数。饭店要考核的是人天总数,利用住宿人数和人天数计算的客人平均逗留期,对了解饭店的类型与规模及客人的结构具有一定的作用。其计算公式是:

客人平均逗留期 = 人天数(过夜数) ÷ 住宿人数(到店数)

3. 客房出租率

客房或床位出租率也称"开房率",是已出租的客房间数或床位数与饭店可以提供租用的房间或床位总数的百分比,即:

客房出租率 = 出租的房间数 ÷ 可供出租的房间数 × 100%

客房或床位出租率是表示饭店客房设施利用状况的基本指标。它反映出饭店客源市场的充足程度、经营管理成功程度。饭店的盈亏百分比线也是以客房出租率表示的。因此,客房出租率是一个非常重要的数据,是饭店经营管理所追

求的主要经济指标。

由于客房或床位出租率直接影响到饭店的经济效益,饭店对这一指标非常关注。每天、每月、每个业务季度、每年都进行统计,以此来了解客房出租情况,掌握饭店的业务活动状况。或年营业计算:

客房出租率如按月计算:

客房出租率 = 月出租房数 ÷ 可供房间数 × 月天数 ×100%

客房出租率如按年计算:

客房出租率 = 年出租房数 ÷ 可供房间数 × 年天数 ×100%

4. 客房双开率

客房双开是指一间标准间由两位客人租用。客房双开率是双开房间数占已出租房数的百分比,即:

客房双开率 = 双开房间数 ÷ 已出租房间数 ×100%

或客房总数 = 已出租房间数 ÷ 已出租房间数 ×100%

客房双开率的计算主要适用于那些将一个标准间划出双种价格的饭店。即一个单人标准间住两位客人,其房间价格要比单人住的房价增加1/3。扩大客房双开率是饭店扩大经营收入的重要手段。需对客人解释清楚,一个单人标准间住两位客人,每位客人又可节省1/3的房租费。所以,国外的许多饭店都十分重视客房双开率的经济作用。

5. 饭店营业收入

饭店营业收入是以货币表现的,是饭店在营业中提供的服务和商品的价值总和。作为饭店的经营管理者,最主要的任务和职责是确定饭店的营业收入指标,因为它是反映一定时期内饭店经营效果的基本价值指标。

饭店的营业收入是由饭店多种营业收入汇合而成。从饭店营业收入的结构看,主要包括客房收入、餐饮收入、商品部收入和其他收入。其中,饭店客房收入是第一位的,一般不能低于饭店总收入的50%;其次是食品饮料方面的收入,一般占30%以上。

6. 饭店营业成本和费用

饭店的营业成本和费用是饭店在营业过程中各种支出的总和。成本和费用常常互相混用。在实际核算过程中,饭店的成本和费用是分开计算的。饭店经营时的直接支出,即直接成本,称为"营业成本"。例如,餐饮经营中的各种食品的原料、配料的进价金额等;而费用则是指包括营业费用和管理费用在内的间接成本。饭店在确定营业收入的前提下,必须确定营业成本和费用指标。

饭店在确定营业成本和费用指标时,可以从两个方面测定:一是以报告年度的营业成本率和费用率为基础,根据计划年度的相关因素测算出计划年度的营业成本和费用;二是先测算出各部门的营业成本和费用,汇总后形成饭店总的营业成本和费用。

7. 利润和税金

利润是考核饭店经营活动成果和质量的综合性指标,税金则表现饭店对国家所承担的经济责任。确定饭店利润指标,主要是要确定各经营部门的利润指标,包括各部门的毛利率、毛利额、利润率、利润额。各部门经营利润的汇总形成饭店利润指标。饭店企业利润的大小,一方面反映市场销售情况,另一方面取决于成本与费用的控制情况。

饭店的税金指标要根据国家规定应缴纳的税种税率,结合饭店其他与税金有关的各项经济指标进行测算。

8. 职工人数、工资总额和劳动生产率

饭店职工人数指标是计划期饭店应支付工资的人员的总额,它包括固定工、合同工、临时工、计划外用工等。职工人数的多少对饭店的服务质量、劳动效率和经济效益均有重要影响。

工资总额是饭店在一定时期内以货币支付给职工的劳动报酬总额,包括计时工资、计件工资、基本工资、职务工资、各种奖金、津贴、加班工资等。工资总额反映了饭店各部门劳动消耗的水平。

饭店的劳动生产率指全员的劳动生产率。它反映饭店劳动效率状况,一般用劳动生产率和人均创利两个指标反映。

饭店劳动生产率 = 计划期营业收入总额 ÷ 饭店职工人数

饭店人均创利 = 计划期间利润总额 ÷ 饭店职工人数

9. 每间可利用客房的收益

Revenue Per Available Room,简称 REVPAR,是指每间可出租客房产生的平均实际营业收入,用实际平均房价乘以出租率即可。

第四节 饭店计划的编制

一、影响计划编制的因素

编制计划前要充分、全面、透彻地分析、研究影响计划落实的各种因素,使计划建立在科学分析的基础之上。只有这样计划才能如实地反映饭店运行的客观规律,才能真正起到指导饭店经营、管理的作用。影响计划编制的因素主要有:

(一) 市场状况

饭店产品既然是一种商品,这种产品的生产和销售就必须以市场为依据。

饭店市场指的是饭店和宾客之间的一种供求关系。饭店是为了满足宾客的需要而存在的,那么饭店在编制计划前,有必要对市场有一个全面深入的了解。要了解市场状况和发展趋势,就要进行市场调查。

1. 饭店市场调查的基本内容与方法

(1)环境调查。要调查国内外的政治环境、政治形势及对市场的影响;调查经济状况,如生产力水平(主要表现为客源国的国民产值、国民收入、国民消费水平)、币值、汇率、国际经济关系、交通、供应、投资等对客源市场的影响。环境调查注重其影响因素和发展趋势。

(2)饭店业状况调查。调查有关饭店的接待能力,饭店产品特色、价格,各饭店的经营策略,特别注意调查同档次饭店的情况。

(3)客源状况调查。调查客源的估计流量、客源结构、客源消费水平及消费结构、客源市场对产品的需要、客源入境口岸状况、客源流动规律等。

(4)客源渠道调查。调查客源从何渠道进入市场,饭店可以联系的渠道有哪些,客源组织对象有哪些。这些调查既要有明确的结论,也要有相关的数据。

2. 市场调查的方法

(1)积累资料分析。该方法主要从饭店内部各部门、各业务环节取得资料(包括原始记录和统计资料),将这些资料加工为统计资料,再经过统计分析,得出调查结论。

(2)询问调查法。询问有多种形式,如直接向宾客口头询问、发单询问、开座谈会询问、个别询问等。询问首先要有目的,把目的具体化为项目,并列成目录或表格,有的放矢地进行询问。询问对象可以是客源单位、行业主管单位、外国旅行社、口岸城市有关单位等。询问的结果要进行处理,使之系统化,对这些资料要进行深入分析,从而得出正确的结论。

(3)专题调查法。旅游是由众多环节组成的一个综合性过程,受市场影响的因素较多。饭店可选取众多因素中的几个作为调查对象,也可以把某一个活动项目作为调查对象,进行专题调查。

经过市场调查,在取得各种数据后,再进行市场分析和市场预测,最终为饭店编制计划提供依据。

(二)经济合同签订情况

饭店对外的经济合同是饭店制定计划的又一依据。饭店对外的经济合同是饭店和有关单位签订的具有法律效力的契约。饭店的经济合同使饭店与之发生业务经济关系的单位,为了各自的和共同的利益而互相规定了法律约束。饭店对合同必须承诺和遵守,于是经济合同也就成了饭店计划的依据。饭店的经济合同主要有:饭店与旅行社及客源单位关于客源、价格、接待条件、联营等方面的

合同;饭店与物资、能源供应等部门的经济合同;饭店与基建、安装、装修等部门的经济合同;饭店与其他有关部门的经济合同。所有这些合同都是饭店在制定计划时所必须参照考虑的。饭店只有认真地履行合同,才能树立良好信誉,才能取得良好的社会形象,也才能保证计划顺利执行。

(三)饭店综合接待能力

饭店综合接待能力是指饭店各部门能够接待宾客、容纳市场、获取效益的能力总和。从一般意义上说,饭店综合接待能力首先是指饭店以客房床位为中心,各部门按比例配套形成的接待能力。然而,其他各部门的接待供应能力除了与客房配套外,往往可以超过与客房配套的能力,于是这些能力也就成了综合接待能力的一部分。

从对综合接待能力的组成分析,各部门的接待能力都会因时因事而异。饭店要按各个部门的实际情况核定各部门的计划接待能力,以此作为编制饭店计划的一个依据。

(四)饭店的管理水平和技术水平

饭店的管理水平和技术水平是实现饭店计划的基本保证,在制定饭店计划时也须考虑这一因素。管理水平主要指管理人员素质、管理人员的协作程度、管理机构的完善、管理制度的健全、管理体制的正常运作、人员的积极性和创造性等。技术水平包括饭店各岗位的操作技术、制作技术、服务技术等。要对饭店管理水平和技术水平作细致全面的分析和评价,并将它和国内外先进水平及本地区饭店的一般水平进行比较。通过以上工作,确定管理水平和技术水平对计划的影响程度。

二、饭店计划的编制方法

(一)滚动计划法

在编制计划时,一般难以对未来一个时期多种影响计划实现的因素作出准确的预测,因而制定出来的计划往往不能完全符合未来的实际而必须进行主动调整。

运用滚动计划法滚动期可长可短,若是年度计划则按季滚动,若是中长期计划则按年滚动。

(二)PDCA 循环法

PDCA 循环法,就是按照计划(Plan)、执行(Do)、检查(Dleck)和处理(Action)这四个阶段的循序,周而复始地循环进行计划管理的一种工作方法。这种方法的主要内容是:在计划阶段确定企业经营方针、目标,制定经营计划,执行阶段将制定的各项具体计划按各部门、各环节进行组织实施。在检查和处理阶段

要根据检查的结果,采取措施,修正偏差,并转入新的循环。企业各个层次的计划都实行 PDCA 的循环,

(三)综合平衡法

综合平衡法是计划工作的基本方法。该方法研究如何正确确定企业生产经营活动中的一些主要的比例关系,并使这些关系协调一致。

饭店长期计划、年度综合计划、接待业务计划的内容和要求各不相同,编制的方法和过程也各不相同。

三、饭店计划编制的程序

编制计划的程序一般概括为如下几步:估量机会;确定目标;确定计划工作的前提条件;拟订可供选择的方案;评价各种备选方案;选择方案;制定辅助计划;通过预算使计划数字化。

(一)估量机会

对机会的估量,要在编制计划工作开始之前进行,它虽然不是计划的一个组成部分,却是计划的一个真正起点。其内容包括:对未来可能出现的变化和预见机会进行初步分析,形成判断;根据本饭店的长处和短处了解饭店所处的地位;了解本饭店利用机会的能力;列举主要的不确定因素,并分析其发生的可能性和影响程度;在反复斟酌的基础上,扬长避短,进行科学决策。

(二)确定目标

一个好的计划目标要符合下列五项标准:

1. 目标要落在书面上

书面目标有以下好处:①使人在制定目标时考虑更全面;②书面的目标作为每天的提醒告示,可时刻催促管理人员去努力实现;③书面目标也容易在实施计划的全体人员之间进行沟通,并可作为工作检查的标准。

2. 目标要被理解和接受

由于目标是一个小组或整个饭店员工的行动指南,因此它必须被大家所理解和接受。这要求用通俗的语言来书写目标,并要求对目标进行讨论、宣传,如张贴在员工布告栏里。

3. 目标既要具有可行性又要具有挑战性

可行性是指目标是现实的、可以实现的。挑战性是指目标只有通过努力工作才能实现。这正像跳起来摘葡萄那样。如果目标脱离实际,难以实现,就像拼命起跳也摘不到葡萄那样,目标就会失去激励作用。如果目标不通过努力也能实现,它只是反映了目前的自然进程,就像不需要起跳也能摘到葡萄那样,目标就会失去指导意义。

4. 目标要规定实现的时间

如果目标没有规定要实现的具体时间,就不会产生紧迫的责任感,甚至连目标也可能会被忽略。另外,目标规定的实现时间必须与员工的工作时间与对目标感兴趣的时间一致。例如,钟点工和季节工只对钟点时间内和季节时期内的目标感兴趣。因此,大多数国际饭店奖励部门级优秀员工的计划是以月或季为时间单位进行的,奖励饭店级优秀员工是以年为时间单位进行的,一般不超过一年。

5. 目标要具有可衡量性

这可能是一个最重要的标准。如果确立的目标不符合这一标准,将难以检查目标是否被实现,或实现多少。太模糊的目标不是目标,因为几乎任何结果都可被认为符合所确立的目标。要使目标可以被衡量的最好方法,就是把目标量化。

一些目标,如质量目标难以量化,但也要尽量设法使之量化。如原先的质量目标是"改进与宾客的关系",这就太模糊了,可将它改为"改进与宾客的关系,使宾客投诉下降20%,使宾客赞扬上升10%"。

(三)确定前提条件

编制计划工作的第二步是确定一些关键性计划的前提条件,并使设计人员对此取得共识。所谓"计划工作的前提条件"就是计划工作的假设条件。换言之,即计划实施时的预期环境。负责计划工作的人员对计划前提条件了解得愈细愈透彻,并能始终如一地运用它,则计划工作也将做得更加协调,更加切合实际。

按照饭店的内外环境,可以将计划工作的前提条件分为外部前提条件和内部前提条件;按可控程度,可将计划工作前提条件分为不可控、部分可控和可控的三种前提条件。外部前提条件多数为不可控的和部分可控的,内部前提条件大多数是可控的。不可控的前提条件越多,不确定性越大,就越要通过预测工作确定其发生的概率和影响程度的大小。

(四)拟订可供选择的方案

编制计划工作的第三步是调查和设想可供选择的方案。通常最显眼的方案不一定就是最好的方案。在过去的计划方案上稍加修改和略加推演也不会产生最好的方案。这一步工作需要发挥创造性。此外,方案也不是越多越好。即使我们可以采用数字方法和借助电子计算机的手段来处理候选方案,还是要对候选方案的数量加以限制,以便把主要精力集中在少数最有希望的方案的分析上。

(五)评价各种备选方案

第四步是按照前提和目标来权衡各种因素,比较各个方案的利弊,对各个方

案进行评价。评价实质上是一种价值判断。它一方面取决于评价者所采用的标准,另一方面取决于评价者对各个标准所赋予的权数。显然,确定目标和确定计划前提条件的工作质量,直接影响到方案的评价。

(六)选择方案

编制计划工作的第六步是选择方案。这是关键的一步,也是决策的实质性阶段。这一步可能遇到的情况是会发现同时有两个可取的方案。在这种情况下,必须确定首选方案,并将另一个方案进行细化和完善,作为后备方案。

至此,计划编制过程结束。计划编制过程中必须解决好两大问题:一是饭店如何选择自己的计划目标;二是当计划目标选定以后,如何将上层目标分解为下层目标,并使之互相连接。

饭店目标有许多类型。这里从饭店整体和部门两个角度说明饭店管理者应该如何选择他们的计划目标。

1. 饭店综合目标的选择

许多人将利润作为饭店计划的唯一目标,这就过于简单化了。依据利润这个单一目标来衡量饭店管理是否成功往往会产生下列问题:饭店可能获得了短期的高利润,但忽略了长期的考虑,如维修保养、创新投资和发展,这将影响饭店未来的收益。与单一目标不同,饭店至少需要在下列六个方面制定目标和协调目标,避免各部门之间的冲突和混乱,这样才能实现长期利润最大化这一基本目标。

(1)市场营销目标。谁是饭店要招徕的目标客源呢?高星级饭店不可能瞄准普通的团体观光旅游者,原因是他们一般寻找低、中价格的膳宿设施。而高星级饭店更加适合的目标客源是由公司付费的商务旅行者、公司会议、奖励市场和豪华观光、娱乐旅游者等。

饭店管理人员不但要选择目标客源的类型,而且还要决定利润最高的客源组合。例如,到年底将目前的客源组合 40% 的公司客和 60% 的家庭客,转变为 50% 的公司客和 50% 的家庭客。

当目标客源的组合被确定以后,管理人员就要制定适当的行动计划来实现这些目标。如果目标客源是豪华团体旅游者,就要在每间客房安排大床;如果是妇女商务旅行者,就要准备衣裙架、化妆镜和创造特别令人愉快的气氛;如果是国际宾客,就要有能讲多种语言的服务员。

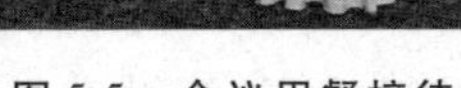

图 5-5 会议用餐接待

(2)财务目标。例如,饭店的财务目标是将年销售额提高 14%。这可能意味着每一部门的经理要将他们各自的销售额提高 14%。也可能不是这样,因为客房部可能已经有了很高的出租率和平均房价,在这一部门再增加 14% 的销售额是不现实的。然而,餐厅、酒吧、宴会部的设施利用不足,可以提高销售额 30%。平均下来,可实现年销售额提高 14% 的目标。

(3)人事目标。什么是饭店新员工的录用政策?什么是饭店的工资和培训政策?是否提倡内部晋升?餐饮部门能否设法降低员工流动率?类似人事问题的解决变成目标时,能在很大程度上改善饭店的经营管理。

(4)社区关系目标。在确立目标时,饭店必须认识到地方社区的重要性,这往往被忽略。现在有越来越多的饭店认识到,真诚地与社区相融是赢利之举。饭店不仅可以因此减少各种矛盾冲突,而且还可以在道路环境、知名度、信任度方面获得更多的好处。例如,在需要情况下,通过提供食品、礼仪服务等来支持当地的体育活动或各种盛会以此来扩大饭店在社会的知名度。

(5)设施、服务、管理等经营目标。市场营销目标在很大程度上取决于饭店的设施、服务、管理等经营目标。如果目标客源要求的是简单快捷的餐饮,法式的餐厅与服务就是不妥当的,可能更适合于采用快餐厅或咖啡厅等经营管理方式。

(6)研究和发展目标。饭店的目标客源以及他们的需求数量和特点是在不断变化的,因此,饭店的产品、价格、销售渠道和宣传推广也应该不断发展变化。这一切发展变化的正确决策都依赖于不断地研究。因此,研究和发展目标也是一个重要的饭店计划目标。例如,通过研究宾客对服务项目的使用和满意指数,来改进服务项目、服务方式等。

2. 饭店部门目标的选择

饭店有许多部门，各个部门的目标可以根据其任务确定。具体可从完成任务的投入资源目标，如员工定额、工资定额等；完成任务的产出结果目标，如营业收入额、利润额等；完成任务中的服务与管理目标，如作业标准、宾客满意率等三方面来制定。

例如，前台的目标有：员工人数定额，员工工资、津贴和福利费用定额，其他成本费用定额，全年接待总人数，各季、月的接待人数，本年度和每一月预订人数，按合同接待的团体、散客人数，饭店还需要外联的客人人数和服务质量。客房部的目标有：员工人数定额，员工工资、津贴和福利费用定额，其他成本费用定额，年接待总人数，新增服务项目，设备购置，用品种类和服务质量标准等。餐饮部的目标有：员工人数定额，员工工资、津贴和福利费用定额，其他成本费用定额，营业额及其构成，菜单种类，餐厅布局，设备配置，服务质量等。

四、计划的控制

计划控制是在计划检查的基础上，发现计划的实际执行结果和计划目标存在差异，分析问题的原因，采取相应的措施，以达到计划目标。

计划控制的主要工作有：通过计划检查对计划和实际状况作一比较，以发现偏差。发现偏差后，对偏差进行分析。偏差值在允许范围内，则只分析原因，不作纠正或采取措施。如果偏差值超出允许范围，这就有两种情形：一种是正值偏差，则要分析原因，是偶然的还是必然的。如果是偶然的，则对计划影响不大；如果是必然的，则要经过缜密、全面的分析，考虑对计划作必要的修正。一种是负偏差，如果负偏差产生的原因是必然的，则须考虑管理的其他方面，从而决定是对计划的执行加强组织领导还是对计划本身进行调整。

计划调整是个十分严肃的决策。计划调整或调整计划指标都须经过店务会议的论证，由总经理作出最后决策。

总之，饭店计划控制主要是由总经理和部门经理配合实施，它和管理的控制职能要有机地结合。在执行控制职能的同时控制计划的执行。为此，各级管理人员一方面应对计划指标和计划进度十分明确；另一方面，各级管理人员为了有效地控制计划的执行，应该经常深入到业务第一线，把计划控制在正常范围内。

本章小节

本章首先通过介绍战略管理的基本概念帮助我们了解了饭店经营战略的基

本理论；其次通过介绍饭店计划管理的概念、特征，帮助我们掌握饭店计划的类型以及饭店计划编制的指标体系，从而根据影响计划编制的因素与计划编制的方法针对不同饭店、不同情况进行行动计划的制定。

复习思考

一、名词解释

1. 饭店战略管理

2. 饭店计划

二、简答题

1. 战略有哪些类型，每一种战略适用于什么情况？

2. 常用的战略分析方法有哪些？

3. 饭店计划有哪些类型？

4. 影响饭店计划编制的因素有哪些？

三、案例分析

塞达斯酒店是一家拥有300间客房的豪华型海滨度假酒店，位于亚得里亚海沿岸比较偏远的地区。多年来，它一直以豪华的设施和优质的服务而享有盛誉，企业内部从管理层到服务员素质都相当高。它的员工从二战后创业以来就一直与它同呼吸共患难，他们认为公司为他们考虑得非常周到，因此都对它怀有一颗赤诚的心和高度的责任感。所以公司的人员变动一直就不大，尤其是与同行业相比。

最近几年来，这些工作多年的员工们开始陆陆续续进入退休年龄，而这个小镇的劳务市场也开始萎缩，越来越多的人开始到大城市里找工作。结果，那些即将退休的员工逐渐被一些外地的年轻人取代，而这些人却常常要赶好几英里的路来上班。

这几年虽然塞达斯酒店对其建筑和地基一直进行修缮，食物、房间用品、娱乐设施等都尽力维持优良，但其服务质量已经开始下降，一些长年的老客户已经不再光顾，酒店的声誉也日渐衰落。总经理曾多次召开高层管理人员会议商讨对策，大家一致认为企业的管理机制已经失灵，监督部门必须对基层雇员施展权威。他们认为这些新来的年轻雇员缺乏责任心，惰性强，不尊重权威。而这些新人则抱怨他们有些想法很现代，会对酒店很有帮助，可就是没人听。

9个月前，新来了一位总经理替下了曾经在酒店工作长达11年的前任总经理。股东们充满着希望，认为这位新经理会扭转酒店的乾坤，但是营业旺季已经过去了，仍不见任何起色。股东们与总经理召开全体职员大会，打算商讨出一套能使酒店走向正轨的行动方针。

根据以上案例回答以下问题：

1. 塞达斯酒店出了什么问题？

2. 请制定一个行动计划帮助其走出困境。

（摘自“SOSO 问问”）

推荐阅读

1. 公学国：《我国中小型饭店发展战略研究》，载《学术论坛》2009 年第 1 期。

2. 沙艳荣等：《如何打破我国饭店业的进入壁垒》，载《中国商贸》2010 年第 2 期。

3. 黄元春等：《论内资酒店如何实施低成本战略》，载《商场现代化》2006 年第 31 期。

4. 曹毅等：《饭店价格竞争策略与非价格竞争策略综合运用的实证分析——以××酒店为例》，载《商业经济》2009 年第 12 期。

第六章　饭店组织与人力资源管理

【学习目标】

知识目标

1. 了解组织的基本类型和特征。
2. 理解饭店人力资源管理的内容和目标。
3. 掌握制度的类型。
4. 掌握饭店员工培训的类型和方法。

技能目标

1. 能够运用组织设计的一般方法分析饭店的组织结构。
2. 能够依据招聘的基本原则制定招聘的具体流程。

【本章导读】

学习目的和意义　通过对本章的学习，使学生了解饭店组织及饭店人力资源管理的基本内容，包括饭店的组织原则、组织结构、组织形式、组织制度以及饭店员工的招聘、培训、评估、激励和督导管理等内容；掌握饭店人力资源管理的一些理论知识和实际操作方法，为以后进一步学习打下基础。

本章内容概述　本章主要探讨了饭店组织与人力资源管理的相关问题。第一节从饭店的组织设计入手，介绍了饭店组织形成的一般方式和常见的组织形式。第二节介绍了饭店主要的管理制度和规范。第三节介绍了饭店人力资源管理的概念、特点等问题，同时阐述了员工考评与薪酬设计。第四节主要介绍饭店人力资源的开发，阐述了员工从选拔到培训再到激励的一整套方法。

【案例导入】

某酒店集团最初只是一家普通的宾馆，由于地处著名的旅游景点附近，故迅速发展壮大。集团在尝到甜头后，先后在四个旅游景点附近收购了几家三星级的酒店。对于新收购的酒店，集团只是派去了总经理和财务部全班人马，其他人员都采取本地招聘的政策。因为集团认为服务员容易招到，而且经过简单培训就可以上岗，所以只是进行了简单的面试，只要应聘者长相顺眼就可以录用，同时，为了降低人工成本，给服务员的工资比较低。

赵某是集团新委派的下属一家酒店的总经理,刚上任就遇到酒店西餐厅经理带着几名熟手跳槽的事情,他急忙叫来人事部经理商谈此事,人事部经理满口答应立即解决此事。第二天,赵某去西餐厅视察,发现有的西餐厅服务员摆台时竟把刀叉摆错,有的甚至不知道如何开启酒瓶。领班除了长得顺眼会一味傻笑外,根本不知道如何处理顾客的投诉。紧接着仓库管理员跑来告诉赵某说,发现丢失了银质的餐具,怀疑是服务员小张偷的,但现在已经找不到小张了。赵某一查仓库的账本,发现很多东西都写着"丢失"。赵某很生气,要求人事部经理解释此事,人事部经理辩解说,因为员工流动率太大,多数员工都是刚来不到10天的新手,餐厅经理、领班、保安也是如此,所以做事不熟练,丢东西比较多。赵某忍不住问:"难道顾客不投诉吗?"人事部经理回答说:"投诉,当然投诉,但没关系,因为现在是旅游旺季,不会影响生意的。"赵某对人事部经理的回答非常不满意,又询问了一些员工后发现,人事部经理经常随意指使员工做各种事情,例如接送他的儿子上下学、给他的妻子送饭等。而且如果员工不服从,立即开除。赵某考虑再三,决定给酒店换血——重新招聘一批骨干人员,于是给集团总部写了一份有关人力资源规划的报告,申请高薪从外地招聘一批骨干人员,并增加培训投入。同时,人事部经理也给集团总部写了一份报告,说赵某预算超支,还危言耸听,造成人心惶惶,使管理更加困难,而且违背了员工本地化政策。

【课堂思考】

赵某认为,酒店必须从外地雇用一批新的骨干人员,这种想法是否正确?赵某应当采取哪些措施以解决酒店目前面临的问题?酒店的人力资源规划重点是什么?服务员是否需要进行规划,或者等到需要时再招聘?

第一节　饭店的组织设计

组织职能是饭店管理的重要职能。饭店是劳动密集型企业,人员众多,工种各异,管理过程精细复杂,而且产品中的服务含量又大,要实现管理目标,必须建立一个严密、科学、合理的组织机构。通过合理组织和调配饭店的各种资源,把饭店经营活动的各环节、各要素紧密地结合起来,是实现高效率管理的必由之路。

一、饭店组织的概念和特点

(一)组织的概念

所谓"组织",就是由两个或两个以上的人组成的有特定目标和一定资源并保持某种权责结构的群体。组织的要素包括四个方面,即:共同的目的;组织结

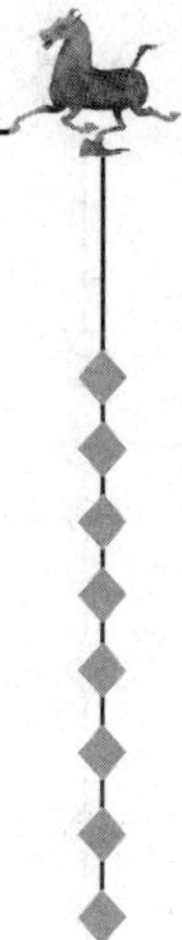

构;人、财、物和信息;团体意识。一个组织若无清晰的职位层次和顺序、上下畅通的信息传递渠道、有效的协调和合作体系,就不可能发挥各种资源的综合效用,有效地达到企业目标。

(二)饭店组织的特点

现代饭店组织,就是为实现饭店经营管理目标,由许多相互联系、彼此合作的部门和人员,共同形成的一个有机的整体。它是一个集体,是在人员分工、职能分化的基础上的一种组织形式,其特点为:

1. 职权分离,互相制衡

饭店组织的作用是运用权力来协调饭店管理中的各种关系。由于组织机构的等级层次不同,组织权力大小亦不同。同样,管理人员在组织机构中的职位高低和工作岗位不同,其权力大小也不一样。组织机构是一种群体活动,因此,在饭店管理中,“职权分离,互相制衡”是组织机构的显著特点。

2. 一体三面,协调配合

所谓“一体”,是指饭店的组织机构和组织管理都是一个整体。它要求机构设计要从整体利益出发,形成系统;各级机构的职权分工也要从整体利益出发,形成一个分工明确、职权清楚、互相制衡又互相协调的整体。所谓“三面”,是指饭店组织机构同时具有三个层面:一是具有清晰的职位,各级、各岗的层次、顺序和岗位职责规范十分清楚;二是具有流畅的信息沟通渠道,组织机构中的信息系统、信息管理制度健全;三是具有协调与配合精神,组织气氛要和谐,能够用组织手段来保证组织目标的实现。

3. 目的明确,适应环境

饭店组织机构设置的目的就是为完成经营管理任务。在这一总目标下,各级组织机构的等级不同,其具体目的和管理任务也不同。因此,饭店组织机构的设置、各级组织和各岗人员的安排,都要以目标、任务为基础,日常的组织管理工作也要以组织目的为基本出发点,保证目的明确,任务清楚。与此同时,饭店组织机构又要适应环境。它包括两个方面:一是组织机构设计时,要充分考虑国家和地方政府的有关政策和要求、饭店所处的市场环境、市场竞争状况、饭店性质和投资结构等,以保证组织机构设置及其人员安排、岗位职责规范等与客观外界环境相适应;二是当饭店外界环境,包括国家和地方的经济环境、市场环境、饭店性质和投资结构等变化时,饭店的组织机构设计、人员安排、岗位职责等也要随之变化。

二、饭店组织机构设置的原则

(一)组织形式要适合经营的需要

组织形式要和市场经济协调,要为饭店的经营服务。因此,组织形式就需要从饭店的业务特点出发,根据饭店业务运转的需要确定饭店的管理机构和组织结构。

(二)组织形式要服从组织目标

组织目标就是组织行动的目的。饭店的目标就是效益,即社会效益和经济效益。为了达到效益目标,饭店的组织形式要以能产生最佳效益为原则。为了饭店的效益,饭店在组织管理上,首先要根据跨度原则和实际需要确定饭店的组织层次;其次要按需设岗;第三要精兵简政,精简人员。

(三)组织形式要适合业务运转的需要

要根据市场状况、决策目标、饭店业务情况,把饭店业务合理分成几大类,把内容、性质相同的业务划为一类,并根据经营需要,妥善地确定部门的归属。部门的形成构成组织管理中饭店的横向结构,此外还有纵向结构。纵向结构一是要按饭店的规模来确定各部门层次的划分;二是要确立各个层次的组织跨度。通过饭店横向结构和纵向结构的合理组合,从形式上形成饭店的组织结构,保证组织的高效率。

(四)饭店的组织路线要为目标服务

就饭店来说,目标确定以后,管理人员就是决定因素。用人就是饭店的组织路线,即“德才兼备,以德为重”。饭店处在激烈的市场竞争环境中,现有的饭店不仅仅有效益好坏的问题,而且还有生存问题,它要靠人去营造生存空间,然后再由人去创造效益。为了饭店的经营目标,必须选拔那些经过考验的德才兼备的人员到管理岗位上来。饭店要有一套用人的竞争机制,有一套人才选拔的方法,使优秀人才都能脱颖而出。“有德有才要重用,有德无才可小用;无德无才自食其力,无德有才坚决不用”,这是一位成功的企业家的用人准则,也许会给我们一定的启发。

(五)等级链和指挥统一原则

等级链的原则是由法约尔提出来的,法约尔用一个大环下面挂着若干链条的图示来表示等级链:大环表示最高管理者,一条链条表示组织中的某一个业务系统。饭店作为一个组织系统,从上到下形成了各管理层次,从最高层次的管理者到最低层次的管理者之间形成了一条链条系统结构——等级链。这个链条系统结构反映的组织特点是:第一,它是有层次、有等级的;第二,每一条链上的各环是垂直而相互联系的,所有的链都连接于最高一环——总经理。这个链条结

构是一条权力线,是发布命令、指挥控制、信息反馈的途径。从等级链的原则出发,也引出了组织管理中的一些基本原则。包括:

1. 权力和责任原则

等级链是一条权力线,每层次都有相应的权力。在一条链上,上一环摆动,下连的各环都要跟着摆动,每一环的摆动都受上一环的牵制。这就形象地表明一个组织中的各部分和个人应服从统一意志,才能使组织有序地运行。要使组织服从统一意志,必须建立管理者的权力和树立管理者的权威,管理者的权力应由组织给予明确规定。各级管理者拥有权力也应担负相应的责任。饭店组织的要求是把责任明确地落实到人,什么责任该谁负、谁该负什么责任都应该很清楚。

2. 服从命令原则

等级链是传达命令的通道,命令顺畅则链条系统和谐。如果命令不被服从,链条结构在某一环上就会发生断裂而殃及以下各环和整个系统。因此,饭店强调在组织上必须服从命令。由于饭店业务的机动性和随机性比较大,个人行为的机动性和随机性也比较大,因此服从命令的要求比其他行业更高些。

3. 命令统一原则

第一,从最高管理层到最低管理层的命令应保持一致,命令不能是简单的复述,而应该由执行者根据自身环境的具体情况给予发挥和具体化。第二,从等级链看,链环是垂直且一环扣一环的,没有脱节,也没有三角扣。所以饭店的命令要层层下达,而且应该是指挥者向直接下属下达,而不是越级指挥,即管理者在下达命令时也不得“串岗”。第三,现代组织要求饭店的每个员工只有一个顶头上司,他只应听命于这位顶头上司。

(六)管理跨度与授权原则

管理跨度是指一个管理者能够直接而有效地管理的下属人数。在饭店组织设计中,必须根据各项工作的性质,管理人员的知识、能力和精力,以及下属人员的素质确定合理的跨度。根据国内外的实践经验,管理跨度的最佳人数为 6 ~ 8 人。授权原则是指饭店组织根据组织宽度分成多个管理层次,每个层次的管理者要对目标、上司和下级负责。管理者要管理在他管理限度内的事务,就要拥有权力。当组织在确定了各管理职位后,也应当同时确定该职位所拥有的权限。授权,是正式组织的授权,一部分是由制度给予明确规定的,另一部分则由上司在职权范围内以一定的形式授予。权力和职位应相称,授权过大或过小都是对权力的误解。

(七)饭店组织的系统原则

系统理论认为一个系统最本质的要素是它的“组织联系”,组织联系形式的不同就形成一个组织系统和别的组织系统之间的区别。饭店是以宾客的旅居生活为纽带形成系统内的组织联系的。这个特点决定了饭店组织的系统原则：

1. 强调组织目标

组织是为目标而存在的,一个组织应有一个统一目标。饭店的统一目标是饭店的整体效益,即整体的社会效益和经济效益。为了整体目标,饭店各部分的局部利益要服从整体利益,必要时,牺牲某些局部的最优方案以保证整个系统的最优方案。

2. 各部分的目标和责任

根据组织分配任务的职能,饭店要把总目标进行分解,使之成为各子系统、各部分的分目标。不但分目标要明确,分目标和总目标的关系同样要明确。饭店的组织系统、目标系统要和经济责任制挂起钩来,目标、利益、分配应一致。

3. 组织的均衡性

饭店的"稳定状态"在于组织结构的均衡、工作量和任务的均衡、服务质量的均衡、效益的均衡。组织的均衡性在于组织设计和业务设计要有均衡性,信息系统的设计要有联系性和合理性,员工的业务素质和定编要有均衡性,由管理者实施组织职能,使业务运转协调。均衡不是平均,而是指相互间的协调一致。当然,均衡是有时间性的,它不可能是永久性的。因此,饭店在组织管理中要根据业务量和决策的变化,合理地调配和组合饭店的各种资源及生产要素,使组织始终处于较佳的均衡状态之中。

(八)团结一致的原则

饭店目标的实现要靠饭店全体员工的团结一致。饭店是依靠上下团结而形成的合力把组织推向目标。组织是一个系统,饭店组织要把系统中的各部分、各种资源拧成一股力量指向目标,成为一种和谐的矢力,减少摩擦力,消除反作用力和其他方向的力。因此,饭店内部要搞好团结。组织的特征是有目标、多个人协作劳动。既然目标一致,就应团结一致,只有团结才有协调。但团结是有原则的,要以目标为准则,以正气为前提。饭店在处理不团结问题时要分清是非,坚持真理,纠正错误,使饭店的团结成为一种风气。

三、饭店组织的结构类型

现代饭店组织管理的成效直接影响整个饭店的经营效果。因此,制定合理高效的组织结构在一定程度上可提高饭店的经济效益。现代饭店组织的类型,按照饭店的经营特点及组织设计原则,主要有直线制组织结构、直线职能制组织结构、事业部制组织结构和矩阵式组织结构四种基本形式。

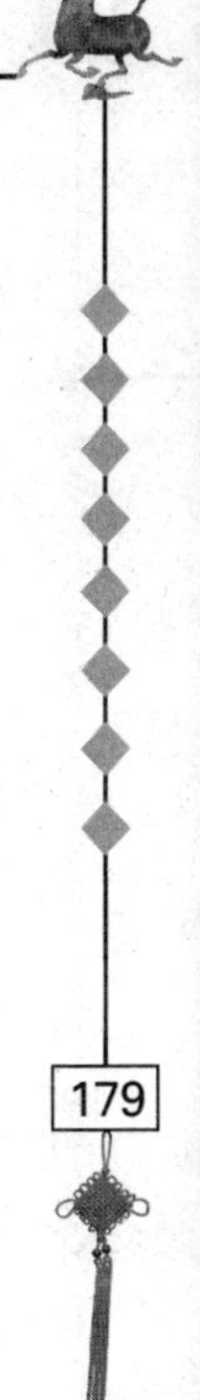

(一)直线制组织结构(line system)

直线制组织结构,即按直线垂直领导的组织形式,是最早、最简单的一种组织结构形式。其特点是饭店内各种机构和部门按照纵向系统直线排列,形成自上而下的指挥系统,每个下属只接受一个上级的直接领导。这种形式一般适用于规模小、产品单一、生产技术简单、业务较单纯、不需按职能实行专业化管理的小型饭店企业。如图 6-1 所示。

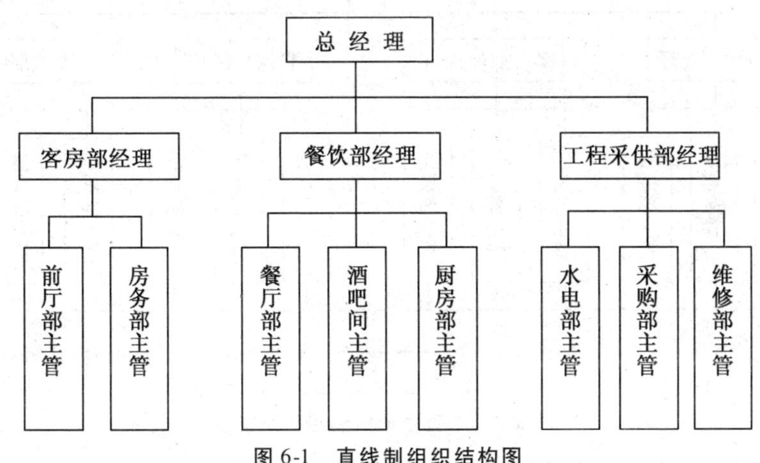

图 6-1 直线制组织结构图

直线制组织结构的优点:①机构简单,决策迅速;②职责清楚,权限明确,员工责任心强;③权力集中,上下联系简捷。因此,有利于统一指挥,提高组织效率。

直线制组织结构的缺点:①要求饭店经营管理人员具有全面的经营管理知识和业务能力,并具有较强的综合协调能力和指挥能力;②由于集权过多,缺乏横向的协调和配合,一旦饭店经营规模扩大或产生复杂问题就会出现不适应的状况。因此,这种形式一般只适用于规模较小、员工不多的小型饭店。

(二)直线职能制组织结构(line-functional system)

直线职能制组织结构,也称为“直线参谋制组织结构”。它是在“直线制”和“职能制”的组织结构基础上发展而来的,以纵向统一指挥为主,职能参谋为辅。其主要特点是既保持了纵向系统的统一指挥的优点,又充分发挥了职能参谋部门的作用,从而提高了现代饭店的经营管理效率和水平。如今,我国大多数饭店企业采取这种组织结构形式。如图 6-2 所示。

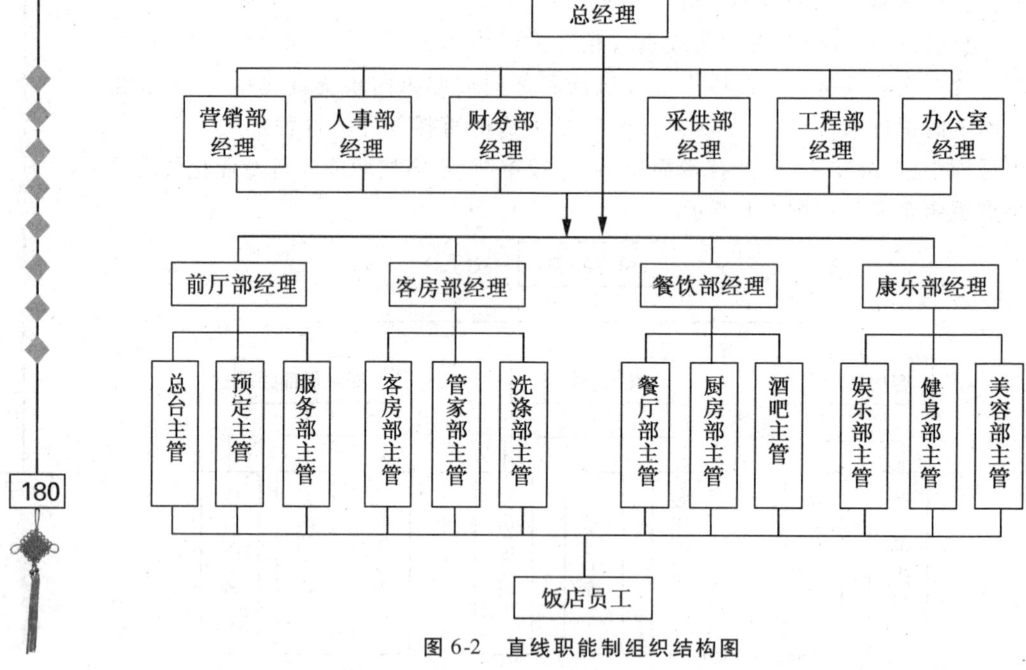

图 6-2 直线职能制组织结构图

直线职能制组织结构的优点:①既有利于整个饭店的统一指挥,又能充分发挥职能部门专业化管理的作用,从而提高经营管理水平;②有利于加强直线行政领导的权威,提高饭店经营活动的有效性和高效性;③有利于突出饭店经营管理的主次,发挥专业管理人员的作用,提高饭店专业管理水平;④有利于培养有较强行政指挥能力的综合管理人员,特别是饭店总经理、部门经理层的管理人员。

直线职能制组织结构的缺点:①容易导致行政领导包揽一切事务,而职能管理部门的作用发挥不够,各职能部门之间的横向沟通和协调性差;②在业务指导上直线领导与职能部门之间会出现一定的矛盾冲突。特别是当饭店经营规模进一步扩大、市场竞争激烈、经营情况复杂时,其缺点就更明显,因此直线参谋制也不适应饭店长期经营发展的需要。

(三)事业部制组织结构(federal system)

事业部制组织结构,又称为“部门化组织形式”。其特点是在饭店总经理统一领导下,把饭店各经营部门划分成若干相对独立的经营单位,并授予相应的权力,使其独立从事经营活动,是一种实行集中决策、分散经营的分权组织机构。目前,国外的大型企业普遍采用这种组织结构形式,我国的一些饭店或饭店集团也有采取这种组织结构形式的,如图 6-3 所示。

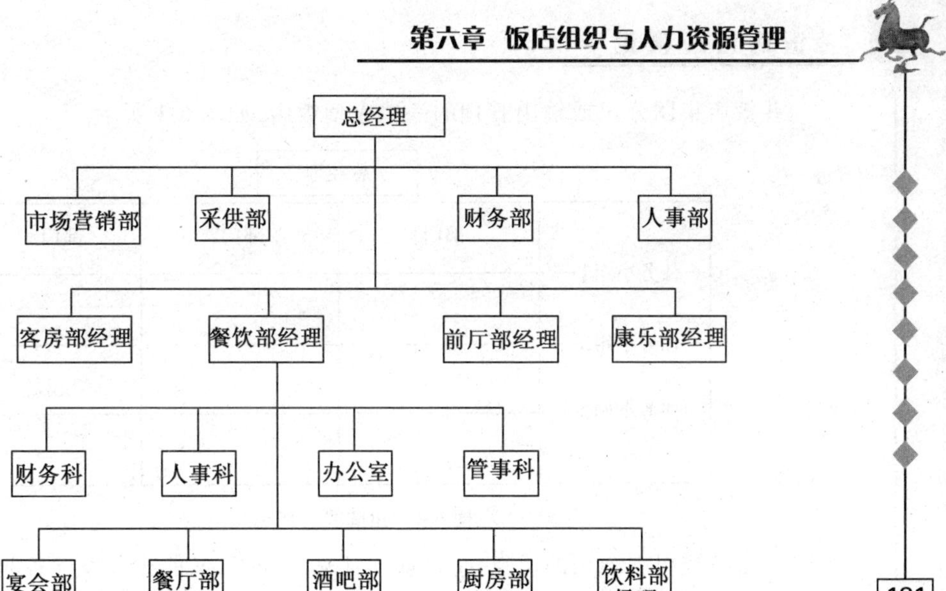

图 6-3 事业部制组织结构

事业部制组织结构的优点：①有利于饭店高层管理人员摆脱日常行政事务，集中精力抓好饭店的经营发展战略和重大经营决策；②有利于面向市场、分散经营，提高饭店经营管理效率，增强饭店的应变能力，提高服务质量和水平；③有利于考核各事业部的经营业绩，促进各事业部之间的比较和竞争，调动各方面的积极性和主动性；④有利于培养独立地、全面地主持饭店经营管理工作的高级经营管理人才。

事业部制组织结构的缺点：①各事业部之间容易形成部门狭隘观念，而忽略饭店整体利益；②部门之间横向协调差，不利于人才的流动；③机构重叠导致管理费用增加、利益协调困难等。因此，应根据饭店实际情况灵活采用相应的组织形式。

(四)矩阵式组织结构(matrix system)

矩阵式组织结构有纵、横两套管理系统，即把饭店的管理部门分为传统的职能部门和为完成某项专门任务而由各职能部门派人联合组成、并指派组长负责领导的专门小组。任务完成之后，小组成员各自回到原来单位，这样，若干职能部门所形成的垂直领导系统和为完成专门任务而形成的若干任务小组的临时系统，就组成了一个矩阵式的组织系统结构。目前，采用矩阵式组织结构的主要是一些饭店集团公司或输出管理的一些大型饭店，如图 6-4 所示。

总经理

	部门1	部门2	部门3
任务小组1			
任务小组2			
任务小组3			

图 6-4　矩阵式组织结构

矩阵式组织结构的优点：①既能保证完成任务，又能充分发挥各职能部门的作用；②能集中各部门专业人员的智慧，互相学习，协调促进，加强组织的整体性；③加快工作进度；④避免各部门的重复劳动，因而可以缩减成本；⑤管理方法和管理技术更专业化；⑥打破饭店内部的部门界限，便于内部不同部门之间的协调。

矩阵式组织结构的缺点：①任务负责人的责任大于权力。由于参加任务的每个人都来自不同的部门，隶属关系仍在原部门，故没有打破等级制，容易出现双重领导的状况，从而延误决策时机。②矩阵结构需要饭店内部各部门的合作支持，这也是矩阵结构比较难于实施的原因。

饭店的组织结构类型比较多，采取何种组织结构要根据饭店经营的需要，从自身的实际出发。饭店组织结构确定后，就可以落实现代饭店组织管理的内容了。

四、饭店组织结构的变革

随着现代饭店业的发展，市场对饭店的经营提出了更高的要求，经营环境更加复杂，经营手段更加多样，经营方式更加灵活，因此饭店的组织结构设置就必须与之相匹配。目前主要的组织结构变革形式有：

（一）扁平式组织结构

扁平式组织结构是指通过缩减组织的中间管理层来精简管理层次，使组织原来高耸的“金字塔”结构扁平化、管理幅度加宽的一种组织形式。信息通畅高效，人员精简，降低成本是此种组织形式的主要优点；其缺点在于对饭店员工素质要求会更高，饭店在人员选用上存在一定困难。

【课堂思考】

组织结构扁平化是饭店组织的发展趋势，请思考，当今酒店的哪些岗位可以取消，其工作如何分解？

（二）葫芦型组织结构

这是一种将企业的决策权集中于高层管理者手中，并由高层管理者直接将决策结果和命令下达给基层的组织结构形式。它加大了决策层的管理内容和对饭店从业人员的素质要求。

（三）柔性化组织结构

柔性化组织结构是指在组织结构上不设置固定的和正式的组织，而代之以一些临时性的、以任务为导向的团队式组织。

（四）学习型组织

所谓"学习型组织结构"，是指通过培养整个组织的学习气氛、充分发挥员工的创造性思维能力而建立起来的一种有机的、高度柔性的、扁平的、符合人性的、能持续发展的组织结构。这种组织结构具有持续学习的能力，具有高于个人绩效总和的综合绩效。

五、组织设计的步骤

（一）工作岗位设计

工作岗位是根据专业化分工原则，按工作职能划分而成的工作职位。工作岗位是构成企业组织结构的基本单位。亚当·斯密的分工理论认为，专业化分工有利于提高技术水平，缩短作业时间，减少培训费用，提高机械化程度。总之，专业化分工可以降低成本，提高效率和经济效益。但是，如果分工过细，一方面会使工作人员因工作单调而感到厌烦；另一方面还会增加内部调节的工作量，使交往成本上升。因此，进行工作岗位设计时，既要进行合理分工，又要适当扩展工作内容，使工作人员感到工作丰富充实，富有挑战性。但必须强调的是，工作岗位是根据饭店组织目标的需要来设计的，不能设计出与目标无关的岗位。

（二）部门划分

所谓"部门"，是指饭店组织结构中一个管理人员有权执行所规定的活动的一个明确区分的范围，划分部门就是确定这些范围，这些部门实际是承担某些工作职能的组织机构。

划分部门，在遵循组织设计原则，考虑各种影响因素的前提下，还要具体体现两个特征：一是使部门与部门之间相对具有较大的独立性，即部门之间的相关性应该小；二是部门内部应相对具有较大的凝聚度，即部门内部的相关性要大。这是符合组织设计原则的，便于明确责权关系，减少协调工作量。

（三）管理层次及管理幅度设计

管理层次和管理幅度是决定组织结构的两个重要参数，而且管理层次与管理幅度是密切相关的。

任何企业的组织结构都应是一种梯形结构，即上级指挥机构少，下级指挥机构多。从上到下，根据管理的需要，通常设有若干指挥和管理层次。这些层次之间是一种隶属关系，从而形成职权上的等级链。管理层次设计就是确定等级链的级数。

管理幅度是指组织中的一个上级直接指挥下级的数量。显然，在组织规模一定的情况下，如果不考虑其他因素，则管理幅度越大，管理层次就越少，否则管理层次就越多。

（四）领导者职位规定与授权

经过前面三个阶段的工作步骤以后，一个组织的“硬件”结构已经形成，在这个“硬件”结构中，出现了各种以领导工作为内容的工作岗位，称“领导职位”。领导职位，从本质上讲是对“事”的划分，是以工作任务为中心确定的，是客观的、非人格化的，可以独立于人员而存在。但是，任何工作任务都必须由人去完成，只有由人去占据组织中的各个职位，并承担各职位上相应的工作任务，组织才是“活”的、有意义的东西，才能成为实现企业目标的手段。因此，组织工作还必须对各个职位确定工作任务，并规定任职资格，这就是职务设计。所谓“职务”，是指人们在某一职位上所应完成的工作任务和所应具备的任职资格。如果把“职位”说成是组织的“物化”表现，那么“职务”则是组织的“人格化”表现。

1. 授权必须责任明确、责权对应

授权时，交给下属的责任应明确具体，不能含糊不清。否则，一方面下属不能理解责任的性质和具体要求，不能按要求完成任务；另一方面也容易造成下属互相推诿。权力是为了使下属承担一定的责任而授予的，是承担责任的保证，因此，权力应与责任相对应。

2. 授权要适度，避免失控

授权的根本原因是一个人的精力有限，管理的范围不可能太宽。如果一个人的精力大到能够把整个企业的经营活动都管理起来，当然就不会出现层次结构的组织形式，也不需要授权。所以授权不是目的，只是一种管理手段。

3. 授权要视能而授

授权的大小，要根据下属管理者的能力大小而定。当然，这一问题还应在人事安排上予以考虑，应根据一个人的能力大小来安排他的职位。

4. 授权要处理好职能职权与直线职权之间的关系

职能职权是上级授予所属职能部门或职能人员的职权，与之相对应，授予直线部门或直线管理者的职权称为直线职权。直线职权是上级直线部门对下属直线部门直接指挥的职权,职能部门一般没有这种职权,但如果经由上级直线部门授予以后就具有了,这就是职能职权。这种职能职权一般比较小,而且应限制在很小的范围内。如果职能职权过大,会造成多头指挥,干扰直线职权的行使,使统一性原则受到破坏。

(五)规章制度制定与关系协调

组织设计的最后一项工作,就是解决组织中各个部门、各个环节和各项活动之间的协调问题。一个组织是由许多部门和个人组成的,他们分布在不同的层次上,承担着不同的工作任务,具有不同的权力和责任。组织运行时,这些部门和个人之间存在着大量的、复杂的相互关系,这些关系中有相互制约的,也有相互依存的。由于主客观原因,在组织运行过程中发生这样或那样的矛盾是不可避免的,这些矛盾归根到底是责任和权力的矛盾,解决矛盾的有效办法是通过制定各种规章制度来进行协调。规章制度包括两个方面的内容:一是工作时必须遵循的原则、法则;二是工作的准则,即应该达到的标准。制定规章制度,实际是将各部门或岗位上工作人员的责任和权力更加具体地予以规定或说明,以便于操作执行和监督检查。

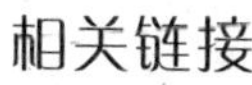

相关链接

学习型组织的特征

1. 组织成员拥有一个共同的愿景

组织的共同愿景(Shared Vision),来源于员工个人的愿景而又高于个人的愿景。它是组织中所有员工共同愿望的景象,是他们的共同理想。它能使不同个性的人凝聚在一起,朝着组织共同的目标前进。

2. 组织由多个创造性个体组成

在学习型组织中,团体是最基本的学习单位,团体本身应理解为彼此需要他人配合的一群人。组织的所有目标都是直接或间接地通过团体的努力来达到的。

3. 善于不断学习

这是学习型组织的本质特征。所谓“善于不断学习”,主要有四点含义:

一是强调“终身学习”。即组织中的成员均应养成终身学习的习惯,这样才能形成组织良好的学习气氛,促使其成员在工作中不断学习。

二是强调“全员学习”。即企业组织的决策层、管理层、操作层都要全心投

入学习,尤其是经营管理决策层,因为他们是决定企业发展方向和命运的重要阶层,因而更需要学习。

三是强调"全过程学习"。即学习必须贯穿于组织系统运行的整个过程之中。约翰·瑞定(J. Redding)提出了一种被称为"第四种模型"的学习型组织理论。他认为,任何企业的运行都包括准备、计划、推行三个阶段,而学习型企业不应该是先学习然后进行准备、计划、推行,不要把学习与工作分割开,应强调边学习边准备、边学习边计划、边学习边推行。

四是强调"团体学习"。即不但重视个人学习和个人智力的开发,更强调组织成员的合作学习和群体智力(组织智力)的开发。

学习型组织通过保持学习的能力,及时铲除发展道路上的障碍,不断突破组织成长的极限,从而保持持续发展的态势。

4."地方为主"的扁平式结构

传统的企业组织通常是金字塔式的,学习型组织的组织结构则是扁平的,即从最上面的决策层到最下面的操作层,中间相隔层次极少。它尽最大可能将决策权向组织结构的下层移动,让最下层单位拥有充分的自决权,并对产生的结果负责,从而形成以"地方为主"的扁平化组织结构。例如,美国通用电器公司目前的管理层次已由9层减少为4层。只有这样的体制,才能保证上下级的不断沟通,下层才能直接体会到上层的决策思想和智慧光辉,上层也能亲自了解到下层的动态,汲取第一线的营养。只有这样,企业内部才能形成互相理解、互相学习、整体互动思考、协调合作的氛围,才能产生巨大而持久的创造力。

5.自主管理

学习型组织理论认为,"自主管理"是使组织成员能边工作边学习并使工作和学习紧密结合的方法。通过自主管理,组织成员可以自己发现工作中的问题,自己选择伙伴组成团队,自己选定改革进取的目标,自己进行现状调查,自己分析原因,自己制定对策,自己组织实施,自己检查效果,自己评定总结。团队成员在"自主管理"的过程中,能形成共同愿景,能以开放求实的心态互相切磋,不断学习新知识,不断进行创新,从而增加组织快速应变、创造未来的能量。

6.组织的边界将被重新界定

学习型组织边界的界定,建立在组织要素与外部环境要素互动关系的基础上,超越了传统的根据职能或部门划分的"法定"边界。例如,把销售商的反馈信息作为市场营销决策的固定组成部分,而不是像以前那样只是作为参考。

7.员工家庭与事业的平衡

学习型组织努力使员工丰富的家庭生活与充实的工作生活相得益彰。学习型组织对员工承诺支持每位员工充分地自我发展,而员工也以承诺对组织的发展尽心尽力作为回报。这样，个人与组织的界限将变得模糊，工作与家庭之间的界限也将逐渐消失，两者之间的冲突也必将大为减少，从而提高员工家庭生活的质量（满意的家庭关系、良好的子女教育和健全的天伦之乐），达到家庭与事业之间的平衡。

8. 领导者的新角色

在学习型组织中，领导者是设计师、仆人和教师。领导者的设计工作是一个对组织要素进行整合的过程，他不只是设计组织的结构和组织政策、策略，更重要的是设计组织发展的基本理念；领导者的仆人角色表现在他对实现愿景的使命感，他自觉地接受愿景的召唤；领导者作为教师的首要任务是界定真实情况，协助人们对真实情况进行正确、深刻的把握，提高他们对组织系统的了解能力，促进每个人的学习。

学习型组织有着它不同凡响的作用和意义。它的真谛在于：学习一方面是为了保证企业的生存，使企业组织具备不断改进的能力，提高企业组织的竞争力；另一方面学习更是为了实现个人与工作的真正融合，使人们在工作中活出生命的意义。

尽管学习型组织的前景十分迷人，但如果把它视为一剂万灵药则是危险的。事实上，学习型组织的缔造不应是最终目的，重要的是通过迈向学习型组织的种种努力，引导出一种不断创新、不断进步的新观念，从而使组织日新月异，不断创造未来。

（摘自《中华工商时报》）

第二节　饭店管理制度

一、饭店管理制度的含义

饭店管理制度有两层含义：一是从宏观经济角度看，是指国家、地方、部门、行业对饭店经济活动的管理规范；二是从微观经济角度看，是指饭店内部对所属范围经营活动的管理规范。饭店领导体制和内部的各种规章制度都是饭店管理的重要内容。

饭店管理制度是反映饭店各方共同要求的、由饭店各方共同达成的行动规范协议，用以实现饭店的共同目标。制度应该是饭店员工的内部法规，每个员工都应该自觉遵守执行，自觉维护制度的权威性和严肃性。饭店要经常对员工进行制度教育，灌输制度观念，并利用业务指挥系统坚决贯彻执行各项制度。饭店管理的责任是制定合理的规章制度，组织实施规章制度。

饭店管理制度以饭店领导体制为主体，以岗位责任制度为基础，由业务、人事、财务、信息、行政等若干活动管理制度组成，从而形成一整套完整的管理制度体系。

二、建立健全饭店规章制度的意义

规章制度对饭店来说有着极其重要的意义，在日常运行中起着“法律法规”的作用，维护饭店的正常秩序。

（一）确保饭店工作按秩序进行

饭店工作千头万绪，管理任务十分繁重，为了保证正常稳定的管理和工作秩序，除了要有一个科学的指挥系统外，还必须有一套切实可行的规章制度，规定明确的岗位工作目标、程序、方法和标准，以指导、推动、调整和控制员工的工作与学习，合理协调和组织各个部门的工作。同时，规章制度还能从政策上、心理上调动各类人员的积极性，使饭店各项工作制度化、规范化，真正做到依法按章管理，确保饭店内部各层次、各序列发挥最佳的组织作用和管理效能，完成经营任务。

（二）指导教育员工

贯彻执行规章制度的过程，也是对员工进行教育的过程。在落实制度尤其是流程规范的工作中，饭店会组织大量的培训，这会大大提升员工的技术技能水平。同时，制度中还明确了很多禁止的行为，帮助员工自觉地遵守饭店的规章制度，遵守纪律，养成良好的行为习惯。

（三）提升企业的社会形象

健全的规章制度，加之有效的执行，会使饭店从员工的精神面貌到服务细节发生根本性变化。规范的制度会指导员工服务的所有细节，形成热情的服务态度，从而使客人拥有更加满意的消费体验，逐渐提升企业的社会形象。

三、饭店制度的分类

（一）饭店基本制度

1.饭店管理方案

饭店管理方案（也称“管理模式”），是饭店根据饭店管理的原理和本饭店的特点，对饭店各部门的管理思想、原则、内容、方法所作的规定。管理方案既提出了饭店整体的管理理念，又提出了各部门的管理原则和方法，因此，它是饭店实际管理工作的依据，是饭店管理的纲领性文件。

饭店管理方案可以有多种形式，每个饭店形成管理方案的结构也可能不同，但管理方案的基本内容有两个部分：一个部分是饭店整体管理方案，另一个部分

是各部门的管理方案。

整体管理方案和部门管理方案两部分有机结合起来,就构成了饭店管理方案。饭店管理方案是饭店管理的基本依据,管理必须照此实施。饭店一般定期在店务会议上检查管理方案的实施情况,保证管理者按管理方案进行科学管理。

2. 员工手册

员工手册是饭店又一个基本制度。员工手册是规定全饭店的员工共同拥有的权利和义务、共同遵守的行为规范的条文文件。员工手册对每个饭店来说都是必备文件。员工手册人手一册,是饭店发放面最广的文件。员工手册与每个员工都休戚相关,因而它是饭店最带有普遍意义的、运用最广泛的制度条文。

员工手册的主要内容有:序言、总则、组织管理、劳动管理(包括用工类别、聘用条件、劳动制度、劳动合同、体格检查、试用期、工作时间、超时工资、人员培训、工作调动、调职与晋升、合同解除等)、员工福利(包括各种假期、医疗福利、劳动保险、工作餐等)、宾馆规则(包括礼节礼貌、考勤、行为规范、员工投诉、使用电话、宾客投诉、离职手续等)、奖励和纪律处分、安全守则、修订和解释。

员工手册的内容非常丰富,包罗万象。员工手册要杜绝空话和废话,条文规定要简单明确,便于操作。饭店要经常给员工讲解员工手册,使员工熟知其中的内容以便于执行。

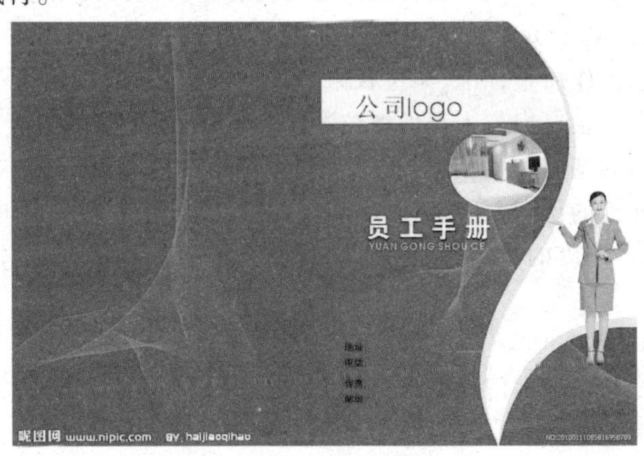

图 6-5 员工手册

【课堂思考】

员工手册作为饭店管理的一部重要文件,结合其内容,你认为它有何作用?

3. 经济责任制

简单地说,饭店的经济责任制就是在确定了组织目标后,把组织目标以指标的形式进行分解,层层落实到部门、班组、个人,并按照责、权、利相一致的原则实行效益挂钩的一种管理制度。经济责任制的核心是责、权、利一致,这种一致是以制度或内部合同的形式予以确定的。经济责任制的主要内容有:通过决策制定计划,提出组织目标;分解计划指标,并把它落实到各部门及班组,从而提出各部门及班组的经济责任。为保证完成经济责任,饭店要给部门及班组授权并创造必要的条件,提出完不成、完成、超额完成计划指标的经济利益分配,即收益与效益挂钩。经济责任制要提出收益分配与效益挂钩的具体办法,对完成经济责任的考核,要提出时间、考核项目、考核方法、根据考核的实绩兑现收益分配,从饭店到个人层层落实经济责任制的分配方案。

经济责任制是一项很细微的工作,从制定计划、分解指标到考核业绩、落实分配都有很细的工作要做。经济责任制又是一项政策性很强的工作,该制度旨在调动全体员工的积极性,但如处理不当,又会挫伤员工的工作积极性。因此,在制定经济责任制时,一定要十分谨慎,经过反复讨论后才能出台其方案。经济责任制每年都要制定,在实施的过程中根据情况变化还要作修订。

4.岗位责任制

岗位责任制是以岗位为单位,具体规定每个岗位及该岗位人员的职责、工作内容、工作范围、作业标准、权限、工作量等的责任制度。岗位责任制使每个员工都明白自己所在的岗位要完成哪些工作、什么叫做好本职工作。岗位责任制在每个饭店都是必要的。岗位责任制的主要内容有:明确岗位和岗位名称,该岗位的直接上级(即对谁负责),该岗位的直接下级(即领导谁),岗位的职责和工作内容、工作量、工作质量标准、岗位权限,对有些岗位还要确定人员上岗的标准。岗位责任制有一套对岗位人员的考核办法,岗位考核由部门按日、周、月进行。

除了上述的基本制度,饭店还可以制定其他一些制度。基本制度的多少和对基本制度外延的认识,各饭店不尽相同,各饭店对基本制度也可以有各自的设定。总之,基本制度的设定要能基本统驭饭店的管理和服务,能体现饭店的档次和水平。

(二)部门制度

部门制度是指各部门根据自身的业务特点为规范部门行为而制定的制度。如果说基本制度和专业制度是适用于全饭店的一般性制度的话,那么部门制度就是有特殊性的,只适用于部门运转的制度。部门制度的制定一方面要依据饭店的基本制度,另一方面要根据自己部门的业务特点,使部门制度对部门的运行起到特别的规范作用。部门制度主要有:

1.业务运转责任制度

这类制度主要是针对业务而制定的,主要有:业务情况和业务记录统计制度,排班、替班、交接班制度,业务流程制度,服务质量考评制度,卫生制度,表单填写制度,信息传输制度,例外时间处理制度等。该类制度的主要内容根据部门的业务不同可繁可简。

2. 设备设施管理制度

各部门所配备的设备设施各不相同,对设备设施的管理要求也不一样。各部门在相关部门的统一指导下,根据设备管理部门提出的要求和各自设备的特点,制定设备设施管理制度。如果一个部门拥有多种设备设施,可以按其种类制定各种设备设施的管理制度。

3. 服务质量标准

每个部门根据各自的特点和饭店的总体要求制定本部门服务质量标准。

4. 部门纪律

根据各部门业务特点来规范各部门员工的基本行为的制度。

5. 物品管理制度

部门物品管理制度主要有:物品分级管理制度、物品领用使用制度、物品保管责任制度、物品的成本核算制度、物品盘点制度、重要物品专人保管制度等。

6. 劳动考核制度

劳动考核制度包括考勤制度、任务分配工作安排制度、作业检查制度、劳动考核和工作原始记录制度、奖金分配制度、部门违规处理制度。

7. 财务制度

财务制度包括各部门收银及现金管理制度、信用消费制度、支付制度、资金审批制度、营业外收入制度、流动资金部门管理制度等。

部门制度主要有以上这些。各饭店各部门的部门制度也不尽相同,可根据实际需要制定。以上七大类部门制度有的需要单独制定,有的也可以合并起来作为一个制度。部门制度的制定要具体翔实,有可操作性。

(三)专业管理制度

专业管理制度主要是针对职能部门而言的。专业管理制度是由专业的职能部门制定要求饭店全体员工都遵照执行的那些制度。专业管理制度主要有:

1. 行政性制度

行政性制度是对饭店的行政事务所规定的一些制度,主要有行文制度、报告制度、发文制度、行政档案制度与行政主管部门联系制度、保密制度、内部接待制度等。

2. 人事制度

人事制度是人事部对所属各单位的管理制度,包括人事部所属各岗位对全体员工的服务制度、技术职称考评制度、人事管理制度、劳动工资制度、奖惩制度、人员培训制度、晋升制度、福利制度等。

3. 安全保卫制度

安全保卫工作在饭店管理中不但十分重要而且涉及的面也较广。饭店安全保卫制度主要有四大类:一类是和公安、消防部门接轨,按这些部门要求制定的安全保卫制度;一类是饭店的内保制度,包括各部门的内保制度;一类是消防安全制度;一类是交通安全制度。安全保卫制度有的是单独制定的,有的是蕴涵在其他各项制度里的。

4. 财务制度

饭店的财务制度较多也较复杂。财务制度需根据财政部门对旅游财务会计的规定、饭店的决策及饭店的实际情况分门别类地制定。财务制度一要符合国家规定,二要根据饭店实际业务运行特点制定。财务制度既要严密,又要积极为饭店的经营服务。

(四)饭店工作制度

饭店在管理和行政中有很多例行的工作,对这些工作要制定一定的制度,以便在工作中照章办事。例行工作制度主要有:

1. 会议制度

饭店的会不宜多,但也不能没有会议。饭店的会议主要有早会、店务会议、办公会议、年会、职工大会、部门业务会议、班前会、党团组织生活等。对这些例行会议都要有制度。制度要规定会议性质、参加人员、主持人、时间、内容、会议精神传达等。

图 6-6　班前例会

2. 饭店总结制度

总结,既是对以往工作的经验积累和工作评估,也是规划日后工作的一个重要依据。总结主要有年总结、半年总结、月总结、开展某项活动后的总结等。

3. 决策和计划制定制度

决策决定饭店的未来发展和业务运行、决定饭店的预期效益。决策是一个过程，这个过程有一定的程序。计划是决策的具体化，制定计划同样是一个有序的过程。决策和计划的制定制度要规定决策者、决策权限、决策程序、决策结果表述、决策实施等。

4.质量监督制度

各饭店的质量监督体系是不一样的，要根据饭店的质量监督体系来制定质量监督制度。质量监督制度规定监督机构和监督人、监督体系、监督内容、监督范围、监督方法、监督机构结果处理等。

饭店的工作制度大概有上述内容。各饭店可以根据自己的特点增减工作制度。

四、制度的执行

制度制定的目的是为了使饭店的经营管理规范化，而要达到规范的目的，组织成员必须人人遵守制度。制定制度并不难，难的是执行制度。饭店管理人员特别要避免使制度“定在纸上，贴在墙上，不落实在行动上”的形式主义。饭店在制定每一项制度时都要慎重，一旦成为制度就要坚决贯彻执行，以求实效。饭店为了有效地执行制度，要做的工作主要有：

1.经常地、坚持不懈地进行制度意识和纪律观念教育，强化全体员工的规范意识

饭店的制度多于其他企业，饭店执行制度严于其他企业，饭店落实制度难于其他企业，因为饭店员工的劳动是分散性的手工劳动。饭店执行制度全靠员工的自觉性，自觉性来自员工的意识观念。因此饭店要通过各种形式（并非只是开会或批评），坚持不懈地向员工灌输和培植规范意识和制度观念，使员工对纪律制度，特别是饭店制度有一个深刻全面的认识，牢固树立纪律和制度意识。有了思想意识上的高度认识才有行动上的自觉性。

2.不断提高员工的综合素质

真正执行饭店制度，还有赖于全体员工高水准的综合素质。员工具备了执行制度的意识和主观愿望，但能否真正执行制度，还要其他素质的配合。如有了良好的业务素质，才能按制度进行业务操作和业务处理；有了较好的外语水平，才能向宾客提供优质服务；有了良好的身体素质，才能坚持站立服务和礼貌待客。饭店要实行制度管理，不仅要抓好面上的制度，执行监督检查工作，而且还要从根本上抓培训工作，不断提高员工的综合素质。

3.制度要合理

制定制度，从制度本身来说，要有合理性。饭店制定制度要抱着实事求是的

态度，即制定的制度是必需的，也是可行的。制度条文要简洁，文字要既严密又简单，使人们容易理解、容易执行。

4. 实行严格的检查、考核、奖惩制度

饭店在执行制度过程中要有检查监督，以保证制度的落实；对制度执行的检查、考核、奖惩，也是正式组织在管理中的一个重要环节，但仅此是不够的，饭店还应重视非正式组织的力量和影响力，努力营造良好的企业文化，使组织成员不断得到优化和激励，使饭店形成一种浓厚的自觉遵守制度、执行制度的氛围。

制度是时代和社会的产物，随着社会和时代的发展，饭店在发展，制度也在发展和变化。因此，制度要有稳定性、严肃性、延续性，同一类制度不能经常改动，但如果发现制度有不合理的地方，就要尽快修改，保证制度的有效性和先进性。饭店要通过对制度的管理，使制度在饭店创建两个效益中发挥积极的作用。

【课堂思考】

饭店管理制度林林总总，例如礼貌礼节的管理制度，在饭店中可谓最常见的制度项目之一，饭店将如此简单的工作规定得如此细致，其主要原因是什么？

第三节　饭店人力资源管理

现代饭店拥有四大资源，即物资、资金、信息和劳动力。人力资源是饭店最基本、最重要、最宝贵的资源，只有人才能使用和控制饭店其他资源，从而形成饭店的接待能力，达到饭店的预期目的。如何对人力资源进行科学而有效的开发和管理，已经成为现代饭店管理的核心。饭店业人力资源的发展是建立在原来人事管理的基础上的，但是在今天，它的概念和范畴比传统的人事管理更加广泛和深远。人力资源管理，已不再只是人事培训部门的工作，它成为每一位管理人员的重要职责，如果每一位管理者都能把饭店的人力资源看作有效的资源，掌握企业人力资源开发与管理的知识和技能，饭店就能为宾客提供优质的服务，从而获得良好的经济效益和社会效益。

一、饭店人力资源管理的概念和作用

(一)饭店人力资源管理的概念

饭店人力资源管理就是恰当地运用现代管理学中的计划、组织、指挥、协调、控制职能，对饭店的人力资源进行有效的开发、利用和激励，使其得到最优化的组合和积极性最大限度发挥的一种全面管理。

(二)饭店人力资源管理的作用

现代饭店是以人为中心的行业，饭店的管理就是人的管理。加强饭店人力

资源的管理,具有极其重要的作用:

1.人力资源管理是保证经营活动顺利进行的必要条件

饭店的业务经营活动离不开人与物这两个基本要素,而人是业务经营活动的中心,是决定因素。员工的劳动并非一种孤立的个体劳动,而是一种分工协作的社会劳动。所以要保证饭店业务经营活动的正常进行,首先必须招募合适的员工,并科学安排、处理、调整、考评人与人之间、人与事之间的关系,使之有机地结合起来。而这些正是饭店人力资源管理的基本职能。

2.人力资源管理是提高饭店素质和增强企业活力的前提

在市场经济条件下,饭店要想在竞争中站稳脚跟,打开局面,就必须努力提高企业的素质,增强企业的活力,而企业的素质归根结底是人的素质。

企业的活力,源于饭店员工的主动性、创造性和积极性的发挥。人是有思想、有感情的,其积极性的发挥,不是仅靠发号施令就能做到的。只有采取现代化的科学管理方法,才能充分激发员工的主观能动性,不断提高员工素质,最大限度地挖掘员工的潜能,这是提高企业素质、增强企业活力的关键所在。

3.人力资源管理是提高饭店服务质量、创造良好社会效益的保证

饭店业是服务性行业,其产品是由员工提供的服务,而员工服务的对象又是需要情感的宾客,因而其从业人员的心理因素、职业道德、业务素质和工作积极性等就直接决定了饭店的服务质量,进而关系着饭店经营的成败。

因此,充分调动员工的积极性,对人力资源进行科学有效的管理,是提高饭店服务质量、创造良好社会效益的前提和保证。

二、饭店人力资源管理的特点

凡是与员工的需求和供应有关的问题都是人力资源管理研究的对象。饭店人力资源管理既包括传统的人事管理,又包括运用各种管理方法对员工潜能的开发与利用。主要有以下几个特点:

1.饭店人力资源管理是一种动态的、较为全面的管理

管理者不仅要根据饭店的整体目标,对合适的人才进行选拔、录用、培训、奖惩、晋升和退职等全过程的管理,而且还要注重员工工作的动态过程中的管理,也就是要根据社会经济发展和企业经营目标的变化不断调整开发管理的目标、内容和途径。特别是针对个体的差异性采取不同的开发管理方式。同时,这种开发和管理不再把降低人员成本作为唯一宗旨,而是把人看作一种可以开发的资源,可以使其升值,创造出更大的,甚至意想不到的价值。其次,它还非常关心如何从培训、工作设计与工作协调等方面开发人的潜能,因此,这种管理将实现从消极压缩成本到积极开发才能的转化,实现对人的全面开发管理。

2. 饭店人力资源管理是一种全方位、全员性的管理

饭店的人力资源管理工作不仅是人力资源部对员工的培训和考核管理，还包括饭店从基层到高层的全体管理人员对下属的督导和管理。也就是说，在现代饭店管理中，人力资源管理是全体管理人员的职责之一。一名出色的管理人员，一定要了解和掌握人力资源管理的理论、方法以及职能，懂得如何选用、培训、激励员工，给员工提供展示才能的机会和条件，甚至要为他们规划出合理的职业生涯。

3. 饭店人力资源管理是一种系统性、综合性的管理

现代饭店人力资源管理要求将企业现有的全部人员，包括有可能利用的企业外的人力作为统一的系统进行规划，制定恰当的选拔、培养、任用、调配、激励等政策，以达到尽可能利用人的创造力增加企业及社会财富的目的。管理者的职能，实现了从简单地提供人力，转变成为人力设计、安排合适的工作，从管理人转变成管理人与工作的关系、人与人的关系、工作与工作的关系，从咨询转变成决策系统的综合性变化。

4. 饭店人力资源管理是一种科学化的管理

正是由于以上特点，人力资源管理必须建立起一套标准化、程序化、制度化和定量化的管理系统作为保证，进行科学化管理。

标准化是指对饭店所有工作制定的有关数量、质量、时间、态度等的详细、具体、统一的要求。如录用员工要有素质条件标准，岗位培训要有合格标准，晋升要有绩效考核标准等。

程序化是对管理或工作的过程进行科学的分段，并规定各阶段的先后顺序和各个阶段的工作内容、要达到的标准、责任者以及完成时间。

制度化是指人力资源管理工作要有严密的规章制度作保障，使选拔、招聘、录用、考核工作顺利进行。

定量化是指管理者要经常进行测试和统计，进行定量分析，以制定或修改定额，进行合理定员。而饭店的员工考核系统更应该有科学的数量依据。

三、饭店人力资源管理的目标和内容

（一）饭店人力资源管理的目标

1. 造就一支专业化的员工队伍

饭店要正常运转并取得良好的经济效益和社会效益，不仅要有与饭店各个岗位相适应的员工人数，而且这些员工要具备与工作要求相当的素质和能力。饭店的服务人员是服务活动的执行者和饭店产品的直接生产者，因此服务质量的好坏完全取决于服务人员素质的高低。简单地说，专业化的员工是指具有饭

店意识和良好职业习惯的员工。专业化的员工队伍是不会自发形成的,在很多饭店的实际经营管理过程中,人们发现,员工的专业化程度常常直接影响着一个企业的发展水平。管理者要有意识地挑选、培训和激励员工,并经过一定时间的熏陶和锻炼,才能形成专业化的员工队伍。

2. 形成最佳的员工组合

一支优秀的员工队伍,必须经过科学的培植,才能形成最佳的人员组合,即所有人的行为协调一致,形成合力,共同完成饭店规定的目标;否则,即使员工非常优秀,也未必能取得好的工作成效。因此,在饭店经营管理过程中,管理者应该制定明确的岗位职责,建立合理的激励和奖惩制度,并使每个员工权责相当,能够各尽其能,形成最佳工作效能,进而形成一个有序、高效的饭店组织。

3. 激发员工的积极性

人的管理实质在于"得人",而非"管人",是谋求人与事的最佳配合,正所谓"天时不如地利,地利不如人和"。因此,饭店人力资源管理的最终目标就是调动员工的积极性,也就是通过各种有效的激励措施,发挥最佳的群体效应,创造一个良好的人事环境,使员工安心工作,乐于工作,最大限度地发挥员工的积极性和创造性。为达到这一目标,饭店需要建立一套科学的人力资源管理体系,包括招聘员工的正确程序和方法,培训制度以及优化结构、发挥最佳群体效应的措施等。

(二)饭店人力资源管理的内容

饭店人力资源管理的主要内容包括饭店人力资源计划的指定、招聘与录用、教育与培训以及考核与奖励等方面的内容。

1. 饭店人力资源计划的制定

饭店的人力资源计划与饭店整体的经营管理计划是紧密相连、息息相关的,通常只有当饭店确定了经营管理目标和计划之后,才能制定饭店的人力资源计划。人力资源计划建立在饭店经营管理计划的基础上,是从人力资源方面保证饭店经营管理计划的顺利实施。

制定人力资源计划,首先要根据饭店的组织结构和未来经营趋势,对饭店所需人力资源进行需求预测;其次,分析饭店内外人力资源的供应情况,进行人力资源的供应预测;再次,对需求预测和供应预测进行分析,确定饭店对人力资源的实际需要;最后,制定出一个具体的人力资源计划。

2. 饭店员工的招聘与录用

招聘与录用是根据人力资源计划、饭店的经营目标和相关政策,制定出一套筛选的方法和程序,从而判断应聘者是否符合该项工作的要求。招聘与录用的最终目的是将合适的员工放在合适的工作岗位上。因此,饭店招聘并不局限于

向饭店外部招聘员工,饭店还可以在其内部对符合要求的在职员工进行提升和内部调动,即内部招聘。

3. 员工的教育与培训

为使每位员工都能胜任其所担任的工作,并以最快的速度适应饭店的工作环境,饭店必须对员工进行经常不断的培训。通常对操作层的员工侧重于技能性的培训,而对于管理者,则侧重于分析问题、解决问题的管理能力方面的培训。培训方式通常有店内培训、外出进修、考察等。

图 6-7　饭店招聘海报

4. 建立良好的薪酬福利制度

这是饭店人力资源管理的重要内容。因为它不仅直接涉及饭店的费用支出,而且直接影响到员工工作积极性的调动与发挥的程度。薪酬福利不仅是员工的生活保障,而且还是员工社会地位和资历以及自身价值的具体体现,同时也意味着饭店对员工劳动价值的认同的程度。所以饭店应根据自身情况,选择适当的工资形式,实行合理的奖励和津贴制度,为员工提供劳动保险等福利待遇。通过建立良好的薪酬福利制度,激励员工努力工作。

5. 培养高素质管理者

饭店管理者的素质及工作能力对员工的工作表现和积极性的调动有重要的影响。高素质的管理者具有有效激励的、科学的领导艺术和沟通技巧,善于通过建设企业文化,增强团队精神来激发员工的潜力和工作热情,调动员工的积极性和凝聚力,最终提高饭店的经济效益和社会效益。

6. 建立完整的考核奖惩体系

考核是对员工完成该目标或执行饭店内部各项规定的实际状况进行考查、评估,是奖惩的依据。科学的考核、奖惩体系可以给员工指出努力的方向,加强员工趋向组织目标的积极性,也是饭店人力资源管理效能的反馈。

四、饭店员工的绩效考评与薪酬

绩效(performance)是人们在管理活动中最常用的概念之一。绩效一般包含两方面的含义:一方面是指员工的工作结果;另一方面是指影响员工工作结果的行为、表现及素质等。所谓"绩效考评"(performance appraisal)就是根据人事管理的需要,考评员工的工作结果及影响员工工作结果的行为、表现和素质特征的活动。

绩效考评是人力资源管理中的核心职能之一。它可以从饭店组织的各个方面考评饭店成员的工作表现、行为和素质等特征。只有通过有效的绩效考评,才能对员工进行有效的激励,才能有效地实现饭店组织的战略目标。

(一)绩效考评的重要作用

1. 为员工薪酬管理提供依据

饭店组织内物质利益的分配必须遵循按劳分配的原则,报酬与贡献相匹配,才能对员工起到激励作用。这就需要对员工的绩效进行定期考核和评估,以获得必要的客观依据。

2. 为各项人事决策提供依据

饭店管理者通过评估获得大量信息,饭店的有关报酬、晋升、调迁、辞退以及培训等人事决策都依赖于这些信息。员工的薪酬、晋升和奖金都和工作评估挂钩。通过评估,优秀的员工获得晋升、调动、奖励和其他积极的工作机会;相反,不能达到饭店所设置标准的行为会导致降级、辞退、惩罚或者其他消极工作反应。显而易见,客观的评估员工绩效是至关重要的。

3. 为员工培训提供依据

绩效考评可以发现员工的长处与不足、优势与劣势,从而发现员工培训需求,制定具体的培训措施与计划。

4. 有助于员工的职业发展

员工在工作中取得成绩和进步,通过绩效考评,得到饭店组织的承认和肯定,可以更好地发挥其技能和潜力。同时,通过绩效考评,员工还可以发现自己的缺点和不足,认识到自己的差距,可以起到鞭策作用。

5. 有助于改进管理者与员工之间的关系

在考评中,主管将考核与测评的情况,通过面谈和其他途径,向员工反馈,并听取员工意见,了解彼此对对方工作的期望,从而促进管理者和员工之间的沟通,使双方工作关系更融洽。

(二)绩效考评的程序

绩效评估主要有以下几种方式:员工自我评估、员工对管理者的评估、同级之间相互评估、管理者直接评估下属。其中直接由管理者实施的绩效评估是饭店最为重要和常用的评估方式。这种由管理者对员工进行的绩效评估一般是逐级进行的,第一级是被评估者的直接上司,第二级是被评估者的直接上司的上司或授权考核部门,其程序如下:

(1)人力资源部制定绩效考评办法,发放绩效考评表。

(2)员工以本人的实绩和行为事实为依据，对本人逐项评分。

(3)直接主管以员工的实绩和行为事实为依据，对员工进行逐项评分，并写评语。

(4)业务部门或职能部门进行综合评估，总评后由直接主管将考核结果告知员工。

(5)由直接主管与员工面谈，并提出改进意见。如员工不同意主管考核结果，可向上一级主管提出申诉，并由上一级主管作出最终考核。员工应理解和服从考核结果。

(6)季度或半年考核时，各业务部门或职能部门仅向人力资源部递送绩效考评汇总表，考评表存在各业务部门或职能部门。年终考评时，应把年度绩效考评表和考评汇总表一并交人力资源部。

(7)员工的年终绩效考评汇总表交人力资源部存档。人力资源部对年终考评结果作出分类统计分析表，报主管总经理签核。

(三)员工薪酬

饭店员工薪酬是员工从事饭店各岗位工作而得到的货币形式和非货币形式的劳动报酬。它是饭店人力资源管理激励员工的重要保证。

1. 薪酬的构成

(1)根据薪酬的货币支付形式，薪酬可以分成直接货币薪酬和间接薪酬。所谓直接“货币薪酬”，是指饭店以工资、奖金、佣金和股票分红等形式支付给员工的全部薪酬；“间接薪酬”则是指各种以非现金形式支付给员工的劳动补偿及回报，如工作福利、保险、带薪假期等等。

(2)从员工绩效考评角度来考察薪酬的构成，薪酬可分为固定薪酬和浮动薪酬。固定薪酬具体包括基本工资、岗位津贴、福利待遇等；浮动薪酬则主要包括奖金、佣金等短期货币激励和长期服务年金、股票期权等长期激励。

2. 薪酬管理的原则

(1)薪酬管理要有利于激励作用的发挥。薪酬管理中薪酬水平的变动，是要将饭店的组织目标和管理者的意图及时、有效地传递给员工，促使员工的个人行为与组织目标一致。因此，薪酬作为饭店人力资源管理的重要方式，如果使用得当，可以用来评价员工的工作绩效，对员工的工作积极性可以起到保护和激励的作用。

(2)薪酬标准与其他饭店相比要具有竞争力。具有竞争力的薪酬管理是相对于同行业的薪酬平均水平而言的，饭店员工会将自己的薪酬水平与同行业同等岗位的薪酬进行比较。如果发现自己的薪酬高于平均水平，则满意度会提高；反之，则满意度会降低。

(3)薪酬管理必须处理好公平度。薪酬的公平度是指员工把自己的薪酬与企业内部其他员工的薪酬进行比较之后感觉到的平等程度。提高公平度是薪酬管理中的难点。实际上,人力资源部门不可能在这点上做到让全体员工满意。许多饭店之所以实行薪酬保密制度,就是为了防止员工得知其他员工的薪酬水平后,降低对薪酬管理公平度的认同。

(4)充分考虑员工的个体差异在薪酬制定中的影响。有效的薪酬政策不仅要考虑薪酬水平的外部竞争力和薪酬结构的内部一致性,而且还要考虑饭店内部承担相同工作或者具有相同技能水平的员工之间的薪酬公平性。因此,饭店应该考虑员工个人方面的差异在薪酬制定中的影响。

第四节 饭店人力资源的开发与利用

一、饭店人力资源计划

(一)饭店人力资源计划的概念

饭店人力资源计划是指饭店科学的预测、分析自己在变化的环境中资源供给和需求状况,制定必要的政策和措施,以确保自身在需要的时候和需要的岗位上获得各种需要的人才,并使组织和个体得到长期的利益。

饭店人力资源计划包含三方面的含义:从饭店的目标和任务出发,要求饭店人力资源的质量、数量和结构符合其特定的生产资料和生产技术的要求;在实现饭店目标的同时,也要满足个人的利益;保证人力资源与饭店未来发展各阶段的动态适应。

(二)饭店人力资源计划的目标

饭店人力资源计划的目标包括:得到和保持一定数量的具备特定技能、知识结构和能力的人员;充分利用现有人力资源;能够预测饭店组织中潜在的人员过剩或人力不足;建设一支训练有素、运作灵活的劳动力队伍,增强企业适应未知环境的能力;减少饭店在关键技术环节对外部招聘的依赖性。

(三)饭店人力资源计划的内容

人力资源计划的各个项目都或多或少地涉及费用问题,因此,在制定人力资源计划时应制定出相关项目的预算。同时在各项分预算的基础上,制定出人力资源的总预算。其主要内容如表6-1所示。

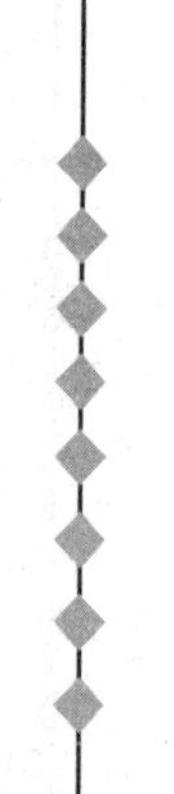

表 6-1　　饭店人力资源计划的主要内容

计划项目	主要内容	预算内容
总体规划	人力资源管理的总体目标和配套政策	预算总额
配备计划	中、长期内不同职务、部门或工作类型的人员的分布情况	人员总体规模变化而引起的费用变化
退休解聘计划	因各种原因离职的人员情况及其所在岗位的情况	安置费
补充计划	需要补充人员的岗位、补充人员的数量、对人员的要求	招募、选拔费用
使用计划	人员晋升政策、晋升时间，轮换工作的岗位情况、人员情况、轮换时间	职位变化引起的薪酬福利等支出的变化
培训开发计划	培训对象、目的、内容、时间、地点、教员	培训总投入、脱产人员工资及脱产损失
职业计划	骨干人员的使用和培养方案	（含在上项）
绩效与薪酬福利计划	个人及部门的绩效标准、衡量方法；薪酬结构、工资总额、工资关系、福利项目以及绩效与薪酬的对应关系等	薪酬福利的变动额
劳动关系计划	减少和预防劳动争议，改进劳动关系的目的和措施	诉讼费用及可能的赔偿

（四）人力资源计划的制定

饭店人力资源计划的制定应根据饭店的整体发展计划和任务、饭店的组织结构以及饭店内部现有人员的使用状况来进行，一般经过人力资源需求预测、供给预测、确定需求、制定饭店人力资源计划等主要步骤，如图 6-8 所示。

1. 人力资源需求预测

人力资源需求预测的主要任务是分析企业需要什么样的人以及需要多少人。预测过程的繁简取决于饭店的经营方向、规模和预测中所考虑的时间长度，同时还必须考虑到饭店的战略计划和员工的流动率。

2. 人力资源供给预测

供给预测包括两个方面：内部人员拥有量预测和外部供给量预测。内部预测即根据现有人力资源及其未来变动情况，预测出计划期内各时间点上人员的拥有量。而外部供给量预测即确定在计划期内各时间点上可以从企业外部获得的各类人员的数量。

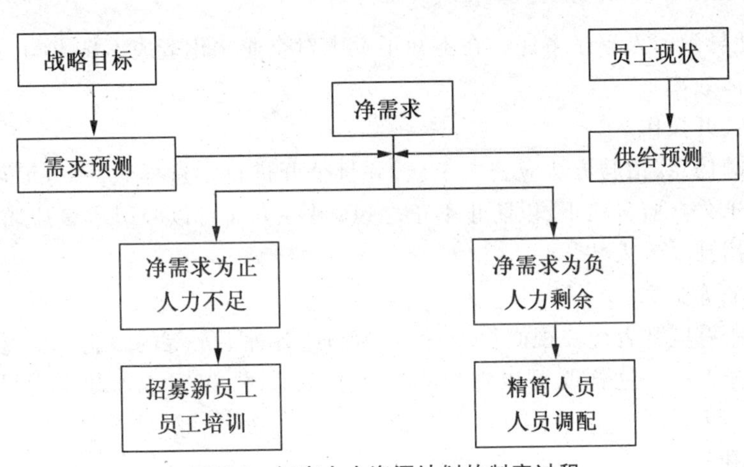

图 6-8 饭店人力资源计划的制定过程

一般情况下,内部人员拥有量是比较透明的,预测的准确度比较高;而外部人力资源的供给则有较高的不确定性。饭店在进行人力资源预测时应把重点放在内部人员拥有量的预测上,而外部供应量的预测应侧重于关键人员,如高级管理人员、技术人员等。

3. 确定人员净需求

所谓"净需求"包括两方面含义:一是结构性需求,即需要什么样的人;二是数量性需求,即需要多少人。确定人员净需求,既要确定人员数量,又要确定人员结构和人员标准。

在人员的需求和供给预测完成以后,把本饭店人力资源的需求情况与在同期饭店本身可供给的人力资源情况进行对比分析,从而测算出各类人员的净需求情况。如果净需求是正的,则表明饭店需要招聘新员工或对现有员工进行有针对性的培训;如果净需求是负的,则表明饭店在这方面的人员是过剩的,应该精简或对员工进行调配。

二、饭店员工的招聘

饭店员工的招聘是饭店人力资源管理的一项重要工作。据有关资料统计,一般饭店每年员工的流动率在 50% 左右,就是经营最好的饭店,每年的流动率也在 5% 。为了保证饭店的正常运转,招聘工作就显得尤为重要。

(一)招聘原则

1. 因事择人

饭店依据人力资源计划进行招聘。无论招多了人还是招错了人,都会给饭店带来很大的负面影响。除了人力成本加大、低效率、犯错误等看得见的损失

外,由此导致的人浮于事还会在不知不觉中对企业文化造成不良影响,并降低饭店的整体效率。

2. 公开操作

招聘信息、招聘方法应公之于众,并且公开进行。这样做,一方面可将录用工作置于公众监督之下,以防止不正之风;另一方面可以吸引大量应聘者,从而有利于招到一流人才。

3. 平等竞争

对所有应聘者应一视同仁,不得人为制造各种不平等的限制。要通过考核、竞争选择人才。这样既可以选出真正优秀的人才,又可以激励其他人员积极向上。

4. 用人所长

在招聘中,必须考虑有关人员的专长,量才使用,做到"人尽其才""事得其人",而这对应聘者和饭店都非常重要。

(二)招聘程序

招聘程序如图 6-9 所示。

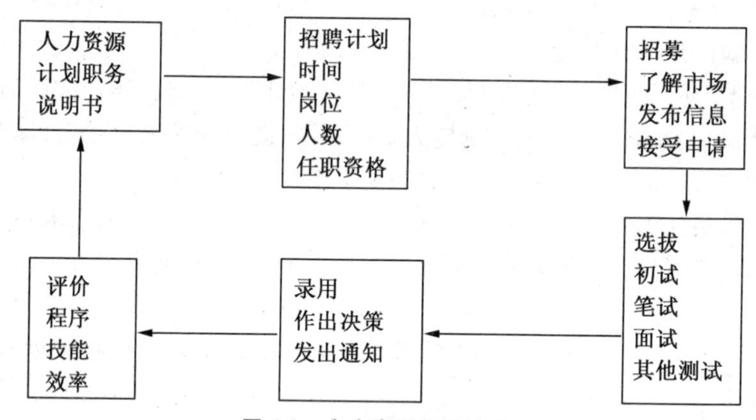

图 6-9　人力资源招聘程序

在招聘程序中,人力资源计划和职务说明书是招聘的依据,人力资源计划决定了招聘的时间、人数和岗位等,职务说明书则说明了对招聘人员的要求。根据人力资源计划和职务说明书,就可以制定具体的招聘计划,从而指导招聘工作。

人员招聘的途径不外乎两个方面,即内部招聘和外部招聘。许多人习惯地认为招聘是对外的,而事实上,企业内部人员也是空缺岗位的后备人员,而且越来越多的企业开始注重从内部招聘人员。

内部招聘和外部招聘各有利弊,两者基本上是互补的,如表 6-2 所示。

表 6-2　　内部招聘和外部招聘

	内部招聘	外部招聘
优点	①了解全面,准确性高 ②可以鼓舞士气,激励员工进取 ③应聘者可更快适应工作 ④使组织培训投资得到回报 ⑤选择费用低	①人员来源广,选择余地大,有利于招到一流人才 ②新雇员能带来新思想、新方法 ③当内部有多人竞争而难以作出决策时,向外部招聘可在一定程度上平息或缓和内部竞争者之间的矛盾 ④人才现成,节省培训投资
缺点	①来源局限于企业内部,水平有限 ②容易造成"近亲繁殖" ③可能会因为操作不公或员工心理原因造成内部矛盾	①不了解企业情况,进入角色慢 ②对应聘者了解少,可能招错人 ③内部员工得不到机会,积极性可能受到影响

研究表明,内外部结合招聘会产生最佳效果。具体的结合力度取决于饭店的战略计划、招聘岗位、上岗的时间要求以及对饭店经营环境的考虑等因素。至于到底是以哪种途径为主,并不存在标准答案。

内部招聘最常用的方法主要有五个:公开招募、内部提拔、横向调动、岗位轮换、重新雇用或招回以前的雇员。在外部招聘中,发布广告、借助中介机构、实地招募、熟人推荐是最常用的几种方法。

(三)人员选拔

在人员的选拔上主要有定性考核和定量考核两种。

1. 定性考核

一般从以下四个方面进行考察:

(1)个人才能。包括知识面、分析问题的能力以及管理能力。由于饭店服务工作的突出特点是事件多,人员杂而多,以上三种能力是衡量个人才能的主要因素。

(2)个人品德。这是对管理者修养、品质的要求,必须清正廉洁。

(3)个人工作表现。是否尽职尽责,表现突出。

(4)工作年限。在人员选拔上虽然不应该论资排辈,但也要考虑其工作年限,一方面是与他的成长成熟度有关,另一方面也利于对其他员工的管理。若是能力一般而迅速提升,势必会挫伤其他员工的积极性。因此,工作资历一般应作为选拔员工的一个因素。

2. 定量考核

定量考核一般采取面试和笔试的方式进行，考核内容包括专业知识、智力、心理、潜能四个方面。在测试考核的基础上，通过量化的分数值进行比较，评分项目要科学、实用，能真正反映各种能力，通常选用简单评分法和加权评分法。

(1)简单评分法。将参选人员的考评项目分值相加，进行比较，如表6-3所示。

表6-3 部门经理候选人简单评分表

候选人	分项得分					总分
	分析问题能力	知识结构	组织能力	工作年限	风度气质	
张×	3	4	2	5	4	18
李×	4	3	3	2	5	17
王×	3	5	4	3	4	19

由表6-3可以看出，李×的总分最低，王×的总分最高，因此王×是最适合的人选。

(2)加权评分法。所谓“加权”，就是把各个评分项目的得分乘上一个权数，以突出某些项目的重要性。在饭店中不同岗位对应聘者的要求各不相同，如公关部对风度气质、知识结构要求较高，而客房部、餐饮部则对组织能力与分析能力要求高些。加权评分法可以提高人员选拔的准确性。如表6-4所示。

加权评分法的计算公式为：

$$加权总分 = \sum(权数 \times 分项得分)/\sum 权数$$

表6-4 部门经理候选人加权评分表

候选人	分项得分					总分
	分析问题能力	知识结构	组织能力	工作年限	风度气质	
张×	3	4	2	5	4	3.2
李×	4	3	3	2	5	3.3
王×	3	5	4	3	4	3.8
权数	4	3	5	2	1	

由表6-4分析可以看出王×的加权总分最高，是最适合的人选。

三、饭店员工的培训

饭店员工培训就是按照一定的目的，有计划、有组织、有步骤地向员工灌输

正确的思想观念、管理知识和技能的活动。饭店通过外部招聘、内部提拔和调动而组成的新的员工队伍,要让他们胜任并发挥出自己的能力,就必须对他们加以培训,尤其是从外部招聘的员工,更应该对他们进行规范、系统的培训。

(一)饭店员工培训的作用

1. 提高服务质量,缩小员工业务差距

面对日趋激烈的市场竞争,饭店业要想吸引客人,留住客人,保持竞争的优势,就必须提供优质的服务,缩小员工所拥有的技能与他们为顾客提供的高水平服务所必需的技能之间的差距。培训是提高业务技能、缩小知识差距的最有效的方式和手段。

2. 控制服务质量,提高服务水平

越来越多的事实证明,当今的普通员工缺少顾客所要求的基本工作技能,而顾客对服务的要求也越来越高,饭店应意识到他们必须教会员工如何快速处理顾客投诉,如何彻底打扫房间,如何敏锐地发现顾客的需求。卓越的饭店经营者霍斯特认为"培训的任务是创造员工与顾客之间的默契",因此要传授给员工所需要的全部技能,以便使每一位顾客都能有一次满意的经历。培训有利于饭店服务质量的控制。

3. 增强企业凝聚力,培育企业文化

在现代饭店业的管理中,人力资源管理的核心就是员工素质的提高,这种高素质不是先天的,需要对员工进行定期的培训,提高员工的文化、技术素质,帮助员工更好地完成现在所承担的工作,为饭店员工的自身发展提供条件,满足员工的心理需求,增强企业的凝聚力。同时,通过培训过程中的宣传、讲解,能够培育和加强企业文化。

(二)饭店员工培训的类型

饭店员工培训仅从内容上看可以分为知识性培训、技能性培训、态度培训和潜能培训。若从总体上划分,则可分为职业培训和发展培训两大类。职业培训主要针对操作人员,发展培训主要针对管理人员。

1. 职业培训

职业培训主要针对一线员工进行。培训的重点应放在培养和开发他们的技术、技能方面,使他们能更好地胜任工作。职业培训一般有岗前培训、岗位培训和继续培训三种。

(1)岗前培训。这是新员工上岗前的培训。岗前培训的内容通常包括本饭店的历史和现状、饭店的经营宗旨和重要方针政策以及饭店组织机构和管理人员,使新员工尽快熟悉工作环境。岗前培训还包括职业道德、对客服务、礼貌礼仪、饭店规章制度、组织纪律、安全知识等的教育。岗前培训后,将新员工分配到

图 6-10　拓展训练

工作岗位,再由所在部门的上级进行基本业务知识和技能培训。

(2)岗位培训。岗位培训即员工不脱离工作岗位,利用空闲时间所接受的培训。这是员工培训最常用的办法。在培训过程中,受训者也在履行自己的工作职责,所以需要的费用相对较少。岗位培训一般由各级管理人员和经验丰富、技术熟练的老员工来担任培训者,也可以有针对性地外请一些当地的旅游院校、培训中心的老师进行培训。

(3)持续培训。由于饭店内外各种因素的影响,员工在工作过程中,还要不断地接受培训,即持续培训,以适应饭店的发展和工作环境的变化。持续培训包括再培训、交替培训和更换培训。再培训又称"重复培训",其目的是使上岗后的员工通过再学习,把已经掌握的技能技巧再提高一步。另外,若饭店的服务规程、操作方法有了新的改变,也需要对员工进行再培训。交替培训的目的是为了防止员工因故临时不在工作岗位时,由于无人替代而引起工作混乱。交替培训可以使员工成为多面手,掌握两个以上岗位的工作技能,管理者在需要时可以进行合理的人员调配,使工作有序地进行。交替培训还有利于提高员工的工作兴趣,增强其与相关部门或岗位员工进行合作的团队精神。更换培训是指将已经上岗,但不能称职的员工及时换下来,对他们重新进行其他工种的培训,使其能够找到合适的岗位,做到人尽其才。

2. 发展培训

管理者的发展培训是根据不同管理层次进行区分的,不同层次的侧重点不一样,培训的内容也就不相同。

(1)基层管理者的培训:基层管理者如领班、主管等,其工作重点是执行中、高层管理人员的指示和决策,从事具体的管理工作,直接面对员工。因此,其培训应着重于管理的技能、技巧的把握,使之能够创造出一个良好的工作环境,让每个被管理者都能心情舒畅地工作。

(2)中、高层管理者的培训:总体而言,中、高层的管理者培训应该注重其发现问题、解决问题的能力,用人能力,控制能力和协调能力,经营决策能力,以及组织设计能力的培养。其中,中层管理人员,如部门经理,对其所在部门的经营管理具有决策的权力,因此,对于本部门的经营管理必须十分精通,应熟悉本部门工作的每个环节和具体的安排,除此以外,还需了解与本部门业务有关的其他部门的情况。而饭店高层管理者的工作重点应该放在决策上,如经营预测、经营决策、市场营销和公共关系知识等。

(三)饭店员工培训的一般方法

饭店培训的方法有多种,如讲授法、演示法、案例法、讨论法、视听法、角色扮演法等,各种培训方法都有其自身的优缺点,为了提高培训质量,达到培训目的,往往需要将各种方法配合起来,灵活使用。饭店常用的培训方法有讲授法、演示法、案例法、远程培训法等。在培训时,可根据培训方式、培训内容、培训目的,而选择一种或多种方法配合使用。

1. 讲授法

讲授者通过语言表达,系统地向受训者传授知识,希望这些受训者能记住其中的重要观念与特定知识,这种方法即讲授法。讲授法要求:讲授内容要有科学性,它是保证讲授质量的首要条件;讲授知识要有系统性,条理清楚,重点突出;讲授时语言要清晰、生动准确;必要时应用板书。

2. 演示法

演示法是指运用一定的实物和教具,通过实地示范,使受训者明白某种事务是如何完成的一种方法。演示法要求:示范前准备好所有的用具,搁置整齐;让每个受训者都能看清示范物;示范完毕,让每个受训者试做;对每个受训者的试做都给予立即的反馈。

3. 案例法

案例法是指用一定的视听媒介,如文字、录音、录像等,描述客观存在的真实情景的方法。它作为一种研究工具早就被广泛用于社会科学的调研工作中,20世纪20年代起,哈佛商学院首先把案例用于管理教学,称为“案例教学法”。案例用于教学有三个基本要求。首先,内容应是真实的,不允许虚构。为了保密,有关的人名、单位名、地名可以改用假名,称为“掩饰”,但其基本情节不得虚假;有关数字可以乘以某掩饰系数加以放大或缩小,但相互间的比例不能改变。其次,教学中应包含一定的管理问题,否则便无学习与研究的价值。再次,教学案例必须有明确的教学目的,它的编写与使用都是为某些既定的教学目的服务的。

4. 角色表演法

角色表演法和案例分析法很相似,都是建立在一些受训者将有可能遇到的、真实的、与工作有关的经历的基础上。案例法通常只是阅读、讨论或分析,而角色表演法是要表演出来。参加者会得到一些他们将要扮演的角色的有关资料,然后被要求“演出”具体的情景。如培训酒水服务责任的时候,可以让一位受训者扮演酒吧服务员,另一位受训者扮演喝醉酒的客人。两个人表演酒吧服务中拒绝给客人更多酒水时发生的对话。一些外向的、好交际的人喜欢参加角色表演,但一些内向的人可能不喜欢表演。设计角色表演时,很重要的一点是要考虑到受训者的喜好。如果受训者不喜欢角色表演,最好选择案例分析等其他方法。

【课堂思考】

不同层次的员工,培训内容的设计是不同的,运用的培训方法也应有区别。请问各种培训方法分别适应哪些岗位?

四、饭店人力资源的激励

激励是管理的核心问题。如何实现持续而有效的激励一直是管理学研究的重要课题。古典管理学理论认为,经济因素和物质条件是重要的激励因素,相应的管理方法是严格奖惩。行为科学理论认为,社会因素和心理因素是首要的激励因素,隐含着"快乐的员工才有战斗力"的假说,相应的管理方法是"优待员工"。现代科学管理理论将人们的视线转移到"合理利用和开发人力资源"上,认为人的贡献本身就是极有价值的东西,相应的管理方法是内在激励法,使组织目标和任务高度个人内在化,求得最大限度的认可和认同。

(一)激励概述

激励(motivation),顾名思义,"激"就是激发,"励"就是奖励或鼓励。激励本来是心理学中的概念,激励是指激发人的动机,使人产生内在的动力,并朝着一定的目标行动的心理活动过程。简单地说,激励是一种精神力量或状态,起着加强、激发、推动动机和行为的作用,并引导饭店员工的行为指向饭店的目标。持续而有效的激励是检验饭店人力资源管理成败的重要标尺,是提高员工工作效率和饭店效益的关键环节。

1. 内在激励

内在激励(intrinsic motivation)来自于人们和任务之间的直接联系,通常是自我运用。完成工作本身产生的成就感、挑战感和胜任感等等都可以成为某种内在激励因素,对工作本身的兴趣也是一种内在激励因素。

2. 外在激励

外在激励(extrinsic motivation)来自于任务外部的工作环境,通常是被某些人而不是正被激励的人所运用。工资、附加补贴、公司政策和各种形式的监督都是外在激励因素。

当然,并不是所有的激励因素都可以简单地划分为内在因素和外在因素。例如,一次晋升或一句赞誉可能取决于上级的意图,但是,也可能是取得成就感及胜任感的显著标志。因此,某些激励因素可能既有外在激励性质,又有内在激励性质。

（二）激励的作用

1. 激励可以调动员工积极性

美国哈佛大学的心理学家威廉·詹姆士（William James，1842～1910）认为，同样一个人，在充分激励之后所发挥的作用相当于激励前的3～4倍。也就是说，员工只有在激励的作用下，才能更好地发挥其主观能动性和创造性，并创造出高质量、高效率的工作成绩。激励对饭店员工来说是非常重要的，它能最大限度地调动员工的积极性。饭店管理者应在了解员工心理需求，如自我实现、归属、被尊重和被关注的基础上，通过具体分析，有针对性地设置目标，把饭店的目标与员工的需求有机地结合起来，更好地发挥员工的内在潜力，并使用合理的手段，转化为员工的行为，使之做出最佳成绩。

2. 激励可以形成团队精神

饭店是一个整体，管理者通过对员工进行有效的沟通和激励，使员工树立全局观念，进而形成整个饭店的团队精神。一旦团队经过努力实现其目标，员工彼此合作的经历会强化他们的归属感和成就感，使饭店更有凝聚力。团队的力量来自共同理想和目标的激励。当一个员工自豪地告诉客人"我们的饭店虽然是四星级的硬件水平，但我们能够为您提供五星级的服务"时，激励已经成为员工的一种誓约，一种对品质的要求，甚至可以引发优秀员工的自尊，使之能够自觉自愿地为企业和整个团队服务。

3. 激励可以提高服务质量

对服务质量控制最有效的人就是员工自己，这是因为饭店的服务具有生产和消费的同一性、服务作业的独立性和质量评价的主观性等特点。客人有不同的需要层次和偏好，因此对于服务的要求和评价具有不确定性。只有受到激励和工作满意度高的员工才会主动为客人着想，提供亲切、高效和灵活的服务。使员工获得满意度的途径就是提供符合员工期望的激励，通过薪酬、晋升、关心、理解、培训等形成一种推动力，这种原动力会不断地推动员工达到顾客满意的标准。也就是我们常说的"有快乐的员工，才有满意的顾客"（"Happy staff, happy customer"）。

4. 激励可以提高管理水平

一线部门的饭店员工在每日的工作过程中最清楚饭店的缺点和不足在哪里。出色的管理人员往往能够通过建立一条通畅的上下沟通的渠道来倾听员工的意见和建议。良好的沟通系统、完善的激励制度对于企业管理起着不可忽视的作用，员工的合理化建议得到采纳、吸收、奖励和反馈，会促使员工参与到管理过程中，以主人翁的态度工作，及时帮助管理人员发现和解决问题，使企业的管理水平和服务质量不断得到提升。

(三)激励的原则

1. 基本原则

(1)激励要因人而异。由于不同员工的需求不同,所以相同的激励政策起到的激励效果也会不尽相同。即便是同一位员工,在不同的时间或环境中,也会有不同的需求。由于激励取决于内因,是员工的主观感受,所以激励要因人而异。在制定和实施激励政策时,首先要调查清楚每个员工真正需要的是什么。将这些需要整理、归类,然后来制定相应的激励政策帮助员工满足这些需求。

(2)奖励适度。奖励和惩罚不适度都会影响激励效果,同时增加激励成本。奖励过重会使员工产生骄傲和满足的情绪,失去进一步提高自己的欲望;奖励过轻则起不到激励效果,或者使员工产生不被重视的感觉。惩罚过重会让员工感到不公,或者失去对公司的认同,甚至产生怠工或破坏的情绪;惩罚过轻则会让员工轻视错误的严重性,从而可能还会犯同样的错误。

(3)公平性。公平性是员工管理中一个很重要的原则,员工感到的任何不公的待遇都会影响他的工作效率和工作情绪,并且影响激励效果。取得同等成绩的员工,一定要获得同等层次的奖励;同理,犯同等错误的员工,也应受到同等层次的处罚。如果做不到这一点,管理者宁可不奖励或者不处罚。管理者在处理员工问题时,一定要有一种公平的心态,不应有任何的偏见和喜好。虽然某些员工可能让你喜欢,有些你不太喜欢,但在工作中,一定要一视同仁,不能有任何不公的言语和行为。

2. 高级原则

企业的活力源于每个员工的积极性、创造性。由于人的需求具有多样性、多层次性、动机的繁复性等特点,调动人的积极性也应有多种方法。综合运用各种动机激发手段使全体员工的积极性、创造性、企业的综合活力达到最佳状态。

(1)激励员工从结果均等转移到机会均等,并努力创造公平竞争环境。举例来说,当一名普通员工从打扫卫生的人做起,一步一步做到销售人员,做到部门负责人,甚至做到总经理,除了个人努力,还应该说良好的企业文化给了他一个发展的舞台——那就是每一个人都有无限的发展机会,只要有能力就会有发展的空间,就能实现自我,这种体制无疑会给员工莫大的激励。

(2)激励要把握最佳时机。需在目标任务下达前激励的,要提前激励;员工遇到困难,有强烈要求愿望时,要给予关怀,及时激励。

(3)激励要有足够力度。对有突出贡献的予以重奖,对造成巨大损失的予以重罚。如果奖罚不适当,还不如不做。同时要记住,罚的目的不是要钱,而是一种激励措施。通过各种有效的激励技巧,达到以小搏大的激励效果。

(4)激励要公平准确、奖罚分明。健全、完善绩效考核制度,做到考核尺度

相宜、公平合理;克服有亲有疏的人情风,在提薪、晋级、评奖、评优等涉及员工切身利益的热点问题上务求做到公平。

(5)物质奖励与精神奖励相结合,奖励与惩罚相结合。注重感化教育,西方管理中"胡萝卜加大棒"的做法值得借鉴。

(6)构造员工分配格局的合理落差。适当拉开分配距离,鼓励一部分员工通过努力工作得到丰厚的奖励,使员工在反差对比中建立持久的追赶动力。

(四)饭店员工激励的方法

饭店员工需要激励,这是饭店取得经济效益的重要保障。由于饭店业以服务质量为生命,而服务的好坏是通过服务人员的具体言行来体现的,带有很大的主观性、随意性和不稳定性。要保证高质量的服务,就必须激发员工的干劲,保持他们良好的心态和工作热情。激励员工必须使用正确的激励手段,才能真正起到激励作用,满足员工的需求,消除他们的不良心理,调动他们的潜能。

1. 设计合理公平的薪酬和考核制度

在饭店中要设计合理有效的薪酬制度和考核制度,这些制度往往是为了吸引并留住优秀员工。在企业中,一个员工价值越大,所享受的待遇就越好。虽然事实证明,钱并不能解决所有的问题,却是提高员工士气的法宝,可让员工满足基本的生活需要。

2. 提供职业发展希望

管理者应善于激发员工的工作热情,使他们感到这份工作是值得付出时间和精力的,应该加倍珍惜机会,努力工作。例如,饭店拥有良好的社会声誉和品牌、令人羡慕的发展前途、饭店等级和工作环境等,所有的一切都会使员工产生职业自豪感。另外,管理者务实、公正的工作作风也会带给员工潜移默化的影响,给予员工优质服务和业绩的认可,会使员工感到他们的工作是有前途、有希望的;相反,员工就会工作拖沓懈怠、缺乏动力,感到前途渺茫而缺乏积极性。

3. 提供良好的工作机会

管理者在工作中应善待自己的员工,通过给员工发展的机会,激发他们的工作积极性。这些机会主要包括晋升、培训和发挥员工特长等。

(1)晋升机会。管理出色的饭店通常都注重从内部培植人才,如果一家饭店总是向外求才,肯定会使员工士气低落,让他们感到再努力也是不被看重的,真正能干的员工甚至会离开饭店,另寻出路。所以成功的管理者一定善待自己的员工,将晋升的机会给予那些为饭店作出贡献、具有管理才华、符合岗位要求的员工,即采取内部升迁的方式。

(2)培训机会。培训可以使员工掌握最优的工作方法和技能,开阔他们的眼界,扩大知识面,增强其自信心,也增强了员工的就业能力。当晋升或其他机

遇来临的时候,这些受到培训的员工就会获得比别人更多的机会和可能。所以培训实际是给员工提供了自我完善和发展的机会,也给饭店提供了增强员工素质的条件,在知识经济时代,学习能力将越来越重要。

(3)发挥员工特长的机会。"寸有所长,尺有所短",管理者应努力创造条件使每一位员工发挥其特长,当员工的特长得到充分发挥之后,他就会因为在从事自己乐于从事的事业而产生一定的成就感,真正感到工作的乐趣,从而激发其工作热情和积极性。与之相反,有些员工掌握的技能和知识与其工作岗位的要求不相适应或远远超过其岗位要求,有的在原工作部门发生了较为严重的人际关系问题或个性不适合岗位要求等,管理者都应考虑对这些员工进行调动,为其选择一个适合的工作岗位,创造新的工作环境,以发挥其才能和工作积极性,使"人在其位,位得其人"。

4. 帮助员工实现职业目标

员工在饭店工作中总希望能够达到自己的预期目标,在饭店有所发展,管理者应通过激励引导员工向饭店希望的目标发展,帮助他们作出职业生涯规划,并指导他们实现目标。苹果计算机公司员工事务负责人阿戴尔·第吉奥说过:"我们要让员工知道,他们个人事业的发展,最终要靠自己,但是我们会帮助他们找到最适合他们走的道路。"

5. 提供人性化管理

员工有各种各样的需求,管理者应主动关心员工的需求,并尽量满足其合理的部分,以提高员工的工作积极性。一要理解员工。理解是人的共同需要,是人与人之间建立融洽关系的基础。饭店需要社会和员工的理解,员工更需要社会和管理者的理解。因此,管理中要不断增加情感内容,以激发员工的积极性。二要信任员工。饭店管理者应充分信任员工并对员工抱有较高的期望,这样会使员工充满信心,并产生强烈的荣誉感、责任感和事业心。这样的员工愿意承担工作,更愿意承担管理责任。因此,饭店应明确每一位员工的职责、权力,并让员工按照规章制度和操作流程自觉完成他们的工作,不要过多干涉员工职责范围内的工作。在适当范围内,给员工合理的授权,让他们去发挥自己最大的主观能动性,做好工作。

相关链接

相同的起点,不同的人生

杨昊和吴玲是硕士阶段的同学,毕业后两人一起到了南方的同一所高校任教,并且分到了同一个系。在迎接新教师的座谈会上,院长提出了殷切的希望。两人开玩笑说,目标就是院长了,看谁先当上。

表面上是句玩笑,但两人心中却已当真。杨昊认真、冷静,做事有计划。吴玲灵活、圆滑,干事有冲劲。3 年后,吴玲当上了系里的副主任,杨昊仍是一名普通的老师;但 15 年后,杨昊当上了院长,吴玲仍是一名副主任。吴玲承认自己输了,但对于输在哪里却很是茫然。

实际情况是:杨昊自确立目标之日起,就制定了这样的计划。头三年,练习讲普通话、学习授课技巧、总结学生心理、研究教材,3 年后其讲课已经小有名气。第 4 ~7 年,杨昊考到另一所院校读博士,期间在研究教学方法的同时,较大限度地提高了专业知识水平。第 8 ~12 年,杨昊结合前期研究,在核心期刊上发表文章、承担重大课题,成为所在领域的知名学者。从第 13 年开始,他又加强了各方面的人际关系,到第 15 年老院长退休时,人们不约而同地推荐他接班,因为他在学术、教学、人际关系等各方面都不错,不选他选谁?

与杨昊不同,吴玲一开始就关注仕途,她以经营人际关系为主,只用了 3 年时间就当上了系里的副主任。可她一上任就感到了各方面的压力,讲课水平一般,科研成果没有,处理问题不服众。当了两年副主任后,她发现周围的同学,有的已当老板,心中不服,悄悄地与人合开餐厅,结果不到一年就倒闭了,后来又开了面粉厂、美容院、服装店。她瞎忙了几年才发现,她还是在学校里好,回头时却发现同事们都有了很大的进步。于是她一会儿忙教学,一会儿搞科研,生活就像一锅粥。

【课堂思考】

人是饭店的宝贵资源,这笔财富能否被最大限度地开发,值得我们认真思考。

本章小结

本章首先介绍了饭店的组织设计,具体讲述了饭店组织的概念和特点、饭店组织机构设置的依据、饭店组织机构设置的原则、饭店组织的结构类型等问题,同时,也对饭店组织设计的步骤进行了详细描述。其次,主要分析了维护饭店运行的重要因素——饭店管理制度的运行情况,从饭店管理制度的含义入手,分别解读了建立健全饭店规章制度的意义、饭店制度的分类等问题,并重点强调了在饭店的实际运行中,制度如何得以有效执行。在第三节中,重点解析了饭店人力资源管理的基本问题,包括饭店人力资源管理的特点、目标、饭店员工的绩效考评以及薪酬,对人力资源管理形成了全面的认识。最后,总结了饭店人力资源的开发与利用,包

括饭店人力资源计划如何确定，饭店员工如何招聘、培训、激励等问题。

复习思考

一、名词解释

1. 饭店组织

2. 人力资源

3. 饭店人力资源管理

二、简答题

1. 饭店组织设计应坚持哪些基本原则？

2. 阐述饭店组织结构类型及其优缺点。

3. 饭店人力资源管理的特点有哪些？

4. 阐述饭店人力资源管理的作用。

5. 饭店人力资源管理包括哪几个方面的内容？

6. 制定饭店人力资源计划的程序是什么？

7. 饭店员工培训的步骤是什么？

8. 进行饭店员工激励有什么作用？

9. 员工激励的原则和方式有哪些？

三、案例分析

某公司刚接收一批大学毕业生（“80后”），公司正常对其进行出勤考勤。公司的正常上下班时间是早上8:00，下午6:30。在办公室人员的一次考勤中，有位新招聘的大学毕业生迟到了，按公司规定现场接受处罚5元。当办公室工作人员开出罚单后，这位员工竟然当场问：“有没有包月的？”

根据以上案例回答如下问题。大家心目中，“80后”是独生的一代，他们在温室中长大，被很多人扣上“没有责任心”的帽子，不管实际情况究竟如何，他们逐渐成为员工主体，我们该如何组织并发挥其最大效力？

推荐阅读

1. 王鹏等：《基于科学发展观的饭店人力资源管理》，载《烟台职业学院学报》2009年第1期。

2. 刘明广：《旅游饭店人力资源管理中存在的问题及策略》，载《吉林省教育学院学报（学科版）》2010年第12期。

3. 刘楠：《浅谈饭店薪酬管理中公平理论的应用》，载《商场现代化》2008年第15期。

4. 尹胜君：《浅谈员工招聘的渠道》，载《时代教育（教育教学版）》2011年第2期。

第七章　饭店服务质量管理与控制

【学习目标】

知识目标

1. 了解饭店服务质量的含义、构成及特点。

2. 掌握饭店服务质量管理的方法。

3. 了解饭店全面质量管理的含义。

4. 掌握饭店服务质量控制的过程和方法。

技能目标

1. 能够用 ABC 法分析饭店服务中出现的质量问题,找到问题关键。

2. 能够运用 PDCA 法对饭店服务质量进行有效的管理。

【本章导读】

学习目的和意义　服务质量作为饭店产品中最重要的内容,是饭店管理的核心。只有充分了解饭店服务质量的内涵和特点,掌握饭店服务质量的管理方法和控制手段,才可以有效地提高饭店服务质量,并使之保持并发展。

本章内容概述　本章主要探讨了饭店服务质量的内涵、构成和特点以及如何对饭店服务质量进行管理和有效控制。第一节主要介绍了饭店服务质量的内涵、构成和特点及饭店服务质量管理的意义。第二节阐述了什么是全面质量管理,介绍了饭店服务质量管理的常用方法。第三节主要介绍了饭店服务质量控制的过程和方法。

【案例导入】

客人戴维·马克先生进饭店时,前台接待员为他登记的姓名是“马克·戴维先生”。该客人事前曾告知前台,他的中国朋友将来北京,他托其朋友为其购买了几张光盘,在他住店时会送到饭店。客人的朋友在客人进店当天给饭店前台打电话询问该客人是否已经入店,前台服务员在电脑中未查到该客人姓名,便告知他该客人未到店。在客人朋友坚持请服务员再认真查一下的情况下,服务员再次进行了检查,结果发现客人名字输颠倒了,根据电脑记录客人已经入店。客人的朋友赶到饭店,但是客人因事外出,客人的朋友因有事无法再等待,便将

光盘留在前台，请服务员代为转交。但是客人第二天离店时，仍然没收到光盘。客人回国后给他的朋友打电话，询问为什么没为自己买光盘，为此很不高兴。客人的朋友解释了当天的情况，虽然客人表示理解，但是心情仍然不愉快。客人的朋友后来提出投诉，要求饭店给客人发一封致歉信，并将光盘邮寄给客人以证明他的清白。饭店按要求照办了，使问题得到了解决。经了解，接受客人朋友光盘的服务员未及时进行登记，在下班时也未作交接，接班人员也未检查客人转交的物品，造成了工作脱节，直到客人投诉时才发现客人光盘还留在服务台。

【课堂思考】

这则案例中，反映出该饭店前台存在哪些工作质量问题？应如何采取措施杜绝类似问题的出现呢？

第一节　饭店服务质量管理的意义

随着饭店业竞争的日趋激烈，宾客对饭店服务质量的要求越来越高，饭店必须不断探索提高和完善自身服务质量的途径和方法，以取得良好的经济效益和社会效益。而对饭店服务质量与管理的含义、特点、内容的正确理解和把握则是进行饭店质量管理的最基本的前提。

一、饭店服务质量及其构成与特点

(一)饭店服务质量的含义

对饭店服务质量的理解通常有两种：一种是狭义上的服务质量，指饭店服务的质量，它纯粹是指由服务员的服务劳动所提供的、不包括提供的实物形态的使用价值。另一种是广义上的饭店服务质量，它包含着组成饭店服务的三要素，即设施设备、实物产品和服务的质量，是一个完整的服务质量的概念，整体来说，包括有形产品质量和无形产品质量两个方面。本书所讲的服务质量主要是指广义的服务质量，即饭店以其所拥有的设施设备为依托，为宾客所提供的服务在使用价值上适合和满足宾客物质和精神需要的程度。

根据饭店服务质量的定义，饭店所提供的服务既要满足宾客生活的基本需要，即物质上的需求，又要满足宾客的心理需要，即精神上的需求。而所谓“适合”，是指饭店为宾客提供服务的使用价值为宾客所接受和喜爱。所谓“满足”，是指该使用价值为宾客带来身心愉悦和享受，使宾客感到自己的愿望和期盼得到了实现。

(二)饭店服务质量的构成

饭店服务质量是有形产品质量和无形产品质量的有机结合。其主要包括：

设施设备质量、服务产品质量、实物产品质量、环境氛围质量、安全卫生质量五个部分组成。如图 7-1 所示。

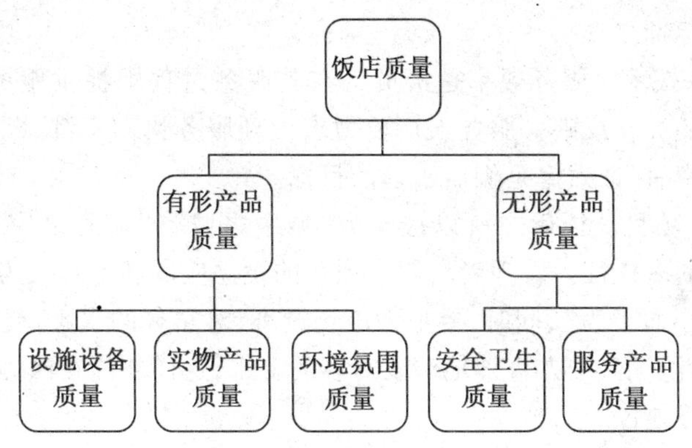

图 7-1　饭店服务质量的构成

1. 设施设备质量

饭店设施设备既是饭店提供的服务质量的物质基础，也是衡量饭店星级档次的基础，包括房屋建筑、所有设备及低值易耗品等。它不但指前台宾客使用的设施设备，而且还包括后台供应使用的设施设备以及服务员使用的设施设备。要求功能齐全，设施可靠、安全，外形美观。不仅要有达到水准的使用价值，而且还要具有高雅舒适的魅力价值，以及美感和风格特色。

2. 服务产品质量

服务产品质量指饭店提供的服务的水平，它是检查饭店服务质量的重要内容，主要包括：

(1)礼节礼貌。礼节礼貌是整个饭店服务中最重要的部分，在饭店管理中备受重视，因为它直接关系着宾客满意度，是饭店提供优质服务的基本点。饭店礼节礼貌要求服务人员具有端庄的仪容仪表、文雅的语言谈吐、得体的行为举止等。

(2)职业道德。饭店服务过程中，服务是否到位，实际上取决于员工的事业心和责任感。因此，遵守职业道德也是饭店服务质量的基本构成之一。作为饭店员工，应遵循“热情友好、真诚公道，信誉第一、文明礼貌，不卑不亢、一视同仁，团结协作、顾全大局，遵纪守法、廉洁奉公，钻研业务、提高技能”的旅游职业道德规范，真正做到敬业、乐业和勤业。

(3)服务态度。服务态度是指饭店服务人员在对客服务中所体现出来的主观意向和心理状态。饭店员工服务态度的好坏是很多宾客关注的焦点。宾客可以原谅饭店的许多过错，但往往不能忍受饭店服务人员恶劣的服务态度。因此，服务态度是服务质量的基础和关键所在，直接影响饭店服务质量。

(4)服务技能。服务技能是饭店提高服务质量的技术保证，要求员工掌握

丰富的专业知识,具备娴熟的操作技术,并能根据具体情况灵活运用,从而达到给客人以美感和艺术享受的服务效果。同时也只有掌握好服务技能,才能使饭店服务达到标准。

(5)服务效率。服务效率是指员工在其服务过程中提供服务的时限,是饭店员工素质的综合反映。服务人员要力求做到服务快而不乱,既迅速又准确无误。提高效率、保证效率是饭店永远的目标。

(6)服务项目。饭店之所以被誉为"城中之城"、"家外之家",就体现了饭店服务项目的多样性。管理者对服务项目的设立应以满足客人需求和方便为宗旨,"不因其小而不为";同时,要加强市场调查,对宾客的兴趣、爱好、消费水平、特殊需求进行了解,千方百计地满足宾客的要求,这样才能在激烈的市场竞争中始终处于优势地位。

3. 实物产品质量

实物产品可直接满足宾客的物质消费需要,其质量也是饭店服务质量的重要组成部分之一。它通常包括:

(1)饮食质量。饮食是一种民族文化的反映,旅游者旅游的目的之一就是探求异地文化,因此,饮食文化在现代旅游中占有很重要的位置。饮食质量主要有饮食质量标准、饮食特色、饮食样式等。

(2)客用品质量。客用品是饭店实物产品的组成部分,指饭店直接供宾客消费的各种生活用品。客用品质量应与饭店星级相适应,避免提供劣质品;客用品数量应充裕,不仅要满足客人需求,而且供应要及时。

(3)商品质量。饭店为满足宾客购物需要,通常都设有商场部,其商品质量的优劣也会影响饭店服务质量。饭店商品应做到花色品种齐全、商品结构适当、商品陈列美观、价格合理等,更为重要的是,要注重信誉,杜绝假冒伪劣商品。

(4)服务用品质量。服务用品质量是指饭店在提供服务过程中供服务人员使用的各种用品。它是提供优质服务的必要条件。服务用品质量要求品种齐全、数量充裕、性能优良、使用方便、安全卫生等。

4. 环境氛围质量

环境氛围由饭店的建筑、装饰、陈设、设施、灯光、声音、颜色以及员工的仪容仪表等因素构成。这种视觉和听觉印象对客人的情绪影响很大,客人往往把这种感受作为评价饭店质量优劣的依据,它影响到客人是否再次来饭店下榻。因此,管理者必须十分注意环境的布局和气氛的烘托,让宾客感到舒适、愉快、安全、方便。

5. 安全卫生质量

安全是客人的第一需要,保证每一位客人的生命和财产安全是服务质量的

图 7-2 菜品质量

重要环节。在环境气氛上饭店要制造出一种安全的气氛,给宾客心理上以安全感,但并不是戒备森严,否则,会令宾客感到不安。在日常服务中,贯彻以防为主的原则,建立严格的安全保卫组织和制度,制定饭店的安全措施,做好防火、防盗,避免食物中毒、侵犯骚扰等事件的发生,切实搞好安全保卫工作。同时,在接待工作宾客过程中,要严格执行会客制度,无关人员和闲杂人员严禁进入饭店公共区域和客房。服务人员要尊重客人隐私,保守客人的秘密,不在公共场合谈论客人姓名、房号及客人的私事,以免引起不必要的麻烦。

清洁卫生也是饭店业务中的重点和服务质量的重要内容。卫生状况不仅直接影响到宾客的健康和宾客旅居生活的质量,而且还反映了饭店管理水平和企业素质。

综上所述,饭店服务质量的内容和要求是:有形设施要让宾客感到实用、方便、合适;无形服务要让宾客感到热情、亲切、友谊、相助。突出"暖""快""物有所值",这是服务质量的集中表现,也是进行科学的服务质量管理的基本出发点。

【课堂思考】

在服务质量的这几个组成部分中,如果你是客人,你会更在乎哪一部分的质量呢?为什么?

(三)饭店服务质量的特点

1. 饭店服务质量构成的综合性

饭店服务质量是由饭店的多种因素构成的,每一个因素又都有很多具体内容,体现在饭店对客服务的各个方面,贯穿于从客人进店到离店的饭店业务管理过程的始终。因此,饭店服务质量的构成具有很强的综合性。

饭店服务质量构成的综合性的特点要求饭店管理者树立系统的观念,把饭店服务质量管理作为一项系统工程来抓,多方收集饭店服务质量信息,分析影响

质量的各种因素，特别是可控因素。既要抓好有形产品的质量，又要抓好无形服务的质量，更好地督导员工严格遵守各种服务和操作规程，从而提高饭店的整体服务质量。

2. 饭店服务质量评价的主观情感性

饭店服务质量的高低主要由客人享受到各种服务后的物质和心理的满足程度来决定。其质量评价主要取决于两个方面：一是宾客实际得到的满意程度。他们的满意程度越高，对饭店服务质量的评价也就越高。二是客人与饭店，包括服务人员的关系。关系融洽，宾客对服务质量的评价就相对较高，对饭店服务的不足与难处也比较容易谅解。

这两个方面，前者的质量评价带有较强的主观性，后者的质量评价带有感情色彩。为此，饭店要做好质量管理，提高客人满意程度，必须做到：第一，要定期做好服务质量的客人反馈调查；第二，要正确对待客人对服务质量的主观评价；第三，要建立与客人、客户的良好关系。

3. 饭店服务质量显现的短暂性

饭店服务质量是由一次一次的内容不同的具体服务组成的，而每一次具体服务的使用价值均只有短暂的显现时间，即使用价值的一次性。它不像实物产品那样可以返工、返修或退换，如要进行服务后调整，也只能是另一次的具体服务。因此，饭店管理者应督导员工做好每一次服务工作，争取使每一次服务都能让宾客感到非常满意，从而提高饭店整体服务质量。

4. 饭店服务质量内容的关联性

饭店服务质量的具体内容包括有形服务质量和无形服务质量。每一个方面又由很多具体因素构成。这些因素互相关联、互相依存、互为条件。为此要做好饭店服务质量管理，就要要求饭店各部门、各服务过程、各服务环节之间协作配合，并做好充分的服务准备，确保每一项服务的优质、高效，确保饭店服务全过程和全方位的“零缺点”。

5. 饭店服务质量对员工素质的依赖性

饭店服务质量是在有形产品的基础上通过员工的现场服务创造出来的，而这种表现又很容易受到员工个人素质和情绪好坏的影响，具有很大的不稳定性。所以要求饭店管理者应合理配备、培训、激励员工，努力提高他们的素质，发挥他们的服务主动性、积极性和创造性，同时提高自身素质及管理能力，从而培养出令人满意的员工。而令人满意的员工是让客人满意的基础，是不断提高饭店服务质量的前提。

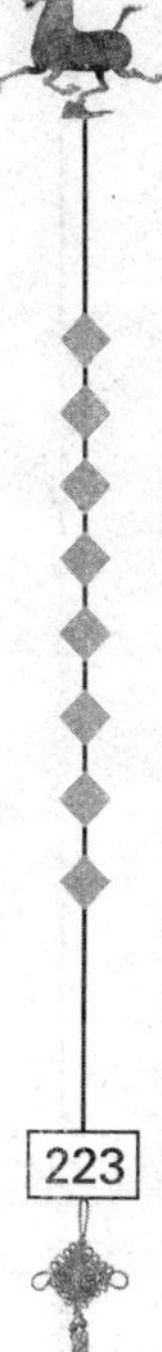

二、饭店服务质量管理的意义

21 世纪是一个服务质量的世纪，服务质量是新世纪饭店生存和发展的第一要素，因此饭店提供的服务能否在市场上转变成价值，被宾客所接受，决定性因素是服务质量。饭店不能仅从服务提供者的角度来看待服务质量，还应转到消费者和其他受益者的立场来看待。饭店应不断开发和利用新技术和新设施，提供新型服务，给宾客提供更多的附加值。由于现代饭店服务质量内涵的深化，管理者必须重视服务质量的广度和深度，采用科学、有效的管理方法，实行全面服务质量管理，使饭店的整体服务质量得以不断提高，以满足宾客不断提高的需求。

第二节 全面质量管理

饭店全面质量管理指饭店以质量为中心，以全员参与为基础，目的是通过宾客满意，使本企业全体员工和全社会获得应得的利益，从而获得长期经营成功的管理途径。

一、全面质量管理的含义

全面质量管理（Total Quality Control，TQC）是质量管理发展的最新阶段，起源于 20 世纪 60 年代的美国。其概念是由美国质量管理专家费根堡与朱兰等人提出的，最先在工业中运用，以后逐渐推广到服务行业。

我国饭店业自 1978 年开始引进并推行全面质量管理，它运用科学的质量管理思想，改变了传统的事后检查的方法，把质量管理的重点放在“预防为主”上，将质量管理由传统的检查服务质量的结果转变为控制服务质量问题产生的因素；通过对质量的检查和管理，找出改进服务的方法和途径，从而提高饭店服务质量。

其基本特点是：宾客需求便是服务质量，宾客满意就是服务质量标准。以专业技术和各种灵活的科学方法为手段，以饭店全体员工参加为保证，以获得最大的社会效益和经济效益为目的，以实际效果为最终的评价点。

由此可知，饭店全面质量管理是以提高服务质量为宗旨，组织全店员工共同参与，综合运用现代管理手段，建立完善的服务质量标准和体系，在全过程中控制影响服务质量的各种因素而开展的系统的质量管理活动。

二、饭店全面质量管理的内容

饭店全面质量管理的关键和实质都在一个“全”字。其内容主要包括五个方面：

1. 全方位管理

饭店全面服务质量的构成因素众多,涉及范围广泛,因而其全面质量管理必然是全方位的质量管理。既包括有形产品质量管理,又包括无形服务的质量管理;既包括饭店前台的各种质量管理,又包括饭店后台的各种质量管理。

2. 全过程的管理

饭店全面质量管理是为客人服务的,而影响对客服务质量水平的各种因素又十分庞杂。它们体现在饭店服务的各个方面,体现在饭店业务管理过程的始终。从客人消费的角度来看,从客人进店到客人离店,是一个完整的服务过程,饭店中的每项业务活动,从开始到结束,都会形成一系列的服务过程,为此,饭店全面服务质量管理,既要做好事前质量管理,又要做好事中和事后的质量管理,因而必然是全过程的管理。

3. 全员性管理

饭店服务质量是由广大员工共同创造的,贯穿于饭店各层次人员执行饭店质量计划、完成质量目标的过程之中。前台人员直接为客人提供各种服务,后台人员通过为一线人员的工作服务而间接为客人服务,管理人员则组织前台和后台人员共同为客人服务。所以必须把饭店全体员工的积极性和创造性充分调动起来,不断提高员工的素质,人人关心服务质量,人人参与服务质量管理,共同把服务质量提高上来。

4. 全方法性管理

饭店全面质量管理可采用全方位的管理方法(包括行政、经济、法律、科学、思想教育等方法),以达到提高服务质量的目的。饭店全方法质量管理是多种管理方法的有机结合,在有机统一的前提下,根据实际需要,采用灵活多样的方法和措施,提供优质服务。

5. 全效益管理

饭店服务既要讲究经济效益,同时又要讲究社会效益和生态效益,是三者的统一。饭店作为企业,所进行的经营管理活动属于市场行为,只有在获得一定经济效益的基础上,饭店才能生存和发展。同时,作为社会的重要一员,饭店又必须兼顾社会效益和生态效益。从本质上说,创造社会效益和生态效益,既有利于社会发展和生态环境保护,同时也有利于提高饭店的知名度和美誉度,创造口碑,为饭店带来长远利益。

三、饭店服务质量管理的方法

在服务质量管理中,饭店只有采取有效的管理方法,才能真正提高服务质量,提供令宾客满意的服务,使饭店取得良好的经济效益。目前,饭店通常采用的服务质量管理方法主要有：服务质量分析法、PDCA 循环法、ZD 质量管理法、交互服务质量管理法、QC 小组法等。

（一）服务质量分析法

通过质量分析，找出饭店所存在的主要质量问题和引起这些问题的主要原因，使管理人员有针对性地对饭店影响最大的质量问题采取有效的方法进行控制和管理。质量分析法很多，主要有 ABC 分析法、因果分析法、圆形分析法等。

1. ABC 分析法

ABC 分析法又称“重点管理法”或“主次因素法”，是意大利经济学家巴雷特分析社会人员和社会财富的占有关系时采用的方法。美国质量管理学家朱兰把这一方法用于质量管理并取得了效果。运用 ABC 分析法，可以找出饭店服务存在的主要质量问题。

ABC 分析法以“关键的是少数，次要的是多数”这一原理为基本思想，对影响饭店服务质量的诸方面因素，以质量问题的个数和质量问题发生的频率为两个相关的标志，进行定量分析。计算出每个服务质量问题在质量问题总体中所占的比重，然后按照一定比例将其分成 A、B、C 三类，以便找出对饭店服务质量影响较大的 1 ~ 2 个关键性的质量问题，并把它们纳入饭店当前重点的质量控制与管理中去，从而实现有效的服务质量管理，使服务质量管理工作既突出重点，又照顾一般。用 ABC 分析法分析质量问题主要有以下三个步骤：

（1）收集服务质量问题信息。通过宾客意见书、投诉处理记录、各种原始记录等方式收集有关服务质量信息。

（2）分类、统计，制作服务质量问题统计表。将收集到的质量问题信息进行分类、统计、排列，制作统计表，在表上计算出比率和累计比率。如表 7-1 所示。

表 7-1　　服务质量问题统计表

质量问题	问题数量	比率（%）	累计比率（%）
菜肴质量	130	65	65
服务态度	36	18	83
外语水平	20	10	93
娱乐设施	8	4	97
其他	6	3	100
合计	200	100	100

（3）分析找出主要质量问题。累计比率在 0 ~ 70% 的因素为 A 类因素，即主要因素；在 70% ~ 90% 的因素为 B 类因素，即次要因素；在 90% ~ 100% 的因素

为 C 类因素,即一般因素。找出主要因素就可以抓住主要矛盾。

运用 ABC 分析法进行质量分析有利于管理者找出主要问题,但在运用过程中应注意以下几点:一是 A 类问题所包含的具体质量问题不宜过多,1 ~ 3 项是最好的,否则无法突出重点;二是划分问题的类别也不宜过多,对不重要的问题可单独归为一类。

2. 质量结构分析图法

质量结构分析图又称“圆形分析图”或“饼分图”。它根据饭店服务质量调查资料,将统计结果绘制在一张圆形图上。如图 7-3 所示。

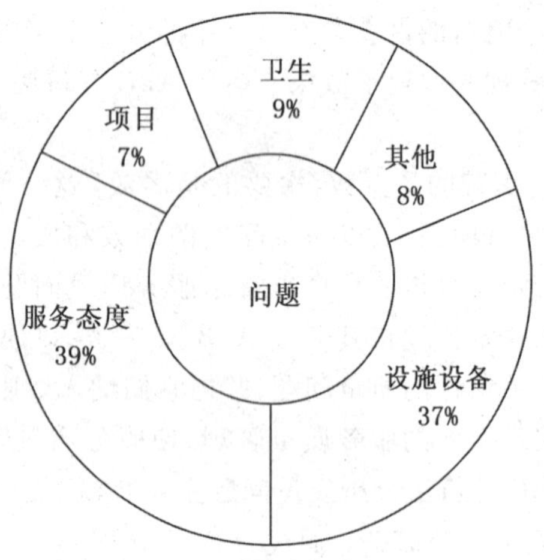

图 7-3 质量结构分析图

管理人员通过质量结构分析图,可以非常直观、形象地看到影响饭店服务质量的主要因素,便于有针对性地提出改进措施。其具体分析如下:

(1)收集质量问题分析。饭店管理者应通过各种原始记录、质量信息报表、质量检查结果、宾客意见调查表、客人投诉处理记录、质量考核表等方式多方收集饭店现存的质量问题。

(2)信息的汇总、分类和计算。对收集到的质量问题信息进行汇总,并根据不同的内容将其分类,然后计算每类质量问题的构成比例。

(3)画出圆形图。首先画一个大小适宜的圆形,并在圆心周围画一小圆圈(内填分析内容);然后从最高点开始,按顺时针方向,根据问题种类及其构成比例分割圆形,并用直线与小圆圈相连;最后在分割的圆形中填入相应的问题种类及构成比例。至此,根据圆形图即可一目了然地掌握饭店存在的服务质量问题及其程度。

3. 因果分析图法

利用 ABC 分析法可以找出饭店服务存在的主要质量问题,而因果分析法则可以找出这些质量问题产生的原因。

因果分析图又称"鱼刺图"或"树枝图",是分析质量问题产生原因的一种有效工具。在饭店经营管理中,影响饭店质量的原因是错综复杂的、多方面的。因果分析图对产生质量问题的原因进行分析,并把原因与结果之间的关系表现出来。如图 7-4 所示。

因果分析图分析过程如下:

(1)确定要分析的质量问题,用 ABC 分析法等找出存在的问题。

(2)发动饭店管理者和员工共同分析,寻找 A 类问题产生的原因。要注意集思广益,广泛征求各方面人员的意见。探讨一个质量问题产生的原因时,要从大到小,从粗到细,寻根究源,直到采取具体措施为止。

(3)整理找出原因,按结果与原因的关系画出因果图。影响服务质量问题的大原因通常从人、方法、设备、原料、环境等角度加以考虑分析。

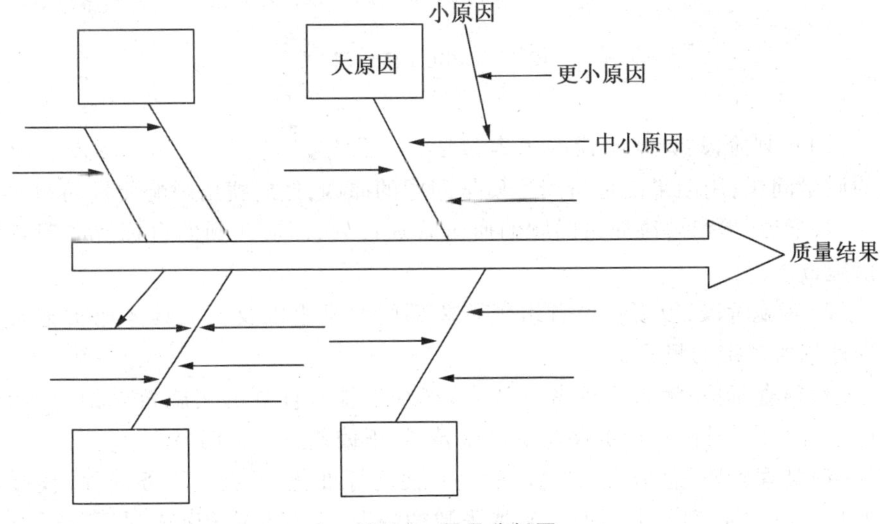

图 7-4 因果分析图

(二)PDCA 循环法

PDCA 循环工作法是由美国统计学家戴明提出来的,因此又叫"戴明循环"。它是饭店业全面提高服务质量的一个最基本的工作方法。PDCA 即计划(plan)、实施(do)、检查(check)和处理(action)的英文简称。

PDCA 循环是指按计划、实施、检查、处理这四个阶段进行管理工作,并循环不止地进行下去的一种科学管理方法。PDCA 循环工作方法一方面使质量管理

按照逻辑程序循环发展,避免了质量管理产生波动性;另一方面它保证了质量管理的系统性和完整性,提高了质量管理工作的深度和广度。PDCA 循环转动的过程,就是质量管理活动开展和提高的过程。如图 7-5 所示。

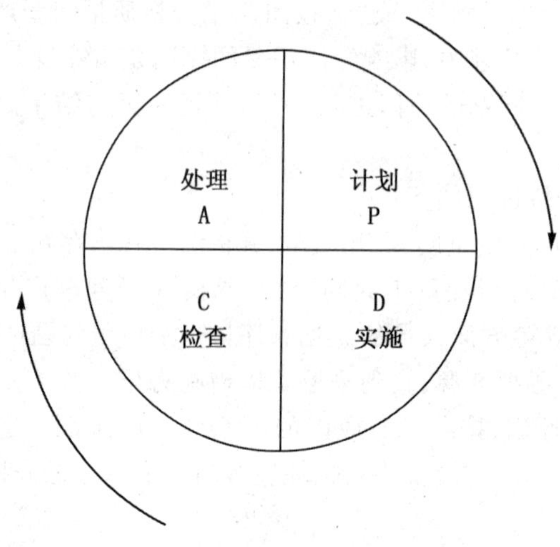

图 7-5 PDCA 循环图

1. 工作程序

(1)计划阶段:计划阶段的内容包括:分析服务质量现状,用圆形图找出存在的质量问题;用因果图分析产生质量问题的原因,然后找出影响质量问题的主要原因;最后,提出解决质量问题的质量管理计划,即应达到的目标及实现目标的措施方法。

(2)实施阶段:饭店管理者组织有关部门或班组以及员工具体地实施质量管理计划所规定的目标。

(3)检查阶段:饭店管理者应认真、仔细地检查计划的实施效果,并与计划目标进行对比分析,看是否存在质量差异,是正偏差还是负偏差。

(4)处理阶段:总结成功的管理经验,使之标准化,或编入服务规程,或形成管理制度加以推广应用。同时,吸取失败的教训,提出本轮 PDCA 循环悬而未决的问题,自动进入下一循环的第一步,并开始新一轮 PDCA 管理循环。

2. PDCA 管理循环的特点

(1)循环不停地转动,每转动一周提高一步。每次循环都有新的目标和内容,质量问题才能不断得到解决,饭店水平才能不断提高。

(2)大环套小环,小环保大环,相互联系,彼此促进。整个饭店循环是一个大环,各部门则是大环中的小环,小环以大环为整体,是大环的分解和保证。

(3)强调管理的完整性。PDCA 四个循环是一个整体,每一个阶段都同等重

要,每一个阶段的工作都是下一个阶段的开始,不可忽视或缺少。

3. 实施 PDCA 管理循环的注意事项

PDCA 管理循环的四个阶段缺一不可。只计划而没有实施,计划就是一纸空文;有计划,也有实施,但没有检查,就无法得知实施的结果与计划是否存在差距和有多大差距;若计划、实施、检查俱全,但没有处理,则不但已取得的成果不能巩固,失败的教训不能吸取,而且发生的问题还会再次重复,如此,服务质量就难以提高。因此,只有 PDCA 四个阶段都完成且不断地循环下去,才会使饭店服务质量问题越来越少,饭店服务质量不断提高并最终趋向于零缺点。

(三)ZD 质量管理法

"ZD"是英文 Zero-defects 的缩写。其含义是无缺点计划管理,即"零缺点管理",是美国人克劳斯比于 20 世纪 60 年代提出的一种管理观念,当时的马丁·马里塔公司为提高所制造导弹的质量,提出"无缺点计划",70 年代,日本将其应用到电子、机械、银行等行业。同样,在饭店中采用这种管理方法,可以促使饭店服务管理达到最佳度。

1. 实质与特点

(1)ZD 质量管理法的实质是以"无缺点"为管理目标,以每个员工都是主角为宗旨,以充分挖掘人的内在潜力、确保质量为目的。

(2)ZD 质量管理法的特点是:

①第一次就要把事情做好的管理思想。第一次就把事情做好,是"零缺点"管理的核心。

②预防为主,防患于未然的管理方式。"零缺点"质量管理强调事前控制、防患于未然的重要性。

③严格执行服务质量标准的管理制度。饭店服务质量的标准是"零缺点",而不是"差不多就好"。

2. 方法步骤

(1)建立服务质量检查制度。许多饭店建立了自查、互查、专查、抽查和暗查五级检查制度,督促员工执行质量标准,防止质量问题的出现。

(2)DIRFT,即每个人第一次就把事情做对(Do It Right the First Time)。因为饭店服务具有不可弥补性的特点,所以每位员工都应把每项服务做到符合质量标准,这是改善饭店服务质量的基础。

(3)开展零缺点工作日竞赛。一般来说,造成饭店服务质量问题的因素有两类,即缺乏知识和认真服务的态度。知识的缺乏可通过培训等来充实,但态度的漫不经心只有通过个人觉悟才有可能改进。因此,饭店可开展零缺点工作日竞赛,使员工养成 DIRFT 的工作习惯。

(四)交互服务质量管理

饭店交互服务质量管理是指为实现饭店交互服务质量的提高而采取的,加强交互过程的控制、服务人员的培训,并创造顾客参与的环境等管理活动。

饭店交互服务质量管理的基本内容:

1. 服务供求管理

良好的服务质量首先需要有一个良好的服务环境。在服务需求高峰期间,饭店时常出现超额预订、员工超负荷劳动、设备超负荷运转的情况,这在很大程度上影响了饭店的服务质量。而在淡季,饭店则易出现设施设备和人员的闲置,饭店面临较大损失。对此,饭店应对供求进行合理调节,加强管理,从而为员工创造良好的服务环境。

2. 员工授权管理

交互服务过程是由宾客与一线服务人员共同完成的。由于交互服务的过程十分短暂,因此要想在短暂的时间内满足宾客需要,员工就必须有一定的权利。授权不仅仅意味着权利的重新分配,而且还需要提供给员工必要的信息,使员工具备更好地为宾客服务的知识和能力,即处理好"鱼和渔"的关系,否则授权就等于一句空话。同时授权还应与奖励结合起来,出色的员工应该获得更高的薪酬。当然授权绝不是完全的放手,管理人员还应当采取适当的控制措施,避免员工放任自流,没有约束。

3. 现场督导管理

交互服务是在"现场"完成的,因此现场督导和监控十分重要。服务的过程完全暴露在宾客面前,成为宾客评价饭店服务质量高低的重要组成部分,交互过程的任何差错都可能给宾客留下不好的印象。因此饭店需要加强现场督导和监控,从而使交互过程顺利进行。

4. 服务补救管理

虽然饭店讲究 ZD 管理,但即使是最优秀的服务人员,在服务工作中也难免会发生差错。这就要求我们采取一系列补救措施,纠正差错,使顾客从不满转变为满意。当饭店出现宾客对服务不满或是向饭店投诉时,一线员工和管理人员应高度重视,积极采取补救措施,平息宾客的不满。

5. 人际交往管理

交互服务是由服务人员和宾客共同参与完成的,正确处理好一线员工与宾客之间的关系是十分重要的。服务人员不仅要具有较强的服务意识,而且还应该有丰富的服务技能和人际沟通技能,以便处理好与顾客接触过程中所出现的各种问题。特别是在宾客出现不满时,应懂得随机应变,正确把握住宾客的心态,采取有针对性的措施来解决。

总之，最重要的是要“以诚相待”，坚持“宾客至上”的原则，以自己的行为来使宾客认同饭店的文化和价值观，并对宾客进行正确的引导。

(五)QC 小组法

1. QC 小组法的内涵

QC(quality control)小组，即质量管理小组，是指在各个岗位上工作的员工，围绕企业的方针目标和现场存在的问题，以改进质量、降低消耗、提高经济效益为目的组织起来，运用质量管理的理论和方法开展活动的小组。全面质量管理要求全员参与管理，通过开展多种形式的全员性质量管理，尤其是开展 QC 小组活动，可充分发挥全体员工的积极性、创造性，是解决质量问题、提高服务质量的有效途径。QC 小组也是按 PDCA 循环的程序进行的。

2. QC 小组法的实施步骤

(1)调查现状。对拟解决的质量问题进行现状调查，以保证其真实性。

(2)分析原因。发动全组成员集思广益，灵活运用因果法、关联法等找出问题产生的主要原因。

(3)制定措施。针对主要原因制定相应的对策，就确定的对策安排实施计划，实行进度管理，加强预测。

(4)按计划实施。在实施过程中，应随时把握实施的情况，监测质量趋势，根据分析结果，采用专业技术或组织管理措施，及时解决遇到的新问题，同时做好详细记录。

(5)检查效果。把实施前后的效果进行对比，看是否达到预定目标，分析达标或不达标的原因，对不达标的应重新调查分析。

(6)制定巩固措施。达到目标并通过 3 个月左右的考验，说明问题已基本解决，这时应将行之有效的方法上升为标准，经有关部门审定后，纳入饭店有关质量标准的管理文件。

(7)遗留问题的处理。对遗留问题加以分析后，将需要进一步解决的问题，作为 QC 小组下一个循环的课题，继续深入开展活动。

(8)总结成果资料。这是 QC 小组自我提高的重要环节，也是进行下一循环的开始。

在实际工作中，QC 小组一次定的目标不宜过高，应集中精力突击重点。QC 小组工作完成之后，饭店应设法把成果加以巩固，不可让问题“死灰复燃”。

(六)其他质量管理方法

在饭店管理中经常使用的管理方法还有：对策表、“末日管理”法、专项质量管理、优质服务竞赛和质量评比等。

【课堂思考】

自己设定一个服务质量问题，然后分别用上面所学的不同质量管理方法去解决。

第三节　饭店服务质量的控制

了解服务质量的内容和管理方法不是目的，关键在于如何控制和不断提高饭店服务质量。饭店管理工作的控制职能是对下属的业务工作进行计量和校正，以确保企业的目标及相应的计划得以实现。控制是上至总经理、下至领班的每个管理人员的职责。

一、饭店控制职能的含义和必要性

(一)饭店控制职能的含义

饭店管理的控制职能是管理人员接受相关的市场信息和内部信息，按决策目标和核定的标准对饭店经营活动进行监督、调节、检查、分析和校正，使之不发生偏差而依照正常的轨道进行，以达到预期目的的管理活动。控制的基本要求是使饭店实际的业务经营活动能和决策计划一致。控制职能既发生在经营业务的过程中，也发生在经营业务过程结束后。控制职能是每一位负责执行计划的管理人员的主要职责。尽管各级管理人员控制工作的范围各不相同，但他们都负有实施计划的职责，适时控制职能的责任落在每一个执行计划的管理人员身上。

(二)饭店控制职能的必要性

控制职能对于任何饭店都是必要的。在现代管理系统中，人、财、物等要素的组合关系是多种多样的，时空变化和环境变化的影响很大，组织关系错综复杂，随机因素很多，饭店处在这样一个十分复杂的系统中，要想实现既定的目标，执行为此而拟订的计划，不进行控制工作是不可想象的。控制工作对饭店经营有特殊的重要性。饭店主要向客人提供服务这种无形产品，其生产方式主要是手工劳动而不是大机器生产，不存在(或基本不存在)机器对人的制约性。制约人的劳动过程、制约业务活动的进行要靠饭店的控制职能。要消除饭店服务、经营过程中的各种不稳定因素，也必须依靠控制职能。

二、饭店控制活动的基本过程

作为一种反馈控制系统，基本的控制过程包括四个步骤：

(一)确立控制标准

饭店控制活动过程的第一步就是制定具体的控制标准。标准是指从许多可变的工作中,制定有秩序的、可以共同遵守的衡量尺度。标准是控制的必要条件,因为它具有公平、实用、合理等特点,在评价工作表现时,是量度和比较的基础。饭店控制标准针对不同的考核对象,可有以下类型:

1. 实物数量标准

如衡量饭店整体经营状况的接待人数、客房出租率、服务项目、菜品数量,衡量饭店劳动生产率的工作时间、平均服务宾客时间,库存管理的仓库温度与湿度,原材料采购量等。

2. 货币数量标准

饭店大量经营活动都可以用货币指标来衡量,如销售收入、利润、成本、利润率、采购额、库存额、标准成本等。

3. 制度标准

服务规程、岗位责任制、员工守则等是控制员工服务程序、仪表、礼仪、服务态度等方面的重要标准。

理想及有效的标准必须具备很多条件,所以当订立工作标准时,应尽可能包括下列几点:

(1)一致性:每个部门所定的工作标准都应经过管理人员的协调,有相辅相成的作用,使各部门能够共同完成经营目标。

(2)总括性:每个部门定下标准,以免出现互相推卸责任的漏洞。

(3)公正性:各部门的工作标准,应经过客观及合理的制定过程,要大公无私。

(4)可行性:制定的工作标准,如果成功的可能在50% ~80%,下属员工会觉得合理;如果工作标准定得太高,会招致下属的不满及反对;太低,则会抹杀员工的积极性。

(5)适用性:制定的标准一定要适合实情,以保证其效用。

(6)可理解性:标准应精练,容易让下属员工明确和掌握工作的要求。

(7)经济性:工作标准要使成本控制符合经济规则。

(8)合法性:各部门的工作标准,必须经各部门经理同意后公布。

(9)稳定性:工作标准应能适用于一段较长的时间,所以要有弹性,这样才不会在短期内失去公正性、可行性及适用性。

(10)渐进引导性:业务控制是用标准与结果进行比较,从而改善管理的途径,所以工作标准应提供渐进的引导,做出工作进度的指标。

控制标准设立的原则:

(1)根据饭店经营计划制定考核标准。控制职能按计划标准来衡量所取得的成果并纠正所发生的偏差,正如管理学家戈茨所指出的,管理的计划工作是谋求一致的、完整的和彼此衔接的计划程序,而管理的控制工作则是务使实践活动符合于计划。因此,饭店计划和饭店控制职能是一个问题的两个方面。饭店计划越明确、全面和完整,控制的效果也就越好。

(2)控制标准应具体、详细。最理想的标准是可考核目标,它们不管是定量的还是定性的,都要正式纳入目标管理的正常体系中。

(3)确定控制活动的具体对象。饭店经营包括市场需求调查、设施设备规划、客房服务、餐饮生产与服务、成本控制等一系列过程,饭店控制活动应有特定的具体对象。

图 7-6　卫生间标准布置

(二)评定活动成效

有了合理的控制标准,又有了能确切评定下属人员实际工作情况的手段,还需要及时收集适用的、可靠的信息,并将其传递到对某项工作负责而且有权采取校正措施的主管人员手中。如果控制标准制定得比较详细,衡量员工的绩效就会容易得多。尽管事先制定了控制标准,但对于饭店的许多业务工作,特别是高层的管理工作很难制定出精确的标准,而且其工作随机性强、外部环境变化大,也很难制定具体的工作标准和应达到的目标。在没有达到目标的情况下,也很难分辨出是其主观努力不够还是由于外部客观环境变化所致。

管理人员大部分都没有直接参与基层的具体工作,所以若要知道工作进展情况,必须经常作系统的检查,或收集下属的工作报告。在综合所有工作情况后,再进行综合分析,并将这些资料用图表表示,使管理人员更明确地了解最新工作成绩。如果测量活动留待工作完成后才进行,所完成的工作发现了错漏及缺点，便会导致时间、人力和金钱的严重损失，所以系统的工作进度报告有提高工作效率的功能。

管理人员在进行测量活动时，他们在时间和精神上的负担会受以下三个因素的影响：

(1)下属员工的素质和工作技能。

(2)管理人员的领导能力。

(3)工作的性质及环境。

当下属有良好的工作态度和技能时，或工作的性质和环境都十分规律化，则不需要严格监督，此时利用报表就能提供充足而可靠的工作进度资料。管理人员若能编制一套精简的工作报告表，就可轻而易举地建立及维持一个有效的工作反馈系统。报表是印有固定资料与备填资料的空白表格。

管理人员的领导能力与控制活动的负担成反比。当管理人员工作经验丰富、领导有方时，他们花费在这项活动上的时间便较少，效率则较高。

在测量工作进度时，管理人员应注意下列几点：

(1)工作报告的内容和详细程度应与标准相吻合。要求资料过多或过于详细都只会费时费力；过简则不能收集及提供相关资料，会使控制活动由于对工作实际情况缺乏了解而无从展开。

(2)报告的内容必须是业绩的汇集，而非美丽空洞的例行公文。

(3)要尽早发现毛病以便及时处理，管理人员只需把注意力集中在一些重要事项上。

(4)工作测量切忌在方便时才进行，例如周末或确定的时间，工作结果会因心理状态与平常有别而改变，收集的资料便缺乏代表性，会导致分析不正确。管理人员应在平常的工作中进行测量。

(5)工作报告务必及时送到有关决策人员的手上，以便尽早发现问题，加以处理分析。

(6)管理人员要接受结果与标准或多或少有些出入的事实，应在需要的情况下，及时作出纠正，同时鼓励下属主动改正错误。

(三)差异分析

饭店的计划和控制是一个整体的两个方面。没有计划，便无从控制；没有控制，计划便流于空洞。具体来说，并不是每一个事项都应予以监督的。在正常情况下，工作预算与实际进度相差不远，管理人员通常只将下属的工作报告收集后，与既定的标准作一概括性比较，若没有什么特别事故，便不再理会。唯有在发现有差异情况出现及影响严重时，管理人员才对有关资料作深入研究和分析，找出问题的所在及原因，这种管理方法称为“例外管理原则”。

在进行差异分析时，要注意以下几点：

(1)管理人员进行差异分析时，必须冷静，态度客观，以免影响分析的准确性。

(2)遇有特殊情况且与标准差距甚大时，就必须找出原因并追究责任，直至有完善的方案为止。

(3)管理人员应采用例外管理原则去执行差异分析，否则会徒劳无功，浪费时间。

(4)在差异分析中，不能忽略研究及考虑外部环境对工作的影响。例如原料供应发生困难、能源紧张、水电涨价等，都会增大饭店的工作成本。

(四)纠正偏差

纠正实际执行中的偏差可看做是整个管理工作的一部分，也是控制工作与其他管理职能的结合点。主管人员可以通过重新制定计划或修订目标来纠正偏差，也可以通过其他的组织工作职能，如重新委派人员或明确职责来纠正偏差。控制活动与其他管理职能相互连接，使管理过程成为一个完整的系统。纠正偏差包含两个过程：

1. 找出发生偏差的原因

饭店销售收入的下降，无论是用同期比较的方法，还是用年度计划目标来衡量都很容易发现问题。但其销售收入下降的原因却可能是多方面的，因此，如果对造成偏差的原因分析判断不准确，纠正措施就会是无的放矢，不可能奏效。

2. 纠正性的调整

在对饭店经营计划的执行情况进行分析和评价之后，管理者就应该很快进入采取措施阶段。从管理的角度看，只有采取了必要的纠正措施之后，控制才是有效的。

服务质量的控制过程基本也是按上述4个步骤来进行的。

三、控制工作的基本原则

要使控制工作收到实效，饭店管理者应坚持以下原则：

1. 控制应反映计划要求

控制是实现饭店经营计划的保证，饭店控制活动的目的是为了实现计划。因此，计划越是明确、全面、完整，所涉及的控制系统就越能反映计划目标，饭店的控制工作也就会越有成效。

2. 控制关键点

饭店管理人员必须将注意力集中于计划执行中的一些关键因素上。事实上，控制住了关键点，也就控制了全局。关键点应是一定时期饭店经营中的重要环节和薄弱因素、关键服务部位、需要加强控制和监督的关键服务质量。一定时期的关键控制点，可以随经营状况的变化而转移。总之，对控制关键点应采取有效的技术、手段和方法加强管理。

3. 控制变化趋势

一般来说，趋势是多种复杂因素综合作用的结果，是在一段较长的时期内逐渐形成的，并对管理工作成效起着长期的制约作用。趋势往往容易被现象所掩盖而不易察觉，也不易扭转和控制。如有一家饭店的统计数字表明其销售收入较上年增长5%，但这种低速增长却预示着一种相反的趋势，因为当年旅游业和本地餐饮消费需求都有了大幅增长，主要竞争者的餐饮销售收入增长了10%，这表明该饭店的相对市场地位实际在下降，该饭店正步入一个停滞和低速增长的时期。这迫使上层主管人员从现状中醒悟过来，提高其竞争能力，以从根本上扭转被动局面。控制趋势的关键在于从现状中发现倾向，特别是在趋势刚显露出苗头时就敏锐地觉察到。

4. 控制工作应具有灵活性

饭店经营所处的外部环境是千变万化的，饭店的服务对象是消费需求、心理特征、个性迥异的消费者，饭店服务控制就更应有一定的灵活性，使饭店的控制工作在计划出现失常或不可预测的情况时保持有效性，实现控制系统的灵活性。

四、服务质量控制的环节和方法

饭店服务质量控制的方法有很多种，如全面质量管理、服务质量分析法、PDCA循环法等，这些在上一节我们已经作过介绍。这里我们重点介绍另一种，就是根据纠正措施的作用环节不同，把服务质量控制工作分为现场控制、反馈控制和前馈控制三类。

控制工作的实质是“信息反馈”。在目前大多数管理活动中，管理者得到的信息都是“时(间)滞(后)信息”。因此，经常在信息反馈和采取纠正措施之间出现时间延迟。

1. 现场控制

这类控制工作的纠正措施是作用在正在进行的计划执行过程中的。它是一种主要为基层主管人员所采用的控制工作方法。“问题在现场，责任在干部。”这句话充分体现了服务质量现场控制的重要性。主管人员通过深入现场亲自监督检查，指导和控制下属人员的活动。它的主要内容有：①向下级指示恰当的工作方法和工作过程；②监督下级的工作以保证计划目标的实现；③发现不合标准的偏差时，立即采取纠正措施。在计划实施的过程中，大量的管理控制工作，尤其是基层的服务质量控制工作都属于这种类型。因此，它是控制工作的基础，一

个主管人员的管理水平和领导能力常常通过这种工作表现出来。

2. 反馈控制

反馈控制是管理控制工作的主要方式。反馈控制既可以用来控制饭店经营活动的最终结果,如利润、销售收入、毛利率、利润率等,也可以用来控制饭店经营的中间结果,如饭店服务质量、酒吧酒水的储存等。后者称为“局部反馈”。通过各种局部反馈,可以及时发现问题、排除隐患,避免造成严重后果。如服务规范检查、月度检查、季度检查等就属于局部反馈,它们对于保证最终产品的质量和保证年度计划的实现无疑起着重要作用。

3. 前馈控制

前馈控制就是分析影响当前经营的各种因素和扰动量,在不利因素发生作用之前,通过及时采取纠正措施,消除它们的不利影响。前馈控制克服了反馈控制中因时滞所带来的缺陷,并且前馈控制的纠正措施往往是预防式的,作用在计划执行过程的输入环节上。也就是说,它是控制原因,而不是控制结果,饭店经营中的前馈控制也很多,如客房部在客人到来之前的查房、餐饮部的开餐前准备、原料库存控制中的永续盘存卡订货法等。

现场控制、反馈控制、前馈控制既是饭店的控制工作环节,也是饭店控制的方法。总之,饭店控制活动是多层次的,是饭店管理职能的重要组成部分。

本章小结

本章首先介绍了饭店服务质量的含义、构成和特点,然后对饭店服务质量管理的意义及不同的管理方法作了比较详细的阐述,并介绍了在饭店中如何实行全面质量管理,最后,对服务和管理的不同环节中如何进行服务质量的控制作了介绍。其实,服务质量管理的方法有很多,具体使用什么样的方法最有效,还要具体问题具体分析。有了相应的管理制度还不够,在具体管理工作中,要重视现场管理,抓落实、抓反馈,责任到人,持之以恒。

复习思考

一、名词解释

1. 饭店服务质量

2. 全面质量管理

3. ABC 分析法

二、简答题

1. 饭店服务质量的特点有哪些?

2. 饭店服务质量的构成要素有哪些?

3. 饭店管理者应如何在饭店中实行全面质量管理?

4. 列举几种常见的饭店质量管理的方法。

5. 饭店控制活动的基本过程是怎样的?

6. 饭店控制活动的基本原则是什么?

7. 简述服务质量控制的环节和方法。

三、案例分析

现年37岁的邮政大臣野田圣子,既是日本现内阁中最年轻的阁员,也是唯一一位女性大臣。然而有谁能想象到,她的事业起点却是从喝厕水开始的呢?野田圣子的第一份工作是在帝国酒店当白领丽人,在受训期间负责清洁厕所,每天都要把马桶擦得光洁如新才算合格。可是她从未做过如此粗重的工作,因此第一天伸手触及马桶的那一刻,她几乎呕吐,甚至上班不到一个月便开始讨厌这份工作。有一天,一名与圣子一起工作的前辈在清洁马桶后居然盛了满满一杯厕所水,并在她面前一饮而尽,理由是向她证明经他清洁过的马桶干净得连水也可以喝。

此时,野田圣子才发现自己的工作态度有问题,根本没资格在社会上负起任何责任,于是她对自己说:"就算一生要洗厕所,也要做个洗厕所最出色的人。"结果在训练课程的最后一天,她清洁马桶之后,也毅然喝下了一杯厕所水。并且这次经历成为她日后做人、处事的精神力量的源泉。

谈谈你对上述案例的体会。

推荐阅读

1. 师卉:《我国饭店服务质量研究》,载《中国商贸》2010年第2期。

2. 王敏:《浅谈饭店服务质量的提升对策》,载《管理观察》2010年第19期。

3. 罗海丽:《试论酒店服务质量的管理》,载《管理学家》2010年第6期。

4. 唐美菊:《酒店服务的全面质量管理研究》,载《商场现代化》2008年第16期。

第八章　饭店物资管理与财务控制

【学习目标】

知识目标

1. 了解饭店物资的种类。

2. 掌握饭店物资采购和库存的方法。

3. 掌握饭店成本费用的分类。

4. 掌握饭店成本费用控制的具体方法。

技能目标

1. 能够根据饭店成本分析的方法，对饭店成本进行分析解读。

2. 能够理解饭店预算的现实作用，并对饭店经营进行准确预算。

【本章导读】

学习目的和意义　饭店经营最核心的目标是最大限度地增加利润，利润的增加不但依赖收入的提高，成本的降低也十分关键。通过本章学习使学生了解物资的种类及物资采购和库存管理的基本方法，了解财务分析的主要内容和成本控制的主要环节，从而掌握财务控制的相关内容，提升饭店管理效果。

本章内容概述　本章主要探讨了饭店财务管理的相关问题，以及各环节中具体的操作方法。第一节以饭店物资为切入点，介绍了饭店物资采购与库存的基本方法。第二节介绍了饭店成本费用的具体内容，并从成本和费用两个方面介绍了实际的控制方法。第三节从不同角度分析了成本费用分析的方法。第四节主要从预算和凭证两个角度，介绍了饭店成本控制。

【案例导入】

在《科学投资》杂志的读者中，有一位姓顾的先生。顾先生曾在广东的机械厂做了8年的生产管理，厌倦了机器的轰鸣和没日没夜的加班后，和老婆一起回到武汉开了一家餐馆。管过几千人的顾先生认为自己管一家餐馆不在话下，只要各司其职，按流程操作就行。每天早晨，老板娘带上小工到最近的农贸市场采购菜品。几个月下来，尽管生意不错，利润却相当微薄。有业内人士指出他的成本控制有问题："人家做餐饮的都是在各批发市场进货，进价远低于零售市场。

如果你的进价比别人贵一倍,不同种类和用量计算下来,每天都是一笔不小的数目,何况经年累月呢?"

其实在餐饮成本控制方面,还有不少学问,涉及不少细致的内容,贸然进入这个行业,不交学费是不可能的。

菜品成本一般可以从多个环节进行控制。一家大型火锅连锁企业的采购主管告诉记者,他们公司对每种菜品都有质量、规格、价格等方面的具体要求。菜品成本控制的环节首先是指定市场。蔬菜、水产只在大型的专门批发市场购买,冻货则直接派车去冷库,因为这些地方的价格在当地都是最优惠的。其次是限制规格。对菜品的个头大小、生熟程度都有具体要求。比如耗儿鱼的个头,每份装盘的个数是一定的,个头过大则不利于控制成本。再有就是控制净料率。这一项要求对价格较高的菜品尤其重要。比如0.5公斤的鳝鱼处理后至少要有0.3公斤肉。其他环节还有指定季节产品和品种等。除了这些,菜品的控制还包括边角余料的处理和装盘。比如说很多餐馆原来是从市场购进处理好的鸡鸭,现在都改为自己处理。这样鸡鸭血和内脏都可以入菜,成本降低不少。

餐饮业原料、菜品种类繁多,要掌握里面的成本玄机非短期就可以做到的,难怪内行人士说:"做餐饮,好学肯干的人,做了3年才算入门。"

【课堂思考】

饭店经营者在运行中对成本的控制越发重视,控制点越发全面,控制的方法越发多样,管理者在这些方面下如此决心,花费如此精力,其原因是什么?

第一节 饭店物资采购与库存

一、饭店物资的种类

物资是饭店服务物质基础的重要组成部分,是确保饭店获得预期利润的重要保证,因此,对物资进行科学的管埋是饭店的重要工作之一。

饭店物资主要包括设备、布草及用品等形式。

(一)饭店设备

饭店设备是指各部门使用的机器、仪表、机具等物质装备的总称。设备一般可以连续使用,属于固定资产。

1.饭店设备的特点

(1)投资额大。饭店为满足客人的需求,服务项目越来越多,对饭店设备设施的要求也越来越高。许多饭店为提高竞争力,配备设备不断追求高档次,导致进口设备数量增多,投资金额增大

(2)种类多,数量大。饭店已发展为集食、住、行、游、购、娱、通信和商务于一体的综合性企业。饭店提供的综合性服务,是以设备设施为依托的,所以饭店所需的设备种类越来越多,数量也越来越多。一般饭店的设备系统都达几个到十几个,设备的种类多达几百种,数量达上千台。

(3)技术先进。饭店为满足住客需求,在设备购置方面除要注重安全、美观、实用外,也应注重技术因素,满足客人的高层次需求。

(4)维护费用高。饭店设备档次愈高,技术愈先进,对使用人员及维修人员的技术要求就越高,对配件、维护设备的购置等相关费用也会增加,从而会在较大程度上提高维护成本。

(5)更新周期缩短。饭店的设备除要求具备最基本的使用功能外,还是显示饭店档次的重要组成部分,因而存在高档设备出现后将原有设备更换的现象,这就决定了设备的更新周期比较短。

图 8-1　饭店设备

2. 饭店设备选择的原则

(1)注重设备档次。现代饭店设备的购置、更新要与饭店的档次相适应,并在经济合理的原则下尽量选择先进和良好的设备。

(2)实用性强,方便客人与员工使用。饭店的设备绝大多数会提供给客人使用,所以在设备选择时首先就要满足客人的生活需要,只有使客人方便,才会有客人对饭店产品的享受可言。

(3)针对市场需求。饭店设备的购置应注意饭店所面对的客源市场的实际需求,各饭店会因档次或特色不同而面对不同的消费者群体,各消费者群体表现出的特点又有所不同,所以在选择设备时应考虑上述因素。

(4)注重节能。设备的选择在保证正常工作的基础上要考虑节能。无论从全世界能源紧张的角度出发,还是从饭店自身利益考虑,节能对提升饭店经济效益都会产生巨大帮助,因此应选择节能性好的设备。

(5)安全可靠。安全是住店客人的基本要求,也是维持饭店经营的基本保障。

3. 饭店设备的保养

饭店设备要处于完好状态,保持正常的运转,减少设备的故障及修理次数,并在此基础上延长使用寿命,除了规范的操作之外,还要做好维护保养工作。

(1)设备的日常维护:饭店设备的日常维护是保证设备正常运行的基础。它是频次最高、内容最复杂的维护形式,在许多饭店都形成了明确的制度。一般来说,日常维护分为班前、班中和班后维护。

(2)设备的保养:设备的保养是要使设备达到整齐、清洁、润滑和安全的要求,减少设备的磨损,消除设备的隐患,排除一般故障,使设备处于正常技术状态。通过保养,使操作者逐步熟悉设备的结构和性能。

(3)设备的大修:设备大修主要是对相关的零部件进行更换,延长使用年限,使设备重新达到最理想的运行状态,保持设备的完好率。大修主要是针对后台使用的动力设备进行。

(二)饭店用品管理

饭店用品主要表现为单位价值量低,并且容易消耗的物品。饭店用品虽然单位价值量低,但因为量大,所以在饭店成本组成中占有较大的比重。因此,加强饭店用品的控制,是饭店管理最重要的一环,也是降低成本的重要切入点。

1. 客房用品的分类

(1)一次性消耗品。如客房部使用的信封、茶叶、卫生卷纸、洗浴液等,餐饮部使用的餐巾纸、牙签等。

(2)重复性消耗品。如客房床上布草、卫生间巾类、衣架、烟缸等,餐饮部使用的台布、刀叉、各种型号的餐具等。

此种分类方法有利于饭店分类、分项制定客人用品的消耗定额,加强物资用品的控制。

2. 饭店用品的选择原则

对饭店用品的选择,除了应注重质量之外,还应注意规格、质地、色彩等因素,保证其与饭店的档次相一致,因而在对饭店用品选择时必须坚持以下相应原则:

(1)实用性强。饭店用品最基本的功能是为了满足客人的生活所需,因而物品能否适合客人使用便成了选择的第一要素。

(2)与饭店档次相匹配。饭店用品的选择应与饭店的档次相一致,或是能

在一定程度上提高饭店的档次。

(3)种类适度。饭店用品在选择时应注意规格和数量,并非种类越多越好,而应以满足客人的实际需要为标准。

(4)价格合理。饭店在选择用品时除应注意质量外,还应该注意用品的价格要合理,因为价格的高低会直接影响到客房的经营成本。

图 8-2　饭店一次性用品

3. 饭店用品的控制

对客用品的控制是饭店日常工作的重要方面,这会对保证饭店正常运转、降低运行成本等起到积极作用。

(1)员工对用品的控制。服务员是进行用品数量控制的第一关,各部门应为服务员确定合理的数量标准,以便指导服务员按规定数量为客房配备和添补用品。与此同时,要求服务员将消耗情况在工作表上做好登记,部门凭服务员工作表对服务员领用客用品情况进行核实,从而防止服务员将客人用品据为己有。另外,应培养员工的节约意识,以杜绝员工在操作过程中因不规范而造成的损耗。

(2)领班对用品的控制。各种物资用品的使用主要是在楼层进行的,使用的好坏和定额标准的掌握,领班是其中的关键因素之一。领班应在实际工作过程中通过现场指挥和督导,规范员工操作,减少客用品的浪费和损坏。

(3)经理对用品的控制。一般来讲,部门经理对所属部门用品的控制负总责。这方面的工作,经理主要是通过制定制度和检查督导开展的。用品控制的制度是开展控制工作的基础,其内容主要包括数量配备标准的制定、日常考核制度以及奖惩制度等。

经理的检查督导工作除他本人外,主要还通过部门中心库管员以及主管人

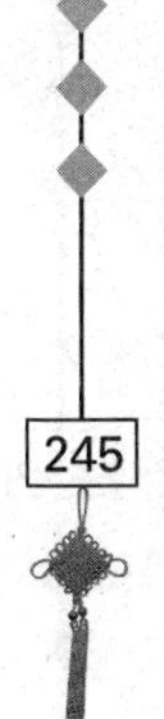

员等开展。

二、饭店采购管理

科学而严格的原料采购管理是饭店服务质量和经营利润的基本前提，同时也影响着饭店产品的生产和销售。由于饭店的物品质量要求高，储存周期短，采购批次多、环节多，这就决定了采购的内部控制方法有别于其他行业，也使得采购成为饭店最难监控的工作之一。

采购指根据要求实施订货，并以最低价格购买到性价比最高的各类物资，采购包括订货和购买两层意义。

(一)饭店采购部的作用和对采购员的要求

1. 采购部在饭店中的作用

(1)为饭店的运营提供物质保证。采购部要根据饭店的生产经营方向，按时、按质、按量提供各种物资，确保饭店正常运行。

(2)为饭店提高服务质量创造重要条件。提高饭店的服务质量，有赖于员工素质和物资的品质以及两者的结合程度。

(3)采购部是控制经营成本，提高经济效益的重要环节。搞好采购管理，可以节约物资耗用，提供价格合理、质量优良的原材料，实现尽可能少的资金占用，对降低饭店经营成本有重要意义。

2. 采购员的选择

采购工作的好坏，关键在于采购人员的素质。一个优秀的采购人员一般需达到以下要求：

(1)品行端正，诚实可靠，廉洁奉公，吃苦耐劳，反应灵敏，办事精明，具有奉献精神和服务意识。

(2)了解市场行情，懂得餐饮业务，熟悉各种原料知识，掌握提货信息。

(3)熟悉财务知识，坚持财务制度。

饭店应根据采购员人员的岗位要求，强化培训，并根据公平合理、赏罚分明的原则对采购人员进行考核，组建一支优秀的采购员队伍。

(二)采购的方法

1. 市场即时购买

市场即时购买指根据生产需求，采购人员通过网上信息宣传资料或直接在市场中获得的信息进行分析取舍，选择其中的若干家作为候选供货单位，索取报价，并通过洽谈(讨价还价)从中选择最佳的供货单位，随时购买所需数量和质量的原材料。这种方法适合购买一些价格起落频繁、不宜储藏的原料，如新鲜的蔬菜、肉类、鱼类等，购买的价格随市场供应情况而不断变化。

2. 预先购买

预先购买指在预先确定了经营需要后,超前购买并加以储存备用。这种方法适合于价格变化不大、原料储存期较长的食品原料的购买,如干货原料、可冷冻的肉类等。

3. 集中采购

大型饭店公司或集团往往建立地区性的采购办公室,为本公司在该地区的各饭店企业采购各种食品原料。

4. 分散采购或直接采购

分散采购或直接采购就是饭店根据餐饮生产的需要,到定点采购供货单位或市场直接购买所需的原材料。一般适用于临时性的、小批量的、应急性的原材料。

5. 代售方式

代售方式,就是由供应商提供原料,饭店提供销售场所,共同合作经营的采购方式。如海鲜经营就是由饭店设置海鲜池,由供应商负责采购养殖,饭店则在营业期间计量取用,根据实际用量按月结算,供应商则需保证饭店所需的品种和数量。一般适用于新鲜原材料和新近进入市场的原材料。

6. 定点采购

定点采购,就是饭店选定供货单位并与之签订长期供货合同,来保证所需原料的采购方式。定点采购方式,一般适用于稀缺原料和特殊原料。

7. 招标采购

招标采购,就是饭店把所需采购的原料名称及规格标准,以招标的方式向社会公布或以邀请招标的形式寄给有关供货单位。供货单位接到招标信息或招标邀请后,在投标的有效期内向饭店寄送投标书(单),饭店根据客观公正、科学的原则,对投标书(单)进行综合评定,选择信誉程度高、原料符合质量规格、供货及时、价格合理的单位作为中标单位。招标采购一般适用于批量大、数量多、价格高的餐饮原料。

(三)采购工作的一般程序

1. 请购

各部门所需要的物品应向储藏仓库申领,申领应通过领料单完成。领料单上要注明货品名称、规格、单位、数量、价格等信息,仓库必须根据申领手续发放。在库存原料能满足需要时,仓库根据领料单将食品原料发放给使用部门。当仓库储藏量不足时,仓库分别通过采购申请单(见表 8-1)向采购部门提出订货要求。请购单必须说明需采购物品的品名、规格、数量及建议供货单位等信息。

表 8-1 请购单

申购部门： 日期：

名称	数量	单位	用途	规格	质量要求

请购部门负责人： 仓库负责人：

财务部负责人： 采购部负责人：

总经理：

2. 制定采购计划

(1)采购规划书。即以书面形式对各部门要采购的食品原料等规定详尽的质量、规格等要求。

(2)采购计划类别分析。依据不同参数，采购计划可作不同划分。不同的饭店，可以根据自身的情况编制不同的采购计划。

采购计划按时间跨度可分为年度采购计划、季度采购计划、每月采购计划和日采购计划；按原料消耗的方式可分为鲜活食品原料采购计划和可储存食品原料采购计划；按采购的方式可分为零买采购计划和批发采购计划。

(3)采购规划书的内容。采购规划书一般包括产品通用名称或常用商业名称；法律法规确定的等级、公认的商业等级或当地通用的等级；商品报价单位或容器；根据原料市场的现实状况和未来状况的预测，提出的每种产品理想的采购价格；基本容器的名称和大小；容器中的单位数或单位大小；重量范围；最大或最小切除量；加工类型和包装；成熟程度；防止误解所需的其他信息。还要规定采购频率、采购批量和计划采购时间，确定常用原料采购的最佳供货渠道及供应商。有许多原料因其特殊的物资特性，对运输方法有特殊要求，在编制采购计划时有必要说明其储运方法。

(4)采购计划的编制程序。

①主管领班起草。最了解某类具体原料所需要量的是各部门的主管、领班人员，采购计划首先应由最基层的使用单位组织研究，提出计划期内对原料的需要品种以及需要数量。部门对班组意见进行审核，提出本部门计划期内对各类

物资的需求,上报饭店采购部门。

②采购部汇总。每个部门编制的采购计划在采购部汇总,由采购部逐项检查每种原料的库存量和实际需要采购的数量,并补充诸如采购原则、采购渠道、供货商的选择等,从而编制出完整的采购计划。

③饭店各业务部门对物资的需求及采购部门的物资采购行为,必然受到饭店资金状况的约束。没有相应的资金支持,物资采购计划就无法实施,因此,编制采购计划时,要由饭店的财务部门审核,审核的主要内容是将采购计划与饭店预算相比较,修整其中不合预算的部分,使采购计划更为合理,更具有可行性。

④总经理审批。采购计划要由饭店总经理或分管副经理进行审批,在必要时要召集部门经理会议,综合平衡整个采购计划,甚至按规定的程序修改饭店的预算。只有经过总经理层审批的采购计划才是最终将要付诸实施的采购计划。

(5)制定采购规格书。饭店必须采用采购规格书的形式,规定各种原料的质量。采购规格书是对需要采购的原料规定详尽的质量规格等要求的书面标准。对于饭店来说,一份全面的采购规格书应包括以下基本内容:

①原料的确切名称。饭店必须明确标出所需原料的名称以及正确类型,比如,计划中不能简单地说需要采购橄榄,应注明是青橄榄还是别的橄榄,以免在交货的时候才发现其不符合使用要求。

②采购原料的基本用途。饭店必须明确采购计划中列入的原料,究竟是做什么用,是主料、佐料,还是其他用途。

③如果有品牌就应该标明所需原料的品牌。

④原料的质量等级。

⑤说明所需要原料的大小、单位、重量标准等,还应说明所需物品的形状。

⑥可取净料的最低限。饭店必须说明自己能接受的某类原料从毛料中能够得到的实际可用部分的最低限。

⑦包装要求。购买食品原料和饮料时,不同的包装往往代表其等级高低及可存放时间的长短等,因此,不同用途的物资要选择不同的包装。

⑧原料来源或产地。原料来源或产地不同,其味道和质地往往不一样,因此,饭店要想突出产品特色,在采购时要对原料来源或产地进行考虑。

3.订货

采购部门接到订货申请之后,通过正式的订购单手续向供应单位订货,随同订货单必须附上质量规格标准书。

4.采购

订货后,供应单位或个体经营者如提供送货上门,则由验收部门验收合格后转送入库;如供应单位不提供送货服务,则由采购部门运回来,交验收部门验收入库。当验收部门收到厨房订购的新鲜食品时,应立即通知厨房,通过申领手续及时领走。

5. 验收

供货单位把原料运到后,验收部根据订购单和原料规格质量标准验收入库。

四、采购批量的核定

在采购工作的管理过程中,确定每次采购的数量也是其中的一项重要工作,常用的方法是确定经济订货量。经济订货量是指饭店在存货上所花费的费用最低的单次订货量。

一般情况下,与经济订货量相关联的存货总费用是由年订货费用和年储存费用两部分组成的。订货费用包括物资的运输费和到货的验收费、采购人员的差旅费以及办公费等;储存费用主要包括库房建筑及设备的折旧费、库存物资的保险费、仓库职工的工资、物资的合理损耗、库存物资占用资金的利息等。如果单次订货量大,则订货次数减少,从而使得订货费用降低,而储存费用提高;相反,如果减少单次订货量,则需增加订货的次数,这会使存货费用降低,而订货费用提高。

经济订货批量的计算公式为:

$$经济订货批量 = \sqrt{\frac{2 \times 平均单次采购费用 \times 年采购量}{原料订购单价 \times 年库存费用率}}$$

计算出的数值再进行开方计算后,即为最经济的单次订货量。

例如,某饭店今年需要小型纸巾 40000 包,订购单价 4 元/包,单次订购费用 40 元,年库存费用率为 10%,则单次最佳订货数量用上式计算如下:

$$\sqrt{\frac{2 \times 40 \times 40000}{4 \times 10\%}} = 2828(包)$$

通过计算可知,单次购进纸巾的最佳数量为 2828 包。

运用经济订货量法进行管理时,饭店须能正确地预测未来的消耗量,并且全年各时期的消耗量基本相等。这些情况对饭店来说有时是很难做到的,因此应依据实际情况而定,如依据饭店的淡旺季分别确定等,切不可生搬硬套。

三、物资的验收管理

(一)建立合理的验收体系

1. 建立验收部门

大型餐厅或饭店应该设立独立的验收部门,中小型饭店或餐厅最起码要设立专门的验收员,可隶属于财务部或仓储部门。

2. 选择合格的验收员

验收员要有职业道德，必须责任心强、严格把关，诚实可靠、不徇私舞弊，有丰富的相关知识，熟悉财会制度。

3. 购置验收设备和工具

饭店一般设有验收处或验收办公室，此外要有足够的空地方以便于卸货，为使验收工作更有效率，就要有适当的设备和工具。

4. 科学的验收程序和良好的验收习惯

验收程序规定了验收工作的工作职责和工作方法，使验收工作规范化。同时，按照程序进行验收，养成良好习惯，是验收高效率的保证。

5. 经常的监督检查制度

饭店管理人员应不定期进行检查验收，复查货物的重量、数量和质量，并使验收员明白，经管人员非常关心和重视他们的工作。

（二）验收程序

根据验收的目的，验收程序主要围绕核对价格、盘点数量、检查质量三个环节进行。

1. 核对送货发票和订货单。当供货单位送来食品原料时，验收员首先将供货单位的送货发票与事先拿到的相应的订购单核对。

验收员首先核对送货发票上的供货单位的名称、地址以及所送货物的名称，其次是核对送货发票上的价格。

2. 检查食品原料数量。验收员根据订购单对照送货单，通过点数、称量等方法，对所有到货的数量进行核对。

3. 检查食品原料质量。食品原料质量检验的依据是“食品原料采购规格标准”和“请购单”。

4. 在发票上签名。

5. 填写验收单。验收员检查完食品原料的价格、数量、质量及处理完必要的退货情况之后，按规定填写验收单。

6. 退货处理。

7. 盖验收章。验收员检查完食品原料的价格、数量、质量及处理完必要的退货情况之后，可在获准接受的食品原料的送货发票上盖验收章，并把盖了验收章的送货发票贴在验收单上，以便送往会计部。

8. 在货物包装上注明发票上的信息。注在货物包装上的信息主要有收货日期、购价等。

9. 对所收到的肉类和海产品加上存货标签。

10. 将到货物品送达储藏室、厨房。

11. 填写验收日报表和其他报表。

12. 将各种验收记录呈交给有关部门。主要有发货票、验收单、冷藏鱼肉食品标签、验收日报表、验收章、退货通知单或贷方通知单、无购货发票收货单等。

四、饭店存货管理

(一)库存的含义

库存是指为了使生产正常不间断地进行或及时满足客户的订货需求,在各个生产阶段或流通环节之间设置的必要的物品储备。对于生产企业而言,为了保证生产活动的顺利进行,必须在各个生产阶段之间储备一定量的原材料、燃料、备件、工具、在制品、半成品等。对于销售商、物流公司等流通企业而言,为了能及时满足客户的订货需求,就必须保持一定数量的商品库存。如果企业的存货不足,会造成供货不及时、供应链断裂、丧失交易机会或市场占有率。

然而,商品库存需要一定的维持费用,同时会存在由于商品积压和损坏而产生的库存风险。因此,在库存管理中既要保持合理的库存数量,防止缺货,又要避免库存过量,产生不必要的库存费用。换言之,就是用最低的库存成本,实现最佳或经济合理的供应,这就是现代库存管理的任务。

(二)物资库存管理的基本要求

饭店物资的贮藏是进行原材料控制的重要环节,因为它直接关系到产品的生产质量、成本和经营效益。因此,在库存管理过程中应明确职责,尤其重要的是制定切合实际的管理制度。

1. 分门别类地进行储存,确保物资的质量

分门别类,就是根据原料的种类、特性等分成若干类,然后按其性质及在储存时所需的温度和湿度等,实行分区分类固定存放,并对每个货区中存放的货物进行统一编号、定位。这样既有利于原料的安全储存和减少损耗,提高仓容量,同时也易于查找,方便存货和取货,保证出入库效率。

2. 控制库存的数量和时间

合理储存的数量,是以满足饭店生产的正常需求为前提的,仓储数量并非越少越好。所以确定存货量时应考虑到该原料的耗用量大小、原料采购所需时间、企业流动资金的多少等因素。

原料的合理存量必须与合理的储存时间相配合。储存时间也应考虑到生产的周期、采购周期和原料储存的有效期。加速库存周转,尽量缩短原料的储存时间,这是仓库保管员的一大职责。

3. 遵守仓管制度,确保储藏安全

为了正确反映库存物品的进、出、存动态,仓库要建立严格的管理制度,要做

到账(保管日记账)、卡(存货卡)、货(现有库存数量)相符。仓库的账要以每个品种为单位,分批设立账户,设立明细与完整的账单。一物有一卡,存货卡要与账单相符,与存货相符。只有这样,才能防止差错、防止被窃与丢失。

严格的仓管制度,还包括了仓库无关人员不得进入。仓管员也不得委托他人看管库房,更不能将库房钥匙交给他人保管。即使有事,也应将库门锁好后才能离去。另外,仓库还应装上防盗监视系统及防火设备。

图 8-3　饭店物资仓库

(三)加强物资核算管理

1. 建立健全库存物资核算制度

库存物资占用的资金较大,要加强对这类物资的管理,首先应对库存物资进行正确的核算计价。库存物资计价的正确与否直接关系到"资产负债表"和"损益表"有效程度的高低,其计价是以实际成本为依据的。其次,选择适当的库存物资发出方式,可以方便对实际成本的确定。因为,各类物资的价格经常发生变动,同类物资在不同的时间购进,其成本可能是不同的。常用的发货方式有先进先出法、后进先出法、加权平均法和移动平均法等。

2. 完善库存物资的定期盘点制度

饭店仓库中的物资品种较多,为防止物品腐烂变质或是缺失,以保证物资核算的准确性,饭店一般会建立定期盘点制度,定期对物资进行盘点。

盘点方法既可以以账面数字核对实物,也可以以实物核对账目。然后将盘点的结果准确地反映在盘点表上,见表 8-2。

表 8-2　　库存物资盘点表

日期：

品名	规格	单位	单价	账面数		实际数		盘赢		盘亏	
				数量	金额	数量	金额	数量	金额	数量	金额

（四）加强物资发放管理

库房发放原料的工作不仅仅是从仓库中取出原料发给领料部门，而且还需对发出的原料进行控制。因此，在发料时必须做到以下几点：

1. 任何原料的发放都必须通过规定的手续进行，发料人要坚持原则，做到“五不发货”，即没有领料单不发货，领料单没有经过审批签字不发货，领料单上有涂改或不清楚的不发货，手续不全的不发货，腐败变质的原料不发货。

2. 原料库存的发货人员，必须熟悉本饭店管理者的签名笔迹，也可将各部门审批人的签名笔迹张贴在墙上，以便核对。发料人必须在领料单上签字，如有发料差错可迅速查出。

3. 发料应做到及时、准确。及时发料，绝不是整天都提供领料，这种方法不符合管理的要求。仓库要安排好各部门的领料时间，以免造成领料人多，忙中出错。

4. 在发放原料时，如遇到仓库缺货，应在领料单上这种原料的旁边注明“缺货”二字，发料人员不得随意涂改领料单。

5. 根据领料单做好原料的发放记录和存货记录，使库中的实物与账目中一致，使仓库的账目与成本控制员或成本会计手中的账目一致。

（五）加强物资调拨管理

由于实际经营的需要，不同的生产班组或部门经常发生原料的相互调拨。为准确核算各部门的实际耗用成本，应使用“原料调拨单”，记录各生产班组之间原料调拨的时间、品名、数量、单价、金额等内容。调拨单为一式四份，调入和调出部门、财务部门、仓库各一份，见表 8-3。

表 8-3　　××饭店原料调拨单

调入部门：　　　　No.

调出部门：　　　　年 月 日

品 名	规 格	单 位	数 量		金 额		备 注
			申拨数量	实拨数量	单价	小计	

调入经手人：　　调出经手人：　　注：此单一式四联

申拨部门负责人：　　拨出部门负责人：

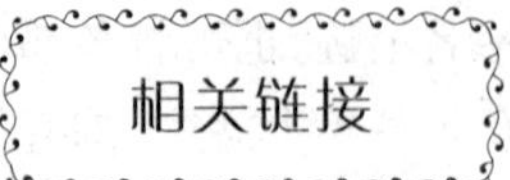

相关链接

该不该节约

杭州市区有一家经营多年的四星级酒店，该酒店一直由外国一个著名的管理公司管理，其总经理由外方担任，但每位总经理的任期最长不超过两年。酒店地处黄金地段，开张后生意一直不错，但近几年由于周边既开了多家三星级以上的酒店，又出现了几家面积达万余平方米、装饰豪华的大型高档餐馆，以及多家面积虽小但很有特色的小餐馆，使得该酒店餐饮生意日渐冷落。

为扭转不利局面，酒店高层领导要求强化成本管理，引入诸如“零库存”之类的管理理念和方法，重新制定了部门考核制度，对餐饮部根据成本、卫生、质量、进度等指标进行每月考核。

由于在指标体系上成本排在首位，餐饮部领班制定了具体方法和措施：

1. 节约水电，规定了灯的开关时间。

2. 严格控制一次性物品的使用量。

3. 能再次使用的物品一律回收使用。

方法和措施实施后，餐饮部成本确实控制在了允许范围之内，但出乎意料的

是，酒店总体成本并未有较明显的下降，而客人的投诉却大大增加，以下是酒店领导了解到的部分情况：

1. 严格执行规定引起投诉。如关灯时间到了，但有的包厢客人还没走，服务员便假装停电关灯。

2. 对客人要用的一次性物品以“用完了”为借口不予提供。

3. 对计入本部门成本的物品，服务员千方百计到别的部门借用。而对不计入本部门成本的物品、费用则铺张浪费。

4. 对客人吝啬，员工自己用却大手大脚。

5. 使用从卫生等角度考虑不能再次利用的物品。

【课堂思考】

成本控制作为提升饭店利润的重要手段，已为所有饭店经营者所认识。该饭店领导多措并举降低成本，但收到的却是如此结果，你作何感想？

第二节 饭店成本费用管理

一、饭店成本费用管理概述

饭店成本费用是指饭店为社会提供各项服务而进行的生产经营过程中所产生的各种支出和耗费，主要包括营业成本和期间费用两个方面。

(一)饭店营业成本的划分和认定

按照不同的标准，饭店成本有不同的分类。熟悉并了解饭店成本的分类是实行饭店成本控制的基础。

1. 按经济性质分类

饭店成本按其经济性质可以分为劳动对象的耗费、劳动手段的耗费和活劳动的耗费三大类。

2. 按经济用途分类

星级饭店的生产经营成本通常按照其经济用途划分为生产成本、销售成本和管理成本三类。其反映的信息，用以分析企业物质消耗和非物质消耗的结构和水平。

3. 按成本反应差异分类

星级饭店的生产成本从反应差异的不同可分为边际成本、差别成本和增量成本。

4. 按成本可控与否分类

星级饭店的成本按管理者可以控制与否，可将其分为可控成本和不可控成

本。可控成本和不可控成本都是相对的,但从整体上来看,所有的成本都是可控成本。

5. 按照成本是否随产品数量的变化而变化分类

按照成本是否随产品数量的变化而变化可分为固定成本和变动成本。

(二)饭店期间费用的划分和认定

饭店的期间费用包括营业费用、管理费用和财务费用,这些费用直接计入当期损益,从饭店获得的当期营业收入中得以补偿。

1. 营业费用

营业费用是指饭店各个营业部门在其经营过程中发生的各项费用开支,根据新制度的规定,饭店的营业费用内容大致包括以下几个方面:

(1)运输费:指饭店购入存货的各项运输费用,如燃料费等。

(2)保险费:指饭店向保险公司投保所支付的财产保险费用。

(3)燃料费:指饭店餐饮部门在加工饮食制品过程中所耗用的燃料费用。

(4)水电费:指饭店各营业部门在其经营过程中所耗用的水费和电费。

(5)广告宣传费:指饭店进行广告宣传而应支付的广告费和宣传费用。

(6)差旅费:指饭店各营业部门的人员出差所需的各项开支。

(7)洗涤费:指饭店各营业部门为员工洗涤工作服而产生的洗涤费开支。

(8)低值易耗品摊销:指饭店各营业部门领用低值易耗品分别进行的费用摊销。

(9)物料消耗:指饭店营业部门领用物料用品而发生的费用。物料用品包括客房、餐厅的一些日常用品(如棉织品、餐具、塑料制品、卫生用品、印刷品等),办公用品(如办公用文具、纸张等),包装物品,日常维修用材料、零配件等。各营业部门发生的修理费用也计入此。

(10)经营人员的工资及福利费:指饭店各营业部门直接从事经营服务活动的人员的工资及福利费,包括工资、奖金、津贴、补贴等。

(11)工作餐费:指旅游饭店按规定为各营业部人员提供的工作餐费。

(12)服装费:指旅游饭店按规定为各营业部人员制作工作服而产生的费用。

(13)其他与各营业部门有关的费用。

2. 管理费用

管理费用是指饭店为组织和管理经营活动而产生的费用以及不便于分摊,应由饭店统一认定负担的费用,主要包括:

(1)公司经费:指饭店行政管理部门的行政人员工资、福利费、工作餐费、服装费、办公费、会议费、差旅费、物料消耗低耗品摊销以及其他行政经费。

(2)工会经费:指按职工工资总额的2%提取,在成本中列支的费用。

(3)职工教育经费:指按职工工资总额的2%提取,在成本中列支的费用。

(4)董事会经费:指饭店最高权力机构——董事会以及董事为执行各项职能而产生的费用,包括差旅费、会议费等。

(5)税金:指饭店按规定在成本费用中列支的房产税、车船使用税、土地使用税、印花税等。

(6)燃料费:指管理部门耗用的各种燃料费用。

(7)水电费:指管理部门办公用水、用电费用。

(8)折旧费:指饭店全部固定资产折旧费用。

(9)修理费:指饭店除营业部门以外的一切修理费用。

(10)开办费摊销:指饭店在筹建期间发生的费用,按规定摊销期摊销。

(11)交际应酬费:指饭店在业务交往过程中开支的各项业务招待费,按全年营业收入净额的一定比例控制使用,按实列支。

(12)存货盘亏和毁损:指存货在盘亏和毁损中的净利损失部分,不包括非损失部分。

(13)其他一切为组织和管理饭店经营业务活动而产生的费用。

3. 财务费用

财务费用是指饭店在其经营业务过程中为解决资金周转等问题在筹集资金时所发生的费用开支。包括利息(减利息收入)、汇兑损失(减汇兑收益)、金融机构手续费等。

(三)饭店成本费用管理的原则

1. 处理好效益取得与成本控制的关系

饭店成本费用控制的目的是为了取得最大的效益,而效益的取得是建立在成本的耗费基础之上的,割裂这两者之间的联系,成本降得再低也不能说明成本费用控制是成功的。

2. 正确处理好降低成本费用与保证服务质量、增加产品销量的关系

降低成本费用的含义是指在不影响产品质量的前提下,饭店经过努力,使单位产品成本费用得到降低。在实际经营过程中,如果不考虑产品的质量而单纯以降低成本费用支出为目的,即使经过努力把成本费用降下来了,也会失去降低成本费用的实际意义。

3. 严格遵守国家规定的成本开支范围和费用开支标准

为保证国家财政收入的可靠来源,使饭店成本费用负担合理及利润核算准确,国家对饭店发生的各项支出,即哪些该计入成本,哪些不该计入都作了明确的规定。饭店要根据各项支出发生的不同用途和资金来源,在国家规定的成本

开支范围内列支相关的成本,不得随意扩大开支范围。在费用开支方面,也要遵循国家的有关费用开支标准的规定,不得随意提高。

4. 按照权责发生制原则严格成本费用的核算

权责发生制要求各期的支出应归属各期,即凡属于本期的成本费用,不论其是否已经实际支付,均应列入本期的成本费用;凡不属于本期担负的成本费用,即使在本期已经实际支出,也不应作为本期的成本费用处理,应由各受益期分摊。饭店必须严格按照权责发生制的要求,核算成本费用,确定其归属期。

5. 健全成本费用管理责任制,实行全员成本管理

饭店经营费用是在整个经营过程中逐步形成的,涉及各部门、班组和个人,因而必须实行全员成本管理。

二、与饭店成本升降紧密相关的要素

从我国饭店发展过程来分析,与饭店成本升降紧密相关的要素有三个方面,分别是劳动力成本升降、物质消耗成本升降与能源消耗成本升降。

1. 劳动力成本

劳动力成本又叫“人工成本”,是可由饭店经营层自主控制的最大一块成本。国内饭店一直没能解决好人力资源优化配置和有效利用的问题,在管理机制、用人机制和分配机制上滞后于市场发展的要求。

2. 物质消耗成本

物质消耗成本的管理目前主要存在以下几个方面的问题:

(1)缺乏科学、完善的成本控制系统;

(2)物质消耗成本的管理缺乏标准化的考核指标;

(3)缺少分析;

(4)缺少先进的设备和技术;

(5)规章制度执行不力;

(6)采购制度与采购方法不合理;

(7)缺乏对节约费用和成本控制的宣传。

3. 能源消耗成本

饭店能源消耗成本升降主要受价格、设施、设备、浪费等因素影响。总体来说,国内饭店的能源费用支出升幅较快。内资饭店能源费用一般占总费用的9%左右,而外资饭店能源费用一般占总费用的7%左右。

三、饭店降低成本的策略

饭店成本费用控制是指按照成本管理的有关规定和成本预算要求,对形成

整个过程的每项具体活动进行监督，使成本管理由事后算账转为事前预防性管理。

1. 成本控制是现代企业制度的必要组成部分

低成本运作绝不仅仅是“节约”的概念。饭店的成本控制说到底是为了实现当期的预算，但这需要在保证服务质量（包括硬件质量与软件质量）的前提下去实现。于是，成本的预算就有了一系列的标准，达到这些标准，就起到了成本控制的作用。

2. 加强员工的危机意识

饭店的低成本运作应该对员工起到激励作用，使员工人人都有成本核算的意识，这样才能把成本控制工作持久地开展下去。

3. 低成本策略是价格策略的后盾和基础

饭店竞争的重要手段之一就是价格竞争，而价格也是与经营者的成本休戚相关的。可以这么说，谁的成本低，谁的竞争资本、竞争优势就大；成本越低，价格竞争的余地就越大，竞争持久力也越强。

4. 成本与质量不是正相关（正比例）关系

饭店完全可以实现低成本运作情况下的质量达标。这里要解决两个认识上的问题：一个是营销、服务质量与需求的关系，另一个是怎样更好地满足内需的要求。

5. 增收与节支的关系

饭店就像一户人家，节支很重要，但不是根本。只有家庭收入不断增加，手头的钱多了，过日子才舒坦。当然，也不能大手大脚成为败家子，大多数家庭还是属于工薪阶层，应该量入为出。另外，饭店节支的潜力很大，还有待我们去挖掘，只是以前在这方面的工作做得比较马虎，又没有标准。所以，我们的节支工作应从改革高度、从市场机制的高度去理解和实践。

6. 财务部门是实施成本运作的关键

饭店的财会人员要站在市场竞争的高度来实施低成本运作策略，而不是死抠一项成本。这就要求财会人员在具体工作中遵循“三个有利于”的原则：是否有利于提高市场占有率；是否有利于提高顾客满意度；是否有利于增加营业收入。

财务部门不仅仅是一个算账的部门，而是要参与从计划、控制到监督、协调的经营管理的全过程，既要懂财务，又要懂业务，财会人员应该是饭店投资者与经营者的好参谋、好助手。

第三节 饭店财务分析

一、财务分析概述

财务分析是指以财务报表等会计资料为依据,采用专门方法,系统分析和评价企业过去和现在的财务状况、经营成果及其变动,目的是了解过去、评价现在、预测未来。财务分析的最基本功能是将大量的财务报表及相关的数据转换为对特定决策有用的信息,减少决策的不确定性。

财务报表的使用者包括投资人、债权人、经理、政府、雇员和工会、中介机构等利益关系人,不同人所关心的问题和侧重点不同,因此进行财务分析的目的也有所不同。但总的来讲主要有以下方面:

1. 评价企业的财务状况

通过对企业的财务报表等会计资料进行分析,了解企业资产的流动性、负债水平和偿债能力,从而评价企业的财务状况和经营成果,为企业管理者、投资者和债权人等提供财务信息。

2. 评价企业的资产管理水平

企业的生产经营过程就是利用资产取得收益的过程,资产是企业生产经营活动的经济资源,资产的管理水平直接影响到企业的收益,它体现了企业的整体素质。通过财务分析可以了解到企业资产的管理水平和资金周转情况,为评价企业经营管理水平提供依据。

3. 评价企业的获利能力

通过财务分析,评价企业的获利能力。利润是企业经营的最终成果的体现,是企业生存和发展的根本。因此,不同的利益关系人都十分关心企业的获利能力。

4. 评价企业的发展趋势

通过财务分析,可以判断出企业的发展趋势,预测企业的经营前景,从而避免因决策失误而带来的重大经济损失。

二、饭店财务分析的方法

开展财务分析,需要运用一定的方法,这些方法主要有比较分析法、比率分析法、趋势分析法和因素分析法。

1. 比较分析法

比较分析法是通过解释财务活动中的数量关系和数量差异来评价企业财务

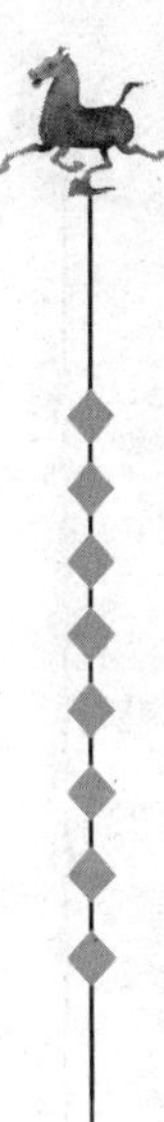

状况,从中发现问题的一种分析方法。它可为进一步分析产生差异的原因和为消除差异提出建议对策提供依据。

在进行比较时主要采用标准法,即将企业财务指标的实际值与标准值进行比较,以反映企业财务指标变动的绝对数额的大小和变动的相对程度。作为比较标准的主要有典型标准、行业标准、目标标准和历史标准等四种。

(1)典型标准。典型标准是指在财务管理的实践中证明最能有效评价企业财务状况并已经被普遍接受的公认数据。例如,流动比率,按照西方财务管理的长期经验,一般公认为2:1的比率较为适宜,那么,2:1就作为衡量企业短期偿债能力的标准。

(2)行业标准。行业标准是以同行业先进指标或是平均指标作为标准进行对比,以摸清本企业在行业中所处的位置,揭示本企业与同行业的差距,以便学习先进经验,改善经营管理。

(3)目标标准。目标标准是将财务管理的预期目标作为标准,将实际财务指标与之对比。如果实际财务指标高于目标,应及时总结经验,以便继续保持良好的财务状况。

(4)历史标准。历史标准是将本期财务报表中的数据与过去的同类数据进行比较,以揭示当前企业财务状况和经营成果的变化趋势与历史数据存在的差距。

2. 比率分析法

比率分析法是利用财务报表中两项相关数据的比率来揭示企业财务状况和经营成果的一种分析方法。作为对财务报表中的绝对数额的补充说明,财务比率以百分比或指数形式来表现财务报表中各科目间的相互关系。

(1)相关比率分析法,相关比率分析法是将同一时期财务报表中两项相关数值用指标或百分比的形式反映出来。这类比率主要包括反映偿债能力的比率、反映营运能力的比率、反映赢利能力的比率。

(2)结构比率分析法。结构比率分析法是将财务报表中个别项目的数值与全部项目综合进行比较。这类比率揭示了部分与整体的关系。

(3)动态比率分析法。动态比率分析法是指将财务报表中某项不同时期的两项数值进行比较。

3. 趋势分析法

趋势分析法(trend analysis approach)又叫"比较分析法"、"水平分析法",它是根据财务报表中各类相关的数字资料,将两期或多期连续的相同指标或比率进行定基对比和环比对比,得出它们的增减变动方向、数额和幅度,以揭示企业财务状况、经营情况和现金流量变化趋势的一种分析方法。

它将不同时期财务报告中的相同指标或比率进行比较,直接观察其增减变动情况及变动幅度,考察其发展趋势,预测其发展前景。这种方式在统计学上称之为“动态分析”。它可以由两种方法来进行:

(1)定基动态比率:即用某一时期的数值作为固定的基期指标数值,将其他的各期数值与之对比分析。其计算公式为:

定基动态比率=分析期数值÷固定基期数值

例如:以2000年为固定基期,分析2001年、2002年利润增长比率,假设某企业2000年的净利润为100万元,2001年的净利润为120万元,2002年的净利润为150万元。则:

2001年的定基动态比率=120÷100=120%

2002年的定基动态比率=150÷100=150%

(2)环比动态比率:它是以每一分析期的前期数值为基期数值而计算出来的动态比率,其计算公式为:

环比动态比率=分析期数值÷前期数值

仍以上则资料为例,则:

2001年的环比动态比率=120÷100=120%

2002年的环比动态比率=150÷120=125%

4.因素分析法

因素分析法又叫“连环替代法”,是指数法原理在经济分析中的应用和发展。它根据指数法的原理,在分析多种因素影响的事物变动时,为了观察某一因素变动的影响而将其他因素固定下来,如此逐项分析,逐项替代,故称“因素分析法”或“连环替代法”。

采用因素分析法时应注意因素分解的关联性,因素替代的顺序性,顺序替代的连环性以及计算结果的假定性等问题,以使分析结果更具实际指导价值。

三、饭店财务比率分析

1.变现能力比率

变现能力是企业产生现金的能力,它取决于可以在近期转变为现金的流动资产的多少。

(1)流动比率:

计算公式为:

流动比率=流动资产合计/流动负债合计

企业设置的标准值:2。

意义:体现企业偿还短期债务的能力。流动资产越多,短期债务越少,则流

动比率越大,企业的短期偿债能力越强。

分析提示:低于正常值,企业的短期偿债风险较大。一般情况下,营业周期、流动资产中的应收账款数额和存货的周转速度是影响流动比率的主要因素。

(2)速动比率:

计算公式为:

速动比率 =(流动资产合计 - 存货)/ 流动负债合计

意义:比流动比率更能体现企业的偿还短期债务的能力。因为流动资产中,尚包括变现速度较慢且可能已贬值的存货,因此将流动资产扣除存货再与流动负债对比,以衡量企业的短期偿债能力。

一般来讲,低于1的速动比率通常被认为是短期偿债能力偏低。影响速动比率的可信性的重要因素是应收账款的变现能力,账面上的应收账款不一定都能变现,也不一定非常可靠。

2. 资产管理比率

(1)存货周转率:

计算公式为:

存货周转率 = 产品销售成本 / [(期初存货 + 期末存货)/2]

意义:存货的周转率是存货周转速度的主要指标。提高存货周转率,缩短营业周期,可以提高企业的变现能力。

分析提示:存货周转率反映存货管理水平,存货周转率越高,存货的占用水平越低,流动性越强,存货转换为现金或应收账款的速度越快。它不仅影响企业的短期偿债能力,也是整个企业管理的重要内容。

(2)存货周转天数:

计算公式为:

存货周转天数 = 360/存货周转率

$$= [360 \times \frac{1}{2}(\text{期初存货} + \text{期末存货})] / \text{产品销售成本}$$

意义:体现企业购入存货、投入生产到销售出去所需要的天数。提高存货周转率,缩短营业周期,可以提高企业的变现能力。

分析提示:存货周转天数也反映存货管理水平,存货周转天数越短,存货的占用水平越低,流动性越强,存货转换为现金或应收账款的速度越快。它也是影响企业的短期偿债能力和整个企业管理的重要内容。

(3)应收账款周转率:

定义:指定的分析期间内应收账款转为现金的平均次数。

计算公式为:

$$应收账款周转率 = 销售收入/\frac{1}{2}(期初应收账款 + 期末应收账款)$$

意义:应收账款周转率越高,说明其收回越快;反之,说明营运资金过多呆滞在应收账款上,影响正常资金周转及偿债能力。

分析提示:应收账款周转率,要与企业的经营方式结合考虑。以下几种情况使用该指标不能反映实际情况:①季节性经营的企业;②大量使用分期收款结算方式;③大量使用现金结算的销售;④年末大量销售或年末销售大幅度下降。

(4)营业周期:

计算公式为:

$$营业周期 = 存货周转天数 + 应收账款周转天数 = [\frac{1}{2}(期初存货 + 期末存货) \times 360]/产品销售成本 + [\frac{1}{2}(期初应收账款 + 期末应收账款) \times 360]/产品销售收入$$

意义:营业周期是从取得存货开始到销售存货并收回现金为止的一段时间。一般情况下,营业周期短,说明资金周转速度快;营业周期长,说明资金周转速度慢。

分析提示:营业周期,一般应结合存货周转情况和应收账款周转情况一并分析。营业周期的长短,不仅体现企业的资产管理水平,还会影响企业的偿债能力和盈利能力。

(5)流动资产周转率:

计算公式为:

$$流动资产周转率 = 销售收入/\frac{1}{2}(期初流动资产 + 期末流动资产)$$

意义:流动资产周转率反映流动资产的周转速度,周转速度越快,会相对节约流动资产,相当于扩大资产的投入,增强企业的赢利能力;而延缓周转速度,需补充流动资产参加周转,形成资产的浪费,降低企业的赢利能力。

分析提示:流动资产周转率要结合存货、应收账款一并进行分析,和反映赢利能力的指标结合在一起使用,可全面评价企业的赢利能力。

(6)总资产周转率:

计算公式为:

$$总资产周转率 = 销售收入/\frac{1}{2}(期初资产总额 + 期末资产总额)$$

意义:该项指标反映总资产的周转速度,周转越快,说明销售能力越强。企业可以采用薄利多销的方法,加速资金周转,带来利润绝对额的增加。

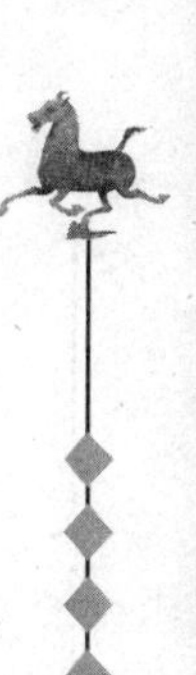

分析提示:总资产周转指标用于衡量企业运用资产赚取利润的能力,经常和反映赢利能力的指标一起使用,全面评价企业的赢利能力。

3. 负债比率:

负债比率是反映债务和资产、净资产关系的比率。它反映企业偿付到期长期债务的能力。

(1)资产负债比率:

计算公式为:

资产负债率 =(负债总额 / 资产总额)×100%

意义:反映债权人提供的资本占全部资本的比例。该指标也被称为"举债经营比率"。

分析提示:负债比率越大,企业面临的财务风险越大,获取利润的能力也越强。如果企业资金不足,依靠欠债维持,导致资产负债率特别高,偿债风险就应该特别注意了。资产负债率在 60% ~70%,比较合理、稳健;达到 85% 及以上时,应视为发出预警信号,企业应提起足够的注意。

(2)产权比率:

计算公式为:

产权比率 =(负债总额 /股东权益)×100%

意义:反映债权人与股东提供的资本的相对比例,企业的资本结构是否合理、稳定,同时也表明债权人投入资本受到股东权益的保障程度。

分析提示:一般说来,产权比率高是高风险、高报酬的财务结构,产权比率低,是低风险、低报酬的财务结构。从股东来说,在通货膨胀时期,企业举债,可以将损失和风险转移给债权人;在经济繁荣时期,举债经营可以获得额外的利润;在经济萎缩时期,少借债可以减少利息负担和财务风险。

(3)有形净值债务率:

计算公式为:

有形净值债务率 =[负债总额/(股东权益 - 无形资产净值)]×100%

意义:有形净值债务率是产权比率指标的延伸,更为谨慎、保守地反映在企业清算时债权人投入的资本受到股东权益的保障程度。它不考虑无形资产如商誉、商标、专利权以及非专利技术等的价值,因为它们不一定能用来还债,为谨慎起见,一律视为不能偿债。

分析提示:从长期偿债能力看,较低的比率说明企业有良好的偿债能力,举债规模正常。

(4)已获利息倍数:

计算公式为:

已获利息倍数=息税前利润/利息费用

意义:企业经营业务收益与利息费用的比率,用以衡量企业偿付借款利息的能力,也叫"利息保障倍数"。只要已获利息倍数足够大,企业就有充足的能力偿付利息。

分析提示:企业要有足够大的利息税前利润,才能保证负担得起资本化利息。该指标越高,说明企业的债务利息压力越小。

4.盈利能力比率:

盈利能力就是企业赚取利润的能力,不论是投资人还是债务人,都非常关心这个项目。在分析盈利能力时,应当排除证券买卖等非正常项目、已经或将要停止的营业项目、重大事故或法律更改等特别项目、会计政策和财务制度变更带来的累积影响数等因素。

(1)销售净利率:

计算公式为:

销售净利率=净利润/销售收入×100%

意义:该指标反映每一元销售收入带来的净利润是多少,表示销售收入的收益水平。

分析提示:企业在增加销售收入的同时,必须要相应获取更多的净利润才能使销售净利率保持不变或有所提高。销售净利率可以分解成为销售毛利率、销售税金率、销售成本率、销售期间费用率等指标进行分析。

(2)销售毛利率:

计算公式为:

销售毛利率=[(销售收入-销售成本)/销售收入]×100%

意义:表示每1元销售收入扣除销售成本后,有多少钱可以用于各项期间费用和形成盈利。

分析提示:销售毛利率是企业销售净利率的最初基础,没有足够大的销售毛利率便不能形成盈利。企业可以按期分析销售毛利率,据以对企业销售收入、销售成本的发生及配比情况作出判断。

(3)资产净利率(总资产报酬率):

计算公式为:

资产净利率=净利润/[(期初资产总额+期末资产总额)/2]×100%

意义:把企业一定期间的净利润与企业的资产相比较,表明企业资产的综合利用效果。指标越高,表明资产的利用效率越高,说明企业在增加收入和节约资金等方面取得了良好的效果,否则相反。

分析提示:资产净利率是一个综合指标。净利的多少与企业资产的多少、资产的结构、经营管理水平有着密切的关系。影响资产净利率高低的因素有:产品的价格、单位产品成本的高低、产品的产量和销售的数量、资金占用量的大小。可以结合杜邦财务分析体系来分析经营中存在的问题。

(4)净资产收益率(权益报酬率):

计算公式为:

$$净资产收益率=净利润/\frac{1}{2}(期初所有者权益合计+期末所有者权益合计)\times 100\%$$

意义:净资产收益率反映公司所有者权益的投资报酬率,也叫“净值报酬率”或“权益报酬率”,具有很强的综合性,是最重要的财务比率。

分析提示:杜邦分析体系可以将这一指标分解成相联系的多种因素,进一步剖析影响所有者权益报酬的各个方面。如资产周转率、销售利润率、权益乘数等。另外,在使用该指标时,还应结合对“应收账款”、“其他应收款”、“待摊费用”的分析。

5. 流动性分析

流动性分析是将资产迅速转变为现金的能力。

(1) 现金到期债务比

计算公式为:

现金到期债务比=经营活动现金净流量/本期到期的债务

本期到期债务=一年内到期的长期负债+应付票据

意义:以经营活动的现金净流量与本期到期的债务比较,可以体现企业偿还到期债务的能力。

分析提示:企业能够用来偿还债务的方式,除借新债还旧债外,一般应当是经营活动的现金流入。

(2)现金流动负债比

计算公式为:

现金流动负债比=年经营活动现金净流量/期末流动负债

意义:反映经营活动产生的现金对流动负债的保障程度。

分析提示:现金流动负债比率越大,表明企业经营活动产生的现金流量越多,越能保障企业按期偿还到期债务。

6. 获取现金的能力

(1) 销售现金比率

计算公式为:

销售现金比率=经营活动现金净流量/销售额

意义:反映每元销售得到的净现金流入量,其值越大越好。

分析提示:该比率反映每元销售收入得到的现金流量净额,数值越大越好。

(2)全部资产现金回收率

计算公式为:

全部资产现金回收率 = 经营活动现金净流量 / 期末资产总额

意义:说明企业资产产生现金的能力,其值越大越好。

分析提示:把上述指标求倒数,则可以分析全部资产用于经营活动的现金回收周期的长短。回收期越短,说明资产获现能力越强。

7.财务弹性分析

(1)现金满足投资比率

计算公式为:

现金满足投资比率 = 近五年累计经营活动现金净流量/(同期内的资本支出 + 存货增加 + 现金股利)

取数方法:近五年累计经营活动现金净流量应指前五年的经营活动现金净流量之和;同期内的资本支出、存货增加、现金股利之和也从现金流量表相关栏目取数,均取近五年的平均数。

资本支出,从购建固定资产、无形资产和其他长期资产所支付的现金项目中取数;存货增加,从现金流量表附表中取数。取存货的减少栏的相反数即存货的增加;现金股利,从现金流量表主表中的分配利润或股利所支付的现金项目取数。如果实行新的企业会计制度,该项目则为分配股利、利润或偿付利息所支付的现金,取数方式为:主表分配股利、利润或偿付利息所支付的现金项目减去附表中的财务费用。

意义:说明企业经营产生的现金满足资本支出、存货增加和发放现金股利的能力,其值越大越好。比率越大,资金自给率越高。

分析提示:达到1,说明企业可以用经营获取的现金满足企业扩充所需的资金;若小于1,则说明企业部分资金要靠外部融资来补充。

(2)营运指数

计算公式为:

营运指数 = 经营活动现金净流量 / 经营所得现金

意义:分析会计收益和现金净流量的比例关系,评价收益质量。

分析提示:接近1,说明企业经营获取的现金与其应获现金相当,收益质量高;若小于1,则说明企业的收益质量不够好。

第四节 饭店财务控制

一、饭店会计控制

(一)会计凭证

会计凭证是记录经济业务发生和完成情况的书面证明,也是登记账簿的依据。会计凭证按照其编制的程序和用途不同,分为原始凭证和记账凭证。

1. 原始凭证

原始凭证又称"单据",是在经济业务发生或完成时取得的,记录经济业务发生或完成情况的书面证明。

原始凭证主要包括自制的和外来的两种类型。自制的原始凭证有入库单、领料单、工资表等,外来的原始凭证有购物发票、付款收据等。它证明了经济业务已经完成,并可作为会计核算的原始资料。

2. 记账凭证

会计人员根据审核无误的原始凭证进行分析,按照经济业务的内容加以归类,并据以确定应借、应贷的账户名称和金额后所填制的会计凭证。

(二)会计账簿

会计账簿是指由一定格式的账页组成的,以会计凭证为依据,全面、系统、连续地记录各项经济业务的簿记。会计账簿是联结会计凭证与会计报表的中间环节,是编制会计报表的基础,在会计核算中具有重要意义。

会计账簿按照用途一般可分为日记账、分类账和备查簿。

1. 日记账

日记账俗称流水账,是按照经济业务发生的先后顺序,逐日逐笔进行登记的账簿。按照规定要设置现金日记账和银行存款日记账。日记账由出纳根据办理完毕的收、付款凭证逐笔按序登记。

2. 分类账

按照总分类账户和明细账户进行登记的账簿,相应地称为"总分类和明细分类账"。会计人员要按照会计法规的要求,结合本单位的经营管理与核算的需要,进行账簿的设置与登记。

3. 备查簿

为保证账簿记录的正确性,会计还必须认真做好对账工作。主要包括将账簿记录与记账凭证相核对,将账簿与账簿间有关数字相核对,将账簿数字与有关实物相核对等工作。也就是说,要做到账证相符、账账相符、账实相符。

（三）会计工作的一般原则

根据我国《企业会计准则》的规定，会计核算的一般原则主要包括三个方面：

1. 衡量会计信息质量的一般原则：客观性原则、相关性原则、可比性原则、一贯性原则、及时性原则、明晰性原则。

2. 会计确认和计量的一般原则：权责发生制原则、配比原则、历史成本原则、划分收益性支出与资本性支出原则。

3. 起补充修正作用的一般原则：谨慎原则、重要性原则、实质重于形式原则。

为增进理解，现就其中部分原则进行解释：

客观性原则：要求会计核算以实际发生的经济业务及合法会计凭证为依据，如实反映财务状况和经营成果，做到内容真实、数字准确、资料可靠。该原则是对会计工作的基本要求。

一贯性原则：要求某种会计方法一旦被采用，则应在前后各时期保持一致，不得随意改变。这样，财务信息的使用者才能对前后各期的会计信息进行比较、分析和利用。

一般来说，在两种情况下可以改变会计方法：一是国家的会计法规发生变化，要求企业改变会计方法；二是改变会计方法能更恰当地反映企业财务状况和经营成果。

配比原则：是指一定时期的收入应当与该收入相关的成本、费用相互配比，在同一会计期间入账，以便正确地确定当期的利润。

谨慎原则：又称“稳健原则”，是指在不确定因素存在的情况下，要保持谨慎，不高估资产或可能的收益，不低估负债或可能产生的损失和费用。

（四）会计体系的内部控制

尽管新的会计法对禁止做假账的规定很多，但要准确判断企业的账目数据与实际物资数额、资金数额、权益、债务是否相符，操作过程十分复杂。要保证企业会计数据和实际款物、实际的财务状况一致，可以采用多种办法：

1. 严格采用职务不相容原则

此原则规定了审批人、经办人、办管人、记账人应该相互分离、相互制约。需要指出的是，“管理信息化可以减少做假账”的说法是不正确的，许多公司失败的案例可以证明这一点。

2. 重大经营活动多人负责的原则

尽管现代管理中很重视责任人的价值，但在重大经营活动中不能按照这一原则，即不能只由一位负责人全权负责，这样很容易诱发犯罪。

3. 加强内部审计

除了固定的审计程序和制度外，加强内部审计和“临时”审查也是必不可少的。

总之，国家的会计法规只是相关的规范，企业上级和政府部门的监督也只是辅助性的，如何真正地提高企业经营质量，实现企业的健康发展，企业内部的会计控制会起到关键作用。

二、饭店全面预算管理

（一）饭店预算与全面预算

1. 预算的含义

预算是一种系统的方法，用来分配饭店的财务、实物及人力资源，以实现饭店既定的战略目标。饭店可以通过预算来监控目标的实现情况，这样有助于控制开支以及现金流量，从而有效地提高饭店利润。

预算的本身并不是最终目标而是通过预算衡量、监控饭店及各部门的经营绩效，确保实现目标。预算管理即预算控制，是指预算的编制与汇总、调整、执行与考核的过程。

2. 全面预算的含义

全面预算是利用货币量度对饭店某个时期的全部经济活动的数量反映。即在预测和决策的基础上，按照规定的目标和内容对饭店未来的销售、生产等方面以计划的形式具体反映，以便有效地组织与协调饭店的全部经营活动，完成饭店既定目标。可从如下方面进行理解：

（1）全面预算是用数量形式反映出来的正式计划。

（2）全面预算表明了未来特定时期内实施某些行动所获得的预期财务成果。

（3）饭店的整体预算是由各部门的预算汇总得出的。

（4）全面预算是以预测为前提的，只有正确的预测才能形成正确的预算。

全面预算管理诞生于20世纪20年代的美国，是从最初的计划、协调生产发展而成的，兼具控制、激励、评价等功能的一种综合贯彻饭店战略方针的控制方法。全面预算的编制通常是以一年为一期，这样便于预算期间与会计年度一致，以利于预算执行结果的分析、评价和考核。

（二）全面预算的内容

全面预算与传统意义上的预算有较大不同，全面预算不但包含传统预算的全部内容，还包含饭店与部门的年度运行计划，使饭点战略与部门战略紧密联系。全面预算是形成饭店与部门关键绩效指标的主要来源，是整个绩效管理的基础和依据。

1. 从预算的流程角度看

饭店首先应具备明确的战略规划，即饭店发展战略。根据战略规划，饭店和各部门编制自己的工作计划，这一切有助于生成饭店关键绩效指标。根据年度工作计划，各业务部门编制收入与成本预算，各管理部门编制费用预算，财务部门在汇总各部门的预算后，形成饭店总体预算。

2. 从经济内容角度看

饭店全面预算是一个完整的系统，可以分为如下部分：经营预算，又被称为“投入和费用预算”，是指与饭店日常业务直接相关、具有实质性的基本活动的预算，通常与饭店损益的计算相关；财务预算，是指与饭店现金收支、经营成果和财务状况有关的各项预算；专门项目预算，这主要涉及长期投资，是指饭店不经常发生的一些业务项目。

（三）预算的作用

1. 可以明确奋斗目标

预算的编制过程实际上是将饭店确定的经营总方针具体化到各部门的过程，通过编制预算将饭店各部门的工作目标及制定依据、落实的措施等明确地提出来，使每一个部门、员工都知道应达到什么样的目标，从而实现全饭店齐心协力工作的状态。

2. 可以作为控制财务活动的依据

在执行预算过程中，以预算指标为依据，分析预算与实际之间的差异，保证预算指标顺利完成，从而使预算起到控制日常财务活动的作用。

3. 可以协调各部门的工作

预算的编制过程是各部门协商、平衡的过程，这就使得各部门之间加深了彼此之间的理解、配合，从全局角度保证了服务质量的提高。

4. 可以作为考核实际工作业绩的标准

衡量业绩一般来讲是通过与历史同期的对比，但这种方法不尽科学，因为这只能说明有进步，但进步的质量却不能衡量，相比之下，预算更为合理。要注意的是，在某些情况下，不能一味地认为没有完成预算就是失败，要结合实际情况进行分析、判断。

（四）预算编制的方法

1. 传统预算法

这种预算方法是静态的编制方法，是以历史数据为基础，按照预算期内一定的增长率进行编制。这种预算的编制方法简便易行，省时省力，但缺乏科学性和先进性，有时会形成鞭打快牛的情况，不利于激励各部门创收。

2. 零基预算

这种方法要求,在预算时应撇开上一年度的营业状况,一切从实际出发,根据每一个项目的必要性和大小来确定各项目的数量。这种预算的编制方法由于不受以前现成资料的束缚,为饭店创造了量力而行、节约开支、提高效率的条件。但由于这一方法工作量大,况且经济活动还有一定的连贯性,因此,这一方法要在实际执行过程中灵活处理。

3. 滚动预算

这是一种随着时间的推移而自行延伸,从而始终使预算保持在一个特定的期限内的预算方法。

五、财务预算的编制

(一)全面预算的编制期

编制经营预算和财务预算常以一年为期限,这样编制可使预算期与会计年度相一致,便于预算执行结果的分析、评价和考核。年度预算要有分季的预算数字,而其中每一季度还应有月的预算数字,既可按月分解,逐月考核,也可按旬或按周进一步细分。资本性支出的预算期则应根据长期投资决策的要求确定。具体制定预算目标,也可以在编制经营预算的同时,编制本年度的资本性预算。在预算编制的具体时间上,经营预算应在每年的第三季度的第二个月就着手编制下一年的预算,也就是在每年的8月份开始编制下一年度的经营预算。各部门开始制定目标,分析历史和未来资料,制定预算进程,落实预算责任人,保证形成一套完整的预算方案并将其下发到饭店各部门。

(二)营业收入预算的编制

饭店经营预算是以营业收入为起点开始编制的。在编制饭店经营预算时,要先行编制饭店的市场营销预算,在市场营销预算的基础上,再编制经营预算和财务预算。

饭店的营业收入是以一个营业点为独立核算的部门进行编制的。营业收入是指饭店经营客房、餐饮、沐浴、娱乐、商场等设施及电话、传真、洗衣及其他各项服务所得的应税营业性收入及场地出租等收入的总和。通常情况下,饭店的营业收入包括客房收入、电话访营业收入(服务中心营业收入)、交通运输收入、租金收入、香烟销售及杂项收入、商品销售收入、服务费收入。

1. 客房营业收入预算的编制

客房营业收入的预算可以按照下面的公式计算:

客房营业收入 = 可供出租的客房数 × 预计出租率 × 预计平均房价 × 营业天数

例如:某饭店有客房200间,预计2007年5月平均出租率为75%,预计平均

房价300元,则5月份的客房收入预计为:

客房营业收入 = 200 × 75% × 300 × 31 = 1395000(元)

决定客房收入的因素主要有客房出租率和房价。一般来说,出租率提高或是房价提高,都会使客房收入提高。

例如:计划本市5月份期间会有一次全国性的体育大赛,会使出租率在原计划的基础上提高5%,从而使销售收入提高93000元(200 × 5% × 300 × 31)。

2. 餐饮成本预算的编制

餐饮的营业成本主要是指制作食品菜肴的原材料、调料及直接销售的饮料的成本。这部分成本的支出总额,可以通过预计的营业收入总额和已经核定的毛利率来确定。其计算公式为:

预算期餐饮产品总成本 = 预算期营业收入总额 × (1 - 预算期毛利率)

(三)营业成本预算的编制

饭店营业成本的预算包括食品成本预算、饮料成本预算、销售成本预算、车辆营运成本预算、商品销售成本预算等。在编制预算时,要以一个赢利中心为单位编制成本预算。

1. 餐饮成本预算

餐饮成本预算是达成预期成本指标的一种行动方案。成本指标是预期经济目标之一,为了达到这个目标,饭店必须根据国家方针政策核定的饮食产品毛利率幅度,结合本企业的情况,预测预算期的成本指标,制定成本计划。

餐饮成本预算由下列几个指标组成:预算期餐饮食品总成本额、每一品种或主要品种的预算单位成本、主要原材料耗用成本及成本降低额。

2. 商品销售成本预算

商品销售成本预算一般按大类商品编制,通过预算确定每一大类商品销售成本。它对于考察和掌握各类商品销售成本的构成,预测成本水平,控制销售成本,计算经营损益,确定预算期目标利润有一定作用。

预算期商品销售成本是用预算期商品销售额和预算期成本率来计算的。预算期商品销售额可以根据销售计划指标来确定。预算期成本率则是根据上期各类商品的进销差价率结合预算期的增减变动因素倒算出来的,根据这个要求,预算期销售成本总额计算公式为:

预算期商品销售成本总额 = [预算期各类商品销售总额 × (1 - 各类商品预算进销差价率)]

(四)费用预算的编制

饭店费用预算的编制通常情况下包括营业费用、管理费用及财务费用预算的编制。而根据美国饭店同一会计制度的规定,饭店预算的编制包括经营费用预算的编制和非经营费用预算的编制。经营费用通常包括为了饭店正常经营而需要支付的费用,如营业成本、营业费用、信用卡佣金、金融机构手续费、为经营而向金融机构融资的流动资金贷款利息及管理费用的部分费用子目。

编制预算时,确定费用预算指标必须有科学的依据,主要是饭店管理公司、上级主管部门和财政部门有关费用开支的各项规定和开支标准,预算期内饭店管理部门准备采取哪些措施降低费用等。

1. 人工成本预算的编制

人工成本的预算要根据人力资源部编制的用工计划及饭店的工资政策、福利政策以及国家的相关养老保险政策进行编制。人工成本预算的编制是饭店经营费用预算编制的前提。人力资源部在编制人工成本预算时,必须充分了解国家及当地相关劳动政策的变化及竞争对手所采取的一些用工政策及薪资政策,确保饭店在预算年度的竞争力水平。

(1)人工成本预算包括内容

在编制每个部门的损益预算时,每个部门的预算损益表中都包括饭店的人工成本,且人工成本预算编制是饭店经营预算编制的前提,因此,饭店人工预算编制的准确性就决定了饭店预算编制的准确性。

人工成本预算包括工资总额、附加福利的杂项、承包劳务费、临时工工资和加班费以及年终分红的预算,工资总额和附加福利适用于饭店长期雇用和连续使用的全体专职员工,不论是否有正式雇用合同。人员统计应对照人员计划。

(2)人工成本预算编制方法

①销售额百分比法。在掌握各项费用率历史变化趋势的条件下,结合预算起源及发生的新情况,分别确定与销售额的比率,然后据以计算出各项费用的计划数。需要注意的是,饭店内部各部门的直接费用率是与部门销售额的百分比成一定的比例关系的,通常在编制人工成本预算时,我们要根据饭店销售额的增长幅度,给予员工一定比例的工资增长。

②按一定的比例进行预算。以福利费为例,根据现行制度规定,应按照职工工资总额的 14% 计提,只要规定预算年度职工工资总额即可计算出福利费预算。

$$\text{福利费预算数} = \text{预算年度职工工资总额} \times 14\%$$

2. 财务费用预算的编制

财务费用预算的编制包括信用卡佣金的编制、金融机构手续费的编制、流动资金贷款利息的编制、固定资金贷款利息的编制、汇兑损益的编制以及为筹资而发生的费用编制。

信用卡佣金:客人在饭店使用信用卡进行结账消费时,饭店需要支付给信用卡公司的佣金。随着经济的发展,持卡消费的人将会逐步增加,因此,饭店预算中的信用卡佣金将会逐步增加。

在外资管理的饭店中,信用卡佣金是在行政部门费用预算编制中进行体现的,而在国内,编制财务会计预算报表时,要将其转化为财务费用预算的编制。

3.变动费用预算的编制

为了正确制定费用指标,需要根据各个项目的不同情况,采取不同的方法加以确定。变动费用是随着经营量增减而相应增减的费用,其开支额与经营量存在一定的比例关系。因此,在预算中既要确定开支额,也要确定费用率。预算执行中,主要应控制费用率。各项变动费用指标一般可运用报告期实际比例推算确定;对于重点费用项目,需要进一步分析开支的构成因素及开支的潜力,运用技术经济测定法分项进行具体测定,综合确定;有的费用项目国家已经规定了支付比率,则一定按规定进行计算。因此,财务预算主要是确定费用开支额,凡是国家已经规定了提取比例或开支额标准的,要以定律法或定额法按规定的范围和标准计算确定,不能自行提高;没有规定开支标准的,应由饭店有关部门编制开支预算,经审批后列入预算,也可以根据报告期实际分析增减后确定。

根据美国饭店同一会计制度的规定,在编制预算时,费用包括经营性费用和非经营性费用。经营性费用包括营业税金及附加、人工成本以及根据营业增减而变化的变动性的费用,还包括营业费用和管理费用。

(1)费用子目包括项目。

饭店预算中的营业费用包括以下费用子目:

①邮寄办公用品。各部门为了正常的办公需要而产生的办公用品费用。

②邮电及通信。各部门为了经营需要而支付的电话、传真、宽带的费用以及产生邮寄的费用。

除以上两种,还包括服务费用、清洁印刷费用等项目。

(2)经营费用预算编制方法。

①直接计算。直接计算,即在上年实际费用的基础上预算增减因素,逐项直接计算。

②低值易耗品摊销。低值易耗品摊销包括新增低值易耗品摊销和旧有低值易耗品摊销两部分。前者根据购置预算按规定的摊销办法计算,对后者则要结合预算期内报废情况确定其摊销额。

除此之外,还有定率预测编制法、定额预测编制法等方法。

4.营业税金及附加的编制

营业税金及附加是指按税法规定缴纳的营业税金及附加。编制该费用项目时,通常采用固定比率法。营业税金及附加包括营业税、城市维护建设税及教育

附加三个子目。在运用国内财务制度编制预算时,该费用是作为独立的会计科目进行预算的编制,而根据美国饭店同一会计制度,则是作为各营运部门的经营费用子目进行预算的编制。

5. 非经营费用编制

非经营费用是指饭店管理者无法直接控制而由饭店负担的有关费用(也称"承载力成本")。在计算经营毛利 GOP 时不作考虑,也不作为对饭店管理者进行考核的费用。在计算经营费用时,要从饭店总费用中扣除业主费用。

非经营费用 = 饭店总费用—经营费用

从财务会计角度讲,非经营费用属于管理费用项目,然而从会计角度讲,固定费用一般不随经营量的变动而变动。固定费用一般不采用比例推算法,它通常属于饭店管理层无控制的费用,因此,一般情况下,在编制预算时,在非经营费用项目下列支,不作为考核经营者的指标。

本章小结

本章首先介绍了饭店物资采购与库存,这部分主要包括饭店物资划分的种类、饭店采购的具体管理方式、采购批量的核定、饭店物资的验收及存货管理等内容。其次,分析了饭店成本费用的相关问题,讲述了成本费用的基本概念、成本费用的具体划分内容,并指明了饭店成本费用管理的原则、与饭店成本升降紧密相关的要素,总结了饭店降低成本的策略。再次,介绍了财务分析,以财务报表等会计资料为依据,采用专门方法,系统分析和评价企业过去和现在的财务状况、经营成果及其变动,将大量的财务报表及相关的数据转换为对特定决策有用的信息,减少决策的不确定性。最后,解释了饭店全面预算管理,并总结了财务预算的编制方法。

复习思考

一、名词解释

1. 饭店成本

2. 饭店收入

3. 饭店利润

二、简答题

1. 饭店物资的种类有哪些?

2. 饭店设备选择的原则是什么?

3. 如何对布草进行管理和控制？

4. 饭店用品的选择原则是什么？

5. 采购工作开展的程序是什么？

6. 如何对库存物资进行管理？

7. 饭店成本费用管理的原则是什么？

8. 如何加强会计体系的内部控制？

9. 饭店预算有哪些作用？

三、案例分析

中国的许多大型企业已经陷入了成本的陷阱，不仅向供应商施加压力，同时对员工尽量压榨，在各种必须支出中缩减一切能够节省的成本。比如，超市冷冻食品柜的冷冻温度并不是食品保存应该有的温度，因为要省电。不只企业如此，消费者也容易陷入成本陷阱，比如，给孩子买便宜的铅笔，结果写几个字，笔芯就断，一支铅笔仅用 3 天，而价格贵上 25% 的铅笔，却完全可以用上一个月。

美国投资大师韦尔奇的管理思想之一是：在商业决策中，首先考虑收益，甚至为了得到收益而付出明显较多的成本。

根据以上案例回答以下问题：

结合本章知识，谈谈你是如何理解上述情况的。

推荐阅读

1. 刘玮：《浅议酒店财务内部控制》，载《商场现代化》2009 年第 15 期。

2. 李淑芳：《浅谈酒店成本管理中的问题及建议》，载《现代经济信息》2010 年第 11 期。

3. 王翔等：《我国酒店成本管理存在的主要问题及原因分析》，载《中国经贸》2009 年第 8 期。

4. 李琦：《酒店一次性用品的现状研究》，载《中国商贸》2009 年第 5 期。

第九章　饭店设备维护和管理

【学习目标】

知识目标

1. 掌握饭店设备的含义，了解饭店主要的设备系统。

2. 掌握饭店设备管理前期、服务期、后期的各项内容。

3. 理解饭店资产管理的含义。

4. 理解饭店能源管理的含义，掌握能源管理的方法。

5. 了解现代饭店设备管理的发展趋势。

技能目标

1. 能够根据饭店周期管理的内容，针对饭店具体设备的各阶段管理制订方案。

2. 能够结合饭店能源管理内容，将饭店节能理论应用于具体工作实践。

【本章导读】

学习目的和意义　现代饭店之所以能在食、住、行、游、购、娱诸方面为宾客提供优质的综合服务，一个重要的原因，在于饭店采用了直接应用于现代生活之中并提高人们生活质量的科技成果——现代生活设备和设施。先进、优质、美观、舒适、实用的设备设施是饭店吸引客人，提供优质服务的物质基础。了解饭店设备的含义、分类等基础知识，掌握设备周期管理的各阶段内容，理解设备资产管理、能源管理的相关知识，对于构建完整的饭店管理知识体系具有重要意义。

本章内容概述　本章主要对饭店设备管理的相关问题进行探讨，第一节提出了饭店设备的概念，并对饭店主要设备系统进行概括介绍。第二节阐明了饭店设备管理的含义，分前期、服务期、后期三个阶段对饭店设备周期管理进行详述。第三节重点介绍了与设备管理相关的饭店资产管理与饭店能源管理。

【案例导入】

一大早，我和朋友一起进入中国东部某城市的某酒店。从外观上看，这家酒店够气派：30 多层高、壮观的玻璃大门、穿戴规范的员工，大厅场面宏大，地面铺

的是大理石，休闲区摆放着沙发和椅子。入住登记很顺利，服务员够专业。不过，我仍然觉得自己找错了地方。我的房间很糟糕，它令我想起10年前的中国才有的那种房间。这是一个套房，但我知道自己不会使用外面那个摆着低矮椅子的房间的。床太软，卧室里的电视机每隔5分钟就断一次信号。我每住进一个酒店，通常头一件事是把我的手提电脑、护照等重要物品放好，我没找到保险箱，这令我不安。没有保险箱，那我得一直随身带着笔记本电脑了。我甚至不能出去就餐……酒店的二楼餐厅跟底层一样富丽堂皇，饭菜也不赖，餐厅的服务员也跟大厅服务员一样，十分专业。我仿佛待在两个不一样的酒店：拥有漂亮的一二楼的餐厅、大厅和糟糕房间的酒店。一夜睡不安宁。次日早晨，我收拾行礼打算离开，忽然听到了雨声，是从浴室里传来的。我探头看进去，原来“雨”来自天花板。不知道谁在楼上洗澡，水漏到了我的房间，怪不得房间里一直有种湿湿的味道。……

（摘自新华网《美国人看中国：给中国四星级酒店降三级》）

【课堂思考】

酒店拥有气派的建筑、豪华的装修、专业的人员、规范的服务……但却不能令我们的美国客人满意，甚至不能带给其最基本的安全感，是美国客人太挑剔，还是我们的管理真的还存在问题？

第一节　饭店设施设备

一、饭店设备的含义

设备的本义是指为某一目的而配置的建筑与器物等。如今一般指生产或生活上所需要的各种器械用品，如工厂内的各种机床、锅炉等大型设备，家庭使用的冰箱及音响等小型设备。

饭店设备是饭店正常运转所必需的各种机器、仪表、机具、仪器等物质技术装备及各自系统的总称，如变压器、制冷机、空调器、电视机等。设备可以连续多次重复使用，多属于固定资产。

二、饭店主要设备系统简介

饭店设备种类多，数量大，有不同的分类方法，可按其用途分类，按其所在区域分类，或按其对能源的使用情况分类。按饭店设备分属的不同系统可以分为以下几类：

图 9-1 现代饭店大堂的豪华装修

(一)供电系统

饭店的供电系统是指电能从外部电网上的高压线输入饭店,经过变压器再到各用电单位所经过的全部路径。整个系统可分三级:一级是饭店级,二级是用电单位级,三级是设备单台级。如空调系统是一个用电单位,制冷机就是一个设备单台;客房是一个用电单位,电视机就是一个设备单台。

1. 饭店电压

饭店主供电线路一般为三相交流电,其线路频率是 50 赫兹,标准供电电压各个国家有所不同,在我国是 220/380(即单相电压 220 伏,三相电压 380 伏)。主变压器的最小容量应为高峰负荷的 150%。如高峰负荷是 1000 千瓦,那么配置变压器至少应是 1500 千瓦。总开关柜控制电源,向饭店内的各部分配电。

2. 线路负荷

线路负荷的估算:单个设备按其本身的最大功率计算,如空调设备、机械设备、烹调设备、洗衣设备等;照明总负荷,按单位面积的平均功率计算。

3. 应急发电设备

现代饭店是国内外宾客住宿、就餐、娱乐、交际的重要活动场所,对供电的可靠性有很高要求。因此,大型饭店均应设有应急发电设备,总输出功率一般为最大正常用电量的 30% 左右,一般在紧急情况下供应如下比较重要的部门或场所:①照明:所有出口处的信号标志,50% 的楼梯照明,20% 的走廊照明,10% ~ 20% 的公共场所照明;②电话、火警及其他警报装置;③电梯;④消防设备,如高低压消防水泵等;⑤厨房部分用电,如冰箱和冷柜等;⑥所有污水泵以及部分重要区域的冷热水供应;⑦局部采暖或制冷用的水泵。

4. 饭店用电量的估算方法

对于一般的公寓或高层住宅来讲,其照明和生活用电负荷可按单位建筑面积 20 瓦计算。而对于现代的较高档次饭店，其负荷计算要视具体情况而定，差异甚大，最高可达 150 瓦/米^2，但一般可按 65 瓦/米^2 ~80 瓦/米^2 计算。

（二）供水系统

饭店的供水系统包括整个饭店的冷水、热水和废水排泄系统，负责整个饭店饮用冷热水的供给，卫生间的冷热水供给，采暖区域的循环管网，局部降温和空调的冷冻水管道，厨房、洗衣房的冷热水供给，游泳池和美化环境用水，消防用水的保证等工作，所以它包括了饭店的水管、水泵、水塔、储水池、排泄管道等与水有关的全部设施。

饭店的供水量，包括客房卫生间，客人每人每日标准用水量为 250 ~350 升；餐厅按用餐人数计算，每人每日 15 ~30 升；职工用水量按职工人数，每人每日 100 ~150 升；洗衣房用水以洗衣量为依据，标准用水量为 40 ~50 升/千克衣服。另外，空调冷却补给水、锅炉补给水等，均要计算在饭店用水量之内。

饭店用水量的估算，可根据饭店床位总数，按每日用水量等于 1 立方米/床位乘以床位总数计算。

（三）供热系统

饭店所需的暖气、蒸汽均由锅炉房提供。锅炉设备是将燃料的化学能转化为热能，并将热能传递给水，从而产生一定的温度与压力的蒸汽或热水的设备，前者为蒸汽锅炉，后者为热水锅炉。

锅炉按结构形式可分为立式和卧式两种，按燃料可分为燃煤、燃油和燃气三种。燃油、燃气锅炉体积小，燃料由管道运输，操作场地清洁，烟尘量少，可放在饭店的地下室，而燃煤锅炉煤堆大，操作场地较脏，烟尘量大，一般设在地面层，污染较严重。目前随着城市环保要求的提高，燃煤锅炉在相当多的城市已禁止使用。

热交换器是蒸汽与水进行热能转换的设备。容积式水加热器是水包汽类加热器，具有存水和加热的双重作用。快速蒸汽水加热器是汽包水类加热器，这种热交换器很短时间内就可得到开水。同时饭店中也可利用各种开水炉来生产开水，如电开水器、太阳能热水器。

（四）制冷系统

人工制冷是利用某种装置迫使热量由低温物体传给高温物体，使低温物体的温度进一步降低，因此人们制造了各种形式的制冷机。如蒸汽压缩式制冷机、吸收式制冷机等。应用最广泛的是蒸汽压缩式制冷机，采用氨或氟利昂为制冷剂，它的特点是品种多，型号全，重量轻，体积小，效率高，但一次性投资较大，维修较复杂。饭店里还使用各种型号的冰箱、冰柜、冷藏柜等。根据环保的需要，饭店已经大量使用无氟冰箱、冰柜等。

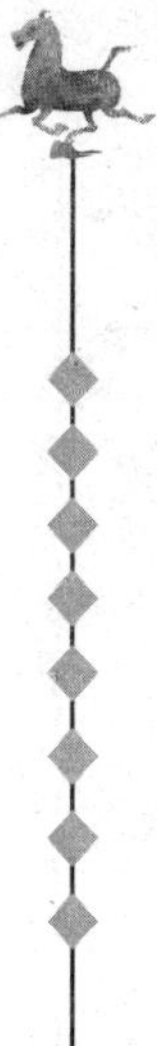

（五）空调系统

空气调节是将空气处理为所要求的状态后，送入空调房间内，以满足人们所需要的温度、相对湿度、空气的流动速度和空气的洁净度。饭店的空调属于舒适性空调，它的作用是使室内人员处于舒适状态，实际上是使人体能维持正常的散热量和散湿量。

空调系统能对空气进行冷却、加热、加温干燥和净化处理，同时在运行中能进行自动控制。空调系统一般均由空气处理设备、空气输送管道和空气分配装置组成。空调系统种类很多，基本上可分为三类：集中式空调、局部式空调和混合式空调。

（六）通信系统

通信系统主要包括饭店的电话、电报、电传和图文传真通信系统以及饭店内部通信系统。其中电话通信系统应用最为广泛，其功能包括：与外界联系、方便服务、免干扰、自动叫醒、自动计时等；饭店内部通信系统如对讲系统、店内传呼系统等，便于内部人员的交流与信息及时传递。

（七）音像系统

音像系统包括音响广播系统和电视系统两大类。其中音响广播系统又包括客房内的音乐广播、背景音乐、紧急广播等。电视系统主要指客房电视与饭店公共区域彩显屏幕系统，目前多数高星级饭店客房电视配置了 VOD 视频点播系统，充分满足顾客个性化的需求。

（八）电梯系统

电梯是饭店的垂直运输设备，对高层的饭店尤为重要。饭店电梯的设置数量与饭店的等级、电梯的时速以及电梯的载客能力均有关系。一般的估算方法为：

电梯数量 = 2 + 客房数/100

若饭店有 300 间客房，按此公式计算，电梯数量应是 5 部。我国上海的金茂大厦拥有 79 部电梯，其中两部直达 88 层，并以每秒 9 米的速度在 45 秒内到达 340 米高的观光层。该大厦电梯具有“空中对接”功能，即电梯有侧门，如遇故障，可轻松跨入隔壁电梯。而北京正准备兴建的 330 米高的世贸大厦，电梯速度可达每秒 10 米，技术水平在世界范围内位居前列。

（九）消防报警系统和消防灭火设施

饭店的建筑标准一般较高，功能复杂，可燃装饰多，并设有空调系统，由于具备这些特点，饭店一旦出现火情，扑救火灾以及疏散人群均有较大困难。因此对饭店的消防工作要有更高的标准。

饭店内所有客房、机房和要害部位，都应装有烟感探测器或温感探测器，有

自动喷淋系统和各类灭火器具。安全出口通道标识明确,并保证畅通。饭店内设有安全监控中心,内有消防控制柜,万一发生火灾,可以显示火警方位。

图 9-2 观光电梯

(十)其他设备

康乐健身设备,包括舞厅、健身房、按摩室、桑拿浴室、游泳池、美容室、高尔夫球场、保龄球室、台球室、棋牌室和乒乓球室等。

饭店的商务中心,能为顾客提供各种办公设备,如电脑、复印机、传真机、装订机等。

另外还有厨房设备、清洁设备、洗衣设备等。

【课堂思考】

现代饭店中的各种设备你知道的有哪些?你能将它们分别归入以上各设备系统吗?

三、饭店设备特点及发展趋势

(一)饭店设备的特点

1. 投资额大

现代饭店为满足客人的需求,服务项目越来越多,对饭店硬件、设备设施的要求也越来越高。许多饭店为提高竞争力,配备设备不断追求高档次,导致进口设备数量增多,投资金额增大。一般来讲,饭店设备设施投资额约占饭店建设总投资的1/3左右,目前有些饭店甚至达到1/2以上。

2. 种类多,数量大

现代饭店已由原来的只提供住宿的单一功能,发展为集食、住、行、游、购、娱、通信和商务为一体的综合性企业。饭店提供的综合性服务,是以设备设施为依托的,所以现代饭店的设备种类越来越多,数量越来越多。一般饭店的设备系统都达几个到十几个,设备的种类多达几百种,数量达上千台。

3. 技术先进

为适应市场的需要,满足客人的要求,饭店购置的设备要求美观、舒适、安全和可靠,而设备只有达到技术先进,才可以满足客人对设备的要求,比如,电梯要求安全高速,通信系统要求快速方便。目前,国内的许多星级饭店的硬件已与国际接轨,达到国际先进水平。

4. 维持费用高

饭店设备越复杂,越高档,进口设备越多,对操作及维修人员的技术水平要求也就越高。大量的进口设备会增加维护检修的难度以及零配件的购置费用。

若要聘请外方人员,更会增加相关费用。所以提高技术水平,节能降耗,努力减少各项维持费用的支出,是饭店设备管理的重中之重。

5. 更新周期短

饭店的设备不同于厂矿设备,其使用寿命在很大程度上是由技术寿命和经济寿命决定的。由于科学技术的迅速发展,市场需求不断变化,饭店必须以客人的需求为主导,不断淘汰那些虽能继续使用但已不适应当前市场形势和潮流的设备。比如电风扇被空调器所取代,普通门锁为新兴的电子门锁所取代,饭店中设备的更新周期要比其他行业的短。

(二)饭店设备的发展趋势

饭店设备是随着社会的进步、经济技术的发展、人们需求的提升而逐渐发展起来的。早期的客栈只为客人提供食宿,设备是极其简陋的。随着社会的发展,豪华饭店、高星级饭店接连出现,使得饭店的客房数增多,餐厅面积扩大,服务项目增加,设备的种类也开始增多。现代化饭店的出现,使饭店能够满足社会各阶层人士的需要,其使用价值正向多功能和优质服务方向发展。饭店的设备设施更是体现了时代的潮流,把最新的科技成果用到了饭店的设备、服务和管理上。饭店的现代化程度的提高必须以设备设施的现代化为基础。概括起来,饭店设备的发展趋势主要体现在以下几方面:

1. 饭店设备向电子化、自动化发展

由于计算机技术的发展,饭店设备的自动化程度越来越高,现在许多饭店的电梯、锅炉、制冷机组都由电脑控制,各消费场所的账单均由电脑管理,用电脑管理的饭店门锁系统也得到了广泛的应用。可以预见,今后饭店中由电脑进行控制的设备和系统会越来越多。

2. 饭店业务将普遍采用计算机管理,充分发挥网络的作用

目前很多饭店的业务已由人工转为应用计算机管理,并开始建立内部网络,包括前台各部门的对客接待,后台的财务、物资、安全、人事和劳动工资等都在使用计算机管理,大大提高了工作效率与精度,提高了服务质量,计算机及网络在饭店今后的管理中将渗透到各个部门。

3. 状态控制的应用

目前,饭店的各设备系统相互之间虽然有一定的联系,但基本上是各自独立操作运行的。由于饭店设备自动化程度的不断提高,为实现饭店设备运行及环境状态监测以及集中控制创造了条件。也就是说,饭店的设备运行,可以通过计算机对客人流量、气候条件、环境状态等参数的测试、计算和分析来进行控制,以达到合理使用能源,有效控制成本。用计算机检测环境状态,编制设备运行图,显示运行情况的楼宇管理系统已应用于饭店设备运行的管理。

饭店设备的发展日趋先进，自动化程度不断提高，但不论设备如何自动，也代替不了人的责任，只是减轻了劳动强度，提高了劳动效率。因此，设备管理人员和技术人员必须不断提高管理能力和技术水平，搞好设备的各项管理工作，才能更好地发挥饭店设备的效能。

（三）现代楼宇自动控制系统简介

在饭店设备运行监控管理方面，20 世纪 80 年代以后建的较高档次饭店，大多采用了楼宇自控系统（BAS），该系统实际上是利用计算机进行集中控制与管理。90 年代末建设的饭店开始采用楼宇自动控制标准接口，但只能对本系统控制，不能与其他外部系统进行信息交换。而 21 世纪的现代楼宇自动控制系统将是一个全新的系统，功能得到全面提高。

1. 现代楼宇自控系统

现代楼宇自控系统采用支持 LONTALK 协议或 RS485 协议的全分散智能控制网络，具有开放性和交互性的特点。其网络结构模式一般为集散分布式，由楼宇管理层网络和楼宇设备自控网络两部分组成。

楼宇管理层网络采用标准化的局域网，根据不同的要求，系统可以支持 BACNET、ARCNET 和 TNTHTRNET 等网络协议，各子系统通过中央管理工作站集中管理，分散控制。

楼宇设备自控网络可以通过其上级管理层网络，实现一体化公共主干网的连接。楼宇设备自控网络可与楼宇管理层网络合用中央管理工作站。

2. 楼宇设备自动控制网络

在现代楼宇自控系统中，楼宇设备自控网络主要用于对饭店机电设备的自动监控。它主要由网络设备、中央管理站、DDC 直接数字控制器、传感器、执行机构等设备以及运行在中央管理工作站和 DDC 上的软件组成。

3. 楼宇设备自动网络的功能

主要包括对主要设施的自动监控：

（1）空调监控；

（2）空气处理机组监控；

（3）新风机组监控；

（4）风机盘管监控；

（5）热交换设备监控；

（6）送风设备监控；

（7）给排风设备监控；

（8）照明设备监控；

（9）变配电设备监控；

（10）电梯监控。

第二节 饭店设备周期管理

饭店设备投资大、数量多,而且现代化程度越来越高,这要求饭店各层次管理者必须重视设备管理工作。

一、饭店设备管理

(一)饭店设备管理的含义

饭店设备管理的概念很广,在不同的阶段有不同的含义,现代饭店设备管理是从饭店的经营方针与目标出发,追求设备最经济的寿命周期费用和最高的综合效能,对各种设备从规划、选购、验收、安装开始,经过使用、维护、保养、修理,直至改造、更新、报废为止的全过程进行综合管理的行为。该管理过程强调以人为本,饭店全体员工共同参与。

(二)设备寿命周期费用和综合效能

设备寿命周期费用和设备的综合效能是现代设备管理的两个评价标准,追求最经济的寿命周期费用和最高的综合效能是现代饭店设备管理的直接目标。

设备寿命周期费用是指在设备的整个寿命周期中,对设备投入的全部价值量。比如一台机器的寿命周期费用是从设计开始,经制造、试车、使用、维修、改造到报废为止,整个全过程所投入的人力、物力和财力。现代饭店设备管理强调追求最经济的设备寿命周期费用,是区别于以往设备管理单纯追求设备费用最低或设备寿命最长的管理观念,以设备效能得以充分发挥时的投入量最低作为设备管理的直接目标。

设备的综合效能是指设备为饭店的营业接待所提供服务的先进性能和设备的可靠性、方便性、安全性、节能性、美观性以及为宾客所使用时的舒适度、易操作度等综合的系统效能。如中央空调系统是高档次饭店多采用的调节环境温度的多种设备集合,主要功能是对室内空气进行加热或制冷,而同时应考虑其与新风系统的配套性、用电节能性以及便于清洁维修等性能。特别是应充分考虑客人使用的舒适度,粗糙的出风口、控制板设计、有吹袭感的风速设定都会给客人留下不好的印象,降低设备的综合效能。

二、饭店设备前期管理

(一)设备前期管理的内容与程序

饭店设备的前期管理指设备从其规划方案的制订一直到完全投入运行这一阶段的全部管理工作,基本包括四个环节:一是设备规划;二是设备选购;三是设

图 9-3　洗衣房设备

备安装;四是评价反馈。

认真做好饭店设备的前期管理工作,可为日后的设备服务期、后期管理奠定良好的基础。一般认为,设备寿命周期费用的90%决定于设备的前期管理。有的饭店没有把该管理阶段纳入设备管理的周期过程中去,错误地把设备的选型、购置等技术性和经济性要求很高的工作交给不熟悉设备结构性能的部门去决定和采购,结果给饭店设备使用和维修工作带来很多困难,设备故障率高,维修费用高,而综合效能低,成为饭店运行中用之无益,弃之可惜的包袱。因此,饭店设备管理部门应在设备的规划阶段就提出有关设备的可靠性、配套性和节能性等要求,把做好设备前期管理纳入设备周期管理的全过程中。

饭店设备前期管理的内容和程序基本包括:

(1)设备项目的提出——设备规划的理由和要求;

(2)调查研究——收集资料、分析数据、提出方案;

(3)设备项目论证——可行性研究,投资效果分析;

(4)项目投资决策——平衡各方意见,确定最后决策;

(5)项目计划制定——根据决策,制定实施计划;

(6)设备采购订货——确定设备型号、厂家,谈判并签订合同;

(7)设备验收——设备到货的验收建账;

(8)设备安装——设备的安装调试,试运行;

(9)评价反馈——设备使用初期的评价,及时反馈给厂商。

(二)设备规划

1. 设备项目的提出

饭店设备工程项目是饭店根据自身发展需要,或某营业部门根据营业需要提出的。应遵循"技术先进、经济合理、经营可行"的原则,要求项目的提出必须

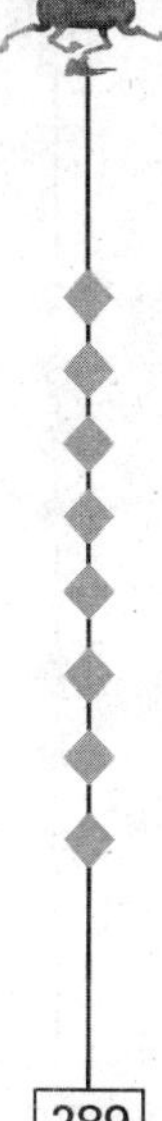

预先进行初步的调查和预测，对设备使用的理由加以详述，并应对设备使用的主要技术指标、运行情况和节能经济性等作粗略的、合理的预计与估算，作为项目提出的依据。

2. 调查研究

设备项目提出后，为了提供更全面的技术经济方面的依据，必须掌握详细而准确的调查材料和资料。其内容主要包括：

(1)饭店自身。围绕提出项目的背景和理由，调研分析现有设备的利用率和潜力等情况、安装设备的环境条件、能源和材料供应情况、资金来源、操作和维护的技术水平和人员配备、实施时间和进度等。

(2)设备制造厂家。制造厂家的历史和技术水平、质量水平、信誉情况、设备的规格和技术性能、备件供应、维修专用工具和仪器以及售后服务评价等。

(3)费用数据。包括设备售价、运输费、安装费、保险费、培训费、购置税、修理费、折旧费等。

3. 可行性研究

所谓可行性研究，是指饭店设备在购置前，为了取得最佳的经济和运行效果，对所提出项目的技术先进性和经济合理性进行全面系统分析与科学论证。可行性研究一般以报告的形式出现，主要内容包括：

(1)总论。包括饭店投资项目的背景和历史条件，对研究结果的概要说明和项目存在的问题及解决建议。

(2)与项目有关的市场状况和前景。提高接待能力或改善服务条件是饭店设备投资的目的，因此，客源市场对设备的反映是对该项目投资评价的重要依据。

(3)设备与所需能源、原料的关系。对保证设备正常运转的电、水、气、煤、油等原材料、辅助材料和配件等的物资条件应有充分的分析研究。

(4)设备的环境条件。在饭店的范围内是否具备设备放置的地点与相应环境，其地质条件、运输条件、可使用面积和施工安装条件是否可确保设备实施方案的顺利进行。

(5)项目的技术方案。阐述设备的主要技术原理、结构、规模和土建工程的方案，一般应提出几个技术方案，并说明各方案的优缺点，以便优选方案。

(6)环境保护。设备运行是否存在废气、废液、废料和噪声污染问题，并说明治理的方法和措施。

(7)对今后负责运行操作人员和管理人员的要求。人员要精练、配套，并说明所需人员的专业工种、文化程度、数量和培训计划等。

(8)设备投资方案的经济评价。经济评价是可行性研究的主要内容。要说

明投资总额、资金筹措、投资方案的经济效益和社会效益,要对多种方案进行客观的比较,选择最佳方案。

(9)不确定性分析。今后的饭店业市场变化、国家汇率的变动、原材料价格的调整等因素都可能影响经济分析的真正可行性,应特别注意对各种不确定因素进行分析。

(10)项目的实施计划。要精心安排项目的规划、设计、采购、安装、试验和投产等工作的进度,注意保持设备、材料、资金、人力诸项工作的同步推进。

(11)可行性研究的结论。综合各项分析,从技术、经济方面归纳出可行性意见,并明确存在的问题和提出解决这些问题的建议。

总之,可行性研究应力求做到数据真实准确,分析问题全面客观,要体现出项目的必要性、可能性和合理性的程度,推荐最佳方案。

4. 设备投资项目的呈报

现代饭店设备一般具有技术先进、数量多、投资额大的特点,因此设备投资项目直接关系到饭店资金的合理调配与使用,经过对方案的可行性论证,确认此方案可行后,要进行细致的方案呈报工作。由饭店的决策层从饭店整体利益出发,对设备的投资方案进行审阅。

5. 投资决策

设备投资是设备规划阶段的主要环节,因为在这个环节,饭店管理者将汇集并研究在此之前的全部调查材料和可行性研究成果,同时根据饭店的经营方针以及现有资金和能源供应等方面的实际条件进行综合平衡,对投资项目的取舍作出最后决策,或者从两个可行方案中选择最佳投资方案。

饭店设备投资方案牵涉很多内容,在众多因素中,决策人员必须着重考虑以下因素:

(1)市场状况和投资效果。任何设备投资方案都存在投资效果的优劣问题。如果投资项目是属于新建饭店的大型项目,那么决策者必须对饭店发展的宏观环境和饭店周边地区的客源市场状况等进行具有相当的广度和深度的调查和研究,确定饭店的目标市场,根据目标市场的需要考虑设备的适用性;根据客源市场状况预测投资回收期限,评判投资效果。如果待决策的设备投资项目是饭店为了拓展新经营项目而提出的,那么对新项目的市场预测也是至关重要的问题。仅仅从技术上研讨设备的技术可行性是不够的,还必须着重考虑销售市场或客源市场,评价设备的经济效果。

(2)饭店年度投资预算。设备投资是饭店年度预算的一部分。此外还有设备在安装时所需的土地、建筑物和其他供水供电项目的投资,并且必须保留足够的预备金。在年度投资预算的制约下,投资项目首先要选择饭店经营中最关键的设备或者设备系统中最重要又是最薄弱的环节来考虑设备的投资。当其一次性投资超出饭店年度预算可供设备投资的能力时,要考虑专项贷款筹措资金,不可勉强使用流动资金搞设备购置,或把设备投资追加纳入饭店的不可预见费用,否则将造成饭店管理混乱。

(3)国家政策。国家政策对饭店固定资产投资起到指导和控制作用。国家对饭店的投资可通过税收政策进行控制,也可通过银行对设备投资和资金信贷进行干预和监督。因此,要充分熟悉国家在现阶段对旅游业投资的政策规定,以便在国家政策的指导下,让饭店的设备投资项目早日得到回收,取得最佳的经济效果。

(4)设备项目的有关费用。应从设备系统工程的角度,全面考察设备投资项目的各种费用。除了设备本身的购置费用之外,还要考虑是否需要以下各项费用,根据具体项目而确定具体的数额是多少。有关费用如下:

①固定资产支出项目:征地费,勘测费,场地清理费,配套建筑和设施费,动力设备费,设备基础费,机电设备购置费,安装调试费,设备运输费,工具费,研究、开发、设计费,项目管理费,技术咨询费。

②流动资金支出项目:备品、备件库存及其费用,协作、委托应支费用,旧设备的残值和清理费用。

6. 编制计划

饭店决策者对设备投资项目进行综合平衡,评价决策,最后决定项目的优选与取舍。项目一经批准,就应由设备管理部门会同有关部门组成项目专门小组,组织编制项目实施计划。计划内容包括:设备购置和设备安装调试进度,施工所需原材料的供应,水、电和交通条件的配合以及施工队伍的协调组织等。同时要根据各阶段进度安排,确定资金使用计划。

(三)设备选购

对设备项目进行合理规划后,饭店应组织一个由饭店分管设备工作的副总经理或工程总监领导的,由工程技术部门、财务部门和物资供应部门参加的设备购置班子,负责设备选型和采购的全部工作。

1. 设备选择的标准

饭店设备选择的标准,重点应考虑设备的适应性、安全可靠性、方便性、节能性、环保性、配套性。

适应性是指适应市场的需求,满足客人旅居生活的要求。安全可靠性指设备的选择应考虑到是否装有防止事故发生的各种装置,是否便于维修,运行是否可靠。方便性是指设备的使用操作要灵活方便,以适应不同的工作条件和环境,并能减轻操作者的劳动强度,改善劳动条件,尤其供客人直接使用的设备,更应

图 9-4　保龄球设施

方便实用,避免引起客人的反感与抱怨。节能性是指在功率相同的情况下应优先选择能够节约能源的设备,表现为效率高、气足,能源利用率高,而能源消耗量低。环保性是指设备的噪声和排放的有害物质对环境的影响,饭店应严格按照环保的标准来选择设备,否则会给饭店的正常经营带来恶果,影响服务质量。配套性是要求设备单机要与饭店设备管理系统配套,以便计算机统一进行技术管理。

在进行设备的选择时,除考虑以上因素,还应注意选择独具特色的设备,既方便了客人,又使饭店不同于其他同类饭店,彰显饭店个性。比如早期一些高档次饭店卫生间内安置不结露镜,方便客人洗浴后使用,使饭店给客人留下了深刻印象。同时,选择设备时还应考虑经济上的合理性,应选用能耗低和维修费用较低的产品。

2. 设备经济评价方法

饭店对重要设备设施购置时,应设计几个可供选择的技术方案,目前饭店中应用较多的主要有两种方法:

(1)投资回收期法:投资回收期是指设备投入使用后,预计回收全部投资所需的时间。运用此方法,首先应计算设备的投资总额,主要是设备的价格以及运输费、安装费等。然后考虑由于采用了新设备所带来的新增营业额、降低能源消耗、提高劳动效率、保证服务质量、节约劳动力等方面的增收节支额。将投资总额与增收节支所带来的利润相比,即可算出设备的投资回收期。这种方法计算方法简单,但没有考虑投入使用后的其他费用和资金的时间价值。

(2)费用效率分析法:费用效率分析法,又称“寿命周期费用法”,设备寿命周期费用是设备使用周期的总费用,由设备的设置费和维持费两部分构成。外购设备的设置费是设备的售价加上运输、安装费用。自制设备的设置费,包括研究、设计、试制、制造以及设备使用和维修技术资料的制作等费用的总和。维持费,包括操作人员工资、能源消耗费、保养修理费、事故发生后的损失费、保险费和固定资产占用费等费用的总和。选择费用效率高的设备,也就是选择寿命周期总费用较低的设备。计算设备寿命周期总费用的主要优点在于选择设备不仅仅要考虑设备的价格,而且还应考虑设备在整个周期内的各种费用支出,即应从设备寿命周期总费用的角度进行评价。

3. 设备订购与验收

饭店设备经过多方面的规划、选择、分析后制订购置方案,进入到实质性的购买阶段,应做好以下订货与验收工作:

(1)设备的订货。对设备订货必须掌握供货单位的信誉和售后服务情况,做好合同签订与合同管理工作。一般的订货合同包括以下内容:

①标的:设备的名称、规格、型号、厂家。

②数量、质量和价款:计量单位和数目,设备主机、配件或材料清单,详细技术指标,内外包装标准;价格(写明到岸价或离岸价)、结算方式、银行账号、结算时间的规定。

③履行合同的期限、地点和方式以及违约责任:到货期,运输方式,保险条件,交货单位,收货单位,到货地点,交、提货日期,商检方法和地点;违约的定义、处理方法、罚金计算方法、赔偿范围和赔偿金额、支付办法。

④备件、资料:备件清单,技术资料名称及份数。

⑤人员培训:培训人数、培训费用、培训要求及目标、培训地点和时间以及受训人员的食宿等问题。

⑥安装调试及售后服务:安装期限,双方责任;售后服务内容,保修期、保修内容及方式,供方在保修期的抵押款。

⑦不可抗拒力和其他不确定因素的解决办法和防备措施。

⑧仲裁:合同的仲裁机构。

⑨双方法定地址、电话、传真、邮箱等。

合同一经签订,即具有法律效力。

(2)设备验收。设备到货后,饭店有关部门应与供货方及时开箱验收检查,如发现问题,应向有关方面查询或向责任方及时索赔。

①检查包装情况,慎重探明应采取的拆箱方法,严防开箱时损坏设备与附件。

②根据装箱清单清点到货是否齐全,外观质量是否完好无损,填写开箱记录单。

③随机的备品附件、工具、元件资料是否齐全，要造册登记、专人保管。

④核对设备的基础图、电气线路图、设备所占的空间，在原定厂房施工图上标注施工范围。

验收工作的管理必须引起足够重视，应认识到，验收工作不仅针对设备的价格、质量，更重要的是有关资料、备件的收集和整理。

（四）设备安装

饭店设备的安装与调试是设备前期管理的重要环节，对今后设备的运行效果有重要影响。

1. 设备的安装

设备安装工作就是按照设备工艺平面布置图及有关安装技术要求，将已到货并经开箱检查的设备，安装在规定的地方，达到安装规范的技术要求，以满足生产工艺的需要。

(1)编制安装工作计划：包括安装工作量、所需人工量、所需各项材料量、安装费用预算、安装技术要求、有关部门的配合要求和安装工作进度表等。

(2)做好动力供应准备：包括水、电、气、汽线路和管道的施工安装。

(3)做好基础施工：根据建筑工程部门制定的《设备安装基础施工规范》进行。

(4)做好技术准备：消化技术资料，确定安装方案，准备起吊工具、专用测试工具等。

(5)安装测试：按说明书和有关设备安装验收规范实施，从基础找平开始，每一个安装工序结束转入下一个工序之前，都要进行测试并记录。安装分整体安装和组装，进行设备整体安装时要做到：按规定的位置就位，并垫以垫铁；吊装应按说明书规定的吊运空进行穿绳吊运；进行水平校正和固定或浇牢，固定时应按一定顺序旋紧螺母，使受力均匀。设备较大或较复杂时，组装必须得到制造厂或熟悉本项工作的单位的协助，并在安装后填写《设备安装验收交接报告单》，见表9-1。

表 9-1　　　　　　设备安装验收交接报告单

编号：

管理部门：　　　　　　　　　　　　　　　日期：

<table>
<tr><td colspan="2">设备名称</td><td>单位</td><td colspan="3">数量</td><td colspan="3">规格型号</td><td colspan="2">制造单位</td><td colspan="3">附属技术资料</td></tr>
<tr><td colspan="2"></td><td></td><td colspan="3"></td><td colspan="3"></td><td colspan="2"></td><td colspan="3"></td></tr>
<tr><td rowspan="4">设备附属件</td><td colspan="13"></td></tr>
<tr><td colspan="13"></td></tr>
<tr><td colspan="13"></td></tr>
<tr><td colspan="13"></td></tr>
<tr><td rowspan="2">总价</td><td colspan="3">产品价格</td><td colspan="3">安装费</td><td colspan="3">运输费</td><td colspan="3">其他</td><td>合计</td></tr>
<tr><td colspan="3"></td><td colspan="3"></td><td colspan="3"></td><td colspan="3"></td><td></td></tr>
<tr><td rowspan="2">验收意见</td><td colspan="6" rowspan="2"></td><td colspan="3">使用保管单位</td><td colspan="4">验收委员会成员签章</td></tr>
<tr><td colspan="3"></td><td colspan="4"></td></tr>
<tr><td>移交部门</td><td colspan="2">章</td><td colspan="2">使用部门</td><td colspan="2">章</td><td>管理部门</td><td colspan="3">章</td><td>财务部门</td><td colspan="2">章</td></tr>
</table>

2. 设备的调试

设备在安装完成后，必须进行调试，以确保设备的正常运行。调试工作包括对设备的全面清洗、零部件间隙的调整、润滑和试运转。同时，设备调试也是对设备安装质量的检查。

(1)清洗：设备在基础上装牢固定后，应将所有的污物、水渍、防锈层除去，所有零件应清洗干净，注意设备上的密封机件不得拆卸清洗。

(2)润滑：对设备进行校正与清洗后，应查找所有的润滑点，并根据技术文件上的规定加注润滑材料，然后转动各运动部件数周，确定没有阻碍。

(3)试运转：在设备的机械部分运转前，其电器部分应先不挂皮带转动一下(包括电机、示警信号装置)，确定电机的旋转方向是否正确。设备的试运转应遵循先手动后自动、先空转后负载、先低速后高速、先单机后联机的原则。

(五)评价反馈

设备前期管理是设备管理的重要阶段,在对设备进行规划、选购与安装的过程中,应及时对出现的问题进行归档整理,联系设备厂家处理并改进今后设计,主要内容有:

(1)对安装试运行过程中出现的问题及时联系处理,保证现场调试进度。

(2)按规定做好调试和故障的详细记录,提出分析评价的意见,填写设备使用鉴定书供厂家借鉴,以利于饭店将来对设备的再次购买。

(3)检查调试中发现的问题是否影响今后运行,如果存在影响今后运行的因素必须及早采取维修措施。

(4)从设备初期使用效果中总结设备规划采购方面的经验与教训,以利于饭店积累经验,吸取教训,把工作做得更好。

三、饭店设备服务期管理

饭店设备的服务期是指从饭店设备投入运行开始,直到设备因经济或技术原因需要更新、改造为止的整个时期,又称为设备的"运行期"和"使用期"。该阶段的管理称为设备的"服务期管理"。服务期是设备为饭店营业贡献力量的主要时期,是设备以最经济的费用投入发挥其最高的综合效能的时期。如果设备在服务期管理不善,不但在经济上给饭店带来损失,更会严重影响饭店声誉。做好饭店设备的服务期管理工作,对饭店经营目标的实现具有重要意义。

(一)饭店设备的合理使用

正确、合理地使用设备,可使设备减轻磨损,保持良好的工作性能,延长设备的使用寿命,更好地发挥设备的效能,是做好设备服务期管理工作的重要基础。为此,应做好以下几方面工作:

1. 建立并完善饭店设备使用规章制度

饭店必须制定并完善设备使用的各项规章制度,包括设备运行操作规程、设备维护规程、操作人员岗位责任制、交接班制度和运行巡检制度等。各项规程应细化,责任要落实到班组和个人,要做到定机、定人、定责。要使全体员工在责任制和规章制度的约束下,按规程操作,管好、用好、维护好各种设备,完成设备管理任务。

2. 保持设备完好的技术状态

要保证饭店设备的正常运转,充分发挥其效能,必须合理使用设备,保持设备始终处于完好的工作状态,即性能良好、运行正常和能源消耗符合要求。

良好的工作环境是保证设备正常运转的重要条件,必须为设备提供好的使用环境,应做到:

(1)设备场地要保持干净、整洁,设备排序要整齐。

(2)安装必要的防护、保安、防潮、防腐、保暖、降温等装置。

(3)配备必要的测量、控制和保险用的仪器、仪表和工具等。

(4)对精密的机器设备,要设立单独的工作间。工作间要具备精密设备所需要的温度、湿度、防尘、防震等条件。

3. 合理安排设备的工作量负荷

各种设备是根据不同的科学技术原理设计制造的。要根据设备的性能、结构、使用范围、工作条件和能力,来安排相应的工作任务和合理的工作负荷。如各种水泵要根据其压力、扬程合理配置,严禁超负荷运转,以免造成水泵使用寿命的缩短,增加事故发生的几率。

4. 加强对运行操作人员的规范化管理

要做到合理使用设备,必须使设备的使用、操作人员熟知设备的性能、操作和使用程序。应不断地对员工进行文化技术培训,严格考核制度,不断提高员工的操作技术水平。合格的操作人员必须做到"四懂四会",即懂性能、懂结构、懂原理、懂用途,会使用、会维护保养、会检查、会排除故障。特殊岗位的工人一定要持证上岗。前台部门的员工也要进行培训,掌握设备操作的一般知识,以便向客人介绍设备的使用方法。

(二)饭店设备的维护保养

饭店从自身经营的角度出发,要求各项设备应经常处于完好状态,才能为前台服务提供支持。但设备一经使用,就会存在设备的维护保养问题。饭店中大部分设备都需要维护保养,做好设备的维护保养工作,可以减少设备的故障及修理次数,延长设备的使用寿命,是设备服务期管理的主要内容。

1. 饭店设备维护保养的基本内容

饭店的各种设备,结构、性能和使用方法不同,维护保养工作的具体内容也不完全一致。但设备维护保养的基本内容是一致的,即整齐、清洁、润滑、安全。

(1)整齐:整齐是设备保养的基本要求,包括工具、工件、附件放置整齐,设备零部件及安全防护装具齐全,各种标牌完善、清晰,各种线路、管道完整等。设备整齐是提高设备管理效率的基础,也是设备安全运行的基础。

(2)清洁:污染物、尘粒是设备的磨损源,对设备进行清洁,去除设备表面的尘粒及其他污染物是设备保养的重要工作。要求设备内外清洁,无锈斑;各滑动面无油污,无碰伤;各部位不漏油,不漏水,不漏气。设备周围场地要经常保持清洁,无积油,无积水,无杂物。

(3)润滑:设备的良好润滑可以保证设备的正常运转,杜绝因设备润滑不良而发生事故。同时,能减少磨损,延长设备使用寿命;减少摩擦阻力,降低能耗。

图 9-5　大理石保养

设备润滑工作要求操作人员熟悉设备润滑图表,按时、按质、按量加油和换油,保持油标醒目;油箱、油池和冷却箱应保持清洁,无杂质;油壶、油孔、油杯、油嘴齐全,油路畅通。

(4)安全:设备运行安全是设备管理的一项重要工作,它不仅是设备管理的要求,而且还是饭店产品质量和声誉的要求。设备安全要求遵守操作规程和安全技术规程,防止人身和设备事故。其中包括:电气线路接地要可靠,绝缘性良好;限位开关、挡块均应灵敏可靠;信号仪表要指示正确,表面要干净、清晰。

2. 饭店设备的三级保养制度

设备的维护保养分为日常维护保养和定期维护保养两种,而定期维护保养又分为一级保养与二级保养。不论哪种方法,都是为了使设备保持其良好性能,提高设备效率,降低成本,更好地为饭店的经营服务。

(1)设备的日常维护保养。

设备的日常维护保养是设备最基本的保养,又称"例行保养"。其特点是经常化、制度化。一般日常维护保养包括班前、班后和运行中维护保养。

日常维护保养工作一般由设备的使用、操作人员完成。维护保养的内容大部分在设备的外部。具体内容有:搞好清洁卫生,检查设备的润滑情况,定时、定点加油,紧固易松动的螺丝和零部件,检查设备是否有漏油、漏气、漏电等情况,检查各防护、保险装置及操纵机构、变速机构是否灵敏可靠,零部件是否完整。

(2)设备的一级保养。

设备的一级保养是要使设备达到整齐、清洁、润滑和安全的要求,减少设备的磨损,消除设备的隐患,排除一般故障,使设备处于正常技术状态。具体内容有:对部分零部件进行拆卸清洗,部分配合间隙进行调整,除去设备表面的斑迹和油污,检查调整润滑油路,保证其畅通不漏,清洗附件和冷却装置等。

参与一级保养的人员一般以操作工人为主,维修工人为辅。保养每月一次或在设备运行500小时后进行。每次保养之后,应填写保养记录卡,谁保养,谁记录,并将其装入设备档案。见表9-2。

表9-2　　设备一级保养记录卡

单位:

<table>
<tr><td rowspan="2">设备编号</td><td rowspan="2">设备名称</td><td rowspan="2">型号规格</td><td rowspan="2">入店时间</td><td>保养</td><td>停车</td><td>保养工人</td><td>钳工</td><td>电工</td></tr>
<tr><td>定额</td><td></td><td></td><td></td><td></td></tr>
<tr><td>保养者</td><td></td><td>保养日期</td><td></td><td>实际</td><td></td><td></td><td></td><td></td></tr>
<tr><td>保养内容</td><td colspan="8">班长:</td></tr>
<tr><td>下次需解决的问题</td><td colspan="8"></td></tr>
</table>

验收意见:

专业负责人:

日期:

(3)设备的二级保养。

设备的二级保养是为了延长设备的大修周期和使用年限,使操作者进一步熟悉设备的结构和性能,提高及保持设备的完好率。

设备二级保养的具体内容有:根据设备使用情况进行部分或全部解体检查或清洗,检查、调整精度,校正水平,检修电器箱、电动机,修整线路,对各传动箱、液压箱、冷却箱清洗换油,修复和更换易损件。

参与二级保养的人员以维修工人为主,操作人员为辅。保养时间一般是一

年进行一次，或设备累计运转2500小时后进行，保养后填写保养记录卡。

（三）饭店设备的点检制度

饭店设备的点检制度是一种现代的先进的设备维护管理方法，是基于全面质量管理理论中关注质量管理点的基本思想，对影响设备正常运行的一些关键部位进行经常性检查和重点控制的方法。

1. 设备点检的含义和目的

设备点检中的“点”是指预先规定的设备关键部位或薄弱环节。“检”是指通过人的五官或运用检测的手段进行调查，及时准确地获取设备部位的技术状况异状或劣化的信息，及早预防维修。

设备点检的目的是及时掌握设备故障隐患并及时消除，从而提高设备的完好率和利用率，提高设备维修工作质量和节省各种费用，提高总体效益。

2. 设备点检的分类

设备点检应将设备分层次进行划分，首先按设备所属的不同区域分为“公共区域设备”和“××部门设备”，分清类型，以便根据设备的具体情况制定各自的点检计划。

根据设备各自的性能特点、运行使用的不同时间间隔和运行规律，设备点检分为日常点检、定期点检和专项点检。

（1）日常点检。日常点检周期是每日进行，主要通过感官检查设备运行中关键部位的声响、振动、温度、油压等，检查结果记录在点检卡中。

（2）定期点检。定期点检的时间周期长短按设备具体情况划分，有一周、半月、一月、数月不等。定期点检对象是重点设备，点检内容也较复杂，其主要目的是检查设备劣化程度和性能状况，查明设备缺陷和隐患，为中、大修方案提供依据。定期点检凭感官并使用专用检测仪表工具。

（3）专项点检。专项点检是有针对性地对设备某特定项目的检测，使用专用仪器工具，在设备运行中进行。

3. 设备点检的方法与步骤

设备点检是技术性较强的工作，应根据不同专业设备、不同工作条件分不同情况进行，点检的方法包括：

（1）运行中检查。

（2）停机检查，其中包括停机解体检查和停机不解体检查。

（3）凭感官和经验检查。

（4）使用仪表仪器检查。

某设备的点检方法一经确定，点检人员不得随意自行改变。

设备点检的步骤如下：

(1)确定设备检查点和点检路线。设备的检查点应确定在设备的关键部位和薄弱环节上。设备是一个有机运行的整体,确定管理点必须从整体上考虑,同时考虑环境因素。要抓住两点:一是“关键”,二是“薄弱”。管理点确定后要长期积累数据信息,一经确定不能轻易变动。检查点确定后要根据设备分布和类型等具体情况组成一条点检路线,明确点检的前后顺序。

(2)确定检查点的点检项目和标准。检查点的检查项目既要考虑所反映该点技术状态的若干要素,又要考虑点检人员采用何种方法,使用何种工具能检查获得这些信息。点检项目要根据设备的使用说明书等技术资料,结合以往的实际经验来制定项目的判定标准,标准应尽可能定量化,注明数量界限。

(3)确定点检周期。由技术人员、维修人员、运行人员和有关接待部门人员共同研究,确定检查点的点检周期,因为点检周期长短必须根据设备的不同特点和运行时间,设备维修和操作人员的工作经验等因素综合考虑。初期可以拟订实行方案,在实行中不断总结修订,最后得出既切合实际又保证质量的点检周期。

(4)制定点检卡。将上述各项工作的结果,包括检查点和点检路线、检查项目、检查周期、检查方法、检查标准以及规定的记录符号等内容,编成点检表格,印制成点检卡,以便点检时使用,点检卡是设备信息管理的重要原始资料,必须妥善保管。

(5)建立和利用点检资料档案。点检人员的工作可概括为:检查、建档、参谋。建立资料档案和利用这些资料为修理提供决策依据,起到设备管理参谋的作用。点检人员的检查记录要准确、简明、规范,并要定期收集、整理、归档、保存。设备管理部门的技术主管领导要督促点检人员分析研究点检资料,提出决策方案。对大型关键设备,主管领导要亲自参与资料的分析和研究。

(6)点检工作的检查和考核。做好点检工作对今后的设备修理工作会起到重要作用,因此应加强领导,定期检查、考核,杜绝“谎检、漏检、误检、空检”现象,使点检工作真正有成效。

(四)饭店设备的修理

饭店设备的修理是针对由于损坏而无法正常工作的设备进行的修复工作,主要目的是修复和更换已经磨损或腐蚀的零部件,使设备不同程度地恢复功能。

1. 饭店设备的维修方式

饭店设备的维修方式主要有三种:预防维修、事后维修和改善性维修。各种维修方式有其各自的适用范围。

(1)预防维修。预防维修是在设备故障出现之前进行预防性的维护与修理。有两种方式:定期维修和预知维修。

定期维修又称“计划维修”,是按事先规定的计划和相应的技术要求而进行的维修活动,是一种以时间为基础的预防维修。根据设备的磨损规律,事先确定修理的类别、周期、工艺流程、工作量、备件、材料等,制定修理计划,修理工作按计划实施。该维修方式适用于设备劣化与其使用累计时间有直接关系的设备,例如:蒸汽锅炉、水泵、风机等。

预知维修是一种以设备技术状态为基础的预防维修方式。不规定维修的周期,而是根据设备的日常点检、定期检查、状态监测和诊断提供的信息,经过统计分析、处理来判断设备的劣化程度,并在故障发生前有计划地进行针对性维修。相比计划维修,该维修方式对设备修理时机掌握及时,不但能保证设备经常处于完好状态,而且能充分利用零件寿命。预知维修必须建立在完善的设备点检制度基础之上,对操作维修人员有较高的要求。

(2)事后维修。事后维修是在饭店设备发生故障或性能下降到合格水平以下时采取的非计划性维修方式,即设备坏了再修理。事后维修的主要优点是充分利用零部件寿命,且修理次数较少。但由于准备不充分,如维修不及时,会对饭店的正常营业造成影响。该维修方式多用于利用率低、维修技术简单、能及时提供备用件、实行预防维修不经济的设备,如客房卫生间的换气扇、各种非重要区域的照明灯具等。

(3)改善性维修。对很多设备而言,只按原设计结构和技术要求对设备进行维修,往往不能从根本上改善和提高设备性能。因此,在条件许可的情况下,应对设备进行改善性维修,以消除设备的先天性缺陷或频发的故障,提高设备的可靠性和可维修性。

2. 设备维修的实施

设备维修的实施有两种形式:一是当设备存在故障时,由饭店的维修人员自行修理;另一种是委托外修,由社会上的专业维修人员在饭店内实施维修。

(1)自行修理。多数饭店在实施修理过程中都以自修为主。根据饭店员工的素质状况实施自行修理的形式有两种:一种是由设备操作人员实施维修,另一种是由饭店维修组的维修人员实施维修。由设备的操作人员实施维修,其专业性较强,维修比较及时,维修效果好,但由于既能操作又能维修的人员较少,需要做大量的培训工作。而由维修组人员实施维修虽然可降低对操作人员的技术素质要求,但会增加员工数量。

(2)委托外修。委托外修是饭店设备修理的发展趋势。目前,一些饭店已将部分专业性强、技术要求高的设备,如电梯、制冷机等委托外修,该方式要求由专业公司提供服务,费用比自行维修要低,维修技术水平高,饭店只要实施相应的合同管理及维修验收即可,大大减少了饭店工程部的工作压力和工作量。

四、饭店设备后期管理

饭店设备在运行一段时间后，由于自身磨损消耗严重，或由于某些系统和设备配置不合理而不能适应市场需要，无法满足客人需求。为了饭店的正常营业和维护饭店自身形象，必须对设备进行技术改造或报废处理后进行更新，这些内容属于饭店设备的后期管理。

（一）饭店设备的报废

饭店设备达到一定的使用年限，或由于科技进步、不符合环保要求等原因，饭店设备不得不作报废处理。设备的报废不能简单地以设备的使用年限为标准，而应以经济、技术综合评价的结论为依据。一般来讲，符合下列条件之一者才可考虑报废：

（1）能耗过大，或环境污染严重，国家规定应予淘汰的设备。

（2）已超过使用期限，损坏严重，修理费用昂贵或大修后设备性能仍无法满足要求的设备。

（3）屡屡发生故障或事故，存在较严重的不安全因素，且在经济上不宜大修或改造的设备。

（4）因受自然灾害或事故损坏，而修理费超过或接近原设备价格的设备。

（5）无法修复的设备。

对于饭店中较复杂、价值较高的设备，为了避免饭店资产流失，其报废应由设备使用部门提出申请，由工程部和有关技术单位进行技术鉴定，确认符合设备报废条件后，填写设备报废鉴定书，才可将设备按报废处理，见表 9-3。

表 9-3　　设备报废鉴定书

填表部门：　　　　　　　　填表日期：

设备名称		规定使用年限	年	折旧率	（%）
编　　号		已用年限	年	已提折旧	元
型　　号		已大修次数和费用		次	元
规　　格		原　　值			元
制造厂		净　　值			元
出厂日期		预计清理费			元
安装日期		预计残值			元

续表

鉴定意见	设备现状和报废理由								
	技术鉴定意见								
	报废后处理意见								
	设备管理部门意见								
	领导批示								
清理费用情况				残值回收情况					
日期	编号	费用项目	金额	日期	编号	回收项目	单价	数量	金额
合计									

(二)饭店设备的更新改造

当饭店经营达到一定年限,设备设施的损坏、老化现象严重,不能适应饭店经营的需要,此时应考虑对设备设施的更新与改造。

1. 设备更新改造的含义和种类

饭店设备的更新与改造是两个不同的概念。设备的更新是指以经济效果上优化的,技术上先进可靠的新设备替换原来在技术上和经济上没有使用价值的老设备。设备的改造是指通过采用国内外先进的科学技术成果改变现有设备相对落后的技术性能,提高节能效果,改善安全和环保特性,提高经济效益的技术措施。

饭店设备更新改造有如下三种情况:

(1)全面更新改造:当饭店面临整体档次的提高时,要对原有设备进行全面更新和改造,一般是在基本保留原有建筑结构的基础上对饭店的设备系统,特别是大型设备进行更新改造,以提高饭店设备现代化水平,达到饭店的高档次要求。

(2)系统设备更新改造:当饭店某一具有特定功能的系统设备,出现性能下降,效率低下或耗能太高、环保性太差等情况时,应考虑对该系统设备进行有针对性的更新改造。例如饭店的空调系统、电力系统、水泵动力系统等。

(3)单机设备更新改造:对单机设备采取的技术措施,如客房中长时间使用的电视机、老式的小冰箱、旧式的保险柜等,随着技术的进步,客人需求的提高而应不断得到更新和改造。

2. 设备改造和更新的程序

设备的改造和更新是饭店设备管理的重要内容,一般情况下,重要设备的改

造更新会在一定程度上影响饭店的正常经营,而且这类设备改造、更新费用较大,因此应加强对设备改造、更新的管理。

(1)设备的技术、经济分析

对任何列入改造、更新计划的设备,都应进行技术、经济的可行性分析。设备使用更新期后不一定必须立即报废,应考虑通过大修或技术改造来恢复设备的技术性能。如果经过经济分析,大修或改造已不合适,则应对设备进行更新,如果饭店的经营方针将有所改变或者整个饭店要改造,设备继续使用的时间很短,就可以考虑不更新,甚至也不修理,用到报废为止。因此,对于一台已经到更新期的设备,有多种处理的方法,应从经济上、技术上细致分析确定最佳方案。

(2)编制设备技术改造任务书

在确定了设备技术改造的项目后,必须编制设备技术改造任务书,主要内容包括:

①设备存在的主要问题,历次发生故障的原因分析;

②设备技术改造的部位和改进的要求;

③设备改造所采用的 新技术和改造后应达到的技术标准,以及采用新技术的可能性;

④设备改造费用的估算;

⑤设备改造的停运时间和完成改造计划的期限。

对于需要结合大修进行技术改造的项目,也可纳入大修理计划。

(3)设备改造和更新的实施

设备改造和更新项目被批准后,由工程部组织实施。如技术改造任务重,技术复杂,可委托专业单位承担。具体工作有:

①统筹考虑原材料、配套件的采购和某些特殊零、配件的加工。

②组织、协调有关部门协同完成改造、更新任务。

③设备改造、更新项目完成后,应办理竣工验收;验收合格后,有关技术文件要存档;设备改造后新增的价值应按规定办理增值手续;更新的设备则转入固定资产。

④设备改造、更新后的初期运行管理按照设备前期管理中的有关要求进行。

【课堂思考】

对于我们心爱的自行车,如何做好它的前期、服务期、后期的各项管理工作?

第三节 饭店设备综合管理

饭店设备管理从设备全过程管理的角度讲,即设备使用周期的角度讲,包括

前期、服务期和后期管理,上节已做了详细论述。随着现代饭店管理意识的不断增强,科技水平的不断提高,饭店设备管理在做好基础管理——设备周期管理工作的同时,还必须注意管理效率的提高、能源的节约与合理利用等问题,也就是做好设备的综合管理工作。

一、饭店设备资产管理

在饭店设备的周期管理过程中,设备资产管理是伴随设备服务期管理的出现而出现的。从设备投入运行,成为饭店的固定资产,一直到设备报废的这一长时期里都存在着设备资产管理问题。设备的服务期管理是侧重于设备的技术状态的管理,而资产管理则是侧重于设备实体的完整与成套。维修管理和资产管理从不同的侧面保证了设备最经济的寿命周期费用和最高的综合效能。如果饭店的资产管理不到位,会造成设备系统的解体、资产的流失和管理的混乱,影响饭店的经济效益。因此,饭店设备资产管理是整个设备管理的基础工作之一,在饭店设备管理工作中占有重要的地位。

(一)饭店设备资产的含义和分类

饭店设备资产是指在饭店基本竣工后投入使用的,或者更新改造时添置的设备。分属于饭店固定资产和低值易耗品两大类。

固定资产是指可供长期使用,并在其使用过程中保持原有物质形态的劳动资料和消费资料。如饭店的建筑物、机器设备、运输工具等。一般满足两个条件:

1. 使用期限在一年以上;
2. 单位价值在规定限额(视企业的规模由企业自主确定)以上。

饭店设备中,制冷机、空调器、锅炉、水泵、冷柜等都属于固定资产。

低值易耗品是指单位价值在规定金额以内或使用期限不满一年,但能多次使用、基本保持其原有实物形态的物品。饭店设备中的各种操作工具、照明灯具等多属于此类。

对于固定资产与低值易耗品,很多饭店不加以区分,都列入饭店资产进行管理。

(二)饭店设备资产建档

现代饭店设备投资大,数量多,做好设备的资产管理工作,首先应注意对饭店设备分类整理,合理编号,规范建档。

1. 饭店设备的编号

所有列入饭店固定资产范围的设备,在安装调试后,办理移交手续,转为固定资产时,都要进行统一编号。设备的编号必须建立在对饭店设备合理分类的基础上,分类时可按设备所在区域分,也可按设备功能或系统分。设备编号是伴随设备一生的名字,对设备的资产管理至关重要,应力求清晰、准确、规范。

(1)编号方法

设备的编号,可用数字表示,也可用英文字母或汉语拼音表示,各饭店可根据自身需要来设置。编号方法一般采用三级号码制或四级号码制,当饭店规模较大,设备种类较多时可考虑使用五级号码制。下面以设备的四级号码制编号为例列举如下:

设备按大类、小类、所在区域和单机序号来编号的方法成为四级号码制。

1)客房的第19台冰箱,用英文字母字头和数字表示,可表示为:

R 2 1—19

其中:R:代表大类 即冷冻设备类

2:代表小类 即电冰箱

1:代表区域 即客房部

19:代表单机序号

2)餐饮部的第29台电视机,用汉语拼音字母字头和数字表示,可表示为:

Y D 2—29

其中:Y:代表大类 娱乐保健设备

D:代表小类 即电视机

2:代表区域 即餐饮部

29:代表单机序号

不同的饭店,需要进行设备编号的情况不同,如有些饭店的设备有进口设备和国产设备之分,有些饭店的设备是租赁而来的,此类情况也可用适当的方式标明。

(2)设备编号应注意的事项

进行设备编号时应注意以下几个事项:

①设备要在其醒目的位置表明其所编号码,格式、字体统一规范。

②设备的附件及附属设备可以在主机编号后增加附加号,不必另外单独编号。

③设备报废或调出时,其编号要永久保留。

2. 饭店设备的登记

对饭店的设备进行分类编号后,即开始进行设备的登记工作,设备的登记工作主要是建立设备登记卡和设备台账(也称“设备登记表”)。

(1)设备登记卡

工程部应对饭店所有设备建立登记卡片。设备登记卡记载着设备的名称、型号、编号、规格及制造厂家等内容,并附有历次检修记录和事故记录。设备登记卡的填写由工程部资产管理人员负责,一般一式两份,一份交由使用部门保管,一份由工程部留存。设备登记卡参考样本见表9-4。

表9-4(a) 设备登记卡(正面)

设备名称		设备编号	
设备型号		设备规格	
安装日期		出厂年月	
安装地点		出厂编号	
设备重量		制造厂名	
设备材质		设备原值	
保养周期		已提折旧	
电机功率		设备净值	
额定电压		设备图号	
额定电流		使用说明书	册
额定转速		技术资料	份
工作介质		使用年限	_____年,从____年___月始
附件:		备注: 填写日期:__________	

表9-4(b) 设备登记卡(背面)

检修记录					
日期	修前存在问题	修后情况	修理费用	检修人	记录凭证号

事故记录			
日期	事故原因	损坏情况	记录单号

(2)设备台账

设备台账有固定资产台帐和设备登记表,内容包括设备名称、设备制造厂、出厂日期、原值、折旧等。设备台账也应一式两份,一份交财务部门,一份由工程部留存。设备登记表参考样本见表9-5。

(3)卡账核对

设备管理部门必须把设备账卡的核对列入季度工作计划加以督促实施。每年要进行一次全面清点核对,与财务部门、设备使用部门共同进行,保持两份卡、两份账和实物相符。

表9-5　　设备登记表

设备类别:

类别	编号	卡片号	设备名称	型号	规格	重量	制造厂	出厂日期	安装日期	安装地点	使用年限	原值	年折旧率

3.饭店设备的建档

饭店建立设备档案是资产管理的重要工作之一,目的是为了积累原始资料,以此为依据研究分析设备的运行规律,为今后设备的维修保养带来方便。同时保证设备系统的成套与完整。饭店的每台设备都要有一套完整的档案资料,内容简单概括如下:

(1)设备历史资料档案:包括设备前期管理中的调研,经济技术分析报告、审批文件和资料;设备出厂合格证和检验单;设备装箱单和随机附件、工具明细表;设备进店开箱验收单;设备安装质量检验单及试车记录;设备事故报告及事故修理记录;设备的维修、保养、修理记录;设备检查记录表;设备改进及改装和大修的完工报告;设备登记卡片;设备封存单;设备报废申请报告及批示。

(2)设备技术资料档案:包括设备原文与中文说明书;设备安装工程设计图和施工竣工图(包括动力设备和管道竣工图);给排水系统、供配电线路、蒸汽、热水、压缩空气、自动消防报警系统原理图和安装分布图;设备修理工具、备品备件和易损件清单和有关图纸资料;设备使用运行操作规程;设备零件明细表及组装图;设备特殊零件加工图。必须注意,设备档案中,不但要有历史资料,而且还

应有跟踪的技术资料,便于及时掌握设备目前的技术状态,提供管理设备的依据。

4. 饭店设备的动态管理

饭店设备在正常使用后,由于各种原因,会遇到设备的调拨、出租或设备的封存保管等问题。饭店应对此类情况及时记录并从设备资产管理的角度上作出相应调整,这属于设备动态管理的内容。

(1)饭店内部设备调动

饭店使用部门之间因需要而进行设备调动时,须经设备管理部门同意并办理设备调动手续。使用部门在未经批准时无权自行调动或移装设备,即必须保持设备资产管理的统一性。同时,设备调动必须保留设备资料的完整,按设备管理账卡来检查和清点零部件、附件和专用工具。

(2)饭店设备的出租

饭店向外出租设备时,须经饭店分管设备的经理批准,并按财务规定办理手续。承租方所付的设备租金和大修理费用由双方协商订立合同,收入分别划入设备更新改造基金和大修理基金。合同中应规定出租方有权监督承租方正确使用、维护设备的权利和对承租方使用不当、维护不善的处罚等条款,并认真执行。

(3)饭店设备的调拨

饭店设备的调拨一般是指设备被调拨到外单位,一般是有偿调拨。因为设备调拨后要削弱饭店固定资产总值。所以应注销相关财务账、设备台账和登记卡。设备调拨时发生的拆卸费原则上由调出单位承担,其余包装、运输及装卸费由调入单位承担。

(4)饭店设备的封存保管

设备连续停用一段时间,一般在三个月以上时,应对设备进行封存。封存期间必须切断电源,放净内部流体,清点附件工具;必须注意防潮、防锈、防尘,定期搞好清洁和保养工作,不准露天放置,未经批准不准将设备零部件、附件和工具等移作他用。设备封存一年以上的,应作闲置设备处理,或出租、调拨或继续使用。

【课堂思考】

饭店设备也想得到更多的关爱,也想有个温暖的“家”,怎么给我们身边的各种设备安个“家”呢?

二、饭店设备能源管理

现代饭店设备的综合管理工作中,能源管理是很重要的内容。跟饭店设备正常运行相关的各种能量的输入,包括电力、煤炭、煤气、石油气、汽油、柴油等,都是能源管理的范畴。搞好能源管理,做好节能工作,不仅关系饭店发展,而且还是关系人类社会和谐发展的大事。

(一)饭店能源

饭店能源是指用以供给饭店设备正常运行和饭店从事接待营业所需的能源。包括一次能源和二次能源。一次能源是指直接来自于自然界,无需加工可直接被利用的能源,如煤炭、石油、天然气等均属此类;二次能源是指由一次能源加工转换而得到另一种形态的能源,如电力、蒸汽、煤气、热水等属于此类能源。

饭店是能源使用集中的行业,用能方式多,耗能量较大。据统计,我国高星级饭店能耗费用占总营收的10%~15%。长期以来,我国饭店能源管理一直不能引起高度重视,能源使用无计量、能源消耗无定额、用能考核无标准等现象普遍存在,极大地影响了饭店的经济效益。

(二)饭店能源管理

1.饭店能源利用率

饭店能源利用率是反映饭店能源利用水平的综合指标,是指某台设备、某个部门或整个饭店所用的有效能量与实际消耗能源之比的百分数。公式如下:

$$n = \sum Q_2 / Q_1 \times 100\%$$

式中:n——能源利用效率;

$\sum Q_2$——各种有效能量之和;

Q_1——等价折算的实际总耗能量。

上式中的 Q_1 作为能量输入,应是一次能源的燃烧热值(转换成二次能源之前的热值)和二次能源的等价热值之和。

饭店能源利用率的高低,一方面取决于供能和用能设备的技术状况,另一方面取决于饭店的管理状况。管理因素对能源利用率所起的作用,不亚于技术因素所起的作用。因此,在饭店设备设施现代化水平不断提高的同时,应将科学的管理方法和先进的技术手段相结合,合理、高效地对能源加以使用。

2.饭店能源管理的内容

饭店能源管理是指为了实现一定的经济、环境目标,通过计划、组织、协调、监督、控制等手段,在保证饭店服务质量的前提下,有效利用能源、节约能源的活动。管理的目标是合理利用能源,提高能源利用效率,节约能源和改善环境。具体内容包括以下五个方面:

(1)建立健全饭店能源管理体系,明确各级管理者的职责范围。

(2)贯彻执行国家有关节能的方针、政策、法规、标准及有关规定,制定并组织实施本饭店的节能技术措施,完善各项节能管理制度,降低能耗,完成节能工作任务。

(3)建立健全能耗原始记录、统计台账与报表制度。定期为各部门制定先进、合理的能源消耗定额,并认真进行考核。

(4)完善能源计量系统,加强能源计量管理,认真进行能源分析研究,针对突出的问题提出解决方案。

(5)按照合理用能的原则,均衡、稳定、合理地调度设备运行,提高能源利用率。避免用能多时供不应求、用能少时过剩浪费的现象。

3. 饭店能源管理的方法

饭店能源管理从根本上讲是杜绝能源的大量浪费,基本做法是制定能源管理计划和加强能源管理。

(1)制定饭店能源管理计划。能源管理计划的制定是饭店能源管理的基础,直接关系到能源管理的成败,饭店各级管理人员应认真对待,共同参与制定。

①测定能源消耗量。饭店各个部门的正常工作都必须依赖能源的供应,应对各部门、各班组、系统、机组、设备所消耗的能源数量进行详细测定,为合理制定能耗定额和管理计划打下基础。

饭店各系统消耗的能源,虽然各家饭店有所不同,但客房、餐饮、康乐、工程部等均需大量能源的供应。如每间客房的取暖或降温、生活用热水,餐饮部门烹调需用的煤气和电、洗碗用的热水、冷藏用电等,洗衣房的用水、用电、用蒸汽,工程部各种机器设备运转的用水、用电等。据有关部门对国内几十家饭店进行能耗测试得出的结论,饭店每单位面积(m^2)平均年耗电量为163kwh。其中约41%的饭店在平均线以上。这些能源的耗费,势必增加饭店的费用支出。因此,要做好能源管理,首先必须做好计量和统计,饭店应在某些设备、某些区域或能源消耗量大的部门安装计量仪表、仪器,做好测定和记录工作。

饭店的正常运营总要使用一定数量的能源,正常营业情况下不同区域、不同设备所耗用的能量值通常称为“基准负荷”。基准负荷的确定,要依靠历年的能源消耗数据统计资料,在一定的分析基础上确定。如在每天同一个时间或固定周期测量某电表的读数或水表的读数。如某种能源的消耗量突然上升或实际用量与基准负荷相差悬殊,就应马上查找原因,堵塞漏洞。

②制定能耗定额。对饭店的能源消耗如果不加以控制和管理,能耗就会加大,影响饭店的经济效益。因此,应对饭店的能耗指标加以控制,制定合理的能耗定额,搞好能源管理工作。

能耗定额种类一般分为动力能耗定额和营业能耗定额。动力能耗定额一般按用途分别制定,如制冷机每生产一吨冷水要耗用的电量定额,备用发电机每发出一度电要耗用的油量定额等。营业能耗定额一般按不同的营业项目分别制定,如每间客房全天耗用能量定额,出租汽车每百公里耗油量定额,餐厅每万元营业额在各种不同条件下所耗总能量定额等。

能耗定额的制定方法有测定计算法和统计分析法等。测定计算法是通过对耗能设备的技术测定和能量平衡分析来计算,参考设备的技术文件来制定定额,该方法主要用于制定饭店主要的耗能设备的消耗定额;统计分析法是根据较长一段时期统计资料的分析研究,并考虑每年各种季节的变化,找出能耗的规律来制定定额,该方法主要用来制定营业接待项目的耗能定额。

制定能耗定额是饭店编制能源管理计划的重要依据,通过能耗定额和实际能耗的对比,可以发现并监督饭店能耗存在的问题,对于出现的问题及时发现,及时调整,及时改进。并通过能耗定额随时掌握饭店节能情况,分析节能原因。

③能源管理计划编制。能源管理计划通常由以下内容组成:

首先应收集有关资料,如计划期的营业计划、能源消耗量、能源定额及有关法规、标准等。并对所收集的各种资料进行综合分析,以及对未来的饭店经营中所涉及的一些问题进行预测,如预测能源价格的变化、饭店客源的变化及对能源需求的变化等。

然后确定能源计划的各种指标,包括饭店能源需求总量、饭店各种能量单项需求量、饭店设备的能源需求量、节能技术指标等。

最后要制定保证能源计划得以实施的综合措施,包括能源供应渠道和输送能力的保证措施、节能技术措施、不同种类的能量安排平衡措施等。

(2)加强能源管理。制定能源管理计划是基础工作,更重要的是实施能源计划,做好能源管理工作。

①建立能源管理机构。饭店能源的生产、使用遍及各个部门,加强能源的统一管理,是实现能源的统筹安排和合理使用、管好用好各种能源的重要保证。因此,必须有专门从事能源管理工作的组织机构和人员,才能把饭店的能源有效地管起来。一般来讲,饭店用能规模在年耗标准煤5000吨以上,或耗电500万度以上或耗油1500吨以上,就应指定一位副总经理负责能源管理,工程部必须落实专人负责能源管理,饭店能源管理机构一般并入饭店设备管理领导小组之中。

②增强节能意识。饭店管理层应对能源管理高度重视,可通过培训加强节能教育,使饭店全体员工增强节能意识。应使员工意识到能源的合理、节省利用与饭店的兴衰、员工自身的发展息息相关。应使员工知道饭店的节能潜力很大,但必须依靠全体员工的共同努力。如果有效的能源管理计划能够得以实施,能源消耗可以大幅减少,而减少的能耗正是饭店增加的净利润。

③实施能源管理计划。能源管理计划制定后,要做到层层落实。各部门、各班组均要制定各自的能源管理计划和节能目标,并做到责任到班组、到个人,使能源管理计划落到实处,得以实现。在计划执行过程中,仍要做好能源的计量、

数据资料的统计工作。要不断地检查、监督计划执行的情况,发现问题,及时查找原因。在饭店的正常营业中,要努力做好能源的调节和平衡,如遇能源紧缺,要保证重点,确保饭店的正常运转。计划若发生偏离,必须及时调整,修正计划,以保证能源管理工作顺利进行。

④加强能源管理。饭店应制定不同阶段的能源管理计划,经常研究饭店的能耗情况并采取相应节能措施。要加强对员工的培训,对节能工作取得成效的部门、班组和个人应及时予以奖励,并推广其节能经验。要建立健全能源管理制度,并把能源管理内容纳入到岗位责任制中,使员工清楚怎样做才能节约能源。工程部应进行每月能耗统计并绘制成曲线表,以进行不同年份、不同月份的能耗比较,通过比较,掌握能源消耗情况。

(三)饭店节能

1. 饭店节能概述

饭店节能是指在保证饭店正常运转,满足客人需求的前提下,不增加其他资源投入,采取技术上可行、经济上合理、设备能够接受、环境所允许的管理或技术措施,提高能源利用效率,尽可能减少能源消耗量。其减少的数量就是饭店节能的效果。

搞好饭店节能工作,应树立长期观念、综合观念、经济效益观念和全员节能观念。其中综合观念是指节能需要全面考虑,要从系统节能要求出发,采取多种措施。不能只注意节能措施自身的、局部的效果,还要分析有关环境的能耗增减情况,要看系统总体能耗是否节约,是否合理。经济效益观念是指饭店推广节能技术时,应注意节能效果的评价,有时节能技术的投入要远远超过节能的收益,节能技术的经济效益应是决定技术采用与否的关键要素之一。

相关链接

1. 饭店节能新理念——创建“绿色饭店”

“绿色饭店”是指那些为旅客提供的产品与服务,既符合充分利用资源,又符合保护生态环境的要求和有益于顾客身体健康的饭店。从可持续发展理论的角度讲,“绿色饭店”即指饭店业发展必须建立在生态环境的承受能力之上,符合当地的经济发展状况和道德规范。一是通过节能、节电、节水,合理利用自然资源,减缓资源的耗竭;二是减少废料和污染物的生成和排放,促进饭店产品的生产、消费过程与环境相容,降低整个饭店对环境危害的风险。

“绿色饭店”是国际住宿业和餐饮业的新型经营方式。国外有人把“绿色饭店”称为“生态效益型饭店”或“环境友好型饭店”，是指运用安全、健康、环保理念，坚持绿色管理，倡导绿色消费，保护生态和合理使用资源的饭店，其核心是在为顾客提供符合安全、健康、环保要求的绿色客房和绿色餐饮的基础上，在生产运营过程中加强对环境的保护和资源的合理利用。在安全方面重视消防安全、治安安全和食品安全；在健康方面突出绿色客房、绿色餐饮和卫生操作；在环保方面关注节能、降耗和垃圾处理。

作为宾馆饭店业的一个新的经营理念，在更新饭店的运营体系以更利于环保的同时，引导公众“减量化”“再使用”“再循环”以及“替代”的绿色消费是一个重要内容。如建议同一个客人多次使用一套一次性用品拖鞋、清洁用品等；同一个客人可以减少床单、被套、茶杯、毛巾等的洗涤次数；减少塑料制品的使用，减少肥皂、口杯等的包装、封条；饭店使用无污染的物品或再生物品，节约资源。20 世纪 90 年代中期，国外“绿色饭店”的理念传入我国，在北京、上海、广州等一些大城市的外资、合资饭店和一些由国外管理集团管理的饭店中实施“绿色行动”，也有一些其他饭店自发开展了活动。1999 年，浙江省在全省范围内开展创建“绿色饭店”的活动。这是国内首次在省级区域内开展的创建“绿色饭店”活动。此后，深圳、广西、四川、河北、山东等一些省市开展“绿色饭店”创建活动。绿色饭店的建设也给饭店带来了经济效益。如杭州国大雷迪森广场饭店将原来 50 千瓦的水泵换成 22 千瓦的高效泵，一年节电 26 万千瓦时，节省电费 18.98 万元。

2. 饭店节能的原则

(1)使能源使用量与其负荷相匹配

设备厂家出于设备安全使用等因素的考虑，其设计的装机容量一般远大于运行负荷，使能源利用率降低。做到能源使用量与负荷相匹配可从两方面入手：改造设备或加强设备的运行控制。

①低负荷设备的分离。饭店各系统末端往往连接一些低负荷设备，而这些设备的运行仍要启动系统主机，这时可以考虑将低负荷设备进行分离，转为自行控制，独立操作。如在正常时间之外出现的洗衣房的熨烫工作，可以在熨烫机附近安装一个独立的小型蒸汽发生器来提供蒸汽，这样锅炉蒸汽系统就不需要随时启动。又如，当外界温度较低时，饭店的制冷机一般都关闭，在室内需要降温的个别区域，如商场、总机房等，可以考虑使用独立的自控装置进行制冷。

②运行标准的设定。设定运行标准是设备运行控制的重要内容，比如饭店对中央空调系统的运行标准进行的设定。饭店应确定中央空调系统的运行时间及各区域室内的温度标准。同时应制定与中央空调系统运行有关的操作规程和操作要求，如前台接待处分配房间要相对集中，以便关闭非入住区域的单个设

备,客人离店后,客房部员工应在规定时间内将客房空调调整到规定状态。

③减少冷热负荷。饭店几乎每一项活动或工作都会影响到冷热负荷,比如饭店照明用电产生的热量对夏季空调负荷的影响,饭店大面积使用玻璃采光对冬季供暖系统负荷的影响等。应注意在工作中尽量减少冷热负荷,如采用新型材料和工艺,进行节能设计等。

(2)综合考虑能源的使用效果

在实施节能的过程中,不仅要考虑直接使用能源的环节,而且还要考虑一些非能源使用环节。在这些环节中,虽然没有直接使用能源,但它影响了能源使用的效果,因此,饭店在这些方面的改进和提高可以带来很高的节能效益,对这些环节的投入是值得的。例如,饭店进行水处理,防止沉淀和结垢,可以提高热交换效率;调整锅炉燃烧器的风油比,可以提高油燃烧的效率;进行人工再设温度控制;改变设备的运行时间等。

3. 饭店节能的途径

饭店节能主要有两个途径:

(1)加强科学管理

饭店能源管理的薄弱之处,正在于缺乏科学的管理。节能方面的科学管理包括许多方面,除了建立能源管理体系、制定能源管理制度外,还应做好以下工作:

①开展节能宣传教育。饭店用能具有广泛性和分散性,涉及每一位员工,必须重视节能宣传工作,经常向员工宣传国家的能源方针、政策,能源形势和具体节能措施,提高认识,统一思想,同心协力做好节能工作。

②加强日常节能管理。加强饭店日常节能管理,杜绝能源的"跑、冒、滴、漏"应成为最基本、最直接的日常节能管理工作。饭店节能必须从眼前小事抓起,从日常管理抓起。

③做好能源基础管理工作。饭店能源基础管理工作包括全面计量、统计分析、定额考核与实行奖惩四个环节,而核心是定额考核。在完善计量的基础上,建立饭店、部门及各班组的能源统计台账和统计分析制度,按月、季、年提出能源统计分析报告,为饭店提出节能措施提供可靠的决策依据。

(2)积极采用先进技术

采用先进技术,是从技术层面上提高能源利用率,降低经营成本,相对于加强能源管理往往更易取得直接的效果。饭店应做好以下三方面工作:

①尽可能采用先进的节能设备。在目前市场上,某一类具有相同功能的设备,耗能量往往会有很大差别。饭店在进行设备选购时,必须将设备的耗能量作为一个重要的考察因素,连同其他因素综合评价,也就是既要对引进的技术进行

评价，又要考虑该设备的寿命周期费用是否经济。具体来说，即对设备的购置费与维持费应综合考虑。

②从节能角度进行技术改造。建成后的饭店有许多设备和系统在技术上不能达到节能的要求。例如，饭店大面积公共场所的照明没有分区控制；一些电机的功率较大，而负荷较小，“大马拉小车”现象时有发生；很多饭店蒸汽制备热水后的冷凝水白白丢弃等。针对以上情况，饭店应从节能的角度出发，有计划地进行技术改造，逐步改造耗能大的设备和系统，减少浪费，全面提高能源利用率。

③采用先进的能源使用控制系统。采用先进的能源使用控制系统，强调智能化控制、微机控制，可以实现对能源使用的精确控制，减少人工控制的不精细和随意性。目前很多饭店将能源使用控制系统用于照明控制、锅炉燃料控制、空调使用控制等领域，节能效果良好。

本章小结

本章首先概括了饭店设备的定义，按设备归属的不同系统将其分为十大类并逐一进行简单介绍。其次，作为本章重点，对饭店设备周期管理的内容进行了详细介绍。现代饭店设备管理强调从饭店的经营方针与目标出发，追求设备最经济的寿命周期费用和最高的综合效能，对各种设备从规划、选购、验收、安装开始，经过使用、维护、保养、修理，直至改造、更新、报废为止的全过程进行综合管理，饭店设备的前期、服务期、后期各阶段管理均应规范有序。最后，对饭店设备的资产管理与能源管理进行了分别介绍，强调重视饭店设备的资产建档工作、节能管理工作，将设备综合管理做到实处。

复习思考

一、名词解释

1. 饭店设备

2. 饭店节能

二、简答题

1. 现代饭店设备有哪些特点?

2. 饭店设备前期管理包括哪些内容?

3. 饭店设备服务期管理包括哪些内容?

4. 饭店设备后期管理包括哪些内容?

5. 饭店设备资产的含义是什么？如何分类?

6.饭店节能有哪些原则?

三、案例分析

中国北方某城市一家建于1990年左右的四星级涉外饭店,在创建"绿色饭店"活动中,各部门制定了相应的措施:工程部做好各种大型设备的节能管理,做到经济运行;做好各部门每个季度的能耗比较分析;更换部分耗能小、能源利用率高的设备,如变压器、变频水泵等。客房部加强各消耗品的再生利用,在原有物品回收制度的基础上,增加回收项目;对客用棉织品,征询客人意见后尽量减少洗涤次数;各走廊灯及楼梯灯根据气候与灯光控制的有关规定进行结合操作;洗衣房内使用无磷洗衣粉。餐饮部在水、电、燃料、蒸汽的使用中采取有效节能措施,降低清洁剂的用量;不使用泡沫塑料饭盒,不使用一次性筷子、一次性餐具、一次性湿巾,引导客人绿色、低碳消费。

通过全店员工的积极参与,饭店设施设备运行效率提高,设备完好,杜绝了"跑、冒、滴、漏"现象,增加了绿色面积,提高了环境质量。物品的消耗得到了有效控制,减少了对环境的污染,使饭店的运行逐渐符合充分利用资源,保护生态环境的要求。

请结合以上案例谈一下,如何将饭店节能工作融入饭店设备的全员管理之中?

推荐阅读

1.矫丽云:《浅谈高星级酒店设备档案的建立》,载《劳动保障世界》2010年第24期。

2.程柯:《论全球化视野下酒店设备管理风险与定位策略》,载《商场现代化》2010年第34期。

3.苏俊秀:《浅谈酒店能源管理的意识》,载《现代商业》2010年第26期。

4.徐乐蔚:《循环经济视角下的绿色酒店管理》,载《经济导刊》2011年第2期。

第十章　饭店无形资产的管理

【学习目标】

知识目标

1. 掌握饭店无形资产的定义与功能。

2. 理解饭店无形资源管理的基本原理，掌握其原则。

3. 理解饭店进行形象管理的作用。

4. 了解信息化饭店的内涵，认识饭店内部信息管理系统。

5. 理解饭店企业文化管理的基本内涵。

技能目标

1. 能够理解饭店形象塑造的原则，针对实际饭店探求其形象塑造的具体方法。

2. 能够将饭店信息管理的相关内容，融入饭店内部管理的日常工作实践。

【本章导读】

学习目的和意义　进入21世纪以来，随着旅游业的不断发展，饭店管理趋于精细与规范。无形资产的管理受到越来越广泛的重视，饭店的无形资产作为一种"软"资产，对有形资产具有黏合功能与催化激活功能，代表着饭店管理的发展方向，是饭店必须加以重视的宝贵资源。饭店要壮大自身实力、迎接市场挑战，就要重视无形资产的投资与建设。

本章内容概述　本章重点讨论了饭店无形资产管理的有关知识。第一节分析了饭店无形资产管理对饭店管理所发挥的重要作用，重点阐述了饭店无形资产管理的内容和原理、原则及方法。第二节从饭店形象的概念、分类与作用入手，阐述了饭店形象管理的原则与方法。第三节介绍了饭店信息的概念、特征与作用，重点阐述了饭店信息管理在饭店各管理环节中的应用。第四节从饭店文化的内涵入手，分析饭店文化的主要特征，对饭店文化的塑造过程与策略进行探究。

【案例导入】

锦江国际集团是中国规模最大的综合性旅游企业集团之一，集团设有酒店、

旅游、客运物流、地产、实业、金融六个事业部。锦江国际酒店(集团)股份有限公司是中国主要酒店服务供应商之一,主要从事星级酒店营运与管理、经济型酒店营运与特许经营以及餐厅营运等业务。

在品牌发展方面,锦江国际集团积累了丰富的经验:

(一)塑造鲜明品牌形象

1. 优秀的品牌标识

锦江的企业品牌与产品品牌是一致的,所有的饭店只有"锦江"和"锦江之星"商标。这种基于传统星级分类的酒店品牌分类方式更有利于消费者的识别,"锦江"品牌在酒店行业中历史悠久,文化积淀深厚,容易被消费者认知和信任。

"锦江国际"积极推进品牌形象物化方面的建设,制定了系统的公司 CIS 发展战略,即确立观念识别(MI)、行为识别(BI)和视觉识别(VI),统一公司的商标、标志、各类物品的设计和包装。

2. 于市场空隙中塑造经济型酒店品牌——"锦江之星"

中国经济型酒店的概念刚兴起不久时,其比例只占全部酒店数的 10%,市场发展的空间很大。锦江正是看准了这块市场,大力推广其经济型酒店品牌——"锦江之星"。"锦江之星"坚持品牌发展战略,实行专业化管理、网络化经营,实施统一的管理标准(硬件和软件)和保障体系,确保客人在每一家"锦江之星"消费都能感受到相同的服务。"锦江之星"已成为一个消费者信赖和忠诚的中国经济型酒店品牌的代表。

(二)通过各种手段提高品牌知名度

1. 不断扩大规模,扩大品牌知名度

锦江酒店采取全权管理、特许经营、带资管理、开业管理、顾问管理、租赁经营等多种方式输出资本、品牌、管理和人才,扩张饭店管理版图。锦江国际通过合资、合作、租赁、收购兼并、特许加盟、委托管理等形式将旗下的经济型饭店的规模在 2008 年即扩展到 200 余家。

2. 利用各种营销媒介,扩大品牌影响力

"锦江国际"在加强品牌推广方面注重多种营销媒介与多种营销方式的结合。

首先,全面开展饭店品牌立体营销,一方面花费巨额资金在电视广播、旅游杂志、宣传册、海报、户外广告等传统营销媒介上开展品牌宣传;另一方面运用以互联网为核心的高科技营销手段推广饭店品牌。例如与美国德尔集团合资成立了锦江德尔互动有限公司,引进先进的 GenaRes 订房系统,开发中央预订系统(CRS)。集团下属经济酒店品牌"锦江之星"呼叫中心也趋于成熟,因此"锦江酒店"建设并开通了具有中、英、法、日四国语言和实时预订功能的"锦江酒店"电子商务网站,提高了销售业绩。

(三)不懈努力经营品牌,保持良好品牌形象

1.鲜明的企业文化

推进锦江品牌的发展,企业文化的核心是价值观,其落脚点是实现企业的品牌发展战略。锦江集团通过不懈努力,结合自己悠久的历史,使锦江企业文化被社会和消费者所认同,由此使锦江形成了具有鲜明服务个性和中华民族文化的企业文化。

2.保证优质服务的酒店管理模式

在酒店管理模式上,锦江积极探索以国宾接待服务的水准服务于普通宾客的新思路,在总结所属酒店几十年经营管理经验的基础上,结合国家旅游局规定的饭店星级标准要求,并借鉴国内外同行的专长形成锦江集团饭店管理模式,以确保锦江下属酒店服务的高水准和质量的稳定性,初步形成了一整套与国际接轨、符合中国国情、具有锦江特色的酒店专业化管理规范。

【课堂思考】

锦江集团是如何打造优质品牌,构建其独特的企业文化的?这对集团的发展有何影响?

第一节 饭店无形资产概述

无形资产作为一种"软"资产,对有形资产具有黏合功能与催化激活功能,是饭店必须加以重视的宝贵资源。饭店要壮大自身实力、迎接市场挑战,就要重视无形资产的投资与建设。

一、无形资产定义及功能

(一)无形资产定义

无形资产和有形资产相伴而生,都是市场经济发展的产物。有形资产是指能给企业带来一般利润的具有实物形态的资产,而无形资产则是指能给企业带来超额利润的非实物形态的资产,也就是企业所拥有的一种法定权和优先权。无形资产包括商标形象、专利技术、非专利技术、商誉、营销网络、特许经营权、商业秘密和管理模式等。一般而言,饭店的无形资产主要包括特许权、商标权和商誉等。饭店特许权是指某一饭店依照双方签订的合同,有期限地授予另一饭店使用其商号的权利。商标是产品质量特性的标志。同类产品在功能类似的情况下,商标就成为识别它们的唯一标志。商誉是企业地理位置、员工素质、声誉等

共同作用的无形资产。

(二)无形资产的功能

1. 本质的财富性

源于知识经济的创造，无形资产的“财富性”只有用于交换时才能展示出来。比如，世界权威机构测定世界著名饭店马里奥特(Marriott)、希尔顿(HILTON)、四季酒店(FOUR SEASONS)的品牌价值分别为479亿美元、613亿美元和237亿美元。

图10-1 亚龙湾万豪酒店

2. 功能的利销性

商标、品牌等无形资产是企业争夺市场的“王牌”。拥有了知名品牌或商标就意味着拥有了竞争优势，占领了广大的市场。世界各地的旅游者每到一个国家都会选择著名品牌的饭店入住，因为这种选择意味着安全、舒适和高水准的服务。众多单体饭店积极加盟世界知名饭店集团的重要原因就是，知名饭店品牌是饭店客房出租率的有效保证。

3. 价值的核变性

无形资产对饭店集团价值增值起到无法估量的“核聚变”般的作用。在价值增值方面的作用，无形资产超过有形资产达4～5倍，品牌价值则是年营业收入的2～4倍。

(三)现代饭店无形资源管理的内容

现代饭店无形资源管理是对现代饭店无形资源进行开发、利用、计划、组织、管理过程的总称，是现代饭店经营管理的重要内容和核心任务，并始终存在于饭店管理的计划、组织、领导、控制、协调等功能之中。其内容包括：

1. 信息资源管理

信息资源管理主要研究现代饭店信息资源的特征、作用，现代饭店信息的收集、加工、传递、反馈和储存管理,现代饭店信息的管理与使用,现代饭店管理信息系统,现代饭店信息管理对策等方面的内容。

2. 企业文化管理

企业文化管理主要研究现代饭店企业文化的特点与作用,现代饭店企业文化管理的基本方法,现代饭店企业文化管理的评价及企业文化管理现代化等方面的内容。

3. 形象塑造

形象塑造主要研究现代饭店形象概念、类型、特征及其资源,现代饭店形象的构成内容,口碑、形象塑造的原则与方法,口碑、形象的塑造,现代饭店口碑、形象评价等方面的内容。

二、现代饭店无形资源管理的基本原理

现代饭店无形资源管理的基本原理主要是由管理科学理论所构成。管理科学理论侧重于现代饭店经济活动的计量分析,试图用饭店系统数学模型的最优化来辅助饭店管理人员决策。它的理论基础是系统论原理、信息论原理、控制论原理、优化原理和标准化原理。

(一)系统论原理

系统论运用“系统”的观念从全局和整体上来研究饭店的管理问题,认为现代饭店是一个极其复杂的人造系统。饭店系统有以下特征:

1. 相关性

相关性主要指系统内部要素之间的关系。饭店作为一个系统是由各要素组成的,各要素的相互作用决定了系统内部的关系、结构和功能,从而也就决定了系统的本质。由于系统中各要素是相互关联的,任何一个要素在系统中的存在和有效运行都与其他要素有关。当某一要素发生了变化,势必会引起其他要素的变化,以达到系统中各要素功能相互匹配,不能适应这种匹配的要素功能就会被系统淘汰。管理中不能就事论事,要全面考虑各要素的变化情况,使系统中各要素在新的状态中达到匹配。

2. 整体性

整体性主要揭示要素与系统的关系、局部与全局的关系。整体性包含两层含义:要素不可分和功能膨胀。饭店作为一个系统,至少有两个以上的要素(亦称“子系统”)组成,要素和系统不可分,由要素合成的系统在功能上有新的拓展。因此,饭店系统发挥的作用和功效要以整体来衡量,不能脱离系统去孤立地认识、评价事物。

3. 有序性

有序性主要揭示系统结构与功能的关系。即系统的功能是由系统的结构所决定的,有什么样的结构就会产生什么样的功能。有序性可分为空间排列的有序性、时间排列的有序性和逻辑关系的有序性。饭店作为人工系统,其有序性表现在:

(1)目的性。人造系统都有明确的目的,如饭店管理系统的目的就是合理地利用饭店资源,争取经济效益和社会效益的最优化。而这个目的又有序地表现为确定最终目标,为达到总目标而设定每个特定阶段的中间性目标和任务。

(2)秩序性。任何事物的发生发展都有必然的先后秩序和因果关系。管理就是根据事物的内在联系及其规律有序进行。在饭店中,即使有足够的资源,如果对它们使用不当,构成系统的有序程度降低,结构紊乱颠倒,就不能发挥出应有的功能。

(3)规则性。在长期的经营管理中,饭店对自己企业的结构和功能关系有了一定的规律性了解,并进一步演变成各种制度、程序、流程、要领,这些规则都是对饭店系统有序性的理论概括。

4. 动态性

动态性揭示饭店系统状态与时间的关系。它告诉我们,系统是可变的、发展的,这种发展变化的内在动力在于系统要不断地提高功能,调整结构,外在动力在于饭店外部环境对系统的影响。饭店作为社会环境大系统中的一个子系统,必须不断地调整、变化,才能适应大环境的发展和变化。

(二)信息论原理

在饭店系统的运行中,除物质和客人的流动外,还有信息的传递。从某种意义上讲,现代饭店无形资源管理既是对信息资源的利用,又是对饭店信息系统的管理。因此,对饭店实行现代化管理,就应该了解和掌握信息论。

饭店信息是饭店系统要素之间相互联系的特殊形式,是反映饭店内外部状况、结构、特征及其发展变化的消息,它存在于指令、情报、数据和各种经营活动之中。饭店信息与饭店组织结构有着密切的联系,可以反映饭店经营活动过程中时间延续和空间扩散的变化情况。现代饭店资源管理应按照信息处理的完整性、及时性、准确性、适用性和经济性的要求,实现现代饭店经营管理的科学化。

根据信息论观点,现代饭店管理系统是一个饭店信息流通系统,这个流通系统是由信源、信道、信宿、信息所构成的。例如,饭店内部的餐厅、酒吧、总台、商场作为基层单位是饭店信息的信源;饭店各个部门领导及高层领导是饭店信息的信宿;用于了解情况的各种机构、渠道和销售科、秘书、顾客意见表、文件、电信等可看作是信道;而饭店信息则是各种报表、数据、指令等。饭店管理人员通过饭店信息系统获取信息后,要进行认真的推断、分析和处理,并根据这些信息的

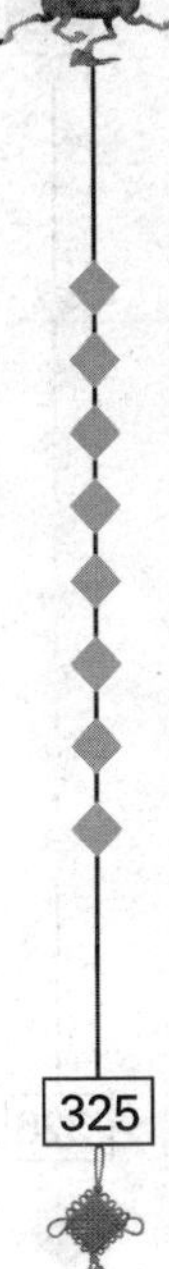

处理情况采取相应的措施,确定方案,作出决策,发出指令,有效地组织和指挥饭店系统的各种活动。

饭店管理人员所作出的各种决策是饭店信息和知识综合运用的结果。没有信息,就不可能形成正确的决策。对于饭店管理而言,每一个决策又是一种新的信息,它表现为指令、指标、计划、方案和措施。饭店决策的实施,实质就是决策信息在饭店信息系统中的流通过程。

饭店信息是所有管理机构和管理人员之间进行联系和开展工作的基础。例如,饭店与旅行社之间的联系,就离不开信息。旅行社组织接待团队时,事先将信息告诉饭店,饭店按时准备客房和饮食。旅行社信息输出(信源),饭店信息输入(信宿),而信道则是邮电。

饭店管理中的各种工作都离不开饭店信息。有了准确的信息,饭店管理就可以有正确的方法,就会减少出现失误,管理职能就能充分发挥作用,取得效果。

(三)控制论原理

现代饭店无形资源的控制就是采取某种措施,对复杂的现代饭店资源系统及其经营活动进行控制,使其按照预定的目标进行工作,达到预期的结果。因此,现代饭店无形资源管理中的控制实质就是对饭店系统的控制。

饭店系统控制的实质是以决策目标和具体计划为标准,考察过去的行为,使饭店系统的行为按照最佳路线和进程导向预定目标。

构成饭店控制的基本要素有:

(1)有预定的目标、计划、标准、政策、规范等,现代饭店的目标和计划是饭店系统控制的依据。

(2)对饭店计划的执行情况,要有定性分析和定量分析的科学方法。

(3)准确及时地校正偏离饭店计划的行为。

根据饭店系统设置的三个基本要素,现代饭店无形资源管理中的控制有三种控制方法:

(1)预先控制。指防止将要投入的企业文化,将要开发、处理和使用的信息资源,将要进行的口碑和形象塑造在质与量上发生偏差所采取的措施。

(2)现场控制。指管理者按事先制定的标准,指挥和监督被管理者进行工作。管理者下达的指标是否合理、明确,与整体目标是否一致等决定了现场控制能否见效。因此,管理者的水平对现场控制起决定性的作用。

(3)反馈控制。指管理者通过信息的反馈,检测现代饭店无形资源管理活动中实际与标准的误差,并对实际进展采取修正措施,进行调整的活动。反馈控制强调及时、迅速。它可分为局部反馈(或称“逐步反馈”)控制和全部反馈控制两个形式。管理活动一旦开始,控制活动随之开始,局部反馈控制就必须马上跟上，立即搜集反馈回来的信息，随时检测误差，并采取校正措施。完成任务后的分析报告是最全面的信息反馈，但它只能对下一循环起指导作用，对已完成的循环过程无效。

（四）优化原理

优化原理是管理科学的核心。它认为饭店在充分利用饭店内外各种有利资源条件来进行经营活动的过程中总有潜力可挖掘。因此，它提倡为达到最佳的经济效益，饭店管理人员在决策时应综合考虑，运用技术、经济的分析方法进行定性、定量的分析，比较所有可能实施的各种方案，从中确定最佳的方案并付诸实施。

优化原理认为饭店系统的优化应该是一种动态的变化。因而饭店系统应设置在灵敏度高的信息系统以及对外部环境具有适应能力的反馈控制系统的基础上，以便在决策实施过程中能捕捉各种反馈信息，进行监控并作出及时、相应的调整。

（五）标准化原理

标准化原理的主要内容有：

1. 统一原理

即在一定时期、一定条件下，使标准化对象的形式、功能或其他技术特性具有一致性。例如，在饭店的形象塑造中要使其主题标志、口号、企业文化建设具有一致性。

2. 简化原理

具有同等功能的标准化对象，当其多样性的发展规模超出必要的范围时，则消除多余的、可替换的和低功能的环节，保持其构成精练、合理，使总体功能最佳。例如，在信息资源管理中经常需要处理多余的、过时的信息而保持信息库的精练、合理。

3. 协调原理

指在一定的企业文化和空间范围内，使标准对象内外相关因素达到平衡和相对稳定的原理。在标准系统中，只有当各个局部（子系统）的功能彼此协调时，才能实现系统整体功能最佳。

4. 选优原理

为达到标准化目标，从对象的统一、简化、协调的各种行为方案中，选择并确定最佳方案或求解最优解答的原理。

上述原理都不是孤立起作用的，它们之间互相制约、互相依存、互相渗透，综合反映标准化活动的规律性。其中，统一是标准化的实质，优化是标准化的目的，而简化、协调是实现优化的重要手段。

标准化原理在饭店的无形资源管理中有广泛的应用,从服务程序到工作员的制定,从企业文化到信息管理,从使用设备的统一、标准化到饭店的服装、建筑风格直至色彩的和谐和统一,无不体现了标准化原理。它已不仅仅用于简单劳动和重复劳动,而是在饭店口碑、形象塑造、企业文化和信息资源管理等其他领域里也被广泛使用。

三、现代饭店无形资源管理的原则

由于现代饭店无形资源类型多,特点不一,各种资源之间相互依赖,关系密切。为了更好地发挥饭店无形资源的作用,提高资源的经济效益,现代饭店无形资源管理要遵循以下基本原则:

(一)计划管理原则

现代饭店是综合性服务企业,饭店资源类型繁多,各种资源在服务过程中的作用、关系复杂,饭店要充分发挥资源的作用。要完成经营管理目标,就必须对资源进行计划管理。根据饭店的无形资源情况,对饭店无形资源的开发、使用、管理进行计划,并严格地按计划管理,才能使饭店所有的资源在经营活动过程中发挥作用,各种相互关系才能协调,人、财、物、信息、企业文化、口碑、形象,有形资源与无形资源,产、供、销等方面在规模和工作进程上才能保持统一和适当的比例关系,才能使饭店的经营活动顺利进行。

(二)系统性原则

现代饭店是一个开放性的系统,饭店系统中又有许多子系统。现代饭店无形资源就分布在饭店系统中的各子系统中,子系统与系统间的资源在系统的运作中相互依赖、相互联系和相互制约,并彼此协调。因此,在饭店无形资源的管理上,既要系统地分析整个饭店资源的使用与管理,又要考虑各子系统之间资源的协调和联系。资源管理既要将饭店资源形成一个有机的整体,有效地发挥整体资源的作用,以满足饭店系统和环境的需要,又要在饭店各子系统特定情况下发挥资源的个体作用,以适应饭店系统对其子系统的要求;既要考虑各资源在子系统中的特殊性,又不能片面、孤立地对待各子系统中的资源;既要考虑各种资源的独立性、特殊性,又要注重资源间的相互协调和相互支持。

(三)时效性原则

时效性原则要求无形资源管理要有强烈的时间概念,资源的使用效能与企业文化关系甚大。资源管理时效性主要体现在两个方面:一是资源的开发、使用有时效性,不注意时间效能,就会浪费资源,破坏资源;二是资源的经济价值有时效性,不注意时间效能,就会降低或抵消资源的作用。

（四）节约原则

资源节约原则是指在资源的使用与管理中要尽量减少资源的浪费，用合理的资源投入来取得预定或超过预定的目标。资源节约原则对饭店效益有着直接的影响，现代饭店资源节约原则应从下面几个方面体现：

1. 资源占用的合理性

资源占用的合理性主要指在无形资源管理中对人力、物力、财力资源占用的合理性，这些资源的占用都应经过科学的预测与规划，按需占用，以免造成浪费。

2. 资源的合理组织

资源的合理组织主要指现代饭店活劳动、物化劳动、活劳动和物化劳动间的合理组织，有形资源、无形资源、有形资源与无形资源间的合理组织。从资源节约原则的角度来核定各工作、各岗位的劳动量，服务项目的物资物品量，活劳动与物化劳动间的量的比例关系，以及饭店经营活动过程中资源量及其之间的相互衔接。

3. 资源的使用效率

资源的使用效率指通过合理的资源组织和管理，使资源产生较高的效率。现代饭店资源效率通常通过人均创汇率、劳动生产率、资金利用率、资金周转率、物损率、设备寿命周期费用、信息利用率、服务和管理效率等指标来描述。

（五）现代化原则

管理现代化原则要求现代饭店无形资源管理思想要适应新技术革命的要求，要采取科学的定性与定量相结合的管理技术和方法。管理人员要力求实现知识化和现代化，管理手段应实现科学化和电脑化。

四、现代饭店无形资源管理的方法

现代饭店无形资源管理的方法主要有以下几种：

（一）运筹学法

运筹学是一门谋略知识，它主要通过定量分析的方法研究各种计划、决策问题；在饭店无形资源管理中常用的运筹学法有：

1. 规划论法

运用数学方法对目标函数（极大值、极小值）和约束条件（即现有的已知条件）的关系进行研究，从而确定如何统筹安排，合理调度人员、设备、材料、资金、时间、信息等。线性规划的研究方法有两类：一是任务确定后，如何统筹安排，以最少的人力、物力、企业文化去完成它；二是在现有人力、物力、时间条件下，如何组织安排它们，使得完成任务最多。

2. 排队论法

该法也称“随机服务系统理论”,是研究拥挤和排队现象,以解决服务设施最优数量的一种技术,也就是公共服务系统中,设置多少设施为适宜。任何排队系统都包括三个方面:一是潜在顾客,二是排队线,三是服务设施。它从以下三方面考虑:服务设施的布局;顾客排队规则(是按先后顺序,还是优先服务,或任意服务);服务时间。

3.决策论法

决策论认为,决策就是从许多个为达到同一目标可以更换替代的行动方案中选择最优方案。管理的核心问题是决策,管理的整个活动是决策的过程,管理者决策的总和所形成的“混合决策”是管理的基本内容。

4.权变理论法

“权变”简单地说就是权宜应变。权变理论强调应变,强调根据饭店企业所处的不同内外环境采取不同的、能适应发展的管理。所以在饭店无形资源管理中没有什么一成不变、普遍适用的“最好的”管理理论和方法。

(二)ABC管理法

ABC管理法也称为“重点管理法”或“ABC分析法”,是意大利经济学家巴雷特分析社会人员和社会财富的占有关系时所采用的方法。ABC管理法的基本思想是“关键的是少数,次要的是多数”这一原理,在饭店无形资源管理中常用于信息资源、企业文化的管理中。

(三)制度管理法

制度管理法采用规章制度的形式把现代饭店无形资源管理中的一系列标准、程序、规则固定下来,使之成为饭店无形资源管理中的重要组成部分。制度管理法常用于现代饭店的信息资源管理和形象塑造管理中。

现代饭店无形资源管理中用于信息资源管理和形象塑造活动的制度主要有两大类:一是保证饭店产品质量的各项规章制度,包括直接为客人服务的规章制度和劳动纪律,间接为客人服务的各项规章制度。这类制度全面且具体地规定了各项服务工作必须遵循的准则和要求,责任明确,分工清楚,便于贯彻执行和检查考核。二是保证饭店营业运作有序化的各项规章制度,包括各种财务制度、信息使用管理制度、形象维护制度以及饭店后台各部门为前台服务提供保证的各种规章制度。

(四)计算机方法

计算机方法利用现代饭店中的计算机网络或局部网络,借助各种管理系统软件,采用数学模型对现代饭店中的信息资源、企业文化、口碑形象等资源进行计划、使用、控制和管理。计算机方法不仅使现代饭店无形资源管理更具有科学化和定量化,而且节省资源,增加资源效率,提高管理水平和经济效益。

第二节　饭店形象管理

饭店形象是通过系统规范的设计和传播，使饭店在公众心目中形成一种富有活力和个性的形象，增加顾客的认同感，以达到提高饭店知名度和美誉度的经营目的。良好的饭店形象，能给饭店企业带来经济效益和社会效益。因此，随着市场竞争的加剧，饭店企业的竞争，已不再单纯是饭店产品的竞争和服务的竞争，更多地体现在饭店形象的角逐上，在社会公众面前，要赢得市场竞争的主动权，就必须拥有良好的形象。

图 10-2　凯莱酒店集团形象大使竞选

一、饭店形象的概念

饭店形象又称饭店的“公众形象”或“公关形象”，它指的是饭店在社会公众心目中相对稳定的地位和整体印象，具体表现为社会公众对饭店或饭店组织的全部看法、评价和整体要求及标准。

公众对饭店持什么样的评价和看法，就形成相应的口碑（或称为“公众舆论”），口碑直接影响着饭店今后的行为和运转。良好的口碑会促进饭店经营活动的开展，反之则起阻碍作用。口碑对饭店支持或赞赏与否反映出饭店为社会所接受的程度。因此任何饭店都高度重视公众舆论和自身的社会形象。在理解饭店形象概念时，应注意以下几点：

1. 饭店形象必须是相对稳定的形象

它一旦形成，就会存在和持续一定的时间，新形象的建立和塑造要经历一个较长的过程。所以一时一刻的公众反应并不能代表饭店组织的真正形象。

2. 饭店形象是整体性的

饭店形象不是细枝末节、零碎的拼凑,也不是饭店的某种具体形象,如产品形象、管理形象等,而是包括产品、服务、管理各方面在内的整体或综合形象。

3. 饭店形象表现为公众舆论或口碑,但并不等于公众舆论或口碑

口碑是经常变动的,是具体的,各种口碑中所包含的共同本质或趋向才构成饭店形象,所以饭店形象是系统化的本质。如果因某种原因公众舆论发生了变化(假设不利口碑产生),组织形象并不因此变坏,只有这种不利口碑一直持续下去,久而久之形成一种稳定的共同倾向,新的不良形象才产生。因此,一旦不良口碑产生,饭店就应采取及时有效的措施,进行补救和形象矫正。

饭店形象的具体状况(好坏程度)是饭店组织自身的行为和政策造成的。其运行模式大致可描述为:饭店采取某项或某些政策和行为,从而对公众产生一定的影响,公众在接受和了解到这些影响后,便用他们自己的标准、要求和价值去评判饭店的政策和行为,并通过评判产生一定的观点、意见和看法,从而导致口碑或公众舆论的产生。一旦这种舆论或口碑稳定化、系统化、定型化,就形成相应的饭店形象(好的或坏的)。而这种形象的好坏又会反过来影响饭店组织的政策和行为。饭店形象就是这样循环往复而不断发生变化的。

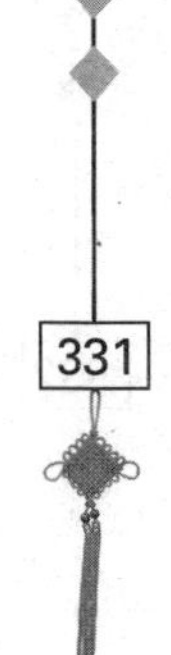

二、饭店形象的分类

由上述变化可知,饭店形象的好坏从动因上讲,来自饭店自身的行为、政策,即对待公众的态度。一旦形象下降,说明与公众的关系失调,公众对饭店不满意。这就要求对自身的态度、行为、政策进行合理调整。饭店业有句行话:"宾客(公众)永远是对的。"形象的变化规律不难看出这一点。饭店形象实际上是饭店和公众互惠互利的结果,是双方利益结合与和谐程度的指示器。为防止饭店形象下降,避免失调,必须对公众评价和口碑进行监测和了解。

(一)根据形象自身的性质,饭店形象可区分为自我期待形象和社会实际形象两种

1. 自我期待形象

自我期待形象指的是饭店希望的社会公众对自身的全部看法、评价和标准。它又包括两种:一是理想形象,即对自身形象所做的较长远的规划和设计,它是饭店努力的长期方向和内在动力;二是目标形象,即饭店希望通过某项或一系列公关活动所要达到的形象状态,它是具体的、短期的公关重心。饭店在开展公关工作时,应正确拟订这两种期待的形象目标。要进行认真的分析、规划和设计,以明确自我期待形象,使达到目标的努力成为自觉。在设计形象日标时,一定要结合饭店的特点,要具有现实的可行性。

2. 社会实际形象

社会实际形象指的是社会公众及社会舆论或口碑对饭店的真实看法和评价。它是通过一定的公关努力而达到的实际效果，是一种形象现实。形象目标仅仅是一种期望值，起着明确努力方向的作用，而实际形象却是真实的形象状态。实际形象的好坏可以通过调查进行客观、精确的评估。实际形象可能与期待形象发生矛盾，有时高于期待形象，有时低于期待形象。

(二)根据不同的评价主体，饭店形象可区分为总体形象、主观形象、有效形象和特殊形象四种类型

1. 总体形象

总体形象指的是所有公众对饭店的全部看法、评价和态度的总体趋势，是主流口碑，所以又称为“整体形象”。它最为饭店所关心，因为它反映饭店形象的主要倾向。

2. 主观形象

主观形象指的是饭店所坚信的社会公众对本饭店的看法、评价和态度。它不是期待形象，而是自己对自己的真实形象的主观估计和评估。由于缺乏对外界公众舆论的真实而全面的知晓和了解，它往往同真正的实际形象有差距，带有一定的主观性，类似于人们常说的“自我感觉”或“自我认识”。

3. 有效形象

有效形象指的是饭店的主要公众对该饭店的真实看法、评价和态度。有效形象是公众利益和饭店利益有机、合理的统一。它具有特别的意义，因为良好的有效形象预示着饭店的主要公共关系处于良好状态。但是，问题在于饭店要明确自己所面临的主要公众是什么，要求是什么，不能把次要公众当主要公众，否则公共关系就会出现偏差和失误。同时，还要明确自己饭店的性质、特点、作用，所具备的条件和特殊要求，以此作为区别公众要求的重要尺度，并在此基础上去选择和规划饭店的有效形象。

4. 特殊形象

特殊形象指的是待求公众对饭店的评价、看法和态度。所谓“待求公众”，就是那些同饭店有特殊利益关系，对饭店有特殊要求的公众。例如，商务饭店中的商务客人、会议饭店中的会议主办者、别墅饭店中的度假者、饭店的 VIP 等。特殊形象有特殊的作用，它比一般形象更有益。通过树立良好的特殊形象，可以更有效地取得形象的效益。

三、树立饭店良好形象的作用

(一)能提高企业的知名度

具有良好形象的饭店本身就容易赢得广大消费者的信赖和好感。而且,公众对于有计划地实施组织化、系统化、统一化的CIS战略的饭店,更容易产生组织健全、制度完善的认同感和信任感。这必将更进一步有助于企业知名度的提高。

(二)能吸引人才,提高生产力

饭店能否吸引优秀人才,以确保服务接待管理水平和能力的提高,能否避免人才的频繁流动,从而避免工作上的损失,这一切都有赖于良好企业形象的建立。例如,刚毕业的学生,绝大多数是根据饭店的知名度去应聘的。此时,饭店形象的优劣就起到了决定性的作用。

(三)能激励员工士气,形成良好的工作气氛

饭店形象好,知名度高,饭店的员工就有一种优越感和自豪感,容易调动员工的积极性。再加上具有良好形象的企业有着完整的统一视觉识别系统(如工作服、服务用品、饭店标志等),具有包装的功能,能给人耳目一新、朝气蓬勃的感觉,自然能够激励员工的士气,提高其工作效率。

(四)促使营业额上升

一个饭店若知名度不高或形象不好时,销售人员所做的努力势必事倍功半;一旦饭店有了知名度,而且是正面的知名度时,客户自然会慕名上门,营业额的提高自然是理所当然的。良好的饭店形象,加上有计划地开展CIS战略,还可以使广告效果倍增,即会更有效地推动消费者的购买意愿和对饭店的认同。

(五)容易筹集资金

如果饭店形象好,一旦饭店需要长、短期资金时,许多社会上的投资机构和金融机构都会愿意参与投资经营。而当饭店发展成为国际性连锁集团时,更容易吸引国际性的投资机构。上市的饭店若具有优良的形象,股票在证券市场上的价格也势必上扬,因此,资金的筹集将更为容易。

(六)能增强投资者的好感和信心

饭店经营总存在风险,若饭店具有良好的形象,它在遭受危机时,政府、银行、同行企业、员工等自然都会伸出援助之手与其共渡难关。可以说,良好的企业形象是一种组织完善、制度健全的表现,它不仅可以增强社会大众的好感,而且还会增强投资者的信心。

(七)能使饭店的基础得以长期稳固

由于饭店具有优良的形象,社会上有创见、有前途的企业,也会自动要求与其合作,这样不但投资机会增多,失败的风险也会减少,其结果必然使饭店的基础日趋稳固。何况有良好形象的企业可以团结各相关企业,加强各企业的归属感和向心力,从而使饭店更具有实力和应变能力。

(八)能提高广告效果

饭店传递的信息如果出现的频率和强度充分,则广告效果必然会提升。作为塑造企业形象的有用工具——CIS战略,可以强化传递信息的频率和强度,提高饭店与产品的知名度,因而可以使广告具有倍增的扩散效果。

(九)有利于内部管理

现代饭店面对与日俱增的市场竞争对手和变化频繁的市场需求,需要有一套科学、效率高的管理系统。塑造以饭店形象为目的的CIS战略,可以使这一切都走上规范化、系统化的轨道,简化管理系统的作业流程,有利于内部管理。

四、饭店形象的构成

现代饭店形象是整体性的公众形象和评价。但是,公众在评价饭店时并不总是总体地进行评价,而是就饭店的各方面去进行的,这就形成各种形象的构成要素。不同的公众或者同一公众在不同环境下所关心的方面是不同的,如餐饮消费者主要关心餐饮产品和服务方面的状况,客房消费者关心的是客房的舒适与安全卫生状况,等等。各种形象要素有机地综合起来就形成完整的饭店整体形象。

饭店形象的组成内容包括以下几个方面:

(一)产品的形象与口碑

各类公众,尤其是消费者公众对饭店的产品(硬、软件产品)的质量、性能、价格、包装等方面的评价和看法,就形成相应的产品形象。公众特别是消费者对饭店所提供的产品是极为敏感和挑剔的,饭店对此必须予以高度重视。

产品形象的好坏主要取决于两个方面:一是饭店为顾客提供的产品和服务的价值,即能否让顾客满意的质量、价格和服务等;二是饭店员工在履行接待服务业的职责时所表现的责任心、道德心和态度。

为了树立良好的产品形象,饭店一方面要抓好产品质量,另一方面要经常了解公众的要求,了解公众对产品优缺点的评价及改进的建议。此外,还应注意用不同的语言和形式向顾客及时传播有关本饭店产品、服务以及为客人服务的各种信息,使公众对饭店产品由认知到好感,到信赖,到购买。

(二)服务的形象

现代饭店是以提供服务为主的接待业,服务形象的好坏对饭店的形象的塑造至关重要。现代饭店的服务形象,是消费者对饭店提供的服务是否热情、周到，服务项目是否齐全、便利，服务态度是否真诚、礼貌，服务质量是否有保证，是否让人满意的反映和评价。

现代饭店的服务形象是一个内容非常广泛的问题。它包括售前服务、售中服务和售后服务三方面的内容。这也是饭店接待服务的三个基本环节。

现代饭店接待服务中的售前服务也称为“服务的预备阶段”，是饭店在提供服务前所进行的准备工作。售前服务质量的好坏，对饭店的服务形象有着直接的影响。例如，客房的预订，餐厅酒水、菜肴原料的采购、储存，宴会、会议厅的布置准备工作的质量等，都反映了饭店服务的形象。

现代饭店接待服务中的售中服务也称为“服务阶段”，是指在直接接待宾客过程中的各项服务工作。它包括总台的入住登记、房间分配、行李提送、房间清洁、洗衣服务、餐厅、迎宾、上菜、派菜等服务。售中服务质量的好坏直接影响到饭店的服务形象。

饭店的售后服务也称为“服务的后阶段”，是指饭店通过顾客意见卡、留言簿、投诉信、座谈会以及其他各种方式所征集到的客人消费后的意见和反映。掌握饭店接待服务的反映信息，分析研究提高饭店服务质量的方法和手段，以便在未来的服务中提高服务质量和标准。

(三)员工的形象

公众对饭店员工的总体素质、能力、文化修养、道德水平、服务水平等方面的评价和看法，就构成饭店员工的集体形象。

在员工形象塑造中要注意正确理解个人形象与员工整体形象的相互关系问题。整体形象通过每个员工的具体形象表现出来，所以要提高员工总体形象，就必须提高每个人的形象。但是，不同员工个体对员工总体形象的作用是不同的。一般来说，与外界公众或顾客接触较多的员工，如前台服务人员、销售人员等以及高级管理人员的形象，通常具有更令人关注的意义。尤其是饭店的高层管理者，通常被看作员工的代表、集体形象的浓缩和镜子。所以，在塑造员工形象时首先要注意提高这些员工代表的形象，同时又要注意提高一般员工的形象。

影响员工形象好坏的因素有许多，其中起决定作用的是员工素质和员工的凝聚力。实际上，凝聚力也能在一定程度上体现员工素质，一个员工如果语言粗俗、举止不文明，人们会认为饭店对他教育失当，把他跟整个饭店联系在一起，从而影响饭店的员工甚至整个饭店的形象。接线员一声呵责、接待人员的一张冷面孔、维修人员的失职等都会给整个形象带来严重危害。因此，必须提高每个人的素质，使他们认识到形象的重要性，弄清个人形象对员工集体形象的影响。

员工间的凝聚力和向心力通常是评价员工形象的重要指标。影响员工凝聚力的因素有：

(1)员工间人际关系的和谐程度。

(2)领导对员工重视和尊重的程度。

(3)个人价值实现的机会多少。

(4)工作环境。

(5)职工福利和待遇。

(6)组织的前景和现状等。

为了提高内部凝聚力,除沟通思想、消除"信息沟"之外,更重要的也许是多方面地关心员工,为他们解决困难,使员工有集体的归宿感,从而提高内部向心力。

图 10-3　员工形象塑造

(四)机构的形象

公众对饭店的内部职能机构的设置、人员配置及其运转方面的综合评价,便构成一定的机构形象。机构形象是饭店形象与口碑的重要构成要素。公众与一个饭店打交道,接触的是其内部具体机构(部门),如果对机构的印象差,就会影响公众对饭店整体的印象。良好的机构形象体现在以下几个方面:

1. 机构设置必须健全

也就是说,饭店内部的职能机构的设置要合理,应该有的部门必须要设置,不应有的机构必须撤销。合理的部门数量本身体现出一定的效率。

2. 人员配置要精简

合理的机构要配备合理的工作人数,绝不能人浮于事。恰当的人员数量和质量能给人们留下更美好的印象。

3. 运转要灵活

内部职能部门之间要相互分工明确,各行其责。同时又要相互配合、协调一致，共同指向饭店的预定目标。部门之间职责不清，以及各行其是，都会严重影响机构形象，特别是与顾客关系密切的工作，需要各部门的参与和配合，它是机构运转状况的指示器。公关工作的失调不仅仅是公关部的事情，而且还体现了各部门之间缺乏协作。

4. 办事效率要高

各部门能独立解决的问题应自行解决，绝不能遇事就要"请示一下"、"与领导商量商量"或"内部开会讨论一下"等，尤其是对顾客的投诉和特殊要求，一定要及时妥善处理，绝不能拖时间。

（五）管理的形象

管理形象，指的是公众对饭店的管理水平、管理方式和管理行为的评价和看法。如果说产品形象、服务形象、员工形象、机构形象体现着饭店的已有成就和实力，那么管理形象则体现出饭店的发展潜力。即使其他形象不够理想，通过良好的管理，仍然可以较快改善；而管理形象不佳，就表明该饭店缺乏前景。事实上，产品形象、服务形象等的好坏本身也有管理的问题。管理形象的好坏体现在饭店行为的各个方面：

1. 经营决策

这是公众对饭店管理评价的主要内容之一。如决策是否正确、目标是否合理、方案是否富有创新精神等。

2. 服务管理

如接待服务和劳动组织是否恰当、接待服务计划是否完善、服务各环节的衔接是否严密等。

3. 销售管理

如市场预测是否准确、产品定价是否合理、广告宣传是否做得好、吸引顾客有无新招等。

4. 人事管理

如用人是否得当、考察聘用干部的程序是否合理、对职工的培训和教育是否重视等。

5. 工作环境管理

如内部工作条件的好坏、后勤服务完善与否、职工福利与保健、安全等情况。

饭店的管理形象最集中的体现是饭店的社会效益和经济效益，而且两种效益必须协调一致。为了提高管理形象，必须健全内部规章制度并严格执行。注意创造良好的内部人际氛围，这是现代管理的主要象征。

总之，饭店形象由许多方面构成，它们分别组成具体的形象要素。公众对饭店的评价有时候表现为综合性的整体印象，有时候表现为具体的形象要素。在饭店形象塑造中,有时候整体性的综合印象起主导作用,有时候具体形象更重要。但是,整体形象的好坏取决于每一具体形象要素的好坏,它是一种概括性的组织概念或特征(识别标志)。通常最能笼统却又全面地反映饭店整体形象的是饭店的精神、方针和宗旨,它们与众不同,形成鲜明的组织标志。在进行形象塑造时,应整体与局部形象相互兼顾。既不能片面地强调组织形象的某一个方面,也不能只宣传整体形象。

五、饭店形象塑造的原则与方法

(一)塑造饭店形象的原则

饭店形象的塑造必须遵循以下原则:

1. 有效性原则

有效性原则是指通过饭店形象塑造中的公共关系活动,力求取得最佳预期效果的原则。饭店形象塑造中的公共关系是饭店发展的一种策略,其目标是促进饭店发展。因此,在塑造饭店形象的过程中必须努力贯彻有效性的原则。要注意饭店形象塑造中的公共关系活动的实效,不摆形式,不走过场。要努力提高饭店形象塑造中的公共关系活动的效率,力求达到饭店形象塑造中的公共关系活动的最佳效果。

2. 总体性原则

总体性原则亦称“整体性原则”,是指把饭店不自觉的、分散的、不连续的公共关系工作系统化、统一化、整体化和科学化的原则。现代饭店要树立自己的形象,必须改变公共关系工作中,各部门分头负责,各自为政的局面,统一观念,统一政策,全面规划,协调行动。

3. 统一性原则

统一性原则是指涉及饭店的形象塑造的公共关系活动所追求的工作目标要统一,不要偏顾任何一项原则。统一性原则具体包括:

(1)知名度和美誉度的统一。知名度要以美誉度为基础,才能充分显示其社会价值。

(2)公众利益与组织利益的统一。满足公众利益,是提高饭店利益的前提。

(3)总体形象和特殊形象的统一。饭店公共关系的目标,一方面要照顾各类公众对象的一般要求,另一方面又要特别突出饭店在首要公众对象心目中的特殊形象,以形成特殊的风格。

(4)创名牌产品与创名牌企业的统一。创名牌产品是创名牌企业的基础,创名牌企业可以使饭店立于不败之地。

4. 竞争性原则

在激烈的竞争过程中,现代饭店通过及时采集其他饭店和相关企业的有关信息,比较分析彼此整体形象的优劣及其原因,并博采众长、为我所用,力争赶上和超过对手,这就是树立形象的竞争性原则。现代饭店要使自己的形象“捷足先登”,首先要积极地寻找机遇,参与竞争,主动地进行自我宣传,追求自我发展。其次,现代饭店形象的设计要防止类化倾向,要独树一帜,富于特色和魅力,增加吸引力,从而引起公众的注意和兴趣。另外,还要善于设计饭店形象的出现频率,通过重复刺激使饭店的完整形象储存在公众的大脑中,从而提高饭店的知名度和美誉度。

5. 形象性原则

饭店的形象性原则,是指通过设计简洁、鲜明、形象的饭店和产品标记,使饭店及其产品形象易于传播,便于记忆。如店标、店名、店徽、店服等是饭店的重要标记。应用象征性的标记来宣传饭店的形象,是现代饭店形象塑造中的一种有效方法。

(二)塑造饭店形象的方法

塑造饭店形象的方法,饭店是由根据一定的公共关系目标和任务而实施的若干具体方法与技巧构成的。不同类型、不同规模的饭店,或同一饭店的不同发展阶段,或同一阶段中针对不同公众对象的公关任务,都需要有不同的公共关系活动方式。塑造饭店形象的方法归纳起来有以下几种:

1. 建设型塑造方法

饭店的公共销售人员采取宣传和交际的高姿态,向社会公众主动作自我介绍,主动结交各方朋友,努力让更多的人知道自己,理解自己,从而进一步接近自己,这就是建设型的塑造方法。它的主要功能是提高饭店的知名度,引导、启发公众对饭店的认识、好感和信赖。建设型塑造方法主要适用于饭店开创阶段,以及某项服务、产品塑造方法的初创、问世阶段。饭店为提高知名度,采用高姿态的传播方式,如开业广告、开业庆典、免费招待等。

2. 维系型塑造方法

维系型塑造方法,是通过各种传播媒介,以较低姿态,持续不断地向社会公众传送饭店的各种信息,在不知不觉中造成和维持一种有利的意见气氛,使饭店的良好形象潜移默化地储存在公众的长期记忆系统中。这一方法适用于饭店的稳定、顺利发展时期。例如,保持一定的见报率,长期树立在高大建筑物上的饭店名称、标志或商标、巨型广告,逢年过节对常客的专访、慰问,给老关系户适当的优惠或奖励等。

3. 防御型塑造方法

防御型塑造方法，主要是发挥饭店的内部职能，及时地向决策层和各业务部门提供外部信息，特别是反映批评的信息，提出改进的参考方案，协助饭店各部门协调内部职工关系，以防为主，堵塞漏洞。防御型塑造方法适用于饭店出现潜在的公关危机的时候。

4. 矫正型塑造方法

这一方法是在饭店公共关系严重失调、饭店形象发生严重损害的时候，立即采取的一系列有效措施，配合饭店的其他部门改造被损害的形象，挽回饭店的声誉。它一般分为外部矫正和内部矫正。外部矫正是指由于外在某种误解、谣言，甚至人为的破坏，损害了饭店的形象。此时，公关销售部应迅速查清原因，公布真相，澄清事实，纠正或消除损害形象的因素。内部矫正是由于饭店内在的不完善造成产品质量、服务态度、服务质量、管理政策、经营方针等方面的问题，而导致外部公共关系严重失调。这时，公关销售部门应设法暂时降低饭店的知名度，尽量控制影响面，同时将外界舆论反馈给决策和有关部门，分析公共关系失调的原因，提出纠正的措施，协助有关部门解决实际问题，并利用各种公共关系方式向传播界和社会公众公布纠正的措施和进展情况，平息风波，恢复信任。

5. 进攻型塑造方法

这种方法适用于饭店系统与环境发生某种冲突、摩擦的时候，为了摆脱被动局面，抓住有利时机和条件，改变决策，迅速调整。其主要包括：避免受环境的消极影响；改变饭店对原有社会环境的依赖关系，不断拓展新的市场和新的产品，吸收新的顾客群；组织同业联合会进行协作与交流，尽量降低与竞争者之间的摩擦等。

6. 宣传型塑造方法

宣传型塑造方法，是用各种传播媒介迅速地将饭店内部信息传送出去，以加强社会公众对饭店的了解程度，形成有利的社会舆论的活动。其具体形式有：发新闻稿，进行公共关系广告，印刷发行公共关系刊物和各种视听资料，举行各种大型活动或表演等。宣传型塑造方法的特点是：主导性强，时效性强，能比较有效地利用传播媒介沟通与公众的关系。

7. 交际型塑造方法

交际型塑造方法是通过无媒介的人与人的直接接触，为饭店广结良缘，建立广泛的社会关系网络。其方式包括社团交际和个人交际，如宴会、座谈会、招待会、谈判、专访、慰问、电话沟通、亲笔信函等。它具有直接性、灵活性和人情味，能使人际间的沟通进入“情感”的层次。

8. 服务型塑造方法

服务型塑造方法是以各种实惠的服务为媒介，向公众提供各种实在服务，以期获得公众了解和好评。例如,各种消费教育、消费培训、消费指导、售后服务、免费保修以及各种完善的服务措施等。服务型塑造方法对于一个饭店是至关重要的。

9. 社会型塑造方法

社会型塑造方法是饭店利用举办各种社会性、文化性、公益性、赞助性的活动来开展公共关系的模式。其目的是塑造饭店的文化形象、社区公民形象,提高饭店整体的社会知名度、美誉度。具体形式有赞助文化、教育、体育、卫生等事业,支持设区福利事业、慈善事业,扶持新生事物,参与国家、社区重大活动并提供赞助等。其特点是着眼于整体形象和长远利益,公益性强,文化性强,影响力大,但成本也比较高。

10. 征询型塑造方法

征询型塑造方法,是公关塑造人员以采集信息、舆论调查、民意测验、参与决策等为手段,以民意代表的姿态出现,及时地对民意和舆情作出反应,为饭店的经营管理决策提供参谋,保持饭店与社会环境之间的动态平衡。其形式有:开办各种咨询业务,建立来访来信制度和客人意见征询制度,设立热线电话,接受和处理投诉等。征询型塑造方法的特点在于通过日积月累的努力,逐步形成良好的信息网络。

在塑造饭店形象的活动中,要将上述方法有机地结合起来进行使用。在具体工作中,要求饭店公关销售人员不拘一格,勇于创新,这样才能树立和维护饭店的良好形象。

【课堂思考】

围绕饭店“塑造形象,打造品牌”的活动,饭店具体部门应在哪些方面开展工作?

第三节 饭店信息管理

信息资源管理是现代饭店经营管理活动中的要素、介质和工具,现代饭店就是通过信息资源的管理来促使现代饭店经营活动中的能量和物质——人力、财力、物力资源合理地流通,并保证这些资源的流通方向、速度、准确性得到最佳的配置,以达到对饭店经营活动中的人、财、物的计划、组织、指挥、协调和控制,从而提高现代饭店管理工作的效率,实现科学管理的目的。

一、饭店信息

饭店在经营过程中产生大量的流动信息,这些信息随时产生,并且非常复

杂。面对饭店通信方式现代化、兑付方式多元化、客人需求多样化等各种新挑战,饭店信息的数量和复杂程度越来越大,这使得饭店经营管理人员不但要掌握科学的管理思想和管理方法,综合运用企业资源,更要有很强的信息管理能力。饭店的信息管理变成了饭店日常管理中不可或缺的重要手段。

(一)饭店信息的界定

饭店信息的界定是指对饭店信息所包括的内容范围加以界定,形成研究管理饭店信息的范围。饭店企业作为一个经济主体,积极参与内容复杂的市场活动,不可避免地要与客源市场、原材料和饭店用品(耗品)供应商、国家行政部门、银行、工商、税收部门、新闻媒体等发生相互联系,并时刻与饭店的外部环境进行信息和物质的交换。与此同时,饭店为完成自身作为经济主体的职能,内部又有财务、人事、库房、商场、餐饮、前厅、康乐、客房、保安等部门相互衔接,人、财、物、信息相互配合,以完成企业的共同目标。

(1)广义的饭店信息。饭店信息是信息概念在饭店经营管理领域具体化的表现形式。广义上讲,饭店信息既包括饭店企业自身日常业务活动中所产生和输出的信息,也包括饭店经营管理决策所需的客源市场、原材料市场、各种资源市场、各个竞争对手状况以及与此相关的社会经济活动的有关信息。这是从满足饭店企业经营管理信息需求的角度,以饭店作为信息的接受者来界定饭店信息的含义的。这样,饭店内部自身业务活动、客源市场、竞争市场、商品市场、旅游市场、国家各级经济旅游管理部门以及其他饭店和企业的经营活动都构成了饭店信息的产生者和发出者。我们可以把饭店自身业务活动信息称为“内部信息”,其他的称为“外部信息”。内部信息产生饭店经营管理服务的反馈信息,外部信息产生饭店经营管理的环境信息。

(2)狭义的饭店信息。从狭义上讲,饭店信息是指饭店经营管理业务活动中所产生的各种输入、输出信息,如饭店前厅接待过程中的客人姓名、性别、国籍、结算方式等。该过程中的各种信息为中、高级管理人员提供管理依据和决策支持。这种狭义上的饭店信息实际上是从信息的产生者和发出者的角度来界定的。

饭店信息有广义和狭义之分,我们主要研究的是狭义的饭店信息。饭店经营管理的过程,从某种意义上说就是反馈信息与业务信息连续不断地搜集、加工、转换和交流的过程。从狭义上理解饭店经营管理信息,有利于更好地理解和把握饭店日常业务的范围和内容,理解饭店计算机管理系统的实际应用,具有可操作性和应用性。

(二)饭店信息的特征、分类及其作用

1. 饭店信息的特征

(1)饭店信息的目的性。饭店信息的收集、加工、发送、传递都是人的一种有目的的行为,有着很强的针对性。在饭店信息管理工作中必须防止目的性的模糊,避免出现异化。

(2)饭店信息的真实性。这主要表现在以下两个方面:一是对饭店业务活动某一时刻、某一部分的动态或静态都要进行客观如实的反映,既不能凭主观臆想人为地夸大、缩小,也不能在信息的加工整理过程中夹杂主观评价,以免发生变异;二是饭店业务活动的状况、特征和变化是错综复杂的,因而要求部分信息必须是第一手的实际资料和原始状态的信息。

(3)饭店信息的系统性。这个特征表明饭店各部门、各部分之间相互协作,相互衔接,相互作用,形成一个整体。而其内部信息则以财务信息为主线,以客房信息和客人信息为辅助形成了一个有机整体。

(4)饭店的时效性。时效性是饭店信息的重要特征。一个临时住店客人的姓名、习惯、消费信息,同一个长住客人的相关信息的时效性有很大区别,对饭店的经营决策、服务的作用也大不相同。

(5)饭店信息的连续性。饭店企业的服务管理活动周而复始,连续不断,这就决定了饭店信息也具有明显的连续性。

(6)饭店信息的经常性。饭店各部门管理人员和服务人员每天要进行大量的服务工作和劳动,具体的事实或结果都要记录下来,如每日客房卫生检查记录、餐厅客人用餐记录等。

(7)饭店信息的广泛性。饭店管理的各部门甚至各个环节都有其相关业务的数据信息,通过这些数据资料的整理分析,就可对各部门经济责任制和管理的好坏作出全面、正确的评价,从而提高管理水平。

(8)饭店信息的群众性。饭店数据信息范围广泛,涉及组织系统中的各部门、各班组、各环节。因此,只靠专门统计人员是不行的,必须有各部门、各岗位的兼职人员参与。但是,群众性并不意味着每个人都可以随便地采集信息,必须把原始数据采集落实到人,建立原始数据记录网络,以保证原始记录的准确性和及时性。

2. 饭店信息的分类

(1)按照饭店业务组织机构划分。按照这一标准,饭店信息可分为:前厅部业务信息、客房部业务信息、餐饮部业务信息、销售部业务信息、财务信息、工程部业务信息、人事与员工培训信息和其他部门业务信息等。通过这种分类,可以比较明确、细致地反映出饭店经营管理过程中各业务部门的活动、特点及其规律,并在此基础上进行各种对比分析。

(2)按照信息产生者和发出者的来源划分。饭店信息是在经营管理过程中产生和发出的,信息源相对比较复杂,但排除干扰因素,可以将饭店信息划分为客房信息(如房价、客房出租率、客房状况等)、客人信息(如客人姓名、职业、习惯、消费状况等)和财务信息。财务信息是一种动态的连续性的复杂信号,如账号、消费、各种财务报表、汇总、经济分析。另外,还有员工信息、工程设备信息等。

(3)根据信息动态变化时间划分,可分为近期动态信息、远期动态信息和基本静态信息,或者是分为动态更新很快的信息、动态更新较慢的信息和动态更慢的信息,当然这里的快、慢均是在狭义饭店信息范围内比较,是一个相对概念。

(4)根据数据信息共享程度划分可分为共享信息、部分共享信息和非共享信息。一般来说,基本的业务信息都属于共享信息,某些管理信息属于部分共享信息,涉及饭店商业机密的信息属于非共享信息。

3. 饭店信息在现代饭店经营管理中的作用

(1)饭店信息是加强饭店经营管理的前提和基础。饭店管理与饭店信息密不可分,管理者在运用计划、组织、指挥、监督与协调的各项管理职能进行管理决策时,信息始终渗透其中,起着神经与纽带的作用。

(2)饭店信息是增强饭店市场经营活动生命力的依据和条件。市场营销活动能否顺利开展,饭店信息是极其重要的条件和依据。饭店只有掌握客人的不同需求、年龄组成、区域特点、消费状况、季节变化等信息,并把握竞争对手的地位、品牌效应、商圈大小、设备设施档次和特点、顾客组成、服务项目、价格、服务档次、服务质量等信息,才能确定市场营销的一系列策略。

(3)饭店信息是提高服务质量的关键。饭店经营的灵魂是服务,而优质服务要做到的礼仪礼貌、服务技能、效率、设施舒适、清洁卫生、安全保安、环境安静、食物质量等都离不开信息的支持。例如:在对一个信仰伊斯兰教的客人和对一个欧美客人进行服务的时候,有着很大的区别,因此要有针对性地提供服务就要了解客人的相关信息。

(4)饭店信息能够提高管理人员的素质和水平。提高饭店管理人员的素质有很多内容和途径,其中智力水平是不可忽视的一个重要方面,开发饭店信息资源,实际上就是开发员工及管理者的智力资源。饭店信息资源开发程度越高,作用发挥得越充分,经营管理人员的智力水平提高得也越快。

(5)饭店信息是整个饭店系统的基本要素和神经。饭店系统是一个由前厅子系统、财务子系统、餐饮子系统、客房子系统、康乐子系统、工程子系统、人事子系统等组成的有机整体,为了使各子系统的活动协调于系统整体之中,必须借助于饭店信息这一“神经系统”把客房信息、客人信息、账务信息、设备信息和员工信息等送到每一个员工(管理者)手中,并把每一个下属单位重要的经验活动

和问题及时反映到有关部门，实现纵向的和横向的多方面联系，沟通系统内部与外部各方面的情况。

（三）饭店信息管理的特点

旅游饭店业是窗口行业，用户覆盖面广，遍及世界各地，24 小时业务不间断，提供的服务种类繁多。所有这些都决定了旅游饭店业的计算机应用是一个有着鲜明特色的领域。

1. 实时性要求高

饭店客人发生的费用需立即记人系统，所以高效准确地办理结算业务对于饭店的服务而言非常重要。如果由于系统反应迟缓而耽误了客人宝贵的时间，将会给客人和饭店双方带来经济损失。饭店信息系统必须能够反映企业当前的经营状态和变化趋势，包括最新的客人住店情况、客人消费情况、客人的预订情况等。这是管理者是否能够根据饭店现状正确制定决策的基本保障。

2. 技术密集

许多高新技术在饭店中都能得到应用，比如电子门锁、电话交换机系统、商用 POS 、银行 POS 、信用卡消费、电视监控、电视 VOD 系统等。在饭店实施计算机管理的过程中，系统需要以计算机为核心将多种系统协调为统一的整体。

3. 综合协调性

饭店内部门与部门之间、员工与员工之间、员工与部门之间的工作应协调一致，保证企业向住店客人提供满意的服务。饭店的信息系统必须将当天预计要到达的预订客人和团体及时地通知接待部门，做好接待准备工作，并同时通知其他有关部门做好接机、餐饮等的准备工作；客房清洁员在打扫房间的过程中发现房内设施、设备损坏时应及时报告主管人员，填写工作单通知工程部修理；财务部编制的经营费用月报表应同饭店当月接待客人的业务量相符合，如不一致，在没有特殊情况发生时，则说明某些部门有浪费经营资源的现象。这些信息是管理者协调各部门工作的依据。

4. 大容量

饭店的经营管理除了需要内部的员工信息、设备信息、财务信息、产品信息外，还需要客人的消费信息、客源市场构成信息、社会的消费趋向信息等，而且要求这些信息不但能够反映当前的状况，而且还应记录过去的状况和变化过程。这些信息种类繁多，数量庞大，处理复杂。以客人消费信息为例，信息系统应能够记录 VIP 客人，对回头客进行预测，记录客人的消费历史、爱好、习惯等。这些信息数量十分庞大，单纯手工作业难以胜任。

5. 网络化

饭店作为一个商业社会中能够独立运转的企业组织，关键在于它的整体性，而饭店企业的整体性又以其内部完整、畅通的信息流通渠道作为保障。饭店内的信息流通渠道是一个纵横交错的网络,既有部门与部门之间、小组与小组之间协调工作的报表、报告、单据等的交流(如客房部需要更新布置时应向采购部提交采购申请表,厨房在食品加工器发生故障时应向工程部提交工作单等),也有上下级之间决策及其反馈等信息的上传和下达(如每天早晨由财务部的夜间稽核人员向总经理和主要营业部门经理提交的前一日营业日报表、客房销售日报表等)。这一网络内信息流动的畅通程度决定了饭店企业整体的工作效率。现代化的企业无不在想方设法采用现代的信息处理手段提高企业内的信息网络工作效率。

6. 安全性要求高

饭店 24 小时不间断服务,大型饭店一天要面对上百人次的入住和结算。任何时候系统出现故障,都会给饭店带来很大的经济损失,因而对饭店信息系统的硬件质量和数据备份方案都提出了较高的要求。

(四)饭店信息处理

数据处理是饭店管理活动的最基本内容,一般饭店数据处理不涉及复杂的数学计算,但要求处理的数据量很大。因此,进行数据处理时需要考虑以下几个方面的问题:数据以何种方式存储在计算机中;采用何种数据结构能有利于数据的存取;采用何种方法从已组织好的数据中检索数据。

1. 饭店数据信息的收集

饭店数据信息的收集是饭店信息动态运行中的第一个环节,也是饭店管理信息系统最重要的功能之一。

(1)饭店信息收集的范围和主要内容。饭店信息可分为客房信息、客人信息、账务信息、员工信息和设备信息,就饭店管理信息系统的现状来看,多为前三种信息,其信息收集范围如图 10-4 所示。

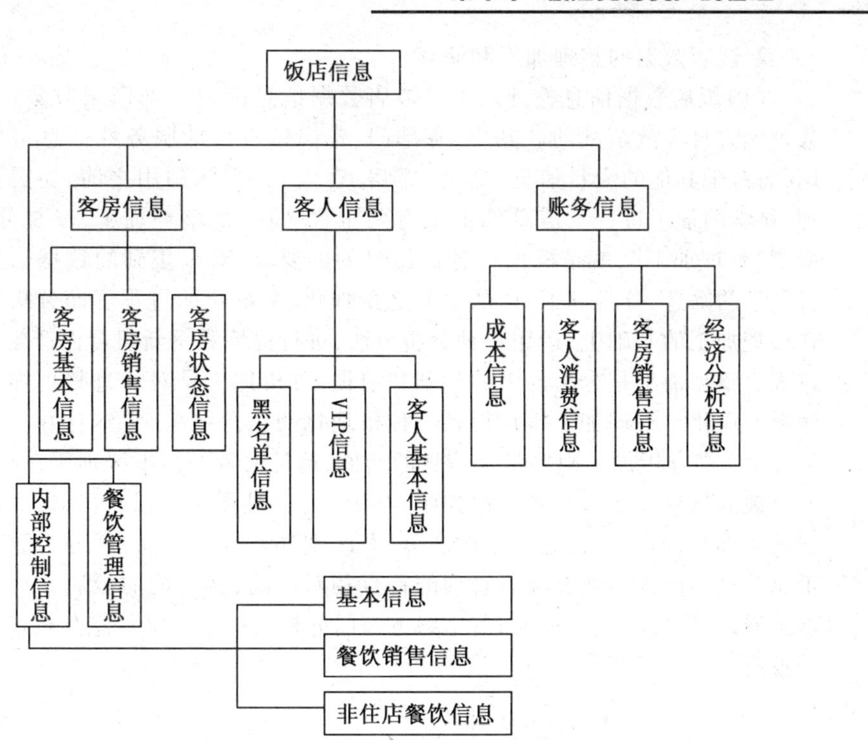

图 10-4　饭店管理中收集的主要信息

饭店系统的组织结构如图 10-5 所示，以财务为中心（控制），以接待为主线，各子系统信息收集既相互独立，又相互联系。其信息收集主要包括（以表单形式表述）：前厅部业务表单名称（常用）、餐饮部业务表单名称（常用）、客房部业务表单名称（常用）、康乐部业务表单名称（常用）、夜核表单名称（常用）、安保部业务表单名称（常用）、工程部业务表单名称（常用）、财务部业务表单名称（常用）。

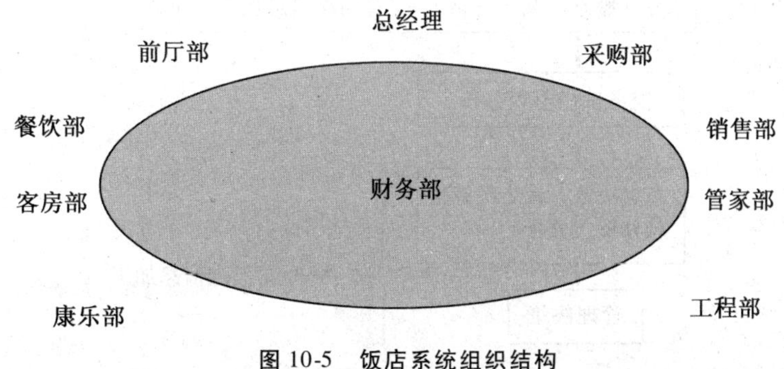

图 10-5　饭店系统组织结构

2. 饭店数据的整理加工和储存

(1)饭店数据信息整理加工。饭店数据信息由业务部门来收集,一般都是数量庞大且零散杂乱的。其中,各部门、各岗位直接的服务性信息可以直接利用,而对于其他的大量信息(客账、客房、客人)在实际利用之前,还需要一个合理、科学的加工过程。信息的加工有两重含义:一是整理加工,二是分析加工。所谓"整理加工",就是根据信息使用目的的要求,对采集到的数据信息资料进行科学的筛选、分类和汇总,从而使之条理化、系统化的过程。而分析加工则是在整理加工的基础上,运用各种分析方法,进行提炼和重新组合而产生新信息的过程。整理加工是分析加工的基础和前提,分析加工是对经过整理加工的信息资料的深化。整理加工旨在得到一种条理化的信息结构,它本身并不带来信息的增值,而分析加工则要带来信息的增值,这是两者的根本区别所在。

饭店信息加工过程及层次如图 10-6 所示。从图中可以看出,饭店信息加工中的整理和分析,有一定的量性区分,但区别并不很大,且大部分为数据信息的汇总。这是同饭店业务经营管理的特点相对应的,就目前的饭店计算机系统功能来看,大致情形也是如此,其中财务部门分析及高层经济信息分析涉及很少甚至没有。

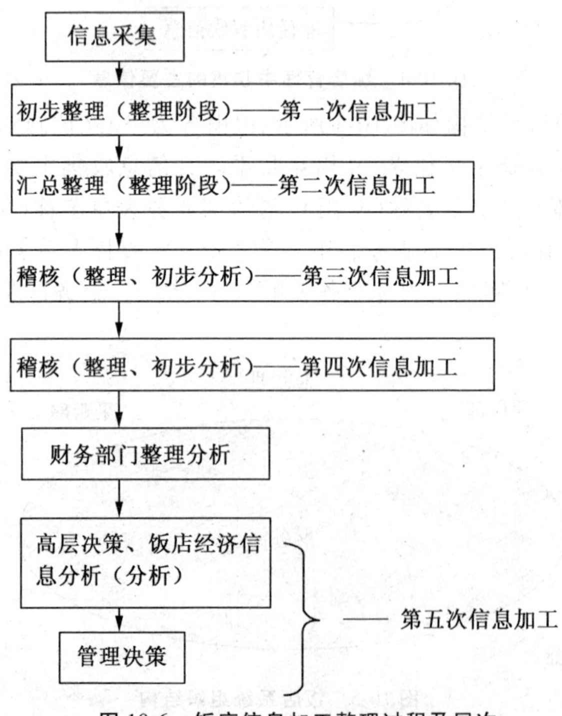

图 10-6　饭店信息加工整理过程及层次

(2)饭店数据信息的存储。信息的收集(采集)、整理、加工、传递、存储、检索构成了饭店信息管理的全过程,存储是饭店信息的保管工作,没有这一过程,饭店信息就不可能被多次利用。就目前来看,饭店信息主要有两种基本表现形式:文件资料与数据。对于这二者的存储的关键,前者主要是做好档案工作,后者则是进行计算机数据库的管理。

3. 饭店数据信息的传递

信息的收集、整理、分析、加工与存储过程,并未完全发挥信息的作用,信息只有在传递过程中才能真正发挥作用。广义的信息传递包括信息的反馈过程,对饭店信息管理工作来说,这种信息反馈十分重要,它使信息真正在微观层面上循环流动。

对饭店系统内部所产生的信息,根据信息保密的程度,分公开、内部、机密和绝密四个层次,进行不同范围的传递:内部公开性信息,一般不宜公开传递,可以在本系统内传递,或者与某些特定的系统交换信息;机密性信息的传递一般只限定在系统内部,应有所选择;绝密性信息的传递一般只限定在某一特殊的范围内进行,并进行严格的保密监督和检查。

4. 提高饭店信息传递有效性的措施

饭店信息范围广泛,进行饭店信息传输时,除了要解决噪声和畸变问题外,还要不断地克服传输中存在的其他障碍。这些障碍主要是:语言文字障碍、缺乏专业知识造成的障碍、各种人为的障碍等。要通过各种培训,提高信息工作人员的素质,清除语言文字障碍和专业知识障碍,通过管理体制改革和加强部门之间、人员之间的横向联系来清除各种人为的障碍。清除这些障碍的过程,是排除噪声、减少畸变的过程,也是提高饭店信息有效传输的过程。具体措施如下:

(1) 改革饭店经营管理体制,精简机构,减少层次。

(2) 改变领导作风,改进工作方法,提高工作能力。

(3) 通过岗位技术培训,提高信息工作人员的知识水平和业务水平,使他们具备时代发展所要求的信息工作人员的综合素质。

(4)健全信息传输系统,建立岗位责任制和信息工作流程,加强系统控制,把信息传输工作纳入现代化、科学化的轨道。

(5) 采用先进的信息传输工具,选择适当的信息传输方式,提高信息传输的速度,明确饭店信息传输的目的。

5. 饭店业务流程三个环节的信息循环传递过程(如图 10-7 所示)

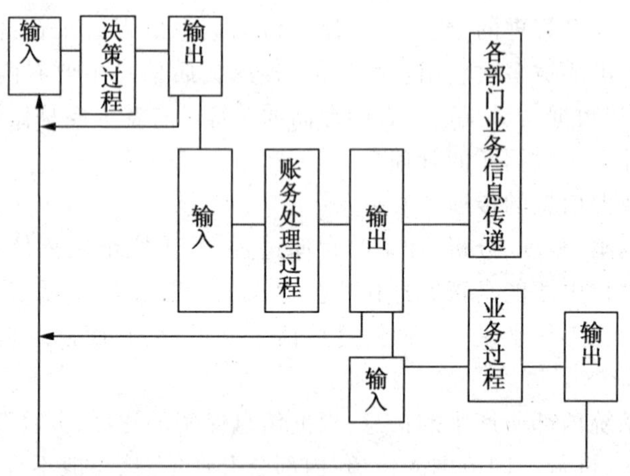

图 10-7 饭店信息循环传递过程

二、饭店信息化与信息化饭店

饭店智能化、信息化的发展带来以往的经营理念和竞争模式的很大变化。店内装潢、客房数量、房间设施等的质量竞争和价格竞争将退居其次。饭店数字信息化将主要体现在三个方面:饭店管理者和决策者能够及时、准确地掌握饭店经营各个环节情况的信息技术;针对饭店的经营,能够节省运营成本、提高运营质量和管理效率的信息化管理和控制技术;直接对顾客所提供的信息化服务,包括电子商务、智能管理和个性化服务。

(一)饭店信息化

随着互联网、电子商务、网络预订、网络宣传的发展与实用化,计算机信息技术将饭店推向了世界,进入了"让世界了解饭店"、"让饭店走向世界"的饭店管理新时代。同时,又使得饭店集团,单体饭店及各种规模的大、中、小型饭店在很多方面处于同一起跑线上。如何利用好计算机等信息技术整合新的饭店产品,怎样提高饭店信息化水平,已成为影响饭店经营管理成败的关键因素之一。

饭店信息化对饭店运作的影响主要有以下几个方面:

(1)利用信息技术与客户需求的有效集成,实现大众化、个性化、定制化、一对一的服务,使每个客人都成为 VIP。

(2)更好地杜绝饭店管理过程中许多人为的弊端,如采购回扣、物流难以控制等,减少误差和失误,减少人工操作中难以避免的一些问题。

(3)改变服务和管理模式,实现电子点菜、点唱点视、电子预订、电子自助入住、自助查询、电子刊物、电子结算等。

(4)有效保障消防安全报警系统,包括中央监视、电子巡更、紧急呼救、可视对讲、停车安全和24小时保安在线等。

(5)建设网络化饭店,使饭店服务与管理社会化。

(6)提供全方位高档的电子贴身服务,如商务客房上网、电子邮件、IP电话、IP传真和综合信息服务等。

(7)建立电子商务平台,有效实现网上查询、网上发布、网上采购、网上销售、网上订房和网上订餐等,彻底改变传统营销模式,实现个性化营销和全球性营销服务。

(二)信息化饭店

建设信息化饭店是饭店信息化的直接目标之一,是饭店信息化的外在表现形式,从目前来看,狭义的信息化饭店建设主要包括以下几个方面(如表10-1所示):

表10-1　　信息化饭店建设主体内容

前台管理系统	前台管理系统
	客人一卡通系统
	游客电子自助入住系统
	游客自助查询系统
房务管理系统	管家服务系统
	VOD视频点播
	智能化客房迷你吧管理系统
	客房网络系统
	空调自动控制系统
餐饮管理系统	智能化餐饮成本控制系统
	电子菜单与电子结账系统
	智能化餐饮销售控制记录
	智能化厨房出品管理系统
	智能化厨房顾客监控系统
	品牌餐饮多媒体促销系统
娱乐管理系统	视频点唱系统
	多媒体娱乐系统
消防安全管理系统	电子巡更系统
	智能化消防系统
	智能化监控系统
人力资源管理系统	员工一卡通系统
	人力资源智能库管理系统
	饭店互联网与员工网上园地

续表

电子物流管理系统	智能化采购管理系统
	智能化仓库管理系统
	物流控制系统
财务管理系统	
办公自动化系统	
饭店 Intranet	
饭店 Extranet	
饭店网络宣传与预定系统	
饭店网络营销联盟系统	
饭店营销管理系统(含数据库营销系统)	
其他扩展的系统	

相关链接

21 世纪,酒店信息化管理目标

21 世纪,酒店的竞争将主要在智能化、信息化方面展开。店内装潢、客房数量、房间设施等质量竞争和价格竞争将退居二线。酒店信息化的发展趋势主要分为三大应用领域:一是为酒店的管理者、决策者提供及时、准确地掌握酒店经营各个环节情况的信息技术;二是针对酒店的经营,为节省运营成本、提高运营质量和管理效率的信息化管理和控制技术;三是直接对顾客所提供的信息化服务。

采用全新的计算机网络信息化管理系统,可以在以下几个方面提高酒店的管理效率,改善服务水准:

(1)为销售提供全面、准确的信息数据。酒店销售以客人为中心,这就需要了解客人的需求,细分目标市场,适销对路。酒店销售的核心产品是客房,以合理的价格在相应的时间将客房销售出去是使销售具有成效的关键。

(2)为客人提供快捷、细致、周到的服务。酒店业竞争日益激烈,而竞争的焦点越来越汇聚到酒店的服务质量上。高档酒店的衡量标准首先就是能否有一个标准的客房流程(客人的入住、在住和离店三个阶段),为客人提供快捷、细致、周到的服务。

(3)为财务提供严密的账务系统。客人在酒店任意消费点消费时,系统自动提示该客人的账上余额,对客人超限自动报警,提示补交押金。所有的消费单实时汇总到客人的账号上,避免跑漏账,并提高超限客人的自动电话语音催缴。执行严密的计账规则、严密的权限控制、严密的监督机制。

(4)具有处理各种复杂情况的能力。团体、会议业务是酒店业务中最复杂的部分,它具有人员多、信息管理工作量大、账务变化复杂的特点。信息管理应提供从预定、入住、在住、到离店等环节结算的全套解决方案。对诸如客人不同时抵达、会议结束后不同时离店、退房但不结算的情况可以十分方便地处理。系统还可以方便快捷地处理团队包房包价情况,对于团队在酒店内的活动安排可以事先预定和修改,以便各部门提前准备。

(5)为领导的决策提供强有力的支持。

(6)门禁、消费实现"一卡通"。可用智能卡作为信息载体,通过与相应的计算机管理软件结合,使持卡客人在酒店内能够用一张卡方便地完成进出房门、消费娱乐、挂账结算等活动,为客人提供方便快捷的服务。"一卡通"系统简化了结账手续,控制了内部的现金流通,严格控制房屋的进入,对酒店规范服务,提高账务与保安的安全管理水平大有益处。

(7)面向网络及电子商务。随着因特网的进一步发展,各种基于网络的应用业务也如雨后春笋般发展起来,例如网上银行、远程教育、远程医疗、视频新闻报道等。其中方便、快捷、高效的电子商务更以惊人的速度飞速扩张。从1998~2002年,全球电子商务的发展速度每年都超过30%。毫无疑问,对于酒店业而言因特网及电子商务将成为最具经济价值和发展潜力的业务。通过因特网酒店不仅可以宣传自己,提高知名度和企业形象,而且还可以扩大销售渠道,使酒店有能力适应新一轮竞争,不至于被淘汰。

三、饭店内部管理信息系统

经过二十多年的努力,我国饭店业已成功地将管理信息系统引入饭店经营管理活动之中,饭店内部大部分数据信息的管理都使用了计算机技术,是旅游业中计算机应用最成熟、最完善的行业。

(一)饭店管理信息系统应用的优势

1.将管理信息系统引入饭店经营管理活动中,必然会加快信息处理速度,提高饭店经营管理的效率

饭店经营管理活动复杂,涉及预订、接待、问询、客房、餐饮、康乐、电话、人事、工资、财务、库房、设备管理等众多环节。从信息处理的角度看,各种饭店经

营管理活动都可以看成是信息的输入、处理、输出三个基本环节。过去一个1000 多人的饭店,发工资时需要五六人工作两三天,使用计算机管理后,两人做两天即可完成,而且工资单和工资条用电脑打印,清楚、准确,每个部门所需资金的单位数量一清二楚,大大节约了人力和时间。管理信息系统在饭店的应用,可以改变传统饭店经营管理方式,例如咨询服务是一项信息量大、重复性强的服务活动,传统的咨询服务要求前台工作人员具有广博的知识和极大的耐心,不仅要求回答各种各样的问题,而且还要不厌其烦。在饭店中引入管理信息系统后,咨询服务的形式发生了重大变化,客人可以利用触摸屏式电脑查询各种问题,甚至不需要向前台工作人员提问。

2. 从普通饭店管理人员的角度来看,饭店管理信息系统具有高效、方便、准确的特点

首先,饭店管理信息系统可以简化员工经营管理活动的操作程序,提高信息处理的速度。在饭店管理信息系统的支持下,饭店管理机构可以得到精简。一方面减少中间管理层次,实现扁平式饭店组织机构;另一方面,工作性质相近的部门可以合并,有利于节约人力资源成本,简化饭店经营管理的操作程序,提高效率。其次,在饭店管理信息系统中,饭店员工对财务、工资、人事、库房、设备等的管理都简便易行,极大地降低了工作强度。例如,库房管理人员可登记、查询、更新各种物品的入库日期、产地、进价、库存量、提货次数与日期等管理信息。最后,饭店管理信息系统不仅能高效、方便地处理各种信息,而且经过信息处理得到的数据有很高的准确性。

3. 从饭店决策层来看,饭店管理信息系统有利于提供反馈信息, 辅助饭店决策规划

现有的饭店管理信息系统一般都具有总经理查询模块或其他类似模块,能够为饭店规划决策提供信息支持。饭店管理信息系统可以提供多方面的信息,如客人的籍贯、性别、职业、住店事由等客源信息,饭店客房收入、餐饮收入、康乐收入、收入构成等饭店经营方面的信息,以及饭店员工人数、年龄构成、考勤等饭店内部管理方面的信息。此外,管理信息系统还可以为规划决策提供预选方案,在饭店管理信息系统中建立数学模型和专家系统,利用投入产出模型、线性规划模型、层次分析模型、神经网络模型等直接为决策者提供预选方案,辅助决策规划,有助于克服决策的随意性,提高决策的科学性。

4. 从客人的角度来看,饭店管理信息系统可以为客人提供高效、方便的服务,有利于饭店实现"以客人为中心"的服务理念

在饭店管理信息系统中,客人的预订、登记、结账等要求可以得到迅速处理,以减少客人的等候时间。饭店管理信息系统也可以简化客人享受店内消费所必

须办理的手续。例如,可以将客人在客房、餐饮、康乐、电话各部门的消费入账,记入客人账目中,客人可以随时查询自己的消费情况,在离店时一次性结账,避免每次消费都要结账的烦恼。更重要的是客人可以利用饭店管理信息系统“进入”饭店内部。例如,在饭店管理信息系统中建立“饭店服务指南”子系统,客人可以利用服务指南子系统查看饭店的交通位置图、饭店外景、饭店各楼层的平面分布图、各类客房内景、餐厅内景,甚至每道菜的彩色图片。因此,饭店管理信息系统不仅可以为客人享受店内消费提供方便,而且可以对客人享受店内消费进行强有力的引导。

图 10-8 饭店自助机服务

(二)饭店管理信息系统

饭店计算机管理系统不仅仅记录客人信息,提供查询统计,更重要的是系统本身能带来一种管理方法,这种管理方法将带动整个企业的运作。电脑提供了一套比较完整的管理手段,带动了管理的深入,所以说一套好的饭店计算机系统必须是一个管理型的系统。

1. 系统结构

饭店管理系统分为软件结构和硬件结构。

(1)软件结构。

①前台子系统:又可以分为散客预订子系统、团体预订子系统、散客接待子系统、团体接待子系统、问询子系统、电话计费子系统、客人账务处理子系统和稽核子系统等。

②餐饮管理子系统:又可以分为用餐预订子系统、菜单管理子系统、点菜子

系统、账务处理子系统、客史档案管理子系统等。

③康乐管理子系统:可以分为客人消费收费子系统、酒水管理子系统等。

④销售管理子系统:可以分为客史(客户)档案管理子系统和数据库营销子系统。

⑤物资管理子系统:主要为库房管理系统。

⑥人力资源管理子系统:可以分为人事管理和工资管理两个子系统。

⑦财务管理子系统:符合一般财务系统规则。

⑧总经理查询子系统:可以分为查询子系统和经济信息分析子系统。

(2)硬件结构。

饭店业务量较大,高度的信息资源共享将产生大量的数据通信,因此对网络的带宽有较高的要求。一般饭店可采用交换式快速以太网技术、宽带网络介质,网络拓扑结构采用树状星型连接,以减少非关键性设备的单点失效对整个系统的影响。采用双机备份,确保系统数据安全。

2. 系统功能

饭店管理信息系统的系统功能与系统结构密切相关,主要子系统基本功能既相互独立,又有联系。

(1)前台子系统。包括预订子系统、接待子系统、问询子系统、结账子系统、稽核子系统、电话计费子系统等。

(2)客房管理子系统。提供对客房占用或空闲状态、客房物品种类及状态、客人姓名、客人留言、客人客房消费等的管理。

(3)餐饮管理子系统。具有零点功能、宴会管理功能、酒水管理功能、信息查询功能、报表统计功能和餐饮账务管理功能。其中,从目前来看,餐饮账务管理功能是最基本的系统功能。

(4)康乐管理子系统。提供点歌、乐曲播放、入账或结账等的管理。

(5)销售管理子系统。包括客户档案管理、销售协议管理、因特网接口等。

(6)物资管理子系统。用于库存管理,可对每日出入库物品数量及金额进行管理,同时,自动控制物品的库存数量及金额,并可根据需要显示或打印出各种账目及统计报表。

(7)人力资源管理子系统。提供对员工姓名、性别、年龄、学历、职务、考勤、工作绩效、工资等的管理。

(8)账务管理系统。根据会计制度设置一级、二级明细科目,汇总入账、出账、各明细科目账,生成各种财务报表。

(9)总经理查询子系统。提供对客源、经营状况、内部管理等多方面的查询和统计分析,如客人的年龄构成、饭店收入构成、饭店员工与房间数的配置比例

等方面的统计分析。

3.饭店管理信息系统的扩展

饭店信息系统就系统本身来说已经发展得相当成熟。随着信息技术在饭店中应用的发展,系统的扩展速度很快,内容也更加深入。主要表现在前台系统中预订子系统与因特网连接,构成饭店网上预订系统;内部系统与公安局网络、银行系统、电视系统等连接,这就形成了基于因特网环境的饭店计算机管理系统。此外,部分饭店还实现建立了自己的因特网(内部网)和 Extranet(外部网)。

扩展后的基于 Internet 环境的饭店计算机管理系统主要具有以下功能:

①远程预订。

②互联网企业注册。

③通过电脑或 PDA 远程访问企业网络,查询经营情况,发电子邮件,进行运营控制。

④企业集团经营数据汇总传送。

⑤对外发电子邮件,进行预订确认。签订销售、采购合同,发送订单、贺卡等。

⑥电子促销:客房、餐饮、娱乐销售。

⑦提供信用卡确认、支票确认、一卡通确认。

⑧电子对账:银行电子对账、旅行代理电子对账。

⑨提供金融信息查询:汇率、股市行情、政策法规。

⑩查询商情信息、旅游信息、时事政治信息。

扩展后的饭店 Intranet 计算机管理系统主要具有以下功能 :

①发布企业法规、政策、人事制度。

②企业动态 DBS 。

③企业文化发布。

④经营数据发布、电子论坛。

⑤文件审批。

⑥文档建立、保存、打印。

⑦划分层次,划分部门。

⑧按责权查询信息。

⑨内部电子邮件传递,进行数据通信。

最后要说明的是,饭店管理信息系统的好坏取决于饭店系统开发人员是否具备饭店行业先进的管理思想以及该系统是否与自己的饭店管理模式相协调,是我们在学习饭店管理系统时必须理解的一个问题。从目前来看,国际管理模式的特点是:具有严谨的财务体系和层次分明的核算方法;以销售为龙头,重历

史数据的使用，具有灵活多样的预订和数据库营销理念；实施动态的房态控制；具有全面的统计分析数据；饭店前后台紧紧围绕财务这个核心，管理细致，控制严格，功能全面，实现实时、动态、一体化管理是饭店管理信息系统应该具有的基本功能。

四、信息技术在饭店管理中的其他应用

（一）饭店网上预订系统

饭店网上预订系统由饭店管理中心、窗口服务预订中心、网络管理中心、信息管理中心、电话咨询预订服务信息台及因特网终端用户、电话用户组成网络管理中心，负责饭店客房资源数据库的维护、网站的维护、入网饭店的注册和注销；预订中心负责接待无法直接网上预订的用户；饭店管理中心负责饭店主页信息的维护和客人的抵店、离店处理。

（二）IC 卡技术在饭店管理中的应用

IC 卡即集成电路卡，它是一种将具有微处理器及大容量存储器的集成电路芯片嵌装于塑料等基片上而制成的卡片。相对于其他种类的卡，具有存储量大、使用寿命长、安全可靠、对网络要求不高的特点。IC 卡的安全可靠性使其在应用中对计算机网络的实时性、敏感性要求降低，适于进行脱机操作，十分符合我国计算机网络质量不高的要求。

（三）客房 VOD 视频服务系统

客房 VOD 视频服务系统是目前饭店信息化的热点技术之一。它通过电视机屏幕界面和极其简单的操作向用户提供交互式的信息服务，包括影视节目、卡拉 OK、音乐、广告和培训等。饭店使用 VOD 系统服务后，客人可以通过遥控器和电视机享受系统提供的影视点播和多种个性化的服务，饭店可通过点播收费、客房基本收费及向发布信息的单位收取信息费而获取收益。

（四）电子菜单与电子点菜

菜单设计是一项复杂而又细致的工作，它体现了饭店的管理水平和菜肴特色及厨师水平，对餐饮产品的推销起着至关重要的作用。传统菜单在品种、类别、定价、方案设计、有形展示以及美术设计等方面都进行了大量的卓有成效的工作，而基于多媒体技术的电子菜单使之更加丰富多彩。

（五）虚拟员工之家

由于因特网的应用，饭店可以实现员工网上园地计划，构建饭店虚拟员工之家，员工网上园地可以说是员工与饭店、饭店与员工、员工与员工之间信息交流最直接、最有效的途径之一。通常，员工网上园地包括以下内容：发布各种信息、员工留言板、总经理投诉信箱、网上店报、网上培训、员工网吧、虚拟社区与网上游乐等。

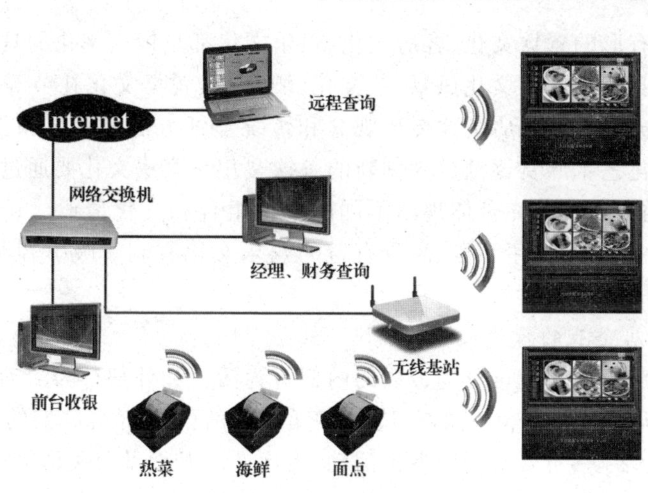

图 10-9 饭店无线点菜系统

第四节 饭店企业文化

企业文化是推动企业前进的原动力，是影响企业核心能力发展的关键因素之一。由于企业文化属“软科学”范畴，所以人们在研究探讨时往往难以把握，这也正是其至今仍属管理学中无法定量分析的部分的原因。当前，我国饭店业止进入关键的历史时期，如何提升饭店的竞争力成为饭店业面临的急迫课题，而通过探寻饭店文化的内在规律，从战略高度研究和塑造饭店文化，对于饭店培育核心竞争力，提高饭店企业生存能力与可持续发展都具有重要的理论价值和现实意义。

一、饭店文化的内涵

饭店文化的基本内涵，应基于饭店这一概念的特质出发来思考，主要应包括以下几方面的内容：

(一)饭店企业的物质文化

1. 设施环境文化是饭店物质文化的重要组成部分

从外部的设施环境来看，饭店文化的体现离不开饭店外观建筑文化。此外，饭店名称的选择、饭店门面的设计、饭店广告牌的设置、饭店宣传品的布局等，都是饭店文化的外在表现。从饭店的内部环境来看，从饭店的大堂到客房、餐厅，从地板到墙壁、天花板，每一处细节都需精心地设计布局，让客人在饭店的任何地方都能体验到饭店的文化内涵。

2. 饭店有形的餐饮文化、客房文化、娱乐文化都是饭店文化的具体表现

菜肴本身就是一道文化风景，茶文化、酒文化、餐桌文化礼节等都是餐饮文化的组成部分。随着饭店餐饮传统观念和传统烹饪方法的改革和创新，餐饮制作过程的文化艺术欣赏逐渐成为创新的餐饮文化。客房文化要通过客房内设施的选配、室内的装饰等充分体现出不同的文化组合和文化情趣。娱乐文化是饭店运转的必要条件，健康活泼、高雅有益的娱乐文化有利于吸引客源，有利于营造健康高雅的饭店文化氛围。

(二)饭店企业的行为文化

旅游饭店行为文化可分为饭店的内部行为活动和外部行为活动。内部行为活动包括饭店内部服务环境的营造、员工的语言行为规范、员工的培养与教育等；外部行为活动，主要有饭店促销活动、饭店产品开发及公关活动、饭店客源市场调查等。旅游饭店的服务质量是饭店生存和发展的生命支柱。创造高品位、个性化的服务是旅游饭店在激烈竞争中立足的关键所在。在服务中要培养员工得体的言行举止，力求做到端庄、大方、规范，处处体现东方人特有的气质和文化修养，给宾客以亲切感、安全感和信任感。

(三)饭店企业的精神文化

精神文化是饭店文化中的核心与灵魂，主要由饭店的经营哲学、饭店道德、饭店精神、饭店目标、饭店风气等组成。饭店的经营哲学就是饭店从管理人员到基层员工所共同尊奉的基本信念和理想追求。饭店道德是调节饭店与社会、饭店与员工、员工与员工之间相互关系的基本准则。饭店精神是饭店发展到一定阶段的产物，它是由饭店高层管理者极力倡导的一种团体精神和群体意识。饭店目标是饭店文化建设的出发点和归宿。饭店风气是饭店及其员工在经营管理过程中逐渐形成的一种精神状态及精神风貌，它是饭店精神的外在表现，人们能从饭店风气了解到饭店的文化。

(四)饭店企业文化是企业与员工相互作用的过程

饭店企业的价值观念、经营理念是饭店文化的基本核心或基本内涵。价值观念对人的行为模式具有决定性的意义，饭店员工的价值观念直接影响到他们的服务行为和管理行为。“服务”这一概念在我国的发展演变过程，实质上也是饭店从业人员基本价值观的演变过程，从“服务是服侍人”到“服务是社会化分工的结果，是人与人之间的基本关系”的认识过程，使饭店文化的内涵得到全新的发展。

饭店员工的价值观念有一个“内化”的过程，即自身习得、养成、选择和塑造价值观念的过程，这是饭店文化主体性的反映。不管价值观念是源于饭店内部还是饭店外部，饭店员工都必须有一个吸收与内化的过程。确认饭店员工的价值观念还有一个外部化的过程,即员工在服务活动过程中,通过自己的服务将价值观念表达出来,并体现在对象物(顾客)上,这也是饭店文化的客体性的反映。

二、饭店文化的主要特征

(一)饭店是种服务经营型企业,服务意识是饭店企业文化的基本特点

饭店与工业企业不同,它没有一般意义上的生产活动;饭店与普通商业企业也不同,它没有具体的商品,或者说它的商品是以无形的服务为主而不是以有形的物质产品为主。饭店的生产经营以提供优质服务为中心,因此,服务意识是饭店企业文化的基本特点。

饭店提供的产品主要是服务,因此评价其优劣的基本标准是服务质量好坏。饭店产品具有无形性、不能转移性、生产与消费同步性、提前购买性和不可储存性等特点,这些特点使得饭店产品质量显得尤其重要。然而,服务意识的贯彻和强化并非易事,阻力主要来自两个方面:其一,饭店服务工作本身的特殊性,如世界劳工组织(BIT)研究所指出的,饭店员工的劳动具有技术性低、劳动日长、体力疲劳、心理制约多、季节性强等特点,这些特点不仅使饭店员工的流动性极高,而且会造成员工的职业倦怠,进而影响服务态度和服务质量;其二,受传统文化的影响,社会上对饭店职业存在诸多偏见,这种偏见往往使员工对服务岗位的认知产生重大偏离,阻碍良好服务态度和意识的建立。这就要求管理者必须对此予以高度重视,对于服务意识的强调,不能停留在口头或纸上,而是要在招工、培训、日常管理等重要环节上下一番工夫。譬如在招聘时,不能只看重表面,还应充分了解应聘者的心理特点和职业意向;对新员工的培训既要注意技能训练,更要重视服务意识的养成;管理人员应该经常深入一线直接向客人提供服务,以起到示范作用。如此,服务理念才能广泛渗透并体现在饭店所有的行为之中。

(二)旅游消费属于文化消费,文化意识是饭店企业文化的重要特点

旅游活动本质上是一种文化消费。饭店企业的顾客虽然也有着物质方面的需求,但以精神方面的需要为主,通过对文化的寻求达到精神上的满足。因此,饭店企业的有形产品(包括设施设备)以及人员的服务活动,除了要具备实用、实惠的性能外,还必须具有满足顾客求新、求美、求知的文化功能。饭店的文化意识越强,所提供的综合服务的文化品位越高,就越能够在较高水平上满足顾客的需要,也就会吸引越来越多的顾客,扩大自己在市场上所占的份额。

饭店的文化品位和特色主要体现在饭店的建筑外观、内部装饰、各种用品、员工形象以及公关与营销活动等方面,也即饭店企业形象识别系统(CIS)的视觉识别(VI)和行为识别(BI)子系统。随着供求关系的变化,饭店业的竞争已从具体产品的竞争、价格的竞争转向整体文化优势的竞争。从某种程度上说,提高

饭店的文化含量等同于提高饭店企业的质量。

(三)饭店顾客群的国际性决定了饭店企业文化的世界性特点

企业文化作为一种经营文化必须获得市场的认同,否则没有任何意义。饭店是涉外性企业,要接待不同国家或地区的游客,而这些旅游者有不同的文化背景、审美趋向和行为特征。从发展的角度看,饭店企业必须越来越多地面向国际市场,必须面对顾客群越来越多元化的国际性特点,这就要求他们建设的企业文化具有世界性。饭店企业文化的这一特殊性,决定了其员工,特别是决策层,要树立强烈的开放意识,充满热情地研究了解各国文化,设计和推出具有世界性的产品,使旅游者在文化认同中产生亲切感、安全感和享受感。同时,还要在管理和服务的各个方面争取与国际接轨,促进企业走向世界,提高企业在国际市场上的竞争能力。

还需指出,对饭店企业文化世界性特点的强调并不等于要否定饭店企业文化的民族性、地域性。世界性同民族性、地域性并不是截然对立的两个方面,相反,它们可以互生互荣。饭店在营造企业文化时要注意文化求异和文化认同的平衡,既不能不具民族、地域特色,也不能片面偏激地只强调民族性、地域性,而是要慎重考察中外文化所包含的文化要素之间相容与不相容的关系,从而构建既有民族地方特色又具有世界意义的新文化。只有如此,企业才能得到快速、持久的发展。

(四)旅游消费的感性化倾向和饭店业市场竞争的加剧,决定了饭店企业文化必须突出个性化特点

消费心理学家认为,产品的消费大体分为物质性消费和感性消费两种不同但又密切相关的类型。物质性消费与感性消费的区别是非常明显的:首先,在物质性消费过程中,产品只是满足人们生活需要的工具,而在感性消费过程中,产品要具有既满足人们生存需要又满足人们享受需要的双重属性;其次,在产品的物质性消费过程中,消费者是依据传统的经济上的理性标准来评价和选择产品,而在感性消费过程中,消费者往往以自己的直观感觉作为衡量产品的重要标准,其购买行为建立在感觉逻辑上;再次,物质性消费是一种平面式的、单方位的、分立式的简单消费,是一种较低层次的消费,感性消费则是一种立体式的、多方位的、相关性的复杂型消费,是一种较高层次的消费。感性消费市场具有可诱导性强、消费范围扩大、市场细分更加复杂化等特征。

旅游活动本质上是一种文化活动,旅游者的消费实践虽然难脱离物质上的满足,但主要追求的是感性上的满足。饭店的消费市场是以旅游者为主的,可以说是一种感性消费市场。而且随着社会经济的发展,饭店供给日益丰富,竞争日趋激烈,饭店消费的感性化程度只能越来越高。因此,饭店企业的营销必须适应

感性消费的特点,创造感性设计;必须树立创新意识,在激烈的竞争中以新制胜,在同类产品共性(即标准化)的基础上,丰富和突出产品和企业整体的个性。这就决定了饭店企业文化的个性化特点。近年来,所谓的"主题饭店"在国外颇为流行,在国内也初露端倪,这实质就是饭店文化个性化发展的具体表现。

(五)从内部管理的角度而言,饭店作为服务性企业,其企业文化必须尤其突出人性化特点

内部管理的人性化,是任何一种企业都必须重视的发展趋势,对饭店来说,这一点显得尤其重要,原因主要在于以下三个方面:

第一,饭店提供的服务,多数都是面对面的服务,面对面的双方都是有思想感情的人:顾客是有思想感情的,需要友善对待;直接为顾客提供服务的员工也是有思想感情的,也需要得到感情慰藉。如果一线员工自身得不到优质服务,就难以向顾客提供优质服务。因此,饭店在倡导顾客至上意识、追求顾客满意的同时,必须在内部提倡和贯彻员工第一的思想,首先实现员工满意。而要落实员工第一的思想,实施 ES 战略,就必须强调管理人性化。

第二,饭店企业工作节奏快、劳动日长、员工流动性比较大,这不仅使企业在员工招聘、培训方面花费大量的人力、物力和财力,增加了经营管理成本,而且对持久、统一的企业精神的形成也极为不利。因此,加强员工的归属感就成为饭店管理的重要工作内容之一。实践证明,提高员工的归属感,仅靠物质刺激是远远不够的。有些员工特别是一些高素质的员工,报酬的多少并不能决定他们的去留,对饭店的归属感和荣誉感才是决定这些人是否为饭店长期效力的重要因素。而增强员工对企业的归属感和荣誉感,就必须采取人性化的管理。

第三,饭店企业的劳动密集型、内部分工的复杂性及服务产品的综合性等特点,决定了饭店企业更应充分利用各种沟通渠道和手段,把众多的员工与部门有效地组织在一起,创造一个人际关系比较和谐的工作氛围。这样,员工才能心情舒畅,保持高昂的士气,为顾客提供完整、完美的服务。

(六)饭店文化整合的动态演变特点

饭店文化不是一成不变的固定模式。本国文化在发展,世界潮流在前进,供与求两个方面都不断有新的内容充实饭店文化,也同时不断产生新的文化需求。饭店文化的形成与发展也与饭店的规模、性质、经营方式、市场定位、企业的发展战略等息息相关,这就要求饭店的全体员工,特别是管理人员,要有强烈的创新意识,使本饭店的企业文化永远充满生机活力。建设有鲜明特色的饭店文化,能增强员工的凝聚力,自觉规范思想、道德和行为,促进员工自我价值的实现,保证管理的标准化和高效化,从而使客人在饭店得到满意的享受,也使饭店的经济效益和社会效益得以提高。饭店服务的个性化与标准化的统一自 20 世

图 10-10　香格里拉酒店员工入口

纪 90 年代末提出以来得到饭店业的认同和实践，成为许多饭店的经营理念，也成为饭店文化建设的新亮点。

三、饭店文化塑造过程与策略

（一）培植饭店文化是一个社会化模型塑造过程

我国饭店的发展已从过去以基本服务功能为主的产品导向，发展到现在以满足不同层次、不同类型的客人需求为主的市场导向，进而还要发展到高品质导向。20 世纪 80 年代初期，我们对服务品质的要求是“笑脸相迎”“客到、茶到、毛巾到”，竞争的焦点是低层次的价格竞争。到 90 年代，我们对饭店服务产品的要求是标准化、程序化、规范化的优质服务，竞争的焦点是以满足不同客人需求的高质量竞争，所谓大规模个性化时代。现在又发展到以增加文化内涵，既满足客人物质生活要求，又要使客人在精神上崇尚社会主义精神文明的文化竞争。应该说，饭店这个服务产品，就其本质来说是销售一种具有文化附加值的服务。反过来说，客人对物质生活的需求和对精神的追求，实质上是对饭店文化的一种自觉或不自觉的社会化模型塑造过程。随着社会的进步、经济的发展，人们的物质生活水平逐年提高，加之境外客人每年以 10% ~ 18% 的速度增长，饭店的主要市场将要面对“正在日益成熟的高、中收入阶层”对公务、商务、休闲、度假、娱乐、体育、健身等诸方面的需求。这些客人不仅要满足功能上、生活上的一般物质需求，而且追求在饭店服务中所具有的文化氛围和文化附加值中得到自尊和成就感的满足，潜意识中的自我价值得以实现。这些符合马斯诺的需求理论，成为大众化的需求目标。因此，营造饭店服务产品中的文化氛围，是加速服务产品向高层次发展的必然趋势。特别是要满足外部不同顾客的各方面需求，需要有意识地应对饭店文化的社会化过程。

(二)饭店文化塑造过程的基本模式

社会各利益主体对某一饭店文化自觉或不自觉的塑造过程本身其实就是饭店文化的塑造过程。饭店参加评定星级与各种诸如世界最佳饭店的评选等,都是塑造一种企业外部形象,是企业文化建设的重要内容,也是外部社会对饭店文化影响的结果。从本质上说,企业文化建设是企业与内外部环境的一种自我调适的过程。饭店外部的社会各利益群体主要有政府、社会团体、媒体、社会公众、顾客、供应商等,其中政府与顾客对饭店文化的作用与影响更是不容忽视;内部利益群体主要有董事会、股东、管理人员、员工等。从本质上讲,饭店文化的形成与发展离不开任何一种社会利益群体,当然饭店内部利益群体在饭店文化形成与发展过程中占据主导的地位,尤其重要的是饭店管理者。

(三)饭店文化在塑造过程中必须与饭店战略相调适

饭店文化与饭店战略的关系主要表现在三个方面:第一,文化为战略提供成功的动力。当饭店有自身很强的文化特色时,会通过员工的共同价值观念表现出饭店的特殊性,这有利于饭店形成别具一格的战略,并为饭店的成功奠定基础,提供原始动力。第二,文化是战略实施的关键。制定战略以后,就需要全体成员积极有效地贯彻实施。饭店文化正是激发人们热情,统一群体意志的重要手段。第三,文化必须与战略相适应、相协调。只有从战略的高度认识饭店文化模塑的重要性和急迫性,才能形成真正具有原创意义的饭店核心竞争力,才能把饭店做大做强。

(四)饭店文化的塑造应体现全员参与的精神

饭店文化既不是由几个文化人,也不只是由少数管理人员来表现的,它必须由饭店全体职工积极投入和参与,从而在社会上、在宾客面前展现出饭店鲜明的整体形象。从基层服务人员到高层管理者都对企业文化有一个自觉或不自觉的社会化模塑过程,所谓"社会化模塑"源于工业企业的生产工艺,后引入心理学的研究,并进一步引入到企业文化的研究范畴。实际上企业文化的形成发展与企业的各种社会利益主体的影响和塑造是分不开的。领导者或管理者处于饭店文化建设的主导地位,对于饭店文化的形成与发展具有不可替代的作用,许多饭店企业文化的形成与领导者的工作能力、人格魅力、文化素养、价值取向、世界观等密切相关。但从另一个方面来看,员工同样对企业文化的形成与发展具有重要的作用,员工不仅是企业文化的贯彻执行者,而且是企业文化的塑造者,员工的生活理念与工作作风、价值取向同样塑造了企业文化中的主要部分——观念文化。

(五)管理者在饭店文化塑造进程中的主导作用

饭店高层领导的重要责任之一就是引导饭店文化构建。高层领导能否把握

好自身的管理角色,实现自我定位、自我约束、自我实现乃至自我超越,将关系到饭店文化建设的成败。因此,高层领导在注重自身修养和培养美好情操的同时,还要树立良好的事业心。高层领导的事业心应体现在以下几方面:不断满足并超越顾客的需求,追求复杂竞争下的可持续发展,为饭店、员工、社会和股东创造价值,开拓更为广阔的市场。这几方面体现了饭店的核心价值观,也是饭店文化的精髓。品牌管理战略是饭店管理的发展趋势,是饭店文化塑造的重要内容和目标,如:卡尔森国际酒店集团(Carlson Hospitality Worldwide)通过全体共识(integrity of purpose)和倾心学习(commitment to learning)等价值观的形成来营造核心价值观,从而塑造其品牌,成为饭店业的领先者。饭店的中层领导不仅要有卓越的管理能力,而且还必须有开阔的眼界和没有偏见的全局观。提倡持续进步、不断创新的进取心,能使饭店的饭店文化充满一种乐于变革、富于进取和创造的生机。因此,饭店的中层领导要做到:有能力为整个部门指明清晰的方向和目标,并使所有员工都能理解和领会;激励部门全体员工,鼓励他们承担责任并做出榜样;善于学习、接受和吸收新的观念和事物;永不满足现状,敢于迎接甚至发起挑战。我们通过分析目前成功饭店的饭店文化可以发现,它们都是通过让员工分享饭店成长发展所带来的好处,而使员工关心饭店,能够与饭店同心同德,尽职尽责。员工只有树立了积极的工作价值观,才能表现出敬业爱岗的从业精神。因此,只有对饭店工作高度关心,并以一种积极姿态发挥作用的员工,饭店才有可能培育出充满活力的饭店文化。除此之外,饭店经营者在进行饭店产品的设计、饭店组织制度安排、饭店的市场营销等方方面面都必须考虑融入饭店文化的内涵。同时饭店在塑造饭店文化时必须考虑各利益主体的需求,才能成功塑造饭店文化,培养饭店的核心竞争力,使饭店在激烈的市场竞争中处于有利的位置,从而立于不败之地。

本章小结

本章从无形资产的定义入手,首先介绍了饭店无形资产管理的内容与基本原理,提出了饭店进行无形资产管理的原则与方法,然后分三节对饭店无形资产管理的具体内容进行详述。第二节饭店形象管理从产品的形象、服务的形象、员工的形象、机构的形象、管理的形象几方面,详细阐述了形象管理的原则与方法。第三节饭店信息管理从认识饭店信息的概念入手,强调了信息管理的重要作用,并对饭店信息化与信息化饭店进行了重点阐述,介绍了饭店内部管理信息系统的具体应用。第四节饭店文化管理从饭店文化的内涵与主要特征引入,提出了在进行饭店文化塑造的过程中应注意的几个问题,并对饭店文化塑造的相关策略进行了探究。

复习思考

一、名词解释

1. 无形资产

2. 饭店形象

3. 饭店信息

二、简答题

1. 现代饭店资源可分为几种类型?

2. 现代饭店无形资源管理应遵循哪些原则? 为什么?

3. 饭店形象塑造的原则与方法有哪些?

4. 饭店信息系统的结构是什么? 主要功能有哪些?

5. 如何进行信息化饭店建设的方法和饭店网上预订?

6. 饭店企业文化管理的基本内涵是什么? 特点有哪些?

7. 试述企业文化创建的过程与策略。

三、案例分析

某饭店聘请专家组对其各方面管理进行诊断,该饭店大厅的信息展览架上有征求客人意见的"满意度调查表",供客人自由提取、填写。专家组询问前厅服务员:"满意度调查表回收率如何?"

前厅服务员说:"不清楚,此事由销售部负责。"

专家组又问销售部经理,经理说:"回收很少,客人如果没有意见一般也就不填写了。"

专家组查看"满意度调查表"中有"客人建议栏",即问销售部经理:"最近客人对于饭店有什么好的建议?"

经理说:"不清楚。"

专家组问:"是否采取什么措施确保调查表有一定的回收率?"

经理说:"客人不填写,我们也没办法。"

专家组问:"你们还采取什么其他措施来了解客人的满意程度呢?"

经理说:"暂时没有。"

根据以上案例回答如下问题:

1. 请分析上述饭店在顾客信息采集、加工、应用方面存在哪些问题?

2. 应从哪些方面入手,将饭店的顾客满意度调查工作做到实处?

推荐阅读

1. 陈增红:《加强饭店企业文化建设提高饭店企业核心竞争力》,载《中国商贸》2010 年第 25 期。

2. 刘凤香:《我国饭店企业文化系统建设初探——以“2006 年中国饭店业民族品牌 20 强”为例》,载《天津商学院学报》2007 年第 4 期。

3. 刘沙:《我国饭店品牌塑造存在的问题及对策研究》,载《商场现代化》2009 年第 5 期。

4. 周静莉等:《国内酒店信息化建设中的问题及对策探讨》,载《江苏商论》2008 年第 1 期。

主要参考书目

1. 黄震方:《饭店管理概论》,高等教育出版社 2001 年版。
2. 肖晓:《主题酒店创意与管理》,西南财经大学出版社 2010 年版。
3. 周鸿:《酒店管理工作细化执行与模板》,人民邮电出版社 2011 年版。
4. 余炳炎、朱承强:《现代饭店管理》,上海人民出版社 2002 年版。
5. 潘庆刚、狄保荣:《现代饭店与饭店经营》,济南出版社 2001 年版。
6. 王大悟、魏小安编:《新编旅游经济学》,上海人民出版社 1998 年版。
7. 周三多、陈传明:《管理学》(第二版),高等教育出版社 2005 年版。
8. 厉以宁、曹凤岐:《中国企业管理教学案例》,北京大学出版社 1999 年版。
9. 余敬、刁凤琴:《管理学案例精析》,中国地质大学出版社 2004 年版。
10. 徐国华、张德、赵平:《管理学》,清华大学出版社 2001 年版。
11. 蒋丁新:《饭店管理概论》,东北财经大学出版社 2002 年版。
12. 唐德鹏等:《现代饭店经营管理》,复旦大学出版社 2000 年版。
13. 陈志学:《现代饭店培训》,中国旅游出版社 2003 年版。
14. 邓力群、袁宝华:《中国企业管理百科全书》,企业管理出版社 1990 年版。
15. 司有和:《现代管理概论》,科学出版社 2006 年版。
16. 马勇、周宵:《旅游学概论》,旅游教育出版社 2004 年版。
17. 王明星:《旅游学基础教程》,中国林业出版社、北京大学出版社 2009 年版。
18. 何丽芳:《旅游学概论》,清华大学出版社、北京交通大学出版社 2006 年版。
19. 谢彦君:《基础旅游学》,中国旅游出版社 2004 年版。
20. 黎洁、肖忠东:《饭店管理概论》,南开大学出版社 2003 年版。
21. 刘永棣:《旅馆设备与技术》,科学技术出版社 1990 年版。
22. 陆诤岚:《饭店设备管理》,旅游教育出版社 2009 年版。
23. 郑向敏:《现代饭店无形资产管理》,暨南大学出版社 2000 年版。
24. 罗明义、仇学琴:《旅游饭店经营管理》,云南大学出版社 2000 年版。

图书在版编目(CIP)数据

饭店管理概论/唐志国,陈增红主编. -2版.—济南:山东大学出版社,2011.9(2020.7重印)

ISBN 978-7-5607-3429-3

Ⅰ.饭…

Ⅱ.唐…

Ⅲ.饭店—企业管理—高等学校:技术学校—教材

Ⅳ.F719.2

中国版本图书馆CIP数据核字(2007)第126257号

山东大学出版社出版发行

(山东省济南市山大南路27号　邮政编码:250100)

山东省新华书店经销

济南巨丰印刷有限公司

720×980毫米　1/16　23.75印张　439千字

2011年9月第2版　2020年7月第5次印刷

定价:49.00元